新編諸子集成續編

風俗通義校注

下册

〔漢〕應劭 撰
王利器 校注

中華書局

風俗通義聲音第六〔一〕

易稱：「先王作樂崇德，殷薦之上帝，以配祖考。〔二〕」詩云：「鐘鼓鍠鍠，磬管鎗鎗，降福穰穰。〔三〕」書曰：「擊石拊石，百獸率舞。〔四〕」鳥獸且猶感應，而況於人乎？況於鬼神乎？夫樂者，聖人所以動〔五〕天地，感鬼神〔六〕，按〔七〕萬民，成性類者也。故黃帝作咸池〔八〕，顓頊作六莖〔九〕，嚳作五英〔一〇〕，堯作大章〔一一〕，舜作韶〔一二〕，禹作夏〔一三〕，湯作護〔一四〕，武王作武〔一五〕，周公作勺〔一六〕。勺，言能斟勺先祖之道也〔一七〕；武，言以〔一八〕功定天下也；護，言救民也；夏，大承二帝也；韶，繼堯也〔一九〕；大章，章之也〔二〇〕；五英，英華茂也〔二一〕；六莖，及根莖也〔二二〕；咸池，備矣〔二三〕。其後，周室陵遲，禮崩樂壞〔二四〕，諸侯恣行，競悦所習，桑間、濮上〔二五〕，鄭、衞、宋、趙之聲，彌以放遠，滔湮心耳，乃忘和平〔二六〕，亂政傷民，致疾損壽。重遭暴秦，遂以闕忘〔二七〕。漢興，制氏世掌大樂，頗能紀其鏗鏘，而不能説其義〔二八〕。武帝始定郊祀，巡省〔二九〕告封，樂官多所增飾，然非雅正〔三〇〕，故繼其條暢曰聲音也〔三一〕。

〔一〕蘇頌曰：「聲音六，子抄云：『十三。』」

〔二〕豫卦文。

〔三〕周頌執競文也，今詩作「磬管將將」，荀子富國篇作「管磬瑲瑲」，説文作「管磬𪔛𪔛」，古同聲通叚，蓋三家詩異文也。毛傳：「將將，聲和貌；穰穰，衆也。」

〔四〕堯典文。

〔五〕漢書禮樂志「動」作「感」。

〔六〕漢志作「通神明」。

〔七〕「按」，漢志作「安」，按左傳襄公十一年：「樂以安德。」安字義長。大戴禮記禮三本篇：「天地者，生之本也；先祖者，類之本也。」性、生古通。

〔八〕白虎通禮樂篇：「禮記曰：『黃帝樂曰咸池。』」莊子天地篇：「黃帝張咸池之樂，於洞庭之野。」呂氏春秋古樂篇：「黃帝又命伶倫與榮將鑄十二鐘，以和五音，以施音韶，以仲春之月，乙卯之日，日在奎，始奏之，命之曰咸池。」文選嘯賦注引樂緯動聲儀，初學記十五引樂叶圖徵，禮記樂記疏、類聚四一、御覽五六六、初學記十五引樂緯，並云：「黃帝樂曰咸池。」白虎通禮樂篇：「黃帝曰咸池者，言大施天下之道而行之，天之所生，地之所載，咸蒙德施也。」初學記十五引劉向五經通義：「黃帝所以爲咸池者何？咸，皆也，施也，（「施」上脱「池」字）黃帝時道皆施于民。」樂記：「咸池，備矣。」鄭注：「咸，皆也；池之言施也。言德之無不施也。」（周禮大司樂注同）初學記十五引樂緯注：「池音施，道施于民，故曰咸池。」又引宋均樂叶圖徵注：「咸，皆也；池，取無所不浸；德潤萬物，故定以爲樂名也。」御覽五六六引樂緯注：「池，施也，道施於民，故曰咸池。」

〔九〕廣雅釋樂「莖」作「䪫」。白虎通：「禮記曰：『顓頊樂曰六莖。』」又：「顓頊曰六莖者，言和律吕以調陰陽。莖者，萬物也。」樂記疏引樂緯：「顓頊曰五莖。」宋均注：「五莖者，能爲五行之道立根莖也。」（書鈔一〇五引樂緯及注，類聚四一引樂緯，初學記十五引樂叶圖徵及宋均注，文選魏都賦注，又傅毅舞賦、周禮大司樂疏引樂緯動聲儀，並同。）初學記十五引樂緯：「顓頊曰五莖。」注：「道有根莖，故曰五莖。」御覽五六六引樂緯：「顓頊曰六莖。」注：「道有根莖，故曰六莖。」通典樂典一：「顓頊作六莖。」注：「莖，根也，謂澤及下也。又樂緯云：『樂名五莖。』」

〔一〇〕廣雅「英」作「韺」。白虎通：「禮記曰：『帝嚳樂曰五英。』」又：「帝嚳曰五英者，言能調和五聲以養萬物，調其英華也。」樂記疏引樂緯：「帝嚳曰六英。」宋均注：「爲六合之英華。」類聚四一引樂緯：「帝嚳曰六英。」通典：「帝嚳作五英。」注：「英謂華茂也。又樂緯云：『樂名六英。』」初學記十五引樂緯：「帝嚳曰六英。」注：「道有英華，故曰六英。」御覽五六六引樂緯：「帝嚳曰五英。」注：「道有英華，故曰五英。」呂氏春秋古樂篇：「帝嚳命咸黑作爲聲，歌九招、六列、六英。」困學紀聞五：「樂緯動聲儀：『顓頊之樂曰五莖，帝嚳之樂曰六英。』漢志、白虎通云：『六莖、五英。』帝王世紀：『高陽作五英，高辛作六莖（宋翔鳳集校本失引此條）。』列子注（周穆王篇）以六瑩爲帝嚳樂，通鑑外紀（卷一）云：『漢志、世紀放六樂撰其名，故多異。』」

〔一一〕樂記：「大章，章之也。」鄭注：「堯樂名也，言堯德章明也。」疏引樂緯：「堯作大章。」白虎通：「禮記曰：『堯樂曰大章。』」又：「堯曰大章者，大明天地人之道也。」書鈔一〇五引樂緯：「堯曰大章。」注：「言其德光被四表，格于上下，其道大章明也。」類聚四一引樂緯：「堯曰大章。」初學記十五引樂緯曰：「堯曰大章。」注：「堯時仁義大行，法度章明，故曰大章。」御覽五六六引樂緯：「堯曰大章。」注：「堯時仁義大行，法度彰明，故曰大章。」呂氏春秋古樂篇：「帝堯立，乃命質爲樂，質乃效山林谿谷之音以歌，乃以麋輅置缶而鼓之，乃拊石擊石，以象上帝玉磬之音，以致舞百獸；瞽叟乃拌五弦之瑟，作以爲十五弦之瑟，命之曰大章，以祭上帝。」

〔一二〕「韶」，漢志作「招」，下同。樂記：「韶，繼也。」注：「舜樂名也。韶之言紹也，言舜能紹堯之德。周禮曰：『大招。』」疏引樂緯：「舜曰簫韶。」又引元命苞：「舜之時，民樂紹堯業，故云韶之言紹也。」白虎通：「禮記曰：『舜樂曰簫韶。』」又：「舜曰簫韶者，舜能繼堯之道也。」春秋繁露楚莊王篇：「舜時民樂其昭堯之業也，故曰韶。韶者，昭也。」公羊傳隱公五年，何注：「舜曰簫韶，舜時民樂其脩紹堯道也。」周禮大司樂大磬，注：「大磬，舜樂也，言其德能紹堯之道也。」論語八佾疏引元命苞：「舜之時，民樂其紹堯業。」書鈔一〇五引樂緯：「舜樂曰簫韶。」注：「韶，紹也，言紹堯之德。」類聚四一引樂緯：「舜曰簫韶。」初學記十五引樂緯：「舜曰簫韶。」注：「韶，繼也，舜繼堯之後，循行其道，故曰簫韶。」御覽五六六引樂緯：「舜曰簫韶。」注：「韶，紹也，舜紹堯之後，脩行其道，故曰簫韶。」類聚十一、御覽五六六引元命苞：「舜之時，民樂其紹堯業，故樂名韶，韶者，紹也。」呂氏春秋古樂篇：「帝舜乃命質脩九招、六列、六英，以明帝德。」

〔一三〕樂記：「夏，大也。」注：「禹樂名也，言禹能大堯、舜之德。周禮曰大夏。」疏引樂緯：「禹曰大夏。」周禮大司樂大夏注：「禹樂也，禹治水傅土，言其德能大中國也。」白虎通：「禮記曰：『禹樂曰大夏。』」又：「禹曰大夏者，言禹能順二聖之道而行之，故曰大夏也。」春秋繁露楚莊王篇：「禹之時，民樂其三聖相繼，故夏，夏者大也。』初學記十五引樂緯：「禹曰大夏。」注：「禹承二帝之後，道重太平，故曰大夏。」又引樂叶圖徵：「禹樂曰大夏。」宋均注：「其德能大諸夏也。」御覽五六六引樂緯：「禹曰大夏。」注：「禹承二帝之後，道重太平，故曰大夏。」類聚十一、御覽五六六引春秋元命苞曰：「禹之時，民大樂其駢三聖相繼，故樂名大夏，夏者大也。」公羊隱公五年注：「禹之時，民樂其三聖相繼，故夏，夏者大也。」呂氏春秋古樂篇：「禹於是命皐陶作夏籥、九成，以昭其功。」

〔一四〕郎本校云：「『護』，俗本作『濩』，今從宋本。」周禮大司樂大濩，注：「大濩，湯樂也，湯以寬治民，而除其邪，言其德能使天下得其所也。」白虎通：「禮記曰：『湯樂曰大濩。』」又：「湯曰大濩者，言湯承衰，能護民之急也。」春秋繁露楚莊王篇：「湯之時，民樂其救之於患害也故護，護者救也。」公羊隱公五年注：「殷曰大護，殷時民大樂其護己也。」樂記疏引元命苞：「湯之時，民樂其救之於患害，故曰濩，救世申救之，故民得所。」類聚十二引元命苞：「湯之時，民大樂其救於患害，故護者救也。」又四一引樂緯：「殷曰濩。」初學記十五引樂緯：「殷曰大濩。」注：「湯承衰而起，濩先王之道，故曰大濩。濩音護。」類聚十一御覽五六六引春秋元命苞：「湯之時，民大樂其救於患害，故樂名大濩，濩者救也。」墨子三辯篇：「湯放桀，因先王之樂，又自作樂，命曰護。」呂氏春秋古樂篇：「湯命伊尹作爲大護。」

〔一五〕「作」，吴本、汪本誤「所」。周禮大司樂大武，注：「大武，武王樂也，武王伐紂，以除其害，言其德能成武功。」疏引元命苞：「文王時，民大樂其興師征伐，故曰武。」白虎通：「禮記曰：『周樂曰大武，象，周公之樂曰酌，合曰大武。』」又：「合曰大武者，天下始樂周公之征伐行武，故詩人歌之曰：『王赫斯怒，爰整其旅。』當此之時，樂文王之怒以定天下，故樂其武也。」春秋繁露楚莊王篇：「文王之時，民樂其興師征伐也，故武，武者伐也。」又曰：「當是時，紂爲無道，諸侯大亂，民樂文王之怒而詠歌之也。周人德已洽天下，反本以爲樂，謂之大武，言民所始樂者武也云爾。」又三代改制篇：「文王作武樂，武王作象樂。」初學記十五引樂緯：「周又曰大武。」御覽五六六引樂緯同。類聚十一、御覽五六六引春秋元命苞：「武王之時，民樂其興師征伐，故樂名武，武者伐也。」公羊隱公五年注：「周曰大武，周時民樂其伐紂也。」莊子天下篇：「武王、周公作武。」荀子儒效篇：「武王誅紂，合天下立聲樂，於是武、象起，而韶、濩廢矣。」呂氏春秋古樂篇：「武王卽位，以六師伐殷，六師未至，以鋭師克之於牧野，乃薦俘馘于京太室，乃命周公爲作大武。」孫詒讓周禮正義曰：「案樂記説大武之舞云：『總干而山立，武王之事也；發揚蹈厲，太公之志也；武亂皆坐，周公之事也。』是大武有武王、太公、周公之事，則爲武王命周公所作無疑。莊子天下篇亦云：『文王有辟雍之樂，武王、周公作武。』董子及春秋緯並謂『文王作武』，失之。」

〔一六〕白虎通：「禮記曰：『周公之樂曰酌。』」又：「周公曰酌者，言周公輔成王，能斟酌文、武之道而成之也。」獨斷：「勺，一章九句，告成大武，言能酌文、武之道，以養天下也。」類聚四一引樂緯：「周曰酌。」初學記十五、御覽五六六引樂緯：「周曰勺。」注：「周承衰而起，斟酌文、武之道，故曰勺。」詩周頌酌序：「言能酌先祖之道以養天下，故以酌爲名。」左傳宣公十二年疏引詩序，「酌」作「汋」。器案：酌、汋古通，周禮士師：「掌士之八成，一曰邦汋。」注：「鄭司農讀汋如酌酒尊中之酌。」詩酌序釋文：「『酌』本作『汋』。」左傳宣公十二年、荀子禮篇引詩皆作「汋」。

〔一七〕「勺」，意林、吴本、汪本作「酌」。漢志無「斟」字。

〔一八〕意林有「武」字，漢志無。

〔一九〕意林作「韶者，紹堯也」。

〔二〇〕意林作「章者，彰也」。

〔二一〕意林作「英者，華也」。

〔二二〕漢志同，師古曰：「澤及下也。」

〔二三〕自篇首至此，用漢書禮樂志文。

〔二四〕漢書武紀元朔五年夏六月詔：「蓋聞導民以禮，風之以樂。今禮壞樂崩，朕甚閔焉。」

〔二五〕漢志注，應劭曰：「桑間，衞地；濮上，濮水之上；皆好新聲。」

〔二六〕左傳昭公元年：「慆湮心耳，乃忘和平。」

〔二七〕「忘」，拾補云：「似當作『亡』。」拾補識語云：「漢人忘、亡通用，説苑引詩『不忘』作『不亡』，漢書戾太子傳注：『忘，亡也。』」

〔二八〕漢書禮樂志：「漢興，樂家有制氏，以雅樂聲律，世世在太樂官，但能紀其鏗鎗鼓舞，而不能言其義。」又見藝文志。

〔二九〕「省」，郎本誤「首」。

〔三〇〕漢書禮樂志：「至武帝定郊祀之禮，祠太一於甘泉，就乾位也；祭后土於汾陽，澤中方丘也。乃立樂府，采詩夜誦，有趙、代、秦、楚之謳，以李延年爲協律都尉，多舉司馬相如等數十人，造爲詩賦，略論律呂，以合八音之調云云。」兩都賦序：「至於武、宣之世，乃崇禮官，考文章，內設金馬、石渠之署，外興樂府協律之事。」文心雕龍樂府篇：「暨孝武崇禮，始立樂府，總趙、代之音，撮齊、楚之氣，延年以曼聲協律，朱、馬以騷體製歌，桂華雜曲，麗而不經，赤鴈羣篇，靡而非典，河間薦雅而罕御，故汲黯致譏於天馬也。」（事詳禮樂志）

〔三一〕原不分段，今依全書例分之。

昔皇〔一〕帝使伶倫〔二〕自大夏之西〔三〕，崑崙之陰〔四〕，取竹於嶰谷生，其竅厚均者〔五〕，斷兩節而吹之〔六〕，以爲黃鐘之管〔七〕，制十二筩〔八〕，以聽鳳之鳴；其雄鳴爲六，雌鳴亦爲六，天地之風氣正而十二律定〔九〕，五聲於是乎生，八音於是乎出。聲者，宮、商、角、徵、羽也，音者，土曰塤〔一〇〕，匏曰笙〔一一〕，革曰鼓，竹曰管，絲曰絃，石曰磬，金曰鐘，木曰柷〔一二〕。詩曰〔一三〕：「鶴鳴九皐〔一四〕，聲聞于天。」書：「八音克諧，無相奪倫。〔一五〕」由是言之：聲本音末也〔一六〕。

〔一〕「皇」，吳本、鍾本、汪本作「黃」，拾補曰：「『皇』與『黃』通。此條當提行起。」

〔二〕呂氏春秋古樂篇高注：「伶倫，黃帝臣。」

〔三〕古樂篇高注：「大夏，西方之山。」器案：逸周書史記篇有西夏之國，蓋卽謂此，非華夏之夏也。春秋時，陳公子少西字子夏，鄭公孫夏字子西，俱以地取義，故高云「大夏西方之山」也。漢書律歷志上注，應劭曰：「大夏，西戎之國也。」

〔四〕「崑崙」，漢志作「昆侖」。

〔五〕漢志注，應劭曰：「生者，治也。竅，孔也。」

〔六〕漢志「節」下有「間」字，呂覽古樂、説苑修文並有，當據補。

〔七〕「管」，拾補曰：「漢書、呂覽皆作『宫』。」器案：説苑亦作「宫」，高注云：「斷竹長三寸九分，吹之，音中黄鐘之宫。」五行大義四引帝王世紀作「管」。

〔八〕「筩」，吴本誤「箭」。晉書律志上引傳亦作「筩」。呂覽作「筒」，高注云：「六律六吕各有管，故曰十二筒。」

〔九〕「定」原作「之」，器謹案：「之」當作「定」，「定」俗作「㝎」，「之」卽「㝎」之缺文。漢志：「天地之風氣正，十二律定。」注，孟康曰：「律得風氣而成聲，風和乃律調也。」臣瓚曰：「風氣正則十二月之氣各應其律，不失其序。」呂覽音律篇亦作「天地之風氣正，則十二律定矣。」可證。今據改正。説苑修文篇作「天地之風氣正，十二律至也」，「至」亦「定」之譌。

〔一〇〕漢志注引應劭曰：「世本：『暴辛公作塤。』」

〔一一〕漢志注引應劭曰：「世本：『隨作笙。』」

〔一二〕自「昔皇帝」至此，用漢書律歷志。

〔一三〕見小雅鶴鳴。

〔一四〕今本作「鶴鳴于九皐」。按史記東方朔傳引詩無「于」字，文選東方朔答客難亦無「于」字，古鈔本文選集注及漢書東方朔傳則俱有「于」字，論衡藝增篇、三國志蜀書秦宓傳、華陽國志劉後主志、後漢書張衡傳注、初學記一、白帖一九四、文選注十三又二四又四二、賈昌朝羣經音辨引俱無「于」字，說文鶴下、焦氏易林一及二、希麟續一切經音義四引抱朴子，俱云「鶴鳴九皐」，亦無「于」字，唐石經有「于」字，今本並因之。盧文弨龍城札記：「『皐』一作『皋』，當作『臯』，即古『澤』字。」

〔一五〕堯典文。

〔一六〕白虎通禮樂篇：「聲五音八何？聲爲本，出于五行，音爲末，象八風，故樂記曰：『聲成文謂之音，知音而樂之，謂之樂也。』」樂書要録五引五經通義：「何謂聲？何謂音？曰：聲也，人之本性也，情生於心，而形於聲，聲成文謂之音。宮、商、角、徵、羽，五聲也。八音者，謂金、石、革、木、匏、土、絲、竹。五聲之散爲文章，謂之音也。」

商

謹按：劉歆鐘律書〔一〕：「商者，章也〔二〕，物成熟〔三〕，可章度也〔四〕。」五行爲金，五常爲義，五事爲言，凡歸爲臣〔五〕。

〔一〕意林作「劉向云」。漢書律歷志上：「漢興，北平侯張蒼首律歷事。孝武帝時，樂官考正。至元始中，王莽秉政，欲燿名譽，徵天下通知鍾律者百餘人，使羲和劉歆等，典領條奏，言之最詳。」晉書律歷志：「王莽之際，考論音律，劉歆條奏，大率有五：一曰備數，一、十、百、千、萬也；二曰和聲，宮、商、角、徵、羽也；三曰審度，分、寸、尺、丈、引也；四曰嘉量，龠、合、升、斗、斛也；五曰權衡，銖、兩、斤、鈞、石也。班固因而志之。」

〔二〕漢書律曆志上：「商之爲言章也。」玉海、天中記四二引徐景安樂書引劉歆説：「商者，章也，臣也，其聲敏疾，如臣之節而爲敏。」器案：漢書此志，即就劉歆書删其僞辭，取其正義而成之者，故晉志引此志直云劉歆序論。困學紀聞五：「朱子語録云：『漢禮樂志劉歆説樂處亦好。』漢志無劉歆説樂，此記録之誤，近思續録亦誤取之。」今考應氏此書、及北史牛弘傳、隋書牛弘傳、御覽二五俱引劉歆鐘律書，則劉歆説樂者，鐘律書也。陸德明、徐景安引劉歆説，亦當出鐘律書。

〔三〕「熟」，意林作「就」。

〔四〕漢志：「商之爲言章也，物成熟，可章度也。」爾雅釋樂釋文：「劉歆云：『商，章也，物成熟，可章度也。』」白虎通禮樂篇：「商，張也，陰氣開張，陽氣始降也。」漢紀：「商者，量也，物盛而可量度也。」晉書樂志上：「商爲臣，商之爲言强也，謂金性之堅强也。」

〔五〕「商爲臣」，出樂記，下同。「五行、五常、五事」云云，並詳漢志。「凡歸」云云，則漢志所謂「以君臣民事物言之」者也，下並同。樂記正義引樂緯聲動儀：「商爲臣，臣者，當發明君之號令，其聲散以明，其和温以斷，動肺也。」

角

謹按：劉歆鐘律書：「角者，觸也，物觸地而出〔一〕，戴芒角也。〔二〕」五行爲木，五常爲仁，五事爲貌，凡歸爲民〔三〕。

〔一〕意林作「物觸地戴芒角而生也」。

〔二〕漢志、爾雅釋文引劉歆並同，徐景安樂書引劉歆説：「角者，觸也，民也，其聲圓長，經貫清濁，如民之象而爲經。」白虎通：「角者，躍也，陽氣動躍。」晉志：「角爲民，角之爲言觸也，謂象諸陽氣觸物而生也。」

〔三〕樂記正義引樂緯動聲儀：「角爲民，民者，當約儉不奢僭差，故其聲防以約，其和清以靜，動肝也。」

宮

謹按：劉歆鐘律書：「宮者，中也，居中央，暢四方，倡〔一〕始施生，爲四聲綱也。〔二〕」五行爲土，五常爲信，五事爲思，凡歸爲君〔三〕。

〔一〕「倡」，漢志、爾雅釋文作「唱」。

〔二〕漢志、爾雅釋文引劉歆同，徐景安樂書引劉歆説：「宮者，中也，君也，爲四音之綱，其聲重厚，如君之德而爲重。」白虎通：「宮者，容也，含也，含容四時者也。」晉志：「宮爲君，宮之爲言中也，中和之道，無往而不理焉。」

〔三〕樂記正義引樂緯動聲儀：「宮爲君，君者，當寬大容衆，故其聲宏以舒，其和清以柔，動脾也。」

徵

謹按：劉歆鐘律書：「徵者，祉也，物盛大而繁祉也〔一〕。」五行爲火，五常爲禮，五事爲視，凡歸爲事〔二〕。

〔一〕漢志、爾雅釋文引劉歆同，徐景安樂書引劉歆説：「徵者，祉也，事也，其聲抑揚遞續，其音如事之緒（天中記「續」）而爲迭。」白虎通：「徵者，止也，陽氣止。」晉志：「徵爲事，徵之爲言止也，言物勝則止也。」

〔二〕樂記正義引樂緯動聲儀：「徵爲事，事者，君子之功既當急就之，其事勿久流亡，故其聲貶以疾，其和平以切，動心也。」

羽

謹按：劉歆鐘律書：「羽者，宇也，物聚〔一〕藏，宇覆之也〔二〕。」五行爲水，五常爲智，五事爲聽〔三〕，凡歸爲物〔四〕。故聞其〔五〕宮聲，使人温潤而廣大；聞其商聲，使人方正而好義；聞其角聲，使人整齊而好禮；聞其徵聲，使人惻隱〔六〕而博愛；聞其羽聲，使人善養而好施〔七〕。宮聲亂者，則其君驕；商聲錯者，則其臣壞；角聲繆者，則其民怨；徵聲洪者，則其事難；羽聲差者，則其物亂〔八〕。春宮秋律，百卉必彫〔九〕；秋宮春律，萬物必榮；夏宮冬律，雨雹必降；冬宮夏律，雷必發聲〔一〇〕。夫音樂至重，所感者大，故曰：「知禮樂之情者能作，識〔一一〕禮樂之文者能述。作者之謂聖，述者之謂明，明聖者，述作之謂也。〔一二〕」

〔一〕「聚」，鍾本作「始」，臆改。

〔二〕漢志、爾雅釋文引劉歆同，徐景安樂書引劉向說：「羽者，宇也，物也，其聲低平掩映，自下而高，五音備成，如物之聚而爲柳也。」白虎通：「羽者，紆也，陰氣在上，陽氣在下。」晉志：「羽之爲言舒也，言陽氣將復，萬物孳育而舒生也。」

〔三〕「聽」原作「德」，朱筠云：「當作『聽』。」案漢志正作「聽」，今據改正。

〔四〕樂記正義引樂緯聲動儀：「羽爲物，物者，不齊委聚，故其聲以虚，其和斷以散，動腎也。」

〔五〕意林無五「其」字。

〔六〕「惻隱」，意林作「隱惻」。

〔七〕説郛載五經通義：「聞宮聲，使人温良而寬大（初學記十五引作「聞宮聲，無不温雅而和之」）；聞商聲，使人方廉而好義；聞角聲，使人惻隱而愛人；聞徵聲，使人樂養而好施（初學記「聞徵聲，無不善養而好施者也」）；聞羽聲，使人恭儉而好禮（初學記「聖人聞羽聲，無不恭儉謙讓」）。」據此，則子駿述父説而參以異聞也。韓詩外傳八：「湯作護，聞其宮聲，使人温良而寬大；聞其商聲，使人方廉而好義；聞其角聲，使人惻隱而愛仁；聞其徵聲，使人樂養而好施；聞其羽聲，使人恭敬而好禮。」史記樂書：「故聞宫音，使人温舒而廣大；聞商音，使人方正而好義；聞角音，使人惻隱而愛人；聞徵音，使人樂善而好施；聞羽音，使人整齊而好禮。」白虎通禮樂篇：「聞角聲，莫不惻隱而慈者；聞徵聲，莫不喜養好施者；聞商聲，莫不剛斷而立事者；聞羽聲，莫不深思而遠慮者；聞宫聲，莫不温潤而寬和者也。」公羊隱公五年注：「聞宫聲，則使人温雅而廣大；聞商聲，則使人方正而好義；聞角聲，則使人惻隱而好仁；聞徵聲，則使人整齊而好禮；聞羽聲，則使人樂養而好施。」疏云：「温雅而廣大者，土之性也；方正而好義者，金之性也；惻隱而好仁者，木之性也；整齊而好禮者，火之性也；樂養而好施者，水之性也。」初學記十五引邯鄲綽五經析疑：「聞角聲無不惻隱而慈者，聞商聲無不斷割而亡事也（當從白虎通作「立事」）。」晉志：「是以聞其宮聲，使人温良而寬大；聞其商聲，使人方廉而好義；聞其角聲，使人惻隱而仁愛；聞其徵聲，使人樂養而好施；聞其羽聲，使人恭儉而好禮。」器謹案：聽音知德，本按五行立説，此蓋儒先舊義，而引用或殊，應氏謂聞角聲使人整齊而好禮，聞徵聲使人惻隱而博愛，與韓詩説、太史公書、白虎通、公羊解詁俱異，準五常角爲仁，徵爲禮之說，則此適當互易耳。又應氏謂聞羽聲使人善養而好聞（從意林本），羽於五常爲智，豈白虎通所謂深思遠慮耶。

〔八〕拾補校「繆」爲「謬」，案：二字古通。禮記樂記：「宮亂則荒，其君驕；商亂則陂，其官壞；角亂則憂，其民怨；徵亂則哀，其事勤；羽亂則危，其財匱。」鄭注：「君臣民事物其道亂，則其音應而亂。」史記樂書：「宮亂則荒，其君驕；商亂則槌，其臣壞；角亂則憂，其民怨；徵亂則哀，其事勤；羽亂則危，其財匱。」又見說苑修文篇。

〔九〕「彫」，御覽二五又五六六引作「凋」。

〔一〇〕「雹」，拾補校作「電」。案北史及隋書牛弘傳俱引劉歆鐘律書「春宮秋律」以下八句。

〔一一〕「識」，御覽五六五引作「知」，案：樂記作「識」。

〔一二〕禮記樂記文。

塤〔一〕

謹按：世本：「暴辛公作塤。〔二〕」詩云：「天之誘民，如塤如篪。〔三〕」塤，燒土爲之〔四〕，圍五寸半，長三寸半，有四孔，其二通，凡爲六孔〔五〕。

〔一〕原校：「一作『壎』者，古今字也。」器案：御覽五八一引作「塤，一作『壎』字也」，在正文「凡爲六孔」下。

〔二〕漢書律歷志注引應劭、廣韻二十二元、文選長笛賦注，俱引世本此文，御覽五八一引較詳，具見後文。

〔三〕大雅板作「天之牖民，如壎如篪」，此毛、魯之異。

〔四〕拾補據書鈔引校原句「燒土也」爲「燒土爲之也」。按：盧所據見陳本書鈔一一一，孔本作「三禮投壺圖云：『壎，燒土爲之，雅壎如土，大如雞子也。』」與應氏文不合，且亦非引風俗通也。尋御覽五八一引作「燒土爲也」，今參酌御覽同卷引樂書及宋書樂志定爲「燒土爲之」。

〔五〕御覽五八一：「世本曰：『塤，暴新公所造。』亦不知何人，周畿内有暴國，豈其時人乎？本作『壎』，圍五寸半，長三寸半，凡六孔。宋均注云：『暴公國（當作「周」）平王諸侯也。』」又引樂書：「壎者，喧也，周平王時暴辛公燒土爲之。」案宋書樂志一：「八音，三曰土，土，塤也。世本云：『暴新公所造。』亦不知何代人也。周畿内有暴國，豈其時人乎？燒土爲之，大如鵝卵，鋭上平底，形似稱錘，六孔。爾雅云：『大者曰嘂，嘂音叫。小者如雞子。』」詩疏引古史考，以爲「古者，塤篪尚矣，周幽王時，暴辛公善塤，蘇成公善篪，記者以爲作，謬矣。」是譙周以暴辛公爲周幽王時人，並塤亦非其所作，直好之耳。

笙

謹按：世本：「隨作笙。〔一〕」長四寸，十二簧，像鳳之身，正月之音也，物生故謂之笙〔二〕。詩云：「我有嘉賓，鼓瑟吹笙。〔三〕」大笙謂之巢，小者〔四〕謂之和〔五〕。

〔一〕漢書律歷志注引應劭注、書鈔一一〇、類聚四四、初學記十六、通志樂略、路史後紀二注，俱引世本此文，宋均注：「隨，女媧臣也。」禮記明堂位：「女媧氏之笙簧。」

〔二〕說文：「笙，十三簧，象鳳之身也。笙，正月之音，物生，故謂之笙。大者謂之巢，小者謂之和。」白虎通禮樂篇：「笙者，太簇之氣，象萬物之生，故曰笙，有七政之節焉，有六合之和焉，天下樂之，故謂之笙。」釋名釋樂器：「笙，生也，竹之貫匏，象物貫地而生也，以匏爲之，故曰匏也。」初學記十六、御覽五八一引邯鄲綽五經析疑：「夫笙者，法萬物始生，導達陰陽之氣，故有長短，黄鍾爲始，象法鳳皇。」器謹案：古書言笙者，皆云小者十三簧，書鈔一一〇引三禮圖：「雅笙，簧十三，上六下七。」此即白虎通所謂「有七政之節，六合之和」之説也，此作「十二簧」，非，當據改正。

〔三〕小雅鹿鳴文。

〔四〕吴本「者」作「笙」。

〔五〕鍾本「和」下有「也」字。爾雅釋樂：「大笙謂之巢，小者謂之和。」釋文引孫炎云：「巢，高也，言其聲高；和，應和於笙。」李巡云：「小者，聲少音出和也。」御覽五八一引舍人云：「大笙音聲衆而高也，小者音相和也。」

鼓

謹按：易稱：「鼓之以雷霆，聖人則之。〔一〕」不知誰所作也〔二〕。鼓者，郭也，春分之音也，萬物郭皮甲而出〔三〕，故謂之鼓〔四〕。周禮六鼓〔五〕：雷鼓八面〔六〕，路鼓四面〔七〕，睪鼓、晉鼓皆二面〔八〕。詩云：「擊鼓其鏜。〔九〕」論語：「小子鳴鼓而攻之，可也。〔一〇〕」

〔一〕繫辭上文。

〔二〕宋書樂志一、初學記十六、御覽五八二引「作」作「造」。通志樂略引世本：「夷作鼓。」

〔三〕初學記引無「皮」字。

〔四〕初學記引「鼓者，郭也」至「故謂之鼓」，在「易稱『鼓之以雷霆』」之前。白帖十八、書林事類韻會五四引作「鼓者，春分之音，以助萬物發生」。説文：「鼓，郭也，春分之音，萬物郭皮甲而出，故謂之鼓。」釋名釋音樂：「鼓，郭也，張皮以冒之，其中空也。」白虎通禮樂篇：「鼓，震音，煩氣也，萬物憤懣，震而出，雷以動之，温以煖之，風以散之，雨以濡之，奮至德之聲，感和平之氣也。同聲相應，同氣相求，神明報應，天地佑之，其本乃在萬物之始耶，故謂之鼓也。」漢書律歷志注，師古曰：「鼓者，郭也，言郭張皮而爲之也。」

〔五〕周禮地官鼓人：「掌教六鼓。」

〔六〕鼓人：「以雷鼓鼓神祀。」鄭注：「雷鼓八面。」説文鼓下引周禮：「六鼓，靁鼓八面。」文選東京賦薛綜注、宋書樂志、魏書禮志崔逸説並同，大司樂先鄭注以爲「雷鼓六面」，與此異。

〔七〕鼓人：「以路鼓鼓鬼享。」注：「路鼓，四面鼓也。」説文引周禮：「路鼓四面。」宋志：「四面者路鼓。」大司樂先鄭注以爲「路鼓兩面」，與此異。

〔八〕鼓人：「以鼖鼓鼓役事，以晉鼓鼓金奏。」説文引周禮：「鼖鼓、皐鼓、晉鼓皆兩面。」「皐」通作「睾」，俱爲「鼛」之借字。鼓人疏云：「案韗人爲皐陶，有晉鼓、鼖鼓、皐鼓，三者非祭祀之鼓，皆兩面，則路鼓祭宗廟，宜四面，靈鼓祭地祇，尊於宗廟，宜六面，雷鼓祀天神，又尊於地祇，宜八面。」考工記韗人疏云：「以六鼓差之者，鼓人『雷鼓祀天，靈鼓祭地，路鼓享鬼』，下二鼓，據鼓人『鼖鼓鼓軍事，皐鼓鼓役事』，惟此鼓經不言其名，五鼓已配訖，惟有晉鼓當此鼓可知。故引賈侍中云：『晉鼓大而短近晉鼓也。』此後鄭所解也。」器謹案：應氏此文，全本許氏説文解字，應據補「靈鼓六面，鼖鼓二面」之文，以足六鼓之數，今本疑出後人臆删。

〔九〕邶風擊鼓文。

〔一〇〕先進文。

管

謹按：詩云：「嘒嘒管聲。〔一〕」「簫管備舉。〔二〕」禮樂記：「管，漆竹長一尺，六孔，十二月之音也。象〔三〕物貫地而牙，故謂之管。〔四〕尚書大傳〔五〕：「舜之時〔六〕，西王母來獻其白玉琯。〔七〕」昔章帝時〔八〕，零陵文學奚景〔九〕，於泠道〔一〇〕舜祠〔一一〕下得生〔一二〕白玉管〔一三〕，知古以玉爲管，後乃易之以竹〔一四〕耳。夫以玉作音，故神人和，鳳皇儀也〔一五〕。

〔一〕商頌那文。

〔二〕周頌有瞽文。

〔三〕「象」字原無，今據書鈔一一二、御覽五八〇引補。

〔四〕漢書律歷志注，孟康曰：「禮樂器記：『管，漆竹長一尺，六孔。』」器謹案：樂器即今本禮記樂記篇佚文，而孟康猶得見之也。漢書藝文志六藝略禮類：「樂記二十三篇。」禮記樂記正義曰：「此於別録屬樂記，蓋十一篇合爲一篇，謂有樂本，有樂論，有樂施，有樂言，有樂禮，有樂情，有樂化，有樂象，有賓牟賈，有師乙，有魏文侯，今雖合此，略有分焉。十一篇入禮記，在禮記前也。至劉向爲別録時，更載所入樂記十一篇，又載餘十二篇，總爲二十三篇也。別録十一篇下次奏樂第十二，樂器第十三，樂作第十四，意始第十五，樂穆第十六，説律第十七，季札第十八，樂道第十九，樂義第二十，昭本第二十一，招頌第二十二，竇公第二十三，是也。」又案：説文：「管如箎，六孔，十二月之音，物開地牙，故謂之管。」宋書樂志、御覽五八〇引蔡邕月令章句：「管者，形長一尺，圍寸，有六孔，無底，其器今亡。」廣雅釋樂：「管，象龥，長尺，圍寸，六孔，無底。」爾雅釋樂郭注：「管，長尺，圍寸，併漆之，有底，賈氏以爲如箎，六孔。」

〔五〕宋本、仿元本「傳」誤「傅」。

〔六〕五色線下引作「武帝時」，誤。

〔七〕漢志注，孟康曰：「尚書大傳：『西王母來獻白玉琯。』」說文竹部琯下曰：「古者管以玉（從段校），舜之時，西王母來獻其白琯。」大戴禮記少閒篇：「西王母獻白玉琯。」

〔八〕大戴記注作「明帝時」，誤。

〔九〕初學記十五引「文學」作「太守」，文選閒居賦注引「景」下有「仲」字，五色線引作「零陵人文子景」，俱誤。太平廣記二〇三、蘇軾送劉寺丞赴餘姚詩施注引不誤。此用說文，詳下。

〔一〇〕漢書地理志上泠道，注：「應劭曰：『泠水出丹陽宛陵西，北入江。』」

〔一一〕水經湘水注：「九疑山之東北，泠道縣界，又有舜廟。」

〔一二〕初學記、太平廣記、路史餘論九、蘇詩施注引「生」作「笙」，說文、宋書樂志亦作「笙」，當據改。漢志孟注、大戴記盧注俱無「笙」字。

〔一三〕初學記、五色線引「管」作「琯」，下同。說文、宋志、孟康、盧辯俱作「琯」。開元占經一一三引異苑：「零陵文學奚景，於舜祠下得玉管一，卽西王母所獻玉琯也。」

〔一四〕「竹」，太平廣記有「爲琯」二字。

〔一五〕郎本「皇」作「凰」，後起字。說文：「前零陵文學姓奚，於泠道舜祠下，得笙白玉琯。夫以玉作音，故神人以和，鳳皇來儀也。」隋書律歷志上引蕭吉樂譜云：「漢章帝時，零陵文學史奚景，於泠道縣舜廟下，得玉律度爲此尺。」

瑟

謹按：世本：「宓羲作瑟，長八尺一寸〔一〕，四十五絃。」黃帝書：「泰帝使素女鼓瑟而悲〔二〕，帝禁不止，故破其瑟爲二十五絃。〔三〕」春秋：「師曠爲晉平公奏清徵〔四〕之音，有玄鶴二八，從南方來，進〔五〕於廊門之危〔六〕，再奏之而成列，三奏之則延頸〔七〕舒翼而舞〔八〕，音中宮商，聲聞于天。平公大說，坐者皆喜，平公提觴而起，爲師曠壽，反坐而問曰：『音莫悲於清徵乎？〔九〕』師曠曰：『不如清角。〔一〇〕』平公曰：『清角可得聞乎？』師曠曰：『不可。昔黄帝駕象車〔一一〕，六交龍〔一二〕，畢方並轄〔一三〕，蚩尤居前〔一四〕，風伯進掃，雨師灑道〔一五〕，虎狼〔一六〕在後，虫蛇伏地〔一七〕，大合鬼神於太山之上〔一八〕，作爲清角〔一九〕；今主君〔二〇〕德薄，不足以聽之，聽之，將恐有敗。』平公曰：『寡人老矣，所好者音也，願遂聞之。』師曠不得已而鼓之，一奏之，有雲從西北起，再奏之，暴風亟至，大雨灃沛，裂帷幕，破俎豆，墮廊瓦，坐者散走〔二一〕，平公恐懼，伏于室側〔二二〕，身遂疾痛〔二三〕，晉國大旱，赤地三年〔二四〕。故曰：不務德〔二五〕治而好五音，則窮身之事也。〔二六〕」今瑟長五尺五寸，非正器也〔二七〕。

〔一〕原無「瑟長」二字，今據拾補校補。

〔二〕文選張平子思玄賦注引高誘淮南子注：「素女，黄帝時方術之女也。」

〔三〕爾雅釋樂疏、廣韻七櫛、書鈔一〇九、通志樂略、路史後紀十二注、古今事物考五引世本並云：「庖羲氏作瑟五十絃，黄帝使素女鼓之，哀不自勝，乃破爲二十五絃，具二均聲。」與此異。史記封禪書：「太帝使素女鼓五十絃瑟，悲，帝禁不止，故破其瑟爲二十五絃。」（補武紀及漢書郊祀志同）書鈔一〇九引帝王世紀：「黄帝損庖羲之瑟爲二十五絃，長七尺二寸。」王嘉拾遺記：「黄帝使素女鼓庖羲氏之瑟，滿席悲不能已，後破爲七尺二寸，二十五絃。」御覽五七六引三禮圖：「雅瑟長八尺一寸，廣一尺八寸，二十三絃，其常用者十九絃，其餘四絃，謂之蕃贏也。頌瑟七尺二寸，廣尺八寸，二十五絃盡用也。」

〔四〕諸子拔萃「徵」誤「貞」。

〔五〕「進」，韓非子十過篇、史記樂書、論衡感虛篇、紀妖篇作「集」。

〔六〕「危」原作「巵」，拾補曰：「當作『危』，韓非作『垝』。注：『棟端也。』」器案：論衡兩篇俱作「危」，禮記喪大記：「中屋履危。」注：「危，棟上也。」

〔七〕「鵶」，拾補校作「頸」，案郎本、鍾本、拔萃本作「頸」，韓非、史記、論衡俱作「頸」，「鵶」是俗字。遊仙窟注引作「頭」。又胡本、拔萃本「頸」下有「而鳴」二字。

〔八〕類聚四四、文選司馬彪贈山濤詩注、顔延之曲水詩序注、劉伶酒德頌注引馬融琴賦：「昔師曠三奏而神物下降，玄鶴二八，軒舞于庭，何琴德之深哉！」又案：楚辭九嘆王注：「師曠鼓瑟，天下玄鶴，皆御明月之珠以舞。」書鈔一〇九、初學記十六引韓非子：「師曠鼓琴，有玄鶴御明月珠，在庭中舞。」疑卽此事。

〔九〕論衡「音」作「樂」。

〔一〇〕文選南都賦注引許慎淮南子注：「清角絃急，其聲清也。」

〔一一〕文選上林賦：「乘鏤象。」張揖注：「鏤象，象路也，以象牙鏤其車輅。」顔延年馬賦：「代驂象輿。」注引韓子此文及孔叢子云：「楚昭王以安車象飾，因宰予以遺孔子。」楚辭云：「雜瑶象以爲車。」

〔一二〕「六」字原無，今據拾補校補。墨子、韓非子、論衡俱有「六」字。駕四馬謂之駟，駕六馬謂之六。淮南原道篇：「乘雲車，六雲蜺。」（從王校）齊俗篇：「六騏驥，駟駃騠。」七發：「六駕蛟龍，附從太白。」上林賦：「乘鏤象，六玉虯。」廿泉賦：「驅蒼螭，六素虯。」羽獵賦：「六白虎，載靈輿。」西京賦：「駕雕軫，六駿駮。」皆其證。文選七發李善注：「以蛟龍若馬而駕之，其數六也。」墨子、韓非子「交」作「蛟」。

〔一三〕山海經西山經：「章莪之山，……有鳥焉，其狀如鶴，一足，赤文青質而白喙，名曰畢方，其鳴自叫也，見則其邑有譌火。」淮南氾論篇：「木生畢方。」高注：「木之精也，狀如鳥，青色赤脚，一足，不食五穀。」文選東京賦薛注：「畢方，父老神也，如鳥兩足一翼，常御火，在人家作怪。」揚雄羽獵賦：「蚩尤並轂。」並轂猶言俠轂，公羊哀公四年注：「齊、晉前驅，滕、薛俠轂，魯、衛驂乘。」又十三年注：「齊、晉前驅，吴、衛驂乘，滕、薛俠轂。」韻會：「俠，並也。」

〔一四〕山海經大荒北經：「蚩尤作兵伐黄帝，黄帝乃令應龍攻之冀州之野。應龍畜水，蚩尤請風伯、雨師縱大風雨，黄帝乃下天女曰魃，雨止，遂殺蚩尤。」史記五帝本紀正義引龍魚河圖：「黄帝攝政，有蚩尤兄弟八十一人，並獸身人語，銅頭鐵額，食沙石子，造立兵仗刀戟大弩，威振天下，誅殺無道不慈仁。萬民欲令黄帝行天子事，黄帝以仁義不能禁止蚩尤，乃仰天而歎；天遣玄女下授黄帝兵信神符，制伏蚩尤，帝因使之主兵，以制八方。蚩尤没後，天下復擾亂，黄帝遂畫蚩尤形象以威天下，天下咸謂蚩尤不死，八方萬邦，皆爲弭服。」

〔一五〕淮南原道篇：「令雨師灑道，使風伯埽塵。」高誘注：「雨師，畢星也，詩云：『月麗于畢，俾滂沱矣。』風伯，箕星，月麗于箕風揚沙。」

〔一六〕「虎狼」下，韓非、論衡紀妖多「在前，鬼神」四字。

〔一七〕「虫蛇」，韓非作「騰蛇」，「伏地」下有「鳳皇覆上」四字；論衡有「白雲覆上」四字。

〔一八〕「太山」，韓非作「泰山」，御覽七九引韓子、論衡作「西大山」，王先慎曰：「小泰山稱東泰山，故泰山爲西泰山。」

〔一九〕莊子天運篇：「北門成問黄帝曰：『帝張咸池之樂於洞庭之野，……建之以太清。』」蓋即謂清角也。

〔二〇〕主君注見皇霸篇六國條。

〔二一〕「坐」上原有「凡」字，拾補云：「韓無。」識語云：「案『凡』乃『瓦』之譌文，當去。」器案：徐校是，今據刪。「散」字，郎本誤作「敗」字。

〔二二〕「側」，大德本誤描作「惻」。韓非作「伏于廊室之間」。

〔二三〕「疾痛」，韓非、淮南子覽冥篇、論衡俱作「癃病」。

〔二四〕御覽七六七引莊子亦載此事。後漢書臧宮傳注：「赤地，言在地之物皆盡。」

〔二五〕韓非「德」作「聽」。

〔二六〕以上見韓非子十過篇。

〔二七〕爾雅釋樂：「大瑟謂之灑。」郭注：「長八尺一寸。」則此長五尺五寸者，豈所謂小瑟者耶。

磬

謹按：世本：「毋句作磬。〔一〕」尚書：「豫州錫貢磬錯。〔二〕」詩云：「笙磬同音。〔三〕」論語：「子擊磬〔四〕於衞，有荷蕢而過者，曰：『有心哉！』〔五〕」

〔一〕禮記明堂位注、山海經海內經注、原本玉篇磬部、初學記十六、御覽五七六並引世本此文。初學記又引注曰：「樂錄又曰：『磬，叔所造。』未知孰是。無句，堯臣也。」御覽同卷引古史考亦云：「無句，堯時人。」又引世本：「叔所造，不知何代人。」又引通禮義纂：「黃帝使伶倫造磬。」古今事物考五：「皇圖要記曰：『帝嚳造鍾磬。』通纂曰：『黃帝使伶倫造磬。』」器案：說文亦云：「古者，毋句氏作磬。」禮記明堂位：「叔之離磬。」

〔二〕禹貢文。

〔三〕小雅鼓鐘文。

〔四〕大德本、兩京本「擊磬」二字倒植。

〔五〕憲問篇文。

鐘

謹按：世本：「垂作鐘。〔一〕」秋分之音也〔二〕。詩：「鼓鐘于宮，聲聞于外。〔三〕」論語云：「樂云樂云，鐘鼓云乎哉？〔四〕」周景王將鑄大鐘，單穆公諫曰〔五〕：「夫先王之制鐘也，大不出均〔六〕，重不過石，律度量衡，於是乎生，小大器用，於是乎出，故聖人愼之。今王作鐘，聽之弗及〔七〕，比之不度，鐘聲〔八〕不可以知和，制度不可以出節，無益於樂，而鮮〔九〕民財，將焉用之？〔一〇〕」

〔一〕明堂位注、海內經注、廣韻二鍾、初學記十六並引世本此文。

〔二〕說文：「鐘，秋分之音，物種成。古者，垂作鐘。」初學記十六引五經通義：「鐘，秋分之音也。」書鈔一〇八引五經通義：「鐘者，秋分之氣。萬物至秋而成，至冬而藏，物之堅成不滅絕莫如金，故金爲鐘，相繼不絕也。」白虎通禮樂篇：「鐘之爲言動也，陰氣用事，萬物動成，鐘爲氣用金爲聲也。」

〔三〕小雅白華文。

〔四〕陽貨篇文。

〔五〕「曰」字原無，今補。

〔六〕「均」，國語周語下作「鈞」，韋注：「鈞，所以鈞音之法也，以木長七尺，有絃繫之，以爲鈞法也。」

〔七〕孔本書鈔一〇八引國語作「德之弗反」。

〔八〕「聲」原作「磬」，拾補依周語校改，今從之。

〔九〕鮮讀爲斯，謂盡也。

〔一〇〕以上見周語中。

柷

謹按：禮樂記〔一〕：「柷，漆桶，方畫木，方三尺五寸，高尺五寸，中有椎，止其名也〔二〕，用柷止音爲節。〔三〕」書曰：「合止柷敔，笙鏞以間。〔四〕」聲所以〔五〕五者，繫五行也，音所以八者，繫八風也〔六〕。傳曰：「八音之變，不可勝聽也。〔七〕」由〔八〕經五藝六〔九〕，而其枝別葉布，繁華無已也。

〔一〕禮樂記有樂器章，前既明之矣，張揖上廣雅表：「叔孫通撰置禮記，文不違古。今俗所傳三篇爾雅，或言仲尼所增，或言子夏所益，或言叔孫通所補，或言沛郡梁文所考。」然則禮記中不僅樂器一篇取自爾雅也。公羊宣公十二年注：「禮：『天子造舟，諸侯維舟，大夫方舟，士特舟。』」説文引此四句亦作禮，乃爾雅釋水文也。孟子萬章下：「帝館甥于貳室。」趙注云：「禮記：『妻父曰外舅，謂我舅者，吾謂之甥。』」乃爾雅釋親文也。白虎通三綱六紀篇：「男子先生稱兄，後生稱弟，女子先生者爲姊，後生者爲妹。」稱禮親屬記，乃爾雅釋親文也。應氏本書此篇後籟條引禮樂記，亦見爾雅釋樂也。

〔二〕此句，原止作一「上」字，拾補曰：「疑『止』字，當云『止其名也』，文有脱誤。」器按：爾雅釋樂：「所以鼓柷謂之止。」郭注：「止者，其椎名也。」今從盧校補正。

〔三〕說文：「柷，樂木空也，所以止音爲節。」周禮小師鄭司農注：「柷如漆筩，中有椎。」疏引尚書鄭注：「柷，狀如漆筩，中有椎，合之者投椎於其中而撞之。」呂氏春秋仲夏紀高註：「柷如漆桶，中有木椎，左右擊以節樂。」廣雅釋樂：「柷象桶，方三尺五寸，深尺八寸，四角有隉鼠。」釋名釋樂器：「柷狀如漆桶，柷如物始見柷柷然也。柷，始也，故訓柷爲始以作樂也。」爾雅釋樂郭注：「柷如漆桶，方二尺四寸，深一尺八寸，中有椎柄，連底挏之，令左右擊。止者其椎名。」

〔四〕益稷文。合謂合人聲與樂聲。止節謂合始終而言之。

〔五〕拾補曰：「御覽有『有』字，下句亦同。」器案：文選張景陽七命注引無「有」字。

〔六〕白虎通禮樂篇：「聲五音八何？聲爲本，出於五行；音爲末，象八風。故樂記曰：『聲成文，謂之音；知音而樂之，謂之樂也。』」

〔七〕淮南原道篇：「音之數不過五，而五音之變，不可勝聽。」與此微異。

〔八〕由，通猶。

〔九〕漢書藝文志：「歆於是總羣書而奏其七略，故有輯略，有六藝略……」師古曰：「六藝，六經也。」

琴

謹按：世本：「神農作琴。〔一〕」尚書：「舜彈五絃之琴，歌南風之詩，而天下治。〔二〕」詩云：「我有嘉賓，鼓瑟鼓琴。〔三〕」雅琴者，樂之統也〔四〕，與八音並行〔五〕，然君子所常御者，琴最親密〔六〕，不離於身，非必陳設於宗廟鄉黨，非若鐘鼓羅列於虡懸也〔七〕，雖在窮閻陋巷，深山幽谷，猶不失琴，以爲琴之大小得中，而聲音和，大聲不喧嘩而流漫〔八〕，小聲不湮滅而不聞〔九〕，適足以和人意氣，感人〔一〇〕善心〔一一〕。故琴之爲言禁也，雅之爲言正也，言君子守正以自禁也〔一二〕。夫以正雅之聲，動感正意，故善心勝，邪惡禁；是以古之聖人君子，慎所以自感，因邪禁之適，故近之閒居，則爲從容以致思焉〔一三〕，如有所窮困，其道閉塞，不得施行，及有所通達而用事，則著之於琴，以杼〔一四〕其意，以示後人；其道行和樂而作者，命其曲曰暢〔一五〕，暢者，言其道之美暢，猶不敢自安，不驕不溢，好禮不〔一六〕以暢其意也〔一七〕；其遇〔一八〕閉塞，憂愁而作者，命其曲曰操，操者，言遇菑遭害，困厄窮迫，雖怨恨失意，猶守禮義，不懼不懾，樂道而不失其操者也〔一九〕。伯子牙方鼓琴，鍾子期聽之，而意在高山，子期曰：「善哉乎，巍巍若太山！」頃〔二〇〕之間而意在流水，鍾子又曰：「善哉乎，湯湯若江、河！」子期死，伯牙破琴絶絃，終身不復鼓，以爲世無足爲音者也〔二一〕。今琴長四尺五寸，法四時五行也；七絃者，法七星也〔三〕。

〔一〕史記樂書正義、初學記十六、樂府詩集五七並引世本此文。説文：「琴，神農所作。」御覽五七七、路史後紀三注引揚雄琴清英，初學記十六、御覽五七九、路史後紀三注引桓譚新論，書鈔一〇九引傅玄琴賦序，並以爲神農作。

〔二〕陳壽祺尚書大傳定本云：「尚書無此文，蓋出書傳。」皮錫瑞疏證曰：「禮記樂記：『昔者，舜作五絃之琴以歌南風。』注：『南風，長養之風也，以言父母之長養己，其辭未聞也。』正義：『案聖證論引尸子及家語難鄭云：昔者，舜彈五絃之琴，其辭曰：南風之薰兮，可以解吾民之愠兮，南風之時兮，可以阜吾民之財兮。鄭云其辭未聞，失其義也。今案馬昭云：家語，王肅所增加，非鄭所見；又尸子雜説，不可取證正經，故言未聞也。』」今案：樂府詩集五七引揚雄琴清英：「舜彈五絃之琴而天下化。」應説義又本此。

〔三〕小雅鹿鳴文。

〔四〕拾補曰：「『雅』，初學記（十六）、類聚（四四）引無，案當有。」器案：孔本書鈔一〇九、御覽五七九引亦無「雅」字，又書鈔引「統」作「紀」。

〔五〕書鈔引「並」作「兼」，又引此句下有「由君臣之相得」句，初學記同卷另一條引作「與八音並行，君臣以相御」，類聚作「與八音並行，君臣以相御也」，御覽同卷别引作「與八音並行，君臣以相御也」。初學記、御覽引此條，俱與「君子所常御」條别行，則應氏原書自有「由君臣之相得」或「君臣以相御」句，承「與八音並行」句下，逐録者以與下句「然君子所常御者」相似，遂奪之耳，而不知下句「然君子」云云，正緊承上句爲言，然猶然則也，拾補以此爲「君子所常御」句異文，非是。

〔六〕説苑修文篇：「樂之可密者，琴最宜焉。」

〔七〕拾補云：「此二句御覽作『非若鍾鼓陳於宗廟，列於簴懸也』。」器案：初學記亦與御覽同。

〔八〕「諠譁」原作「譁人」，拾補依初學記改作「諠譁」。器案：御覽、天中記四二亦作「諠譁」，今據改正。慧琳一切經音義八〇引嵇康瑟賦：「不喧嘩而流漫。」案：荀子樂論：「樂姚冶以險，則民流僈鄙賤矣。」説苑反質篇：「鍾鼓之樂，流漫無窮。」文選嵇康琴賦：「紛澀譶以流漫。」李周翰注：「澀譶、流漫，亂極長遠聲也。」

〔九〕文選成公子安嘯賦注引新論琴道：「大聲不振華而流漫，細聲不堙滅而不聞。」

〔一〇〕「人」，拾補云：「初學記『發』。」器案：御覽、天中記亦作「發」。

〔一一〕御覽五七九引大周正樂曰：「琴所以脩身理性，反其天真也，君子所以常御不離於身，非若鍾鼓陳於宗廟，列於簴懸也。以其大小得中，而聲音和，大聲不諠譁而流漫，小聲不湮滅而不聞，適足以和人意氣，感發善心也。」即本風俗通爲説。

〔一二〕文選長門賦注引七略：「雅琴，琴之言禁也，雅之言正也，君子守正以自禁也。」通典一四四、御覽五七七引揚雄琴清英：「昔者，神農造琴，以定神，禁婬嬖，去邪欲，反其真者也。」説文：「琴，禁也。」白虎通禮樂篇：「琴者，禁也，所以禁止淫邪，正人心也。」玉篇十六引桓譚新論：「琴，神農造也。琴之言禁也，君子守以自禁也。」廣雅釋詁：「琴者，禁也。」樂府詩集五七琴曲歌辭：「琴者，先王所以脩身理性，禁邪防淫者也。是故君子無故不去其身。唐書樂志曰：『琴，禁也，夏至之音，陰氣初動，禁物之淫心也。』」

〔一三〕後漢書曹褒傳注引劉向别録：「君子因雅琴之適，故從容以致思焉。」

〔一四〕「杼」，郎本、程本作「舒」。拾補曰：「『抒』同，程本『舒』，是後人所改。」

〔一五〕羣書通要丁二引作「凡琴曲和樂而作，名之曰曲」，誤。

〔一六〕「不」，拾補云：「下脱一字。」識語云：「『不』因上三『不』字而長，好禮樂道，本論語『富而好禮，貧而樂道』，無庸譄字。」

〔一七〕御覽七五九引大周正樂：「凡琴曲和樂而作，命之曰暢，暢者，言其道之美暢，從不敢自安也。」即本此文。文選琴賦注、七發注引新論琴道：「堯暢遠則兼善天下，無不暢通，故謂之暢。」又引七略：「雅暢第十七。」樂府詩集五七引琴論：「和樂而作，命之曰暢，言達則兼濟天下，而美暢其道也。」

〔一八〕史記宋微子世家集解引「遇」作「道」，別録亦作「道」。

〔一九〕史記宋世家集解「失」作「改」。曾慥類説三六引作「凡琴曲和樂而作者謂之暢，因憂而作者謂之操，今通呼曰操，非也」。後漢書曹褒傳注引別録：「其道閉塞，悲愁而作者，名其曲曰操，言遇災害，不失其操也。」御覽引大周正樂：「憂愁而作，命之曰操。操者，言困阨危迫，猶不失其操也。」即本此文。文選蕪城賦注、長門賦注、舞賦注引新論琴道篇：「琴有伯夷之操，夫遭遇異時，窮則獨善其身，故謂之操。」樂府詩集五七引琴論：「憂愁而作，命之曰操，言窮則獨善其身，而不失其操也。」

〔二〇〕徐本「頃」誤「頂」。

〔二一〕事又見列子湯問篇、吕氏春秋本味篇、韓詩外傳九、説苑尊賢篇，御覽十引傅子：「昔者，伯牙子遊於泰山之陰，逢暴雨，止於巖下，援琴而鼓之，爲淋雨之音，更造崩山之曲，每奏，鍾期輒窮其趣，曰：『善哉，子之聽也。』」當即一事而異辭耳。

〔二二〕御覽五七七引此下尚有「大絃爲君，小絃爲臣，文王、武王加二絃，以合君臣之恩」二十一字，當據補。樂府詩集五七引「七絃」下無「者」字。初學記十六、御覽五七七、樂府詩集五七引琴操：「伏羲作琴，長三尺六寸六分，象三百六十六日，廣六寸，象六合，文上曰池，池者，水也，言其平。下曰濱（御覽「宕」），濱者，服也；前廣後狹，象尊卑也；上圓下方，法天地也；五絃象五行，（御覽「五絃宫也」）大絃君也，寬和而温；小絃臣也，清廉不亂；文王、武王加二絃，（御覽無武王）以合君臣之恩。」初學記、樂府詩集同卷又引釋智匠樂録：「文王加一，武王加一，今稱二絃爲文武絃。」御覽五七九引琴書：「琴長三尺六寸，法朞之數；上圓而斂，象天也；下方相平，法地也；十三徽配十二律，餘一象閏也；本五絃，宫、商、角、徵、羽也，加二絃，文武也。至後漢蔡邕又加二絃，象九星，在人法九竅，其象有異，傳於代四，所象鳳首翅足尾。南方朱雀，爲樂之本也，五分其身，以三爲上，以二爲下，三天兩地之義也。上廣下狹，尊卑之象也。中翅八寸，象八風。腰廣四寸，象四時。軫圓象陰陽轉而不窮也。臨樂承露用棗，脣用梓，未達先賢深意也。」

空侯〔一〕

謹按：漢書〔二〕：「孝武皇帝賽〔三〕南越，禱祠太一〔四〕后土，始用樂人侯調，依琴作坎坎之樂〔五〕，言其坎坎應節奏也〔六〕，侯以姓冠章耳。〔七〕」或說：空侯取其空中〔八〕。琴瑟皆空，何獨坎侯耶？斯論是也。詩云：「坎坎鼓我。〔九〕」是其文也〔一〇〕。

〔一〕原注：「又坎侯。」案書鈔一一〇引作「箜篌」，初學記十六、類聚四四、古今韻會舉要一、綱目集覽四三引作「箜篌一名坎侯」，白帖十八引作「箜篌一名坎篌」，謝氏詩源引作「箜侯曰坎侯」。凡將篇：「鐘磬竽笙筑坎侯。」

〔二〕見郊祀志上。

〔三〕「賽」，漢書作「塞」，史記封禪書、補武紀亦作「塞」。器案：塞借賽字，封禪書：「冬塞禱祠。」索隱：「塞，先代反，與賽同，今報神福也。」郊祀志同，師古曰：「塞謂報其所祈也。音先代反。」後漢書曹節傳注：「塞，報祠也，字當爲賽，通用。」説文新坿字：「賽，報也。」管子小問篇：「桓公踐位，令釁社塞禱。」則其來尚矣。

〔四〕大德本、汪本、徐本「太一」作「太乙」，初學記、書鈔、白帖引作「太一」，類聚作「太山太一」，案史、漢俱作「太一」，無「太山」。

〔五〕拾補校作「依琴作坎侯」，識語云：「前文『始用樂人侯調』，後文『侯以姓冠章』，此當去『侯』，或『侯』下讀『坎』。」案白帖作「依琴作坎」，事物紀原二引作「依琴作坎侯」。

〔六〕初學記、書鈔、類聚、白帖引俱無「奏」字。

〔七〕封禪書集解徐廣曰：「應劭云：『武帝令樂人侯調始造此器。』」（王應麟急就篇補注三引同）文選箜篌引注引應劭漢書注：「使樂人侯調作之，取其坎坎應節也，因以其姓號名曰坎侯。」宋書樂志一：「空侯，初名坎侯。武帝賽滅南越，祠太一后土，用樂，令樂人侯暉依琴作坎侯，言其坎坎應節奏也。侯者，因工人姓爾，後言空，音訛也。」舊唐書音樂志二：「箜篌，漢武帝使樂人侯調所作，以祠太一。或云侯輝所作。其聲坎坎應節，謂之坎侯，聲訛爲箜篌。或謂師延靡靡樂，非也。舊説亦依琴制，今按其形，似瑟而小，七絃，用撥彈之，如琵琶。豎箜篌，胡樂也，漢靈帝好之，體曲而長，二十有二絃，豎抱於懷，用兩手齊奏，俗謂之擘箜篌。鳳首箜篌，有項如軫。」樂府古題要解下：「舊史稱漢武帝滅南越，祠太乙后土，令樂人侯暉依琴造坎侯，言坎坎節應也，侯，工人之姓，因曰坎侯，後訛爲箜篌也。」樂府解題：「漢武滅南粤，令樂人侯暉依琴造坎，音坎坎應節，以侯姓名坎侯。」古今事物考五：「風俗通：『漢武帝令樂人侯調，依琴作坎侯。』杜祐曰：『其聲坎坎應節，故曰坎侯，譌爲空侯。侯者，因樂人姓也。』」

〔八〕釋名釋樂器：「箜篌，蓋空國之侯所存也。」通鑑漢紀三十六注引世本：「空侯，空國侯所造。」段安節樂府雜録：「以其亡國之音，故號空國之侯。」是又一説也。

〔九〕小雅伐木文。

〔一〇〕俞樾茶香室叢鈔一：「按此，知詩所謂『坎坎鼓我』者，鼓琴鼓瑟皆是，毛傳無文，鄭箋云：『爲我擊鼓坎坎然。』非古義也。詩『鼓我』與『舞我』同，鼓非樂器也，琴瑟皆可鼓，何必擊鼓乃謂之鼓乎？」

箏

謹按：禮樂記：「箏〔一〕五絃，筑身也。〔二〕」今并、涼〔三〕二州箏形如瑟，不知誰所改作也〔四〕。或曰：秦蒙恬所造〔五〕。

〔一〕「箏」字原脱，據拾補校補。

〔二〕拾補云：「宋書樂志引『箏，筑身而瑟絃』。」錢大昕曰：「案通鑑注卷六十引云：『箏，秦聲，五絃筑身。箏者，上圓象天，下平象地，中空象六合，絃柱十二，擬十二月，乃仁智之器也。』下接『今并、涼』云云。」器按：羣書通要丁二引云：「箏者，上圓象天，下平象地，中空準六合，絃柱十二，準十二月，乃仁智之器也。」是元人所見本，俱有此文。又此所引樂記，乃佚禮文，説已見前。説文：「箏，鼓絃筑身樂也。」（從御覽五七六引）初學記十六引「箏，秦聲也，或曰：蒙恬所造」，在「五絃筑身」前，又事物紀原二引作「箏，秦聲也，而五絃，今十三絃，不知誰作」。今本脱「箏秦聲也」句。史記李斯傳：「夫擊甕叩缻，彈箏搏髀，而歌呼嗚嗚快耳目者，真秦之聲也。」隋書音樂志：「箏，十三絃，所謂秦聲，蒙恬所作也。」據此，則此文「五絃」上當補「秦聲」二字，「筑身也」下，當補元人所引「上圓象天」一段。

〔三〕事始「涼」誤「梁」。

〔四〕器案：御覽五七六引此下尚有「按京房制五音，唯加瑟十三絃，此乃箏也，今雅樂箏十二絃也，他樂皆十三絃，如箏稍小，曰雲和，樂府不用」四十字。

〔五〕文選箏賦注引無「秦」字。倭名類聚鈔六引作「神農造箏，或曰蒙恬所造，秦聲也」。宋書樂志一、初學記十六、書鈔一一〇、御覽五七六引傅玄箏賦序（類聚四四引作傅子）：「箏，秦聲也，以爲蒙恬所造。今觀其器，上圓象天，下平象地，中空準六合，絃柱擬十二月，體合法度，節究哀樂，設之則四象在，鼓之則五音發，斯乃仁智之器，豈蒙恬亡國之臣所能關思哉。」

筑

謹按：太史公記〔一〕：「燕太子丹遣〔二〕荆軻欲西刺秦王，與客送之易水，而設祖道，高漸離擊筑，荆軻和歌，爲濮上音〔三〕，士皆垂髮涕泣〔四〕，後爲羽聲，慷慨而索，瞋目，髮盡上指冠〔五〕。荆軻入秦，事敗而死。漸離變名易姓〔六〕，爲人庸保〔七〕，匿作於宋子〔八〕，久之，作苦，聞其家堂上〔九〕客擊筑，伎癢〔一〇〕不能毋〔一一〕出言，曰：『彼有善不善。〔一二〕』從者告其主曰：『彼庸乃知音，竊言是非。』家丈〔一三〕人作樂，召前使擊筑，一坐稱美〔一四〕，賜酒；而漸離念久畏約，毋窮已時〔一五〕，乃退，出〔一六〕裝匣中筑，與其善衣，更容貌而前，莫不驚愕，下與亢禮〔一七〕，以爲上客，使擊筑歌，無不涕泣而去者。宋子客傳之，聞於秦始皇，始皇召見，人有識者，乃高漸離；始皇惜其善擊筑，重〔一八〕殺之，乃矐其目〔一九〕，使擊筑，未嘗不稱善，稍益近之。漸離

乃以鉛置筑木〔一〇〕中，後進得近，舉筑撲始皇，不中，於是遂誅。〔一一〕

〔一〕見刺客列傳。

〔二〕「遣」，徐本誤「達」。

〔三〕拾補據史記校作「爲變徵之聲」。

〔四〕拾補云：「『髮』史作『涙』。」識語：「『涙』是後人因下文『髮盡上指冠』更之，無義。」案漢書中山靖王傳注：「應劭曰：『燕太子丹，遣荆軻刺秦王，賓客祖於易水之上，漸離擊筑，士皆垂泣，荆軻不能復食也。』」亦不作「髮」，當從拾補説校改。

〔五〕水經易水注引闞駰稱：「燕太子丹遣荆軻刺秦王，與賓客知謀者祖道，皆素衣冠送之於易水之上。荆軻起爲壽，歌曰：『風蕭蕭兮易水寒，壯士一去兮不復還。』高漸離擊筑，宋如意和之，爲壯聲，士髮皆衝冠，爲哀聲，士皆流涕於此也。」然則所謂濮上之音即哀聲，羽聲即壯聲也。

〔六〕文選射獵賦注引作「變姓易名」。

〔七〕刺客列傳索隱：「案謂庸作於酒家，言可保信，故云庸保。鶡冠子曰：『伊尹保酒。』」

〔八〕史記集解：「徐廣曰：『縣名也，今屬鉅鹿。』」册府元龜九四八「作」作「依」。

〔九〕顔氏家訓書證篇、靖康緗素雜記二引「上」有「有」字。

〔一〇〕「癢」，拾補曰：「文選注引作『養』，乃正體。」

〔一一〕「毋」字原無，朱筠曰：「文選射雉賦注引作『伎養不能毋出言』，顔氏家訓引此作『伎癢不能無出言』，據此應增一『無』字。」拾補曰：「脱，選注有，顔氏家訓作『無』。」案靖康緗素雜記引作「伎養不能無出言」，今據朱、盧校補。

〔一二〕今史記「伎養」作「傍偟」，顏氏家訓曰：「案伎癢者，懷其伎而腹癢也，是以潘岳射雉賦亦云：『徒心煩而伎癢。』今史記並作『徘徊』，或作『徬徨不能無出言』，是爲俗傳寫誤耳。」案文選李善注：「有伎藝欲逞曰伎癢。」

〔一三〕「丈」，史記作「大」，單行本索隱作「丈」，册府作「主」。

〔一四〕「美」，史記作「善」。

〔一五〕史記、册府作「念久隱畏約無窮時」，索隱曰：「約謂貧賤儉約，既爲庸保常畏人，故云畏約，所以論語云：『不可以久處約。』」器案：索隱説是，史記秦始皇本紀：「尉繚曰：『秦王爲人，……居約，易出人下。』」義與此同。

〔一六〕拾補「出」下補「其」字。

〔一七〕史記汲黯列傳正義、漢書高紀下注引應劭曰：「亢禮，長揖不拜也。」

〔一八〕文選喻巴蜀檄文注：「重，難也。」本書窮通篇虞卿條：「魏齊聞信陵君之初重見之。」史記范雎傳「重」即作「難」。

〔一九〕史記集解：「矐音海各反。」索隱：「海各反，一音角，説者云：『以馬屎燻令失明。』」

〔二〇〕「木」字，拾補云：「衍。」索隱曰：「案劉氏云：『鉛爲挺，著筑中，令重以擊人。』」器案英人斯氏刼去唐寫本盧藏用春秋後語燕語第十注（斯一四三九）引應劭作「押中」，則「木中」當是「柙中」之誤。

〔二一〕此事又見戰國策燕策三、論衡書虛篇。器按：史記高紀正義、漢書高紀下注引應劭，文選荆軻歌注引應劭漢書注，唐寫本盧藏用春秋後語注引應劭，急就篇王應麟補注引應劭，並云：「筑狀似琴（一作「瑟」）而大，頭安絃，以竹擊之，故名曰筑。」今考應氏此篇釋樂器者，俱詳其性狀，惟此獨否，當據應注以補之也。

缶

謹按：易稱：「日昃之離，不鼓缶而歌。〔一〕」詩云：「坎其擊缶，宛丘之道。〔二〕」缶者，瓦器，所以盛漿〔三〕，秦人鼓之以節歌〔四〕。太史公記〔五〕：「趙惠文王與秦昭王會於澠池，秦王飲，酒酣，曰：『寡人竊聞趙王好音，請奏瑟。』趙王鼓瑟，秦御史前〔六〕曰：『某日〔七〕，秦王與趙王會飲，令趙王鼓瑟。』藺相如前曰〔八〕：『竊聞秦王善爲秦聲，請奏缶以相樂。〔九〕』秦王怒不許〔一〇〕。於是相如進曰：『五步之內，相如請得以頸血濺大王矣。』左右欲刃相如〔一一〕，張目叱之，皆靡。於是秦王不懌，爲一擊缶。相如顧召御史書曰〔一二〕：『秦王爲趙王擊缶也。〔一三〕』」

〔一〕離卦文。

〔二〕陳風宛丘文。黄佐曰：「缶，秦聲也，陳師從胡公于豐，衆習其聲以歸，國人化之。」

〔三〕史記藺相如傳集解、書鈔一一一引「漿」上有「酒」字。

〔四〕孔本書鈔此下有「象形也」三字，說文缶下云：「缶，瓦器，所以盛酒漿，秦人鼓之以節謌，象形。」即此所本。漢書楊惲傳注引應劭，文選報孫會宗書注引應劭漢書注，並云：「缶，瓦器也，秦人擊之以節歌。」漢書五行志中之下，師古注曰：「缶，盎也，即今之盆。」演繁露四：「應劭風俗通：『缶者，瓦器，所以節歌。』易曰：『日昃之離，不鼓缶而歌，則大耋之嗟凶。』楊惲傳：『擊缶而呼嗚嗚者，真秦聲也。』由此言之：擊缶者，皆擊之以節其歌，非缶而自能出聲也。」

〔五〕見藺相如傳。

〔六〕史記「前」下有「書」字，今此下文亦有「書」字，當據補。

〔七〕史記作「某年月日」。

〔八〕史記「曰」下有「趙王」二字。

〔九〕史記作「請奉盆缻秦王以相娛樂」，王念孫、張文虎據文選西征賦注、御覽五八四引改「奉」爲「奏」，云：「奏，進也。」器按：此文正作「奏」，王、張俱失引。

〔一〇〕郎本「許」誤作「計」。

〔一一〕史記重「相如」二字，當據訂補。

〔一二〕史記「曰」下有「某年月日」四字。

〔一三〕御覽引史記作「趙王使秦王擊缶」。水經穀水注：「穀水又東逕秦、趙二城南，世謂之俱利城。耆彥曰：『昔秦、趙之會，各據一城，秦王使趙王鼓瑟，藺相如令秦王擊缶處也。』」案：俱利城又見魏書地形志上、通典州郡七、元和郡縣志五、輿地廣記五、太平寰宇記五。

笛〔一〕

謹按〔二〕：樂記：「武帝時〔三〕丘仲之所作也〔四〕。」笛者，滌也〔五〕，所以蕩〔六〕滌邪穢〔七〕，納之於〔八〕雅正也。〔九〕長二〔一〇〕尺四寸，七孔〔一一〕。其後又有羌笛，馬融笛賦曰：「近世雙笛從羌起〔一二〕，羌人伐竹未〔一三〕及已，龍鳴水中不見已〔一四〕，截竹吹之音相似〔一五〕，剡〔一六〕其上孔通洞之，材〔一七〕以當檛便易持〔一八〕，京君明賢〔一九〕識音律，故本四孔加以一，君明所加孔後出，是謂商聲五音畢。〔二○〕」

〔一〕原注：「『篴』同。」案禮記明堂位音義：「笛本又作『篴』，音狄。」玉篇：「篴，同笛。」

〔二〕拾補曰：「脱『禮』字，下同。」識語曰：「謹按：劉子政校書，得樂記二十三篇，小戴記止斷取十一篇耳，仲遠所引當是樂器篇語，在餘十二篇中，不當有『禮』字。鄭君周官注：『貍首在樂記。』蔡中郎明堂論引樂記：『武王伐殷，爲俘馘于京大室。』都無『禮』字可證也。」

〔三〕拾補云：「書鈔有『工人』二字。」按孔本無；事類賦十一、御覽五八○有。

〔四〕通典樂典四引「丘」作「邱」。禮部韻略二十三錫笛下曰：「按説文：『七孔筩也。』羌笛三(五)孔，風俗通云：『武帝時丘仲所作。』則以羌笛爲丘仲作。」宋書樂志一：「笛，案馬融長笛賦，此器起近世，出於羌中京房備其五音。又稱丘仲工其事。不言仲所造。風俗通則曰：『丘仲造笛，武帝時人，其後更有羌笛。』三説不同，未詳孰實。」吴翌鳳燈窗叢録二曰：「風俗通曰：『笛，武帝時丘仲所作。』非也，高祖初入咸陽宫，得玉笛長二尺三寸，二十六孔，銘曰昭華之琯。在武帝前。」

〔五〕釋名釋樂器：「篴，滌也，其聲滌滌然也。」

〔六〕初學記十六、類聚四四、書鈔一一一、事類賦、羣書通要丁二引無「蕩」字。

〔七〕周禮春官笙師職篴，杜子春讀爲蕩滌之滌。朱筠曰：「文選馬融長笛賦注引此作『滌蕩邪志』。」案史記樂書：「蕩滌邪穢。」

〔八〕書鈔無「之於」二字；類聚、文選注、事類賦、羣書通要無「於」字。

〔九〕希麟續一切經音義四引作「笛，滌也，言滌去邪穢，納正氣也」，與此異。御覽五八○引樂書：「笛者，滌也，丘仲所作，可以滌蕩邪氣，出揚正聲。」

〔一〇〕「二」，拾補云：「初學記、書鈔皆作『一』，類聚無。」案：蘇軾李委吹笛詩馮注「二」作「一」，御覽、通志樂略二、事物紀原二無。

〔一一〕蘇詩馮注引「七孔」作「六孔」。

〔一二〕案：此句上，文選馬融長笛賦冠以「其辭曰」，李周翰曰：「此丘仲所言之辭也。」李善曰：「風俗通曰：『又有羌笛。』然（讀爲「然則」）羌笛與笛，二器不同。」

〔一三〕「未」，從宋本、鍾本，餘本俱誤「木」，朱筠曰：「『木』當作『未』。」拾補校作「未」。

〔一四〕「己」原作「後」，朱筠曰：「『後』當作『己』。」拾補校作「己」，長笛賦作「己」，今據改正。李善曰「己謂龍也。」

〔一五〕文選「音」作「聲」。舊鈔本李冶古今黈五：「季長謂龍吟水中不見羌人，羌人故得截竹吹之，以效其聲，而文選音注，大與此別，不見之見，音胡鍊反，張銑注云：『龍吟水中，不見其身。』李善注云：『己謂龍也。』皆謂在水中不顯現其身，實違馬旨。」

〔一六〕劉良曰：「剡，削也。」

〔一七〕「材」，文選作「裁」，同。

〔一八〕「持」，宋本、大德本、朱藏元本、仿元本誤作「特」，文選「檛」作「簻」，「特」作「持」。夢溪筆談五：「馬融笛賦云：『裁以當簻便易持。』李善注云：『簻，馬策也，裁笛以當馬簻，故便易持。』此謬說也，笛安可爲馬策。簻，管也，古人謂樂之管爲簻，故潘岳笙賦云：『脩簻内辟，餘簫外透。』裁以當簻者，餘器多裁衆簻以成音，此笛但裁一簻，五音皆具，當簻之工，不假繁猥，所以便而易持也。」（丹鉛録襲用此說）西溪叢語下駁存中說云：「據說文簻、檛並音張瓜反，篳也，不聞以篴爲樂管。潘岳笙賦乃用檛字，云：『脩檛内闢。』注云：『修，長；檛，大；闢，開也。』自與篴字不同，言羌人裁之以當馬策，言易執持，而復可吹也。」演繁露八：「予案急就章曰：『吹鞭篍課後先。』唐韻曰：『篍，竹也。』説文：『篍，吹筩也。』玉篇亦曰：『篍，吹筩也，以竹爲鞭，中空可吹，故曰吹鞭也。』篴卽馬策，可以策馬，又可爲笛，一物兩用，軍旅之便，故云易持也。今行陣間皆有笛，卽古吹鞭之制也，括豈不見急就章書，而臆立此雜也耶？」

〔一九〕「京君明賢」，拾補校作「易京君明」，蓋從文選也。初學記十六引長笛賦作「京房君明識音律」。

〔二〇〕「畢」字原無，朱筠、盧文弨俱據文選補「畢」字，今從之。李善注：「沈約宋書：『笛，京房備其五音。』」

批把〔一〕

謹按：此近世〔二〕樂家所作，不知誰也〔三〕。以手批把〔四〕，因以爲〔五〕名〔六〕。長三尺五寸，法天地人與五行〔七〕，四絃象四時〔八〕。

〔一〕拾補曰：「釋名皆從木。」器按：它書引此，多作「琵琶」，琵琶，説文新附字。

〔二〕玉篇琴部、白帖十八、事物紀原二引「世」作「代」。

〔三〕朱筠曰：「玉篇琴部引此作『近代樂家所制，不知所造』。」案：書鈔一一〇、類聚四四引「誰」下有「作」字。初學記十六、白帖、段安節琵琶録、御覽三八三引作「不知所起」，事物紀原作「不知其始」。

〔四〕宋書樂志一、意林作「琵琶」。通典樂四、舊唐書音樂志二、通志樂二、御覽作「以手琵琶之」。

〔五〕意林「爲」作「得」。

〔六〕釋名釋樂器：「枇杷，本出於胡中，馬上所鼓也，推手前曰枇，引手卻曰杷，象其鼓時，因以爲名也。」

〔七〕朱筠曰：「玉篇琴部引作『象三才五行』。」

〔八〕初學記、類聚、御覽句末有「也」字。宋書樂志一：「琵琶，傅玄琵琶賦曰：『漢遣烏孫公主嫁昆彌，念其行道思慕，故使工人裁箏、筑，爲馬上之樂。欲從方俗語，故名琵琶，取其易傳於外國也。』風俗通云：『以手琵琶，因以爲名。』杜摯云：『長城之役，絃鼗而鼓之。』並未詳孰實，其器不列四廂。」舊唐書音樂志二：「琵琶，四絃，漢樂也。初，秦長城之役，有弦鼗而鼓之者。及漢武帝嫁宗女於烏孫，乃裁箏、筑爲馬上樂，以慰其鄉國之思。推而遠之曰琵，引而近之曰琶，言其便於事也。今清樂奏琵琶，俗謂之『秦漢子』，圓體修頸而小，疑是弦鼗之遺制。其他皆充上鋭下，曲頸，形制稍大，疑此是漢制。兼似兩制者，謂之『秦漢』，蓋通用秦、漢之法。梁史稱侯景之將害簡文也，使太樂令彭雋齎曲頸琵琶就帝飲，則南朝似無。曲頸者，亦本出胡中。五絃琵琶稍小，蓋北國所出。風俗通云：『以手琵琶之。』案舊琵琶，皆以木撥彈之，太宗貞觀中始有手彈之法，今所謂搊琵琶者是也。風俗通所謂『以手琵琶之』，乃非用撥之義，豈上世固有搊之者耶？」

竽

謹按：禮記：「管三十六簧也〔一〕，長四尺二寸。〔二〕」今二十三管。

〔一〕拾補「禮」下補「樂」字，「管」校改「竽」。識語曰：「按：説文解字亦云『管三十六簧』，知『管』是，此與『武帝時丘仲之所作也』，無『笛』字同例。」器案：漢人著書，多以正文連標題讀者，此於列女傳及説文解字習見之，盧校非是，徐説亦未得其會通。周禮春官笙師職云：「笙師掌教龡竽。」鄭司農云：「竽，三十六簧。」廣雅釋樂：「竽象笙，三十六管。」御覽五八一引通禮義纂：「漢武帝時丘仲作竽笙，三十六管。」

〔二〕笙師疏、御覽五八一引易通卦驗：「冬至吹黄鍾之律，間音以竽。竽長四尺二寸。」鄭玄注云：「竽，管類，用竹爲之，形參差，象鳥翼，鳥火禽，火數七，冬至之時吹之，冬，水用事，水數六，六七四十二，竽之長，蓋取於此也。」

簧

謹按：世本：「女媧作簧。〔一〕」簧，笙中簧也〔二〕。詩云：「吹笙鼓簧，承筐是將。〔三〕」

〔一〕御覽五八一引世本此文同，又引宋均注曰：「女媧，黄帝臣也。」

〔二〕釋名釋樂器：「笙，生也，其中汙空以受簧也。」

〔三〕小雅鹿鳴文。

籥

謹按：周禮：「籥師氏掌教國子吹籥。〔一〕」詩云：「以籥不僭。〔二〕」籥樂之器，竹管，三孔，所以和衆聲也〔三〕。

〔一〕春官籥師職文。

〔二〕小雅鼓鐘文。

〔三〕拾補云：「『之』字衍。」器案：書鈔一一一引「聲」作「音」。說文：「龠，樂之竹管，三孔，以和衆聲也。」應氏正用此文，乃衍「器」字，非衍「之」字也。周禮笙師注、禮記少儀注、爾雅釋樂注並云：「籥如笛，三孔。」

篪〔一〕

謹按：世本：「蘇成公作篪。」管樂，十孔，長尺一寸〔二〕。詩云：「伯氏吹塤，仲氏吹篪。」〔三〕

〔一〕原注：「䶵、箷同。」器案：兩京本無此三字。程本、郎本「䶵」作「𪛉」，胡本、鍾本作「『篪』與『池』同」，譌。說文作䶵，集韻五支：「䶵或作篪，亦作箷。」程本、郎本作「𪛉」者，爾雅釋樂：「大篪謂之沂。」御覽五八〇引舍人曰：「大篪其聲悲沂鏘然也。」釋文引李、孫云：「篪聲悲，沂者悲也。」「𪛉」即「沂」字。

〔二〕爾雅釋樂釋文引世本：「篪，蘇成公所作，長一尺二寸。」廣韻五支引世本：「篪，蘇成公所作也。」御覽五八〇引世本：「蘇成公造篪，吹孔有嘴如酸棗。蘇成公，平王時侯也。」後漢書明紀注引世本：「暴辛公作篪，以竹爲之，長尺四寸，有八孔。」毛詩序：『何人斯，蘇公刺暴公也。』「仲氏吹篪」，鄭箋云：「謂相應和如壎篪，以言宜相親愛也。」世遂以爲蘇成公作。」宋書樂志一：「篪，世本云：『暴新公所造。』舊志云：『一曰管。』史臣案：非也。雖不知暴新公何代人，而非舜前人明矣。舜時西王母獻管，則是已有其器，新公安得造篪乎？』爾雅曰：『篪，大者尺四寸，圍三寸曰沂。』沂音銀，一名翹。小者尺二寸。今有胡篪，出於胡吹，非雅器也。」

〔三〕小雅何人斯文。今本「塤」作「壎」。

簫〔一〕

謹按：尚書：「舜作〔二〕，簫韶九成，鳳皇〔三〕來儀。〔四〕」其形參差，像鳳之翼〔五〕，十管，長一尺〔六〕。

〔一〕朱錫庚曰：「題間之『簫』字，當連下文作『簫，謹按尚書：舜作』爲句，其義自明。」按：朱説是，前已明之矣。

〔二〕事始引作「舜作簫」，此不明漢人句讀，而以臆爲之。

〔三〕「皇」原作「凰」，俗字，今從尚書校改。

〔四〕益稷文，馬融注云：「以鳥獸爲筍簴。」器案：爾雅釋樂疏、初學記十六、類聚四四、書鈔一一一、白帖十八、御覽五八一、楚辭九歌補注及集注、續一切經音義三、古今事物考五引此，俱作「舜作簫」，下文或承「其形參差」，或接「以象鳳翼」，路史後紀十一注、文獻通考引世本：「舜造簫，其形參差，象鳳翼，管長二尺。」疑此文原當作「謹按：尚書：『簫韶九成，鳳皇來儀。』世本：『舜作簫。』其形參差云云」。

〔五〕説文竹部：「簫，參差，管樂，象鳳之翼。」御覽五八一引易説鄭玄注：「簫亦管，形似鳥翼，鳥，火禽也，火數七，夏時火用事，二七十四，簫之長由此也。」九歌：「望夫君兮未來，吹參差兮誰思。」王注：「言若洞簫也。」文選洞簫賦：「吹參差而入道德兮，故永御而可貴。」荀子解蔽篇：「鳳皇秋秋，其聲若簫。」是簫形象鳳翼，其音亦象鳳聲也。

〔六〕拾補云：「類聚『長三尺』，御覽『長尺二寸』，與初學記頌簫同。」器案：詩周頌有瞽正義、爾雅疏、陳景元南華真經章句音義二引作「長二尺」，書鈔同今本，事物紀原作「長尺二寸」，古今事物考作「長一尺二寸」。隋書音樂志下：「竹之屬三：一曰簫，十六管，長二尺，舜所造者也；二曰篪，長尺四寸，八孔，蘇公所造者也；三曰笛，凡十二孔，漢武帝丘仲所作者也；京房備五音，有七孔，以應七聲，黄鍾之笛，長二尺八寸四分四釐有奇，其餘亦上下相次，以爲長短。」

籟

謹按：禮樂記：「三孔籥也，大者謂之産，其中謂之仲，小者謂之箹。〔一〕」

〔一〕說文竹部：「籟，三孔籥也，大者謂之笙（當作「籦」，形近而誤，爾雅釋文正作「籦」），其中謂之籟，小者謂之箹。」爾雅釋樂：「大籥謂之産，其中謂之仲，小者謂之箹。」御覽五八〇引舍人云：「仲，其聲適中，仲吕也；小者，形聲細小曰箹也。」

篍〔一〕

謹按：漢書舊注：「篍，吹鞭也〔二〕。篍者，憮也，言其節憮威儀。〔三〕」

〔一〕「篍」原作「菰」，下同，今俱改正。

〔二〕說文：「篍，吹鞭也。」急就章：「篍敹起居課後先。」顏師古注曰：「篍，吹鞭也。敹，吹筩也。起居，謂晨夜卧及休食時，督作之司，以此二者，爲之節度。」初學記十五引應劭漢鹵簿云：「騎執篍。」宋書樂志一曰：「笳，杜摯笳賦云：『李伯陽入西戎所造。』漢舊注曰：『篍，號曰吹鞭。』晉先蠶儀注：『車駕住，吹小篍；發，吹大篍。』篍卽笳也。又有胡笳，漢舊筝笛録（初學記十五、太平御覽五八一引作「漢舊録」）有其曲，不記所出本末。」（初學記、御覽引尚有「笳者，胡人卷蘆葉吹之以作樂也，故曰胡笳」二句。）陳暘樂書曰：「漢有吹鞭之號，笳之類也，乃狀大類馬鞭，今牧童多卷蘆葉吹之也。」

〔三〕洪頤煊讀書叢録曰：「風俗通聲音篇引漢書舊注云：『菰，吹鞭也。菰，憮也，言其節憮威儀。』又引漢書注云：『荻，角也，言其聲音荻荻，名自定也。』師古敍例，惟服虔與劭同時，餘諸家皆在劭後，則劭以前注漢書者亦多矣。」器案：此條引漢書舊注，下條引漢書注，又史記高紀集解引風俗通曰：「漢書注：『沛人語初發聲皆言其，其者，楚言也，高祖始登帝位，教令言其，其後以爲常耳。』」此三者當即一書，蓋皆漢舊注之誤也，作「漢書舊注」者，誤衍「書」字，作「漢書注」者，「書」又「舊」之誤耳。宋書樂志引漢書注云：「菰號曰吹鞭云云。」即其明證；漢舊注蓋即漢舊儀，儀注義同，非注解之注也。衛宏撰漢舊儀四卷，舊唐書經籍志作漢書儀，「書」卽「舊」字形譌，新唐書藝文志作漢書舊儀，「書」又「舊」之譌羨，其致誤之由，正與風俗通相似，洪氏竟以爲漢書注，非也。

篍〔一〕

謹按：漢書注：「篍，筩也〔二〕，言其聲音篍篍，名自定也。」

〔一〕「篍」原作「荻」，下同，今校改。

〔二〕「筩」原作「筩」，胡本、郎本、程本、鍾本作「筩」，今據改正。說文：「篍，吹筩也。」穆天子傳六注：「篍，今戟吏所吹者。」廣韻三十五笑：「篍，竹簫，洛陽亭長所吹。」

風俗通義窮通第七〔一〕

易稱：「懸象著明，莫大乎日月。〔二〕」然時有昏晦。詩美：「滔滔江、漢，南北之紀。〔三〕」然時有壅滯。論語「固天縱之〔四〕」，莫盛於聖，然時有困否。日月不失其體，故蔽而復明；江、漢不失其源，故窮而復通；聖人不失其德，故廢而復興。非唯聖人，俾爾亶厚〔五〕，夫有恒者，亦允臻矣〔六〕。是故君子厄窮而不閔，勞辱而不苟〔七〕，樂天知命〔八〕，無怨尤焉〔九〕，故録先否後喜〔一〇〕曰窮通也。

〔一〕蘇頌曰：「窮通七，子抄云：『十五。』」

〔二〕易繫辭上文。

〔三〕詩小雅四月文。「北」，拾補曰：「『國』之誤，似非異文。」徐璈詩經廣詁曰：「漢在北，江在南，故云南北之紀。詩人蓋從事於江、漢間也。」

〔四〕程榮本「天」誤「大」。此子罕篇文。全祖望經史問答：「問：『固天縱之，吾丈句讀甚新，但果何出，幸詳示其所自。』答：此本漢應仲遠風俗通，亡友雪汀，最賞其說。蓋多能本不足以言聖，亦有聖而不多能者。太宰不足以知聖，故有此言，子貢則本末並到，故曰『固天縱之』，兼該一切；『將聖而又多能也』，則『將』字『又』字俱圓融，此突過前人者。」

〔五〕詩小雅天保：「俾爾單厚。」潛夫論慎微篇引與此同。

〔六〕論語述而篇：「得見有恒者，斯可矣。」

〔七〕孟子公孫丑上：「遺佚而不怨，阨窮而不憫。」韓詩外傳一：「阨窮而不憫，勞辱而不苟。」列女傳貞順衛夫人傳：「阨窮而不閔，勞辱而不苟。」

〔八〕易繫辭上：「樂天知命故不憂。」

〔九〕論語憲問篇：「不怨天，不尤人。」

〔一〇〕易否卦：「上九，傾否，先否後喜。」

孔子困於陳、蔡之間〔一〕，七日不嘗粒〔二〕，藜羹不糝〔三〕，而猶絃琴於室〔四〕。顏回釋菜於户外〔五〕，子路、子貢相與言曰：「夫子逐於魯，削迹於衛，拔樹於宋〔六〕，今復見厄於此。殺夫子者無罪，籍夫子者不禁〔七〕；夫子絃歌鼓儛，未嘗絶音〔八〕。蓋君子之無恥也若此乎？〔九〕」顏淵無以對，以告孔子〔一〇〕。孔子恬然推琴，喟然而嘆曰：「由與賜小人也，召，吾語之。」子路與子貢入，子路曰：「如此可謂窮矣。〔一一〕」夫子曰：「由，是何言也？君子通於道之謂通，窮於道之謂窮。今丘抱仁義之道，以遭亂世〔一二〕之患，其何窮之爲？故内省而不疚於道〔一三〕，臨難而不失其德。大寒〔一四〕既至，霜雪既降，吾是以知松栢之茂也〔一五〕。昔者〔一六〕桓公得之莒，晉〔一七〕文公得之曹，越得之會稽〔一八〕。陳、蔡之厄，於丘〔一九〕其幸乎！〔二〇〕」自衛反魯，删詩、書，定禮、樂，制春秋之義，著素王之法〔二一〕，復相定公，會于夾谷，昭舊以正其禮，抗辭以拒其侮，齊人謝過，來歸鄆、讙、龜陰之田焉〔三〕。

〔一〕兩京本、胡本、程本此條不跳行另起，蓋朱藏元本、仿元本解題末句適至行末而止，兩京本等據之，遂致行款不分耳。

〔二〕呂氏春秋任數篇同，慎人篇作「七日不嘗食」，莊子山木篇、天運篇、讓王篇、荀子宥坐篇作「七日不火食」，韓詩外傳七、説苑雜言篇、家語在厄篇作「七日不食」。

〔三〕莊子讓王篇同，釋文：「糁，素感反。」呂覽慎人篇、韓詩外傳、説苑、荀子、墨子非儒下作「糂」，楊倞注：「糂與糁同，蘇覽反。」家語作「充」。

〔四〕莊子讓王篇、呂覽慎人篇作「絃歌於室」，莊子秋水篇作「絃歌不惙」，韓詩外傳作「讀書習禮、樂不休」，説苑作「讀詩、書治禮不休」。

〔五〕莊子讓王篇作「顔回擇菜」，呂覽慎人篇作「顔回擇菜於外」，釋、擇古通。

〔六〕莊子天運篇作「伐樹於宋，削迹於衛」，讓王篇作「夫子再逐於魯，削迹於衛，伐樹於宋，窮於商、周，圍於陳、蔡」，（卷子本無「再」字，無「商周圍於」四字。）呂覽慎人篇作「夫子逐於魯，削迹於衛，伐樹於宋」，舊校云：「『伐』一作『拔』。」與應氏同。

〔七〕呂覽慎人篇高注：「藉猶辱也。」莊子讓王篇釋文：「藉，毁也，陵藉也，一云繫也，或云係也。」

〔八〕莊子讓王篇「儛」作「琴」，呂覽慎人篇作「舞」。

〔九〕呂覽慎人篇作「蓋君子之無所醜也若此乎」，注：「醜猶恥也。」

〔一〇〕莊子讓王篇作「入告孔子」，呂覽慎人作「入以告孔子」，此當據補「入」字。

〔一一〕莊子讓王篇同，呂覽慎人篇作「子貢曰」，今案論語衞靈公篇亦作子路語，呂覽非是。

〔一二〕「世」，宋本如是，餘本俱作「性」，莊子讓王篇、呂覽慎人篇作「世」，今從宋本。

〔一三〕「而」字原無，今據拾補校補。「疚」，莊子讓王篇作「窮」。

〔一四〕「大寒」，呂覽慎人篇、淮南俶真篇同，莊子讓王篇作「天寒」。

〔一五〕論語子罕篇：「歲寒然後知松柏之後凋也。」

〔一六〕「者」，郎本誤作「有」。

〔一七〕拾補曰：「『晉』衍，呂無。」

〔一八〕呂覽慎人篇同。莊子讓王篇無此三句，陳碧虛莊子闕誤引江南古藏本有。荀子宥坐篇作「昔晉公子重耳，霸心生於曹，越王句踐霸心生於會稽，齊桓公小白霸心生於莒」，説苑作「昔者，齊桓公霸心生於莒，句踐霸心生於會稽，晉文公生於驪氏」，家語作「是以晉重耳之有霸心生於曹、衞，越王句踐之有霸心生於會稽」。

〔一九〕「丘」，大德本誤作「立」。

〔二〇〕按陳、蔡之厄，又見史記孔子世家、琴操、類聚引典略。衝波傳又言採桑女爲七言之詩教孔子，穿九曲明珠以解陳、蔡之圍。

〔二一〕杜預春秋左氏傳序：「説者以爲仲尼自衞反魯，脩春秋，立素王，丘明爲素臣。」正義曰：「麟是帝王之瑞，故有素王之説。言孔子自以身爲素王，故作春秋，立素王之法；丘明自以身爲素臣，故爲素王作左氏之傳。漢、魏諸儒，皆爲此説。董仲舒對策云：『孔子作春秋，先正王而繫以萬事，是素王之文焉。』賈逵春秋序云：『孔子覽史記，就是非之説，立素王之法。』鄭玄六藝論云：『孔子既西狩獲麟，自號素王，爲後世受命之君，制明王之法。』盧欽公羊序云：「孔子自因魯史記而脩春秋，制素王之道。」是先儒皆言孔子立素王也。孔子家語稱齊太史子餘歎美孔子言曰：「天其素王之乎！」素，空也，言無位而空王之也。彼子餘美孔子之深，原上天之意，故爲此言耳，非是孔子自號爲素王，先儒蓋因此而謬，遂言春秋立素王之法，左丘明述仲尼之道，故復以爲素臣。其言丘明爲素臣，未知誰所説也。」（困學紀聞八襲用正義此文。）今案淮南主術篇：「專行教道，以成素王。」論衡超奇篇：「孔子作春秋以示王意，然則孔子之春秋，素王之業也；諸子之傳書，素相之事也。」又定賢篇：「孔子不王，素王之業，在於春秋。」太史公自序：「壺遂曰：『孔子作春秋，垂空文以斷禮義，當一王之法。』」史記儒林傳：「因史記作春秋，以當王法，其辭微而旨博。」文選曹攄思友人詩注引論語崇爵讖：「子夏共撰仲尼微言，以當素王。」左傳序釋文：「王，于況反。」

〔三〕事見左傳定公十年及史記孔子世家。「讙」，史記作「汶陽」，集解引服虔曰：「三田，汶陽田也。」崔述曰：「鄆、讙、龜陰，乃九年陽虎以之奔齊者，皆在汶水之陽，故傳前云『反我汶陽之田』，後云『來歸鄆、讙、龜陰之田』。」

孟軻受業於子思〔一〕，既通〔二〕，游於諸侯，所言皆以爲迂遠而闊於事情〔三〕，然終不屈道趣舍〔四〕，枉尺以直尋〔五〕。嘗仕於齊，位至卿，後不能用。孟子去齊〔六〕，尹士曰：「不識王之不可以爲湯、武，則是不明也；識其不可，然且至，則是干禄也〔七〕；千里而見王，不遇故去，三宿而後出晝〔八〕，是何濡滯也？〔九〕」軻曰：「夫尹士烏知予哉！千里而見王，是予所欲也，不遇故去，豈予所欲哉？予不得已也。予三宿而出晝，於予心猶以爲速，王庶幾改諸〔一〇〕，王如改之〔一一〕，則必反予。夫出晝而王不予追也，予然後浩然有歸志。〔一二〕」魯平公駕，將見孟子，嬖人臧倉請曰：「何哉？君所謂〔一三〕輕身以先於匹夫者，以爲賢乎？」樂正子曰：「克告於君〔一四〕，君將爲來見也，嬖人有臧倉者沮君，君是以不果。」曰：「行或使之，止或尼之，行止非人之所能也，吾不遇於魯侯，天也，臧氏之子，焉能使予不遇哉！〔一五〕」又絕糧於鄒、薛〔一六〕，困殆甚〔一七〕，退與萬章之徒，序詩、書、仲尼之意〔一八〕，作書中、外十一篇〔一九〕，以爲：「聖王不作，諸侯恣行〔二〇〕，處士橫議〔二一〕，楊朱、墨翟之言，盈於天下，天下之言，不歸楊則歸墨，楊氏爲我〔二二〕，是無君也，墨氏兼愛〔二三〕，是無父也，無父無君，是禽獸也。楊、墨之道不息，孔子之道不著，是邪說誣民，充塞仁義也，仁義充塞，則率獸食人，人將相食也；吾爲此懼，閑先王〔二四〕之道，距楊、墨，放淫辭，正人心，熄邪說，以承三聖者〔二五〕。予豈好辯哉？予不得已也。〔二六〕」梁惠王復聘請之，以爲上卿。

〔一〕列女傳母儀鄒孟母篇：「孟子師事子思。」漢書藝文志：「孟子，子思弟子。」趙岐孟子題辭：「師事孔子之孫子思。」史記本傳索隱引王劭說，以「人」爲衍字，亦以爲受業子思之門，子思子（郡齋讀書志引）、孔叢子等書更載思、孟問答之辭，於是自韓愈、李翺以下，至毛奇齡四書賸言，皆以爲學於子思，與應氏之言合。而史記本傳以爲受業子思之門人，今所傳孟子外書則謂子思之子曰子上，軻嘗學焉。今考自孔丘卒至齊宣王元年，凡百五十年，孔丘卒時，子思爲喪主，計其時當已年長；孟軻游齊，在去梁之後，見梁惠王時，即呼之爲叟，則其時孟軻已老，中間更不了百五十年，縱使子思、孟軻俱長壽，恐亦未得親相授受，孟子自言「私淑諸人」，則亦後人所謂「門生門下見門生」之比耳。史遷之言，當得其實。故詹景鳳詹氏性理小辨子思孟子考、譚貞默三經見聖編、梁玉繩史記志疑、周廣業孟子四考、黃玉蟾孟子年譜、管同孟子年譜皆從之；應氏仍持「受業於子思」之說，蓋亦未之思耳。

〔二〕史記、列女傳俱作「道既通」。

〔三〕史記孟軻傳：「道既通，游事齊宣王，宣王不能用。適梁，梁惠王不果所言，則見以爲迂遠而闊於事情。」

〔四〕林春溥孟子列傳纂、焦循孟子題辭正義引「舍」改作「合」。

〔五〕孟子滕文公下：「陳代曰：『不見諸侯，宜若小然。今一見之，大則以王，小則以霸。且志曰：「枉尺而直尋。」宜若可爲也。』」趙注：「枉尺直尋，欲使孟子屈己信道，故言『宜若可爲也』。」趙岐孟子題辭：「慕仲尼，周流憂世，遂以儒道游於諸侯，思濟斯民，然由不肯枉尺直尋，時君咸謂之迂闊於事，終莫能聽納其説。」

〔六〕梁玉繩史記志疑：「孟子游歷，史先齊後梁，趙岐孟子注、風俗通窮通篇並同，古史從之，然年數不合，説在六國表，當從通鑑始游梁、繼仕齊爲是。通鑑蓋據列女傳母儀篇也。孫奕示兒編曰：『七篇之書，以梁惠王冠首，以齊宣王之問繼其後，則先後有序可見矣，故列傳爲難信。』（朱子序説兩存之）」案孟軻遊宦，顧炎武日知録、閻若璩孟子生卒年月考、王懋竑白田草堂集、周廣業孟子四考、曹之升孟子年譜、江永羣經補義、任兆麟孟子考、林春溥孟子列傳纂、陸寶泉孟子時事考徵、蔣一鑑孟子章句考年、黄本驥孟子年譜、黄式三周季編略諸書，言之詳矣，兹不列舉。

〔七〕孟子「禄」作「澤」。

〔八〕「晝」原作「畫」，朱藏元本僅下文「夫出晝而王不予追也」句之「晝」不誤，今據改正。史記田單傳晝邑，集解引劉熙曰：「晝，音獲。」水經淄水注、史記田單傳正義引括地志作「澅」，説苑立節篇又作「蓋」，音近借用。

〔九〕史記集解引劉熙曰：「晝，齊西南近邑。」正義引括地志云：「戟里城在臨淄西北三十里，春秋時棘邑。……澅邑，蠋所居，即此邑，因澅水爲名也。」水經淄水注：「澅水出時水，東去臨淄十八里，所謂澅中也。」據此，則晝爲臨淄西南近邑，孟子三宿而後出晝，故尹士以爲濡滯也。

〔一〇〕今本孟子「諸」作「之」，論衡刺孟篇亦作「諸」。

〔一一〕孟子「之」作「諸」。

〔一二〕見孟子公孫丑下。

〔一三〕「謂」，孟子作「爲」，古通。

〔一四〕劉節廣文選：「魯平公與齊宣王會于鳧繹山下，樂正克備道孟子于平公曰：『孟子私淑仲尼，其德輔仁長民，其道發政施仁，君何不見乎？』」此後人擬文耳。

〔一五〕見孟子梁惠王下。

〔一六〕孟子公孫丑下：「當在薛也，予有戒心，辭曰：『聞戒，故爲兵餽之。』予何爲不受？」絶糧於鄒未詳。考孟子去薛即反鄒（史記孟軻列傳），時有惡人欲惡孟子（趙注），或即困孟子於鄒、薛之間，故應氏説爲絶糧於鄒、薛，一如孔丘之在陳絶糧，亦説爲阨於陳、蔡之間也。類聚三五、初學記十八引應璩與董仲連書：「孟軻困於梁、宋，宣尼飢於陳、蔡。」説又與此異。

〔一七〕史記本傳作「所如者不合」。

〔一八〕本傳作「序詩、書，述仲尼之意」，淮南氾論篇高注作「叙詩、書、仲尼之意」，與應氏合。

〔一九〕趙岐孟子題辭：「孟子著書七篇，……又有外書四篇：性善辨，文説，孝經，爲正。其文不能弘深，不與内篇相似，似非孟子本真，後世依放而託之者也。」案漢書藝文志亦云十一卷，即包舉外書爲言。

〔二〇〕「恣行」，孟子作「放恣」，漢書異姓諸侯王表注引應劭説，亦作「恣行」，與此同。

〔二一〕異姓諸侯王表注：「應劭曰：『孟子云：聖王不作，諸侯恣行，處士横議。』」

〔二二〕呂氏春秋不二篇：「陽生貴己。」金樓子著書篇：「楊朱貴己。」淮南氾論篇：「全性保真，不以物累形，楊子之所立也，而孟子非之。」

〔二三〕呂氏春秋不二篇：「墨翟貴廉。」爾雅疏一引尸子廣澤篇：「墨子貴兼。」案墨子有兼愛篇，孟子闢墨，亦祇言其兼愛無父，呂氏作「廉」，非是。

〔二四〕「王」，孟子作「聖」，下文亦言「聖人復起」，此作「王」，當是「聖」之壞文。

〔二五〕三聖，謂禹、周公、孔子也。

〔二六〕見孟子滕文公下。

孫況〔一〕齊威、宣王之時〔二〕，聚天下賢士於稷下〔三〕，尊寵之〔四〕，若鄒衍、田駢、淳于髡之屬甚衆〔五〕，號曰列大夫〔六〕，皆世所稱，咸作書刺世。是時，孫卿有秀才，年十五〔七〕，始來遊學。諸子之事，皆以爲非先王之法也。孫卿善爲詩、禮、易、春秋，至襄王時，而孫卿最爲老師，齊尚循〔八〕列大夫之缺，而孫卿三爲祭酒焉〔九〕。齊人或讒孫卿〔一〇〕，乃適楚，楚相春申君以爲蘭陵令〔一一〕，人或謂春申君：「湯以七十里，文王以百里，孫卿賢者也，今與之百里地，楚其危乎！」春申君謝之，孫卿去之，游趙〔一二〕，應聘於秦〔一三〕。是時，七國交爭，尚於權詐；而孫卿守禮義，貴術籍，雖見窮擯，而猶不黜其志〔一四〕，作書數十篇〔一五〕，疾濁世之政，國亂君危相屬〔一六〕，不遵〔一七〕大道，而營乎巫祝〔一八〕，信禨祥〔一九〕，蘇秦、張儀以邪道說諸侯，以大貴顯，隨〔二〇〕而笑之曰：「夫不以其道進者，必不以其道亡。〔二一〕」又小五伯，以爲仲尼之門，羞稱其功〔二二〕。後客或謂春申君曰：「伊尹去夏入殷，殷王而夏衰；管仲去魯入齊，魯弱而齊彊〔二三〕。故賢者所在，君尊國安〔二四〕；今孫況天下賢人，所去之國，其不安乎？」春申君使請〔二五〕孫況，況遺春申君書，刺楚國，因爲歌賦，以遺春申君〔二六〕；春申君恨，復固謝孫卿〔二七〕，因不得已，乃行，復爲蘭陵令焉〔二八〕。

〔一〕朱藏元本、仿元本、胡本、程本不跳行另起，蓋大德本上行「上卿」二字適在行末故誤仞爲相承耳。郎本「上卿」下作」號，即知應分段。今從宋本。

〔二〕劉向校孫卿書録作「齊宣王、威王之時」。案史記儒林傳：「然齊、魯之間，學者獨不廢也，于威、宣之際，孟子、荀卿之列，咸遵夫子之業而潤色之，以學顯於當世。」漢書儒林傳同。是威王在宣王之前，應説是，劉録非。胡元儀郇卿別傳攷異二十二事，引應劭，惟作齊威王時，無宣王，蓋以臆妄爲筆削耳。

〔三〕水經淄水注：「劉向別録以稷爲齊城門名也，談説之士，期會於稷門下，故曰稷下也。」書鈔八三引虞喜志林：「齊有稷山，立館其下，以待周遊學士，因以爲名。」則別一説也。稷山在今山東省臨淄縣西十三里。

〔四〕「之」字原無，據史記孟荀列傳、劉向校孫卿書録補。

〔五〕史記田完世家：「宣王喜文學，遊説之士，自如騶衍、淳于髡、田駢、接予、慎到、環淵之徒七十六人，皆賜列第，爲上大夫，不治而議論，是以齊稷下學士復盛，且數百千人。」鹽鐵論論儒篇：「齊宣王褒儒尊學，孟軻、淳于髡之徒，受上大夫之禄，不任職而論國事，蓋齊稷下先生千有餘人。」

〔六〕漢書樊噲傳：「賜爵列大夫。」文穎曰：「即公大夫也，爵第七級。」

〔七〕史記本傳作五十，劉向書録同，顔氏家訓勉學篇：「荀卿五十，始來游學，猶爲碩儒。」郡齋讀書志引劉向序作「十五」，並詳考適楚歸趙之年，其説允當。今考宣王十八年，稷下學士復盛，且數百千人，下距襄王時，凡四十餘年，彼時荀子已年六十餘，故曰老師。拾補謂「以所當之世考之，似年十五是」，其説是也。

〔八〕「循」，拾補曰：「史作『脩』，劉向序録同。」

〔九〕意林引風俗通：「禮云：『飲酒必祭，尊其先也。』孫卿在齊，最是老師，故三稱祭酒。」史記淮南王安傳集解、漢書伍被傳注引應劭曰：「禮：『飲酒必祭，示有先也。』故稱祭酒，尊之也。」案續漢書百官志二庄引胡廣漢官解詁曰：「官名祭酒，皆一位之元長者也。古禮，賓客得主人饌，則老者一人舉酒，以祭於地。舊説以爲示有先。」御覽二三六引韋昭辯釋名：「祭酒者，謂祭六神，以酒醊之也。辨云：凡會同饗讌，必尊長先用酒以祭先，故曰祭酒，漢時，吴王年長，以爲劉氏祭酒是也。」案漢以吴王爲祭酒，見漢書伍被傳。漢書蘇武傳：「以武著節老臣，會朝朔望，號稱祭酒。」師古曰：「加祭酒之號，所以示優等也。」後漢書班超傳：「其後行詣相者曰：『祭酒，布衣諸生耳。』」注：「一坐所尊，則先祭酒，今稱祭酒，相尊敬之詞也。」

〔一〇〕拾補據史記重「孫卿」二字。

〔一一〕鹽鐵論論儒篇：「齊威、宣之世，顯賢進士（此二句從張敦仁校），國家富强，威行敵國。及湣王奮二世之餘烈，南舉楚、淮，北并巨宋，苞十二國，西摧三晉，却彊秦，五國賓從，鄒、魯之君，泗上諸侯皆入臣；矜功不休，百姓不堪，諸儒諫不從，各分散：慎到、捷子亡去，田駢如薛，而孫卿適楚。内無良臣，故諸侯合謀而攻之。」今案荀子强國篇云：「荀子説齊相國曰：『今巨楚縣吾前，大燕鰌吾後，勁魏鉤吾右，西壤之不絶如繩，楚人則乃有襄賁、開陽，以臨吾左，是一國作謀，則三國必起而乘我，如是則齊必斷而爲四三，國若假城然耳。』」其言蓋當湣王之世，湣王再攻破燕、魏，與秦擊楚，使公子將，大有功，故荀卿爲是言。其後，六國伐齊，燕入臨淄，楚、魏共取淮北，卒如荀卿言。

此當卽桓次公所謂諸儒諫之事。諫而不聽，未必去，孟子所謂我無官守、無言責，則吾進退豈不綽綽然有餘裕者是也。蓋當時客卿之例，大率如此也。其後，襄王時，齊人或讒荀卿，荀卿乃適楚，楚相春申君以爲蘭陵令。考春申君相楚，在楚考烈王元年，當齊王建三年，則荀卿之去齊適楚，當在襄王末或王建初也。次公概括之於湣王時，未可以爲徵信。

〔一二〕自「人或謂春申君」起，至此止，又見韓詩外傳四、戰國策楚策四。

〔一三〕劉向校孫卿書録：「孫卿之應聘於諸侯，見秦昭王，昭王方喜戰伐，而孫卿以三王之法説之，及秦相應侯皆不能用也。」案今荀子儒效篇有「秦昭王問儒無益于人國」一章，彊國篇有「應侯問入秦何見」一章，卽其事也。

〔一四〕案劉向校孫卿書録叙孫卿游趙在應聘於秦之後，云：「至趙，與孫臏議兵於趙孝成王前，孫臏爲變詐之兵，孫卿以王兵難之，不能對也。卒不能用。孫卿道守禮義，行應繩墨，安貧賤。」

〔一五〕漢書藝文志諸子略：「孫卿子三十三篇。」本注：「名況，趙人，爲齊稷下祭酒，有列傳。」師古曰：「本曰荀卿，避宣帝諱，故曰孫。」案荀子議兵篇稱孫卿子，此自著其氏也。謝墉荀子箋釋：「荀卿又稱孫卿，自司馬貞、顔師古以來，相承以爲避漢宣帝諱，故改荀爲孫。考漢宣帝名詢，漢時尚不避嫌名，且如後漢李恂，與荀淑、荀爽、荀悦、荀彧，俱書本字，詎反於周時人名，見諸載籍者而改稱之？若然，則左傳自荀息至荀瑶多矣，何不改耶？且卽前漢書任敖、公孫傲，俱不避元帝之名驁也。蓋荀音同孫，語遂移易，如荆軻在衞，衞人謂之慶卿，而之燕，燕人謂之荆卿；又如張良爲韓信都，潛夫論云：『信都者，司徒也，俗音不正，曰信都，或曰申徒或勝屠，然其本一司徒耳。』然則荀之爲孫，正如此比，以爲避宣帝諱，當不其然。」器案：今本荀子三十二篇，漢志云三十三者，蓋併目録（篇目及叙録）一卷數之，古書著録，往往與傳本有一卷之差者，其故在此，王應麟漢書藝文志考證乃謂「當作三十二篇」，失之專輒。

〔一六〕「國」上，拾補補「亡」字，云：「脱，史有。」覆校云：「舊無『亡』字，不可補。史作『亡國亂君』，此作『國亂君危』，不可合爲一。（屈原傳作「亡國亂君相隨屬」。）」案劉向書録亦作「亡國亂君相屬」。

〔一七〕「遵」，拾補曰：「史記、劉向皆作『遂』。」

〔一八〕説文：「巫，祝也，女能事無形，以舞降神者也。」史記五宗世家：「江都王建信巫祝。」

〔一九〕吕氏春秋異寶篇：「荆人信鬼而越人信禨。」高誘注：「言荆人畏鬼神，越人信吉凶之禨祥。」説文鬼部云：「吴人鬼，越人禨。」史記五宗世家：「趙王彭祖不好治宫室禨祥。」集解：「服虔曰：『求福也。』」索隱：「按埤蒼云：『禨，祅祥也。』列子云：『荆人鬼，越人禨。』謂楚信鬼神，而越信禨祥也。」

〔二〇〕「隨」，劉向書録作「退」。

〔二一〕「亡」，宋本、元大德本、宋藏元本、仿元本、兩京本作「士」，何本、郎本、程本作「仕」，朱筠曰：「『士』當作『仕』。」拾補校作「亡」，云：「今從劉向。」案拾補校是，今從之。

〔二二〕荀子仲尼篇：「仲尼之門（據王念孫校），五尺之豎子，言羞稱乎五伯。」春秋繁露對膠西王越大夫不得爲仁篇：「仲尼之門，五尺童子，言羞稱五伯。」（又見漢書董仲舒傳）劉向書録：「孟子、孫卿、董先生皆小五伯，以爲仲尼之門，五尺童子，皆羞稱五伯。」

〔二三〕「彊」，從宋本、郎本；大德本、朱藏元本、仿元本、兩京本、胡本、徐本俱誤作「疆」。

〔二四〕楚策作「君尊國榮」，劉向書録與應氏同，韓詩外傳作「君善國安」，「善」當爲「尊」之訛。

〔二五〕「請」，楚策、韓詩外傳同，劉向書録作「聘」。

〔二六〕韓詩外傳載其賦曰：「琁玉瑶珠不知珮，雜布與錦不知異，閭娵、子都莫之媒，嫫母、力父是之喜。以盲爲明，以聾爲聰，以是爲非，以吉爲凶，嗚呼上天，曷維其同。」文又見楚策，小有異同。

〔二七〕此十一字，拾補依劉向補，今從之。

〔二八〕案應氏此文，悉本劉向校孫卿書録。

虞卿，游説之士也〔一〕，一見趙孝成王，賜黄金百鎰，白璧一雙，再見拜爲上卿，故號爲虞卿〔二〕。其後，范雎之仇魏齊亡過平原君，於是秦昭王請平原君，願爲布衣之交〔三〕，與飲數日，請曰：「周文王得吕尚而以爲太公，齊桓公得管夷吾而以爲仲父，今范君亦寡人之叔父也〔四〕。范君之仇，在君之家，願使人取其頭〔五〕；不然，吾不出君於關。」平原君曰：「貴而交者爲賤也〔六〕，富而友者爲貧也〔七〕。夫魏齊者，勝之交也〔八〕，在固不出，況今又不在臣所乎？〔九〕」昭王乃遺趙王書曰：「范君〔一〇〕之仇魏齊在平原君家，王使人疾持其頭來；不然，吾舉兵而伐趙，又不出王之弟於關。〔一一〕」趙孝成王乃發卒圍平原君家，急，魏齊夜亡，出見趙相虞卿，虞卿度王終不可説，乃解其印，與魏齊閒行〔一二〕，念諸侯莫可以赴急者〔一三〕，乃復走大梁〔一四〕，欲因信陵以至楚。而信陵君聞之，畏秦，猶與〔一五〕，未肯見，曰：『虞卿何如人哉？』時侯嬴在傍，曰：「人固未易知，知人亦未易也。夫虞卿一見趙王，賜白璧一雙，黄金百斤〔一六〕，再見拜爲上卿，三見卒〔一七〕受相印，封〔一八〕萬户侯。當是之時，天下争知之。夫魏齊窮困，過虞卿，虞卿不敢重爵祿之尊，解相印，捐萬户侯，而閒行以急士窮，而歸公子，公子曰何如人，知人固未易也。〔一九〕信陵君大慙，駕如野迎之。魏齊聞〔二〇〕信陵君之初重見之〔二一〕，大怒而自刎。趙王聞之，卒取其頭與秦；秦乃遣平原君〔二二〕。虞卿遂留於魏。魏、趙畏秦，莫復用。困而不得意，乃著書八篇，號虞氏春秋焉〔二三〕。

〔一〕荀悦漢紀十：「世有三游，德之賊也：一曰游俠，二曰游説，三曰游行。……飾辯詞，設詐謀，以要時勢者，謂之游説。」

〔二〕史記平原君虞卿列傳集解：「譙周曰：『食邑於虞。』」索隱：「趙之虞，在河東大陽縣，今之虞鄉縣是也。」漢書地理志上河東郡大陽注：「應劭曰：『在大河之陽。』」徐孚遠曰：「虞係食邑，則虞卿姓名，今皆不傳也。」

〔三〕史記范睢蔡澤列傳：「秦昭王聞魏齊在平原君所，欲爲范睢必報其仇，乃詳爲好書遺平原君曰：『寡人聞君之高義，願與君爲布衣之友，君幸過寡人，願與君爲十日之飲。』」「布衣之交」，史作「布衣之友」，今案册府元龜八五四亦作「布衣之友」，與應氏同。

〔四〕案齊桓公以管仲爲仲父，秦始皇稱吕不韋爲仲父，仲父猶叔父也，蓋春秋、戰國時，相沿如此稱謂。

〔五〕史記作「願使人歸取其頭來」。

〔六〕史記「而」下有「爲」字，「交」作「友」，日本瀧川資言會注考證據索隱本、祕閣抄本、楓山本、三條本校作「交」，與應氏合。

〔七〕史記「而」下有「爲」字，「友」作「交」。

〔八〕史記「交」作「友」。

〔九〕先漢人對人率自稱爲臣，史記刺客列傳載聶政與嚴仲子對答皆自稱爲臣，高祖本紀，呂公自稱爲臣，集解：「張晏曰：『古人相與語，多自稱臣，自卑下之道，若今人相與語，皆自稱僕。』」文選西都賦李周翰注：「臣者，男子之賤稱，古人謙退皆稱之。」

〔一〇〕史記此句上有「王之弟在秦」句。

〔一一〕錢大昕曰：「平原君爲惠文王之弟，於孝成王爲叔父，此時惠文已没，不當更稱弟。」器案：「叔」古文作「笰」，見古文尚書堯典、集韻、隸續載左傳石經遺字，與「弟」相似。又從叔從弔之字，古多通用，如「不淑」叚爲「不弔」，「俶詭」叚爲「弔詭」是也。錢氏知「弟」爲誤，而不言致誤之由，故補之。

〔一二〕史記「閒行」上有「亡」字。胡三省曰：「閒，空也，投空隙而行。」

〔一三〕「赴急」，史記作「急扺」。

〔一四〕册府無「大」字。

〔一五〕「猶與」，史記作「猶豫」，豫、與古通，漢書淮南厲王長傳：「計猶與未決。」師古曰：「『與』讀曰『豫』。」一切經音義十九：「『豫』，古文作『與』。」

〔一六〕史記「斤」作「鎰」。

〔一七〕「卒」，元誤作「平」，拾補據史記校改，今從之。

〔一八〕「封」字元脱，拾補據史記補，今從之。

〔一九〕史記作「人固不易知，知人亦未易也」。

〔二〇〕「聞」，宋本、郎本、程本同；餘本誤作「間」，朱筠校作「聞」。

〔三一〕史記「重」作「難」。

〔三二〕以上見史記范雎傳。

〔三三〕史記本傳：「虞卿既以魏齊之故，不重萬户侯卿相之印，與魏齊閒行，卒去趙，困於梁。魏齊已死，不得意，乃著書，上採春秋，下觀近世，曰節義、稱號、揣摩、政謀凡八篇，以刺譏國家得失，世傳之曰虞氏春秋。」又十二諸侯年表序：「趙孝成王時，其相虞卿上采春秋，下觀近世，亦著八篇，號爲虞氏春秋。」案虞氏春秋，漢書藝文志諸子略云十五篇，與史遷所言異。章學誠校讐通義曰：「或初止八篇，而劉向校書，爲之分析篇次，未可知也。」今有馬國翰輯本。

孟嘗君〔一〕逐〔二〕於齊，見反，譚子〔三〕迎於澅〔四〕曰：「君怨於齊大夫乎？」孟嘗君曰：「有。」譚子曰：「如〔五〕意則殺之乎？」夫富貴則人争歸之，貧賤則人争去之，此物之必至，而理之固然也〔六〕，願君勿怨。請以市論〔七〕：朝而盈焉，夕而虛焉，非朝愛之而夕憎之也，求在故往，亡故去。」孟嘗君曰：「謹受命。」於是削所怨者名而已〔八〕。

〔一〕朱藏元本、仿元本、兩京本、胡本、郎本、程本、鍾本不提行，亦因大德本上行「春秋焉」字，適至行末而止，致有此誤耳。

〔二〕宋本「逐」誤「遂」，餘本不誤，今從之。

〔三〕齊策四作「譚拾子」。

〔四〕「澅」原作「濜」，今據翟灝、桂馥、王賢儀説校改。拾補曰：「當作『澅』」，翟晴江云：「水經注淄水云：澅水出時水東，去臨淄城十八里。困學紀聞傳寫作濜，字書未嘗有濜字也。此卽孟子宿于晝之晝，今本亦誤作書。」札樸曰：「風俗通：「孟嘗君逐於齊，見反，譚子迎於濰。」史記田單傳：「燕入齊，聞畫邑人王蠋賢，封以萬家。」水經注淄水云：「王蠋墓在濰水南山西。」馥謂孟子「宿于畫」，當作「濰」，蓋地以水得名，傳寫省水作畫，又譌作畫。廣韻：「濰，水名，在齊。」」王賢儀家言隨記曰：「歷城，古譚子國，詩：『譚公維私。』詩序：『譚大夫所作。』風俗通有『譚子迎於濰』，（即三宿出晝地）對孟嘗君語」。齊侯伐譚，譚子奔莒，後無聞焉。國在東平陵西南。（右扶風有平陵，故加東字。平陵舊城在省東八十里。）」

〔五〕齊策「如」作「滿」。

〔六〕齊策作「譚拾子曰：『事有必至，理有固然，君知之乎？』孟嘗君曰：『不知。』譚拾子曰：『事之必至者，死也；理之固然者，富貴則就之，貧賤則去之：此事之必至，理之固然者。』」潛夫論交際篇：「勢有常趣，理有固然：富貴則人爭附之，此勢之常趣也；貧賤則人爭去之，此理之固然也。」（從汪箋本）

〔七〕「論」，齊策作「諭」，魯連子作「論」，與應氏同，詳下條。

〔八〕齊策作「乃取所怨五百牒削去之，不敢以爲言。」類聚六五、文選張景陽雜詩注、女史箴注引魯連子：「孟嘗君逐於齊，譚子曰：『富貴則就，貧賤則去，此物之必至，而理固然也。願君勿怨。請以市論：市，朝則盈，夕則虛，非朝愛而夕則憎之也，勢使然。』」今案：史記孟嘗君傳以此爲馮驩對孟嘗君，其文曰：「自齊王毀廢孟嘗君，諸客皆去，後召而復之，馮驩迎之，未到，孟嘗君太息歎曰：『文常好客，遇客無所敢失，食客三千有餘人，先生所知也。客見文一日廢，皆背文而去，莫顧文者；今賴先生得復其位，客亦有何面目復見文乎？如復見文者，必唾其面而大辱之。』馮驩結轡下拜，孟嘗君下車接之曰：『先生爲客謝乎？』馮驩曰：『非爲客謝也，爲君之言失。夫物有必至，事有固然，君知之乎？』孟嘗君曰：『愚不知所謂也。』曰：『生者必有死，物之必至也；富貴多士，貧賤寡友，事之固然也。君獨不見夫朝趨市者乎？平明側肩争門而入，日暮之後，過市朝者，掉臂而不顧，非好朝而惡暮，所期物亡其中。今君失位，賓客皆去，不足以怨士，而徒絶賓客之路，願君遇客如故。』孟嘗君再拜曰：『敬從命矣。聞先生之言，敢不奉教焉！』」案：史記廉頗傳：「廉頗之免長平歸也，失勢之時，故客盡去，及復用爲將，客又復至。廉頗曰：『客退矣！』客曰：『吁，君何見之晚也。夫天下以市道交，君有勢，我則從君，君無勢則去，此固其理也，有何怨乎？』」以市道相交，卽譚子之所謂「以市論」也，本篇按語，已慨乎言之矣。

韓信常從南昌亭長食〔一〕，數月〔二〕，亭長妻患之〔三〕，乃晨早食〔四〕，食時，信往，不爲具食。信亦知〔五〕意，遂〔六〕絶去，釣城下〔七〕，有一漂母見信飢〔八〕，飯之，竟漂數十日。信曰：「吾必重報母。」母怒曰：「大丈夫不能自食，吾哀王孫耳〔九〕，豈望報乎！」淮陰少年有〔一〇〕侮信者〔一一〕，曰：「君雖姣麗，好帶長劍，怯耳，能死，刺我，不能，則出我跨下。〔一二〕」於是信熟視之，俛出跨下，匍匐〔一三〕，一市人皆笑，以爲信怯。後佐命大漢，功冠天下，封爲楚王，賜所食母千金，及亭長與百錢〔一四〕，曰：「公〔一五〕，小人也，爲德不竟。〔一六〕」召辱信〔一七〕之少年，以爲中尉〔一八〕，告諸侯〔一九〕將相曰：「此人〔二〇〕壯士也，方辱我時，豈不能殺之，殺之無名〔二一〕，故忍至於此也。〔二二〕」

〔一〕史記淮陰侯列傳索隱引楚漢春秋作新昌亭長。

〔二〕史記有，漢書韓信傳無。王先慎曰：「下文『信謂亭長曰：公，小人，爲德不竟。』明從食之日久矣，若無『數月』二字，則與下語不合，史有，班氏删之，非也。」

〔三〕「患」，史記同，漢書作「苦」。

〔四〕史、漢俱作「乃晨炊蓐食」。

〔五〕「知」下，史、漢俱有「其」字。

〔六〕漢書「遂」作「自」。

〔七〕漢書作「至城下釣」。

〔八〕「見信飢」，史記同，漢書作「哀之」，應氏此文蓋雜采史、漢而成。

〔九〕史、漢俱作「吾哀王孫而進食」，索隱：「劉德曰：『秦末多失國，言王孫、公子，尊之也。』」

〔一〇〕「有」，史記同，漢書作「又」，古通。

〔一一〕「者」，史記有，漢書無。

〔一二〕史記作「若雖長大，好帶刀劍，中情怯耳。衆辱之，曰，信能死，刺我，不能死，出我袴下」，漢書同，其「袴下」作「跨下」，與應氏同。

〔一三〕「匍匐」，史記作「蒲伏」，案左傳昭公十二年：「奉壺飲冰以蒲伏焉。」釋文：「本又作『匍匐』。」蓋輕脣音古皆讀爲重脣音也。漢書無此二字。

〔一四〕「錢」下原無「曰」字，史、漢俱有，今據補。

〔一五〕戰國以來，諸侯相王，秦、漢之際，人與人間之稱謂，遂打破從前等級之束縛，爭以公、卿相稱，即對卑賤者亦然，下條韓安國稱獄吏田甲爲公，與此正是一例。

〔一六〕師古曰：「言晨炊蓐食。」

〔一七〕「信」，史、漢作「己」。

〔一八〕續漢書百官志五：「王國中尉一人，比二千石。」本注曰：「職如郡都尉，主盜賊。」御覽二四八引漢舊儀：「王國置太傅、相公、尉各一人，秩二千石，以輔王。」

〔一九〕史、漢俱無「侯」字，此誤衍。

〔二〇〕史、漢俱無「人」字。

〔二一〕史記文同，漢書兩「殺」字皆作「死」，周壽昌曰：「殺者專就少年言，死者兼己身言也。」

〔二二〕史記作「故忍而就於此」，漢書作「故忍而就此」，師古曰：「就，成也，成今日之功。」此文「忍」下，亦得據補「而」字。

韓安國爲梁中大夫〔一〕，坐法抵罪，蒙獄吏田甲辱安國〔二〕，安國曰：「死灰獨不復燃乎？〔三〕」田甲曰：「燃則溺之。」居無幾〔四〕，梁内史〔五〕缺，孝景皇帝遣使者卽拜安國爲内史，起徒中爲二千石。田甲亡〔六〕。安國曰：「甲不就官，我滅乃宗。〔七〕」甲肉袒謝〔八〕。安國笑曰〔九〕：「公等可與治乎！〔一〇〕」卒善遇之。

〔一〕續漢書百官志五：「王國大夫，比六百石。」本注曰：「無員，掌奉王使至京都奉璧賀正月，及使諸國，本皆持節，後去節。」中大夫卽王國大夫，李祖楙曰：「中大夫見宗室四王三侯、光武十王、章八王傳。」

〔二〕史記韓長孺列傳索隱：「蒙，縣名，屬梁國也。」顧炎武曰：「史記萬石君傳：『長子建，次子甲，次子乙，次子慶。』甲、乙非名也，失其名而假以名之也。韓安國傳獄吏曰田甲，張湯傳湯之客曰甲，漢書高五王傳齊宦者徐甲，嚴助傳閩越王弟甲，疑亦同此。」

〔三〕史記、漢書韓安國傳「燃」俱作「然」，燃，後起字。

〔四〕「幾」，漢書同，史記作「何」。

〔五〕續漢書百官志五：「内史主治民。」

〔六〕漢書同，史記「亡」下有「走」字。

〔七〕史、漢「乃」俱作「而」。

〔八〕漢書同，史記「甲」下有「因」字。

〔九〕史記有「可溺矣」三字，漢書無，與此同。

〔一〇〕史、漢「可」俱作「足」，索隱曰：「案不足與繩治之。」師古注引一説同。

李廣去雲中太守，屏〔一〕居藍田南山中〔二〕，射獵，嘗〔三〕夜從〔四〕一騎出飲田間〔五〕，還，霸陵尉呵止廣〔六〕，廣騎曰：「故李將軍。」尉曰：「今將軍尚不得夜行，何故也？」宿亭下〔七〕。居無何，匈奴入遼西〔八〕，大爲邊害，於是孝武皇帝乃召廣爲北平太守〔九〕，廣請霸陵尉與俱，至軍斬之，上書謝罪〔一〇〕。上報曰：「將軍者，國之爪牙也〔一一〕。司馬法曰：『登車不式，遭喪不服。〔一二〕』振旅撫師，以征不服，率三軍之心，同戰士之力，故怒形則千里竦，威振則萬物伏，是以名聲暴於夷、貉〔一三〕，威稜憺乎鄰國。夫報忿除害，捐殘去殺〔一四〕，朕之所圖於將軍也；若乃免冠徒跣，稽顙請罪〔一五〕，豈稱〔一六〕朕之指哉！〔一七〕」

〔一〕史記李將軍列傳、漢書李廣傳同，册府元龜四四八作「并居」，胡本作「平居」，俱非是。屏居，謂屏人而索處也。

〔二〕史記魏其武安侯列傳：「魏其謝病，屏居藍田南山之下。」漢書竇嬰傳同，師古曰：「屏，隱也。」王先謙曰：「李廣傳亦云：『廣屏居藍田南山中，射獵。』蓋藍田南山，在當日爲朝貴屏居游樂之所。」

〔三〕「嘗」，宋本、吴本作「常」，餘本及册府作「當」，史、漢作「嘗」，案「常」、「嘗」古多混用，今從史、漢校正。

〔四〕胡本「從」誤「走」。

〔五〕史、漢俱作「從人田間飲」。

〔六〕索隱：「案百官志云：『尉，大縣二人，主盗賊，凡有賊發，則推索尋案之也。』」

〔七〕漢書「宿」下有「廣」字，史記作「止廣宿亭下」。

〔八〕「遼西」，史、漢同，册府作「隴西」，宋祁引越本漢書亦作「隴西」，王先謙曰：「事在元朔元年，見武紀、匈奴傳，越本誤也。」

〔九〕史、漢俱作「右北平太守」，器案：漢、魏俱言右北平，去「右」字，自太平寰宇記始，此蓋宋代刻風俗通義時所删去。由漢書後文「彌節白檀，以臨右北平」注，孟康曰：「白檀，縣名，屬右北平。」（漢志，白檀屬漁陽，漁陽、右北平俱屬幽州。）觀之，當作「右北平」爲是。

〔一〇〕以下史記無，漢書有。又見水經濡水注。

〔一一〕書鈔設官部引漢官儀：「武帝西征西夷，有前、後、左、右將軍，爲國爪牙，所以揚示威靈，折衝萬里。」

〔一二〕沈欽韓曰：「司馬法：『兵車不式，城上不趨。』無『遭喪不服』語。」案文海披沙人臣專殺條載此事「服」作「報」，蓋誤字。

〔一三〕漢書「貊」作「貉」，同。

〔一四〕論語子路篇：「善人爲邦百年，亦可以勝殘去殺矣。」

〔一五〕漢書匡衡傳：「免冠徒跣待罪。」申屠嘉傳：「免冠徒跣謝。」凡謝罪皆免冠，重則徒跣。

〔一六〕漢書無「稱」字。

〔一七〕漢書此下尚有「將軍其率師東轅，彌節白檀，以臨右北平，盛秋」十八字。

太尉〔一〕沛國劉矩叔方，爲尚書令〔二〕，失將軍〔三〕梁冀意，遷常山相，去官。冀妻兄孫禮〔四〕爲沛相，矩不敢還鄉里，訪友人彭城環玉都，玉都素敬重矩，欲得其意，喜於見歸，爲除處所，意氣〔五〕周密。人有請〔六〕玉都者：「禍至無日〔七〕，何宜爲其主乎？」玉都因事遠出，家人不復占問，暑則鬱蒸，寒則凛涷，且飢〔八〕且渴〔九〕，如此一年。矩素直亮〔一〇〕，衆談同愁。冀亦舉寤，轉薄爲厚，上補從事中郎〔一一〕，復爲尚書令，五卿三公，爲國光鎮。玉都慙悔自絶。

〔一〕後漢書光武紀注引漢官儀：「太尉，秦官也，武帝更名大司馬。」

〔二〕御覽二一〇引漢官儀：「尚書令，主贊奏總典綱紀，無所不統，秩千石，故公爲之者，朝會不陛奏事，增秩二千石，天子所服五時衣，賜尚書令，其三公、列卿、將、大夫、五營校尉行複道中，遇尚書令、僕射、左右丞皆廻車豫避，衛士傳不得紆臺官，臺官過，乃得去。」

〔三〕後漢書本傳作「大將軍」。

〔四〕「禮」，本傳作「祉」，一本作「社」。

〔五〕後韓演條云：「意氣過於所望。」潛夫論愛日篇：「趨府庭者，非朝晡不得通，非意氣不得見。」汪繼培箋曰：「漢書宣帝紀元康六年詔曰：『或擅興繇飾厨傳，稱過使客。』韋昭曰：『厨謂飲食，傳謂傳食，言修飾意氣，以稱過使而已。』後漢書仲長統傳昌言法戒篇云：『近臣外戚宦豎，請托不行，意氣不滿，立能陷人於不測之禍。』獨行陸續傳云：『使者大怒，以爲獄門吏卒，通傳意氣。』蜀志法正傳云：『以意氣相致。』鄧芝傳云：『性剛簡，不飾意氣。』風俗通窮通篇云：『韓演爲丹陽太守，法車徵，從事汝南閻符迎之於杼秋，意氣過於所望。』莊子列禦寇篇：『小夫之知，不離苞苴竿牘。』釋文引司馬彪注云：『竿牘謂竹簡爲書以相遺，修意氣也。』世說紕繆篇云：『虞嘯父爲孝武侍中，帝從容問曰：「卿在門下，初不聞有所獻替。」虞家富春，近海，謂帝望其意氣，對曰：「天時尚煖，鮆魚蝦鱃未可致，尋當有所上。」獻帝撫掌大笑。』以餽獻爲意氣，漢、晉人習語也。」器案：汪說是，風俗通此文，亦謂餽獻爲意氣。御覽八六〇引魏略：「貧寒者本姓石，後還長安，車騎將軍郭淮以意氣呼之，問其所欲，亦不肯言，淮因與脯糒及衣財，取脯一胸，糒一升而止。」意氣義與此同。

〔六〕廣博物志二〇引「請」作「謂」。

〔七〕左傳宣公十二年：「禍至之無日。」

〔八〕胡本「飢」作「饑」，二字古常混用。

〔九〕自「訪友人彭城環玉都」起，至此，本傳略作「乃投彭城友人家」，此文較詳，可補范書。

〔一〇〕本傳云：「矩性亮直。」

〔一一〕本傳作「歲餘，冀意少悟，乃止，補從事中郎」，尋應氏此文，疑范書「止」字係「上」字之誤。續漢書百官志一：「將軍，從事中郎二人，六百石。」本注曰：「職參謀議。」

司徒〔一〕中山〔二〕祝恬字伯休〔三〕，公車徵，道得温病〔四〕，過友人鄴令謝著，著距不通〔五〕，因載病去。至汲〔六〕，積六七日，止客舍中〔七〕，諸生曰：「今君所苦沈結，困無醫師，聞汲令好事，欲往語之。」恬曰：「謝著，我舊友也，尚不相見視〔八〕，汲令初不相知〔九〕，語〔一〇〕之何益？死生命也，醫藥曷爲？」諸生事急，坐相守吉凶，莫見收舉，便至寺門口白〔一一〕。時令汝南應融義高，聞之驚愕，卽嚴便出，徑詣牀蓐，手拉〔一二〕摸，對之垂涕，曰：「伯休不世英才，當爲〔一三〕國家幹輔。人何有生相知者，默止客舍，不爲人所知，邂逅不自貞哉〔一四〕？家上有尊老，下有弱小，願相隨俱入解傳。〔一五〕」伯休辭讓，融遂不聽，歸取衣車，厚其薦蓐，躬自御之〔一六〕，手爲丸藥，口嘗饘粥，身自分熱〔一七〕，三四日間，加甚劣極，便制衣棺器送終之具。後稍加損〔一八〕，又謂伯休：「吉凶不諱，憂怖交心，間粗作備具。〔一九〕」相對悲喜，宿止傳中。數十日〔二〇〕，伯休彊健，入舍後，室家酣宴，乃別。伯休到拜侍中尚書僕射令〔二一〕、豫章太守、大將軍從事中郎。義高爲廬江太守〔二二〕。八年，遭母喪，停柩官舍，章百餘上，得聽行服，未闋，而恬拜司隸，薦融自代，歷典五郡，名冠遠近。著去鄴，淺薄流聞，不爲〔二三〕公府所取。

〔一〕朱藏元本、仿元本、郎本、程本、鍾本不跳行另起，亦因大德本上行「自絶」字適到行末，故誤仞爲相承也。

〔二〕漢書地理志下注引應劭曰：「中山故國。」

〔三〕後漢書桓紀：「延熹二年，光禄大夫中山祝恬爲司徒。」注：「恬字伯休，盧奴人。」拾補曰：「『字』字衍。」續漢書百官志一司徒公注引漢官儀曰：「王莽時議以漢無司徒官，故定三公之號曰大司馬、大司徒、大司空，世祖卽位，因而不改。蔡質漢儀曰：「司徒府與蒼龍闕對，厭於尊者，不敢號府。」應劭曰：此不然。丞相舊位，在長安時，府有四出門，隨時聽事，明帝本欲依之，迫於太尉、司空，但爲東西門耳。國每有大議，天子車駕親幸其殿。殿西王侯以下更衣併存。每歲州郡聽採長吏臧否，民所疾苦，還條奏之，是爲之舉謡言者也。頃者，舉謡言者，掾屬令史都會殿上，主者大言某州郡行狀云何，善者同聲稱之，不善者各爾銜枚，大較皆取無名勢，其中或有愛憎微裁，黜陟之闇昧也。若乃中山祝恬，踐周、召之列，當軸處中，忘謇諤之節，憚首尾之譏，懸囊捉撮，無能清澄，其與申徒須責鄧通，王嘉封還詔書，邈矣乎。」案應劭言司徒官制，並斥言伯休，故詳録之。

〔四〕此句，意林作「在道得温疾」。

〔五〕此句，意林作「著拒不受」，類林二作「著距不與通」。大德本、吴本、何本、胡本、郎本、程本、鍾本、汪本、鄭本「距」作「拒」，古通。

〔六〕意林「汲」下有「郡」字。

〔七〕類林作「止客舍中六七日」。

〔八〕此句，意林作「尚不相容」，類林作「尚不見視」。

〔九〕「知」，意林作「識」。

〔一〇〕「語」，意林作「告」。

〔一一〕「諸生事急」至「便至寺門口白」，意林作「諸生潛告汲令」。本書佚文：「寺，司也，諸官府所止皆曰寺。」又：「寺者，嗣也，理事之吏，嗣續於其中也。」

〔一二〕「拉」，原作「收」，今據拾補校改。

〔一三〕意林「爲」作「作」。

〔一四〕「人何有生相知者」以下四句，意林作「何乃默止客舍，不遣人知」，類林作「何有默止客舍，邂逅不自貞哉」。文選嵇叔夜與山巨源絶交書：「豈可見黄門而稱貞哉？」

〔一五〕類林「解」作「廨」，拾補云：「猶廨舍。」郎本「傳」誤「傅」。

〔一六〕意林作「躬御而歸」。

〔一七〕世説惑溺篇：「荀奉倩與婦至篤，冬月，婦病熱，乃出中庭自取冷，還以身熨之。」即此身自分熱之舉也。

〔一八〕此句，意林作「疾漸損」，類林作「後病稍損」，此「加」字蓋涉上文而衍。

〔一九〕此句，意林作「已備凶具」。

〔二〇〕「數十日」，原作「數十餘日」，不辭，意林、類林俱無「餘」字，今據删。

〔二一〕續漢書百官志三：「尚書僕射一人，六百石。」本注曰：「署尚書事，令不在，則奏下衆事。」注補引蔡質漢儀曰：「僕射主封門，掌授廩假錢穀。凡三公、列卿、將、大夫、五營校尉，行複道中，遇尚書僕射、左右丞郎、御史中丞、侍御史，皆避車，豫相廻避；衞士傳不得迕臺官，臺官過後乃得去。」意林無「僕射」二字。

〔二二〕漢書地理志上注：「應劭曰：『故廬子國。』」

〔二三〕類林「不」上有「遂」字。意林「爲」誤「謂」。

司徒潁川韓演伯南，爲丹陽太守〔一〕，坐從兄季朝爲南陽太守刺探尚書〔二〕，演法車徵，以非身中贓釁，道路聽其從容。至蕭，蕭令吴斌，演同歲也，未至，謂其賓從：「到蕭乃一相勞。」而斌内之狴犴〔三〕，堅其鐶挺〔四〕，躬將兵馬，送之出境。從事汝南閻符迎之於杼秋，相得〔五〕，令止傳舍，解其桎梏，入與相見，爲致餚異〔六〕，曰：「明府所在流稱，今以公徵，往便原除，不宜深入以介意。〔七〕」意氣過於所望。到亦遇赦。其間無幾，演爲沛相，斌去官，乃〔八〕臨中台〔九〕，首辟符焉。

〔一〕後漢書韓稜傳：「孫演，順帝時爲丹陽太守，政有能名，桓帝時爲司徒。」注：「演字伯南。」漢官儀：「凡郡或以舊邑，丹陽是也。」（據孫星衍校集本）

〔二〕後漢書質帝紀：「南陽太守韓昭坐贓下獄死。」注引東觀漢記曰：「强賦一億五千萬，檻車徵，下獄。」范書及東觀漢記所言卽此事，可相發明，應氏言演以非身贓舋，則季朝乃以贓罪死，而非坐刺探尚書，此文疑有脱誤，不然，則「非身贓舋」云云，無所着落也。案周禮秋官士師「邦汋」注：「刺探尚書事。」宋書百官志：「刺之爲言，猶參覘也。」寫書亦謂之刺，漢志所云「不得刺尚書事」是也。然則刺探者，謂探知祕事而私寫之，蓋漢律有此文。又案：由范書知季朝爲韓昭字，其名字義正相應。

〔三〕狴犴，詳見佚文。

〔四〕札迻曰：「案『挺』疑當作『梃』，説文木部云：『梃，距門也。』堅其鐶梃，謂置獄中，防閑嚴密也。」

〔五〕拾補曰：「疑當有『甚讙』二字。」

〔六〕器案：「異」疑當作「饌」，形近而誤。

〔七〕拾補曰：「『入』字衍。」

〔八〕「乃」，拾補校作「及」。

〔九〕中台，謂司徒。後漢書劉玄傳：「三公上應台宿。」注引春秋漢含孳：「三公在天爲三台。」又郎顗傳：「反之，則白虹貫日，以甲乙見者，則譴在中台。自司徒居位，陰陽多謬，……立春以來，金氣再見云云。」注：「韓詩外傳曰：『三公者何？司空、司徒、司馬也。司馬主天，司空主地，司徒主人。故陰陽不調，星辰失度，責之司馬；山陵崩絶，川谷不流，責之司空；五穀不殖，草木不茂，責之司徒。』甲乙東方主春，生殖五穀之時也，而白虹以甲乙日見，明責在司徒也。」

太傅〔一〕汝南陳蕃仲舉，去光祿勳〔二〕，還到臨潁巨陵亭〔三〕，從者擊亭卒數下，亭長閉門收其諸生人客〔四〕，皆厭毒痛，欲復收蕃，蕃曰：「我故大臣，有罪，州郡尚當先請，今約勑兒客無素〔五〕，幸皆坐之，何謂乃欲相及？〔六〕」相守數時，會行亭掾至，困〔七〕乃得免。時令范伯弟亦即殺其亭長。蕃本召陵〔八〕，父梁父令，別仕平輿〔九〕，其祖河東太守〔一〇〕，冢在召陵，歲時往祠〔一一〕，以先人所出，重難解亭〔一二〕，止諸冢舍。時令劉子輿，亦本凡庸，不肯出候，股肱争之，爾乃會其冢上。蕃持板迎之〔一三〕，長跪；令徐乃下車，即坐，不命去板，辭意又不謙恪，蕃深忿之。令去，顧謂賓客：「平輿老夫何欲召陵令哉？不但爲諸家〔一四〕故耶！而爲小豎子所慢。孔子曰：『假我數年乎！〔一五〕』」其明年，桓帝赫然誅五侯鄧氏〔一六〕，海內望風草偃〔一七〕，子輿以臟〔一八〕疾〔一九〕見彈，埋於當世矣。蕃起於家，爲尚書僕射、太中大夫〔二〇〕、太尉〔二一〕。

〔一〕續漢書百官志一：「太傅，上公一人。」本注曰：「掌以善導，無常職。世祖以卓茂爲太傅，薨，因省，其後，每帝初即位，輒置太傅，録尚書事，薨輒省。」注引應劭漢官儀曰：「傅者，覆也。」

〔二〕續漢書百官志二：「光祿勳，卿一人，中二千石。」本注曰：「掌宿衛宫殿門户，典謁署郎更直執戟宿衛門户，考其德行，而進退之，郊祀之事掌三獻。」御覽二二九引應劭漢官儀曰：「光，明也；祿，爵也；勳，功也。言光祿典郎謁諸虎賁羽林，舉不妄得，賞不失勞，故曰光祿勳。」

〔三〕水經潁水注引京相璠曰：「潁川臨潁縣東北二十五里，有故巨陵亭，古大陵也。」案：大陵見左傳莊公十四年。

〔四〕「閉」，大德本描作「閑」，徐本從之，非是。

〔五〕漢書江充傳：「使人謝充曰：『非愛車馬，誠不欲令上聞之，以教敕亡素者，惟江君裁之。』」文選晉紀總論：「於時，天下非暫弱也，軍旅非無素也。」李周翰注：「素，習也。」

〔六〕拾補曰：「『謂』疑『爲』。」

〔七〕廣博物志十六引「困」作「因」。

〔八〕拾補曰：「疑脱『人』字。」

〔九〕拾補曰：「或當有『因家焉』三字。」漢書地理志上注引應劭曰：「平輿，故沈子國，今沈亭是也。」

〔一〇〕後漢書陳蕃傳：「陳蕃字仲舉，汝南平輿人也。祖河東太守。」史略其父，可據此訂補。

〔一一〕胡本「祠」誤「嗣」。

〔一二〕解亭，即廨舍。

〔一三〕御覽二一三引漢官儀：「令史見僕射尚書執板拜，見丞郎執板揖。」唐六典一引漢官儀：「丞郎見令僕射執板拜，朝賀對揖。丞郎見尚書執板對揖。」後漢書范滂傳：「時陳蕃爲光祿勳，滂執公儀詣蕃，蕃不止之，滂懷恨，投版，棄官而去。」注：「版，笏也。」

〔一四〕「諸家」，拾補曰：「疑『詣家』。」

〔一五〕論語述而篇：「假」作「加」，史記孔子世家亦作「假我數年」，正義云：「假，借。」朱熹集註：「元城劉忠定公自言，嘗讀他論，『加』作『假』，蓋『加』、『假』聲相近而誤讀。」

〔一六〕五侯鄧氏，蓋指南鄉侯鄧萬世、南頓侯鄧康、後更封大縣爲沘陽侯，昆陽侯鄧統，安陽侯鄧會，淯陽侯鄧秉，見後漢書桓帝鄧皇后紀。紀言：「八年，詔廢后，送暴室，以憂死。……從父河南尹萬世及會皆下獄死，統等亦繫暴室，免官爵，歸本郡，財物沒入縣官。」此言桓帝誅五侯鄧氏，足補史之闕文。

〔一七〕論語顏淵篇：「君子之德風，小人之德草，草上之風必偃。」

〔一八〕「臟」，拾補校作「贓」。

〔一九〕「疾」，拾補曰：「似誤。」器案：疑是「吏」字。

〔二〇〕續漢書百官志二：「太中大夫，千石。」本注云：「無員。」御覽二四三引韋昭辨釋名：「太中大夫，大夫之中最高大也。」

〔二一〕後漢書桓紀：「延熹八年，（二月）癸亥，皇后鄧氏廢。河南尹鄧萬世、虎賁中郎將鄧會下獄死。……五月丙戌，太尉楊秉薨。……秋七月，太中大夫陳蕃爲太尉。」

謹按：尚書曰：「人惟求舊。〔一〕」詩云：「雖有兄弟，不如友生。〔二〕」論語：「久要不忘平生之言。〔三〕」周禮九兩：「友以任得民。〔四〕」是以隋會〔五〕圖其身而不遺其友〔六〕，鮑叔度其德〔七〕而固推管子〔八〕；厥後陵遲，彌已凋翫，伐木有鳥鳴之刺〔九〕，谷風有弃予之怨〔一〇〕，陳餘、張耳，攜手遯秦，友〔一一〕猶父子，及據國爭權，還爲豺虎〔一二〕。自〔一三〕漢所稱，王、貢彈冠，蕭、朱結綬〔一四〕，博、育復隙其終〔一五〕，始以交爲難，況容悅偶合〔一六〕，而能申固其好者哉？故長平之吏，移於冠軍〔一七〕，魏其之客，移於武安〔一八〕，鄭當〔一九〕、汲黯，亦旋復然，翟公疾之，乃書〔二〇〕其門：「一死一生，乃知交情。一貴一賤，交情乃見。〔二一〕」自古患焉，非直今也。韓信寵秩，出跨下之人，斯難能也。安國不念舊惡〔二二〕，合禮中平。李廣因威歸忿，非義之理。宣尼曁陳〔二三〕，皆降而復升，兼濟天下〔二四〕。唯虞卿逼於彊秦，獨善其身，纘述篇籍，垂訓後昆〔二五〕。昔子夏心戰則懼，道勝如肥〔二六〕；何必高位豐爵〔二七〕以爲融懿也〔二八〕。

〔一〕盤庚文。

〔二〕小雅常棣文。

〔三〕憲問篇文。

〔四〕周禮太宰職云：「以九兩繫邦國之民，……八曰，友以任得民。」注：「兩猶耦也。友謂同井相合，耦耡作者。」大德本、徐本「友」作「交」，未可據。

〔五〕「隋」，拾補云：「『隨』省，如周、隨之亦省爲『隋』也。」

〔六〕事詳宣公十二年左傳邲之役。

〔七〕左傳隱公十一年：「不度德，不量力。」

〔八〕左傳莊公九年：「管仲請囚，鮑叔受之，及堂阜而稅之，歸而以告曰：『管夷吾治於高傒，使相可也。』公從之。」

〔九〕小雅伐木：「伐木丁丁，鳥鳴嚶嚶。出自幽谷，遷于喬木。嚶其鳴矣，求其友聲。相彼鳥矣，猶求友聲；矧伊人矣，不求友聲。」案蔡中郎集正交論：「周德始衰，頌聲復寢，伐木有『鳥鳴』之刺。」與此説同，是漢人以小雅爲刺詩。

〔一〇〕小雅谷風：「習習谷風，維風及雨。將恐將懼，維予與女。將安將樂，女轉棄予。習習谷風，維風及頹。將恐將懼，寘予于懷。將安將樂，棄予如遺。」小序云：「谷風，刺幽王也，天下俗薄，朋友道絶焉。」

〔一一〕「友」，拾補云：「疑『交』。」

〔一二〕史記張耳陳餘列傳：「然張耳、陳餘始居約時，相然信以死，豈顧問哉？及據國争權，卒相滅亡，何鄉者相慕用之誠，後相倍之戾也？豈非以利哉！」（漢書張耳陳餘傳贊同）又淮陰侯傳：「蒯生曰：『常山王、成安君，此二人相與，天下至驩也；然而卒相禽者，何也？患生於多欲，而人心難測也。』」（又見漢書蒯通傳）潛夫論交際篇：「陳餘、張耳，老相全滅，而無感痛。」

〔一三〕「自」，大德本描作「目」，徐本從之，非是。

〔一四〕漢書蕭望之傳：「子育，少與陳咸、朱博爲友，著聞當世；往者有王陽、貢公，故長安語曰：『蕭、朱結綬，王、貢彈冠。』言其相薦達也。」又王吉傳：「世稱：『王陽在位，貢公彈冠。』言其取舍同也。」

〔一五〕「終」，奇賞本作「後」。拾補曰：「當本是『末』字，『張、陳凶其終，蕭、朱隙其末』，是王丹語，（案見後漢書本傳）後人誤以『博、育復隙』爲句，因改『末』爲『終』，以與下『始』字連文耳。」器案：「終」字不必改「末」，應氏不必全襲王丹語，何況王丹亦以「凶終」、「隙末」互文，未必「末」是而「終」非也。若奇賞改爲「後」，則誠如拾補所云耳。三國志吴書諸葛恪傳：「恪與陸遜書：『是故張、陳至於血刃，蕭、朱不終其好。』」字亦作「終」。

〔一六〕孟子盡心篇：「有事君人者，事是君則爲容悦者也。」

〔一七〕史記衛將軍驃騎傳：「自是之後，大將軍青日退，而驃騎日益貴，舉大將軍故人門下多去事驃騎，輒得官爵，唯任安

不肯。」（又見漢書衛青霍去病傳）

〔一八〕史記魏其武安侯傳：「魏其、武安由此以侯家居。武安侯雖不任職，以王太后故親幸，數言事多效；天下吏士趨勢利者，皆去魏其歸武安。」（又見漢書竇田灌韓傳）潛夫論交際篇：「昔魏其之客，流於武安；長平之吏，移於冠軍。」

〔一九〕拾補曰：「省一『時』字，如晉重耳之言晉重。」案此亦當時割截名字之一例。

〔二〇〕「乃書」，宋本作「大銘」，今從餘本。

〔二一〕史記汲鄭傳：「太史公曰：『夫以汲黯之賢，有勢則賓客十倍，無勢則否，況衆人乎？下邽翟公有言，始翟公爲廷尉，賓客闐門，及廢，門外可設雀羅。翟公復爲廷尉，賓客欲往，翟公乃大署其門曰：一死一生，乃知交情；一貧一富，乃知交態；一貴一賤，交情乃見。』汲、鄭亦云，悲夫。」（漢書張馮汲鄭傳同）説苑談叢篇：「一死一生，乃知交情；一貧一富，乃知交態；一貴一賤，交情乃見；一浮一没，交情乃出。」

〔二二〕論語公冶長篇：「不念舊惡，怨是用希。」陳，謂陳蕃。

〔二三〕漢書平紀：「元始元年六月，……追謚孔子曰褒成宣尼公。」

〔二四〕孟子盡心上：「窮則獨善其身，達則兼善天下。」

〔二五〕尚書仲虺之誥：「垂裕後昆。」

〔二六〕韓非子喻老篇：「子夏見曾子，曾子曰：『何肥也？』對曰：『戰勝故肥也。』曾子：『何謂也？』子夏曰：『吾入見先王之義則榮之，出見富貴之樂又榮之，兩者戰於胸中，未知勝負故臞，今先王之義勝故肥。』」淮南子原道篇：「子夏心戰而臞，得道而肥。」又精神篇：「子夏見曾子，一臞一肥，曾子問其故，曰：『出見富貴之樂而欲之，入見先王之道又説之，兩者心戰故臞，先王之道勝故肥。』」又説山篇作「子見子夏曰：『何肥？』」王念孫以爲「子」當作「曾子」。又韓詩外傳二、御覽三七八引尸子，載閔子騫事略同。此文「如」讀爲「而」。

〔三七〕「位」，何本作「祿」。朱錫庚曰：「案自是『位高爵豊』，古文倒用句法如是。」

〔三八〕顧夢鶴攬茝微言曰：「風俗通稱：陳蕃失勢，縣令劉子興肆其侵侮；劉矩見忤時宰，友人環玉都多所摧折；祝恬被疾，見拒於深交之謝著，而雅不相知之應融卒恤之；韓演被逮，見困於同歲之吴斌，而素昧生平之閻符獨勞苦之。嗚呼，緩急人所時有也，柰何以涼德自處如此！然則虞卿以魏齊而去相，魏其爲灌夫而殺身，彼獨何人哉！求之末俗，良亦難矣。」

風俗通義祀典第八〔一〕

禮：「天子祭天地山川，歲徧。〔二〕」春秋國語〔三〕：「凡禘郊宗祖報，此五者，國之典禮〔四〕；加之以社稷山川之神，皆有功烈於民者也；及前哲令德之人，所以爲質者也〔五〕；及天之三辰，所昭〔六〕仰也；地之五行，所生殖也；九州名山川澤，所出財用也：非是族也，不在祀典。」禮矣〔七〕。論語：「非其鬼而祭之，諂也。〔八〕」又曰：「淫祀無福〔九〕。」是以泰山不享季氏之旅〔一〇〕，而易美西鄰之禴祭〔一一〕，蓋重祀而不貴牲，敬實而不求華也。自高祖受命，郊祀〔一二〕祈望〔一三〕，世有所增，武帝尤敬鬼神〔一四〕，于時盛矣。至平帝時，天地六宗〔一五〕已下，及諸小神，凡千七百所〔一六〕。今營夷寓泯〔一七〕，宰器闕亡，蓋物盛則衰，自然之道，天其或者〔一八〕，欲反本也，故記敍神物曰祀典也。

〔一〕蘇頌曰：「祀典八，子抄云：『二十。』……又意林以『祀典』爲『儀禮』。」

〔二〕禮記曲禮下：「天子祭天地，祭四方，祭山川，祭五祀，歲徧。」疏云：「歲徧者，謂五方之帝，迎氣、雩祀、明堂及郊，雖有重者，諸神摠徧，故云歲徧。」

〔三〕魯語上文。

〔四〕「禮」，國語「祀」。

〔五〕國語「質」上有「明」字。

〔六〕「昭」，郎本、鍾本作「招」，國語作「瞻」。拾補覆校曰：「祭法是『瞻仰』，此與漢書郊祀志同。」

〔七〕拾補：「孫云：『禮』字似在下文『又曰』中間，脱在此，但下卷所引亦同，或二字皆衍文。」器案：此文又見禮記祭法及漢書郊祀志。

〔八〕爲政文。

〔九〕此禮記曲禮下文，「又」疑「禮」譌。

〔一〇〕論語八佾篇：「季氏旅於泰山，子謂冉有曰：『女弗能救與？』對曰：『不能。』子曰：『嗚呼，曾謂泰山不如林放乎？』」包注曰：「神不享非禮，林放尚知問禮，泰山之神反不如林放邪，欲誣而祭之。」

〔一一〕易既濟：「九五，東鄰殺牛，不如西鄰之禴祭，實受其福。」王注：「牛，祭之盛者也；禴，祭之薄者也。居既濟之時，而處尊位，物皆盛矣，將何爲焉？其所務者，祭祀而已。祭祀之盛，莫盛修德，故沼沚之毛，蘋蘩之菜，可羞於鬼神；故黍稷非馨，明德惟馨；是以東鄰殺牛，不如西鄰之禴祭，實受其福也。」漢書郊祀志注：「東鄰，謂商紂也。西鄰，謂周文王也。禴祭，謂禴煮新菜以祭，言祭祀之道，莫盛脩德，故紂之牛牲，不如文王之蘋藻。」

〔一二〕水經渭水注下：「渠南有漢圜丘，成帝建始二年罷雍五時，始祀皇天上帝于長安南郊。」應劭注曰：「天郊在長安南，卽此也。」

〔一三〕書舜典：「望於山川。」

〔一四〕漢書郊祀志：「武帝初卽位，尤敬鬼神之祀。」

〔一五〕書舜典：「禋于六宗。」續漢書祭祀志中注：「李氏家書曰：『司空李郃侍祠南郊，不見六宗祠，奏曰：案尚書肆類于上帝，禋于六宗。六宗者，上不及天，下不及地，傍不及四方，在六合之中，助陰陽，化成萬物。漢初甘泉、汾陰天地亦禋六宗。孝成之時，匡衡奏立南北郊祀，復祀六宗。及王莽謂六宗易六子也。建武都雒陽，制祀不道祭，六宗由是廢不血食。』……六宗之議，自伏生及乎後代，各有不同。……尋虞書所稱『肆類于上帝』，是祭天，天不言天，而曰上帝，帝是天神之極，舉帝則天神斯盡，日月星辰，從可知也。『禋于六宗』，是實祭地，地不言地，而曰六宗，宗是地數之中，舉中是以該數社稷等祀，從可知也。天稱神上，地表數中，仰觀俯察，所以爲異。宗者，崇尊之稱，斯亦盡敬之謂也。」

〔一六〕漢書郊祀志：「莽遂崇鬼神淫祀，至其末年，自天地六宗以下，至諸小鬼神，凡千七百所。」通典禮十五：「平帝末年，崇淫祀，自天地六宗以下，凡千七百所。」

〔一七〕器案：「寓」當作「㝢」，形近而譌。說文，㝢，籀文宇字。文選東京賦：「德㝢天覆。」注：「『㝢』與『宇』同。」漢書敘傳：「攸攸外㝢。」吳都賦劉注引作「悠悠外宇」，亦「寓」爲「㝢」誤之證。淮南俶真篇：「夫牛蹏之涔，無尺之鯉，塊阜之山，無丈之材，所以然者，何也？皆其營宇狹小，而不能容巨大也。」（又見劉子觀量篇）此營宇連文之證，與此以營㝢對文，義正相同。

〔一八〕左傳僖公十九年、二十三年、哀公元年，俱有「天其或者」語。

先農

謹按：春秋左氏傳〔一〕曰：「夏四月，三卜郊，不從，乃免牲，孟獻子曰：『吾乃今而知有卜粢。夫郊祀后稷，以祈農事也，是故啓蟄而郊，郊而後耕。今既耕而卜郊〔二〕，宜其不從也。』」周四月，今二月也，先農之時也〔三〕。孝文帝二年詔曰：『農者，天下之本，其開籍田〔四〕，朕躬帥耕〔五〕，以給宗廟粢盛。〔六〕』今民間名曰田官〔七〕。古者，使民如借，故曰籍田〔八〕。

〔一〕見襄公七年。

〔二〕「卜郊」上，石經有「後」字，宋本無，正義及禮記曲禮正義引亦無，與此合。

〔三〕後漢書明紀注、續漢書禮儀志補注、書鈔九一、御覽五三二引漢舊儀：「春始東耕於籍田，祠先農黄帝也。祠以一牢，百官皆從，大賜三輔二百里孝悌、力田、三老布帛。」續漢書祭祀志下：「以乙未日祠先農于乙地。」

〔四〕應劭注曰：「古者，天子耕籍田千畝，爲天下先。籍者，帝王典籍之常也。」

〔五〕漢書文紀作「朕親率耕」。

〔六〕書鈔九一引應劭注：「黍稷曰粢，在器中曰盛。」今漢書作師古注。周禮天官甸師職：「掌帥其屬而耕耨王籍，以時入之，以供粢盛。」國語周語上：「宣王卽位，不籍千畝，虢文公曰：『不可。夫民之大事在農，上帝粢盛于是乎出，民之蕃庶於是乎生。』」

〔七〕「田官」，拾補校作「官田」。

〔八〕禮記王制注：「籍之言借也，借民力，治公田，美惡取於此，不稅民之所自治也。」詩載芟箋：「籍之言借也。」初學記三引蔡邕月令章句：「籍者，借人力以成其功，故曰籍。」國語周語韋注：「籍，借也，借民力以爲之。」孟子滕文公上疏引徐邈曰：「籍，借也，謂借民力治公田，不稅民之私也。」

社神

孝經説：「社者，土地之主，土地廣博，不可偏敬，故封土以爲社而祀之，報功也。〔一〕」周禮説：「二十五家置一社。〔二〕」但爲田祖報求。詩云：「乃立冢土。〔三〕」又曰：「以御田祖，以祈甘雨。〔四〕」

〔一〕世説新語方正篇注引作「孝經稱『社者，土也，廣博不可備敬，故封土以爲社而祀之，報功也』。」周禮大宗伯疏引孝經援神契：「社者，五土之總神。」續漢書祭祀志注、通典四五注、初學記十三、書鈔八七、類聚三九、御覽三一又五三二引孝經緯：「社，土地之主也，土地廣博，不可盡敬，故封土爲社，以報功也。」白虎通社稷篇：「王者所以有社稷何？爲天下求福報功。人非土不立，非穀不食，土地廣博，不可偏敬也，五穀衆多，不可一一而祭也，故封土立社，示有土也。稷，五穀之長，故立稷而祭之也。稷者，得陰陽中和之氣，而用尤多，故爲長也。」御覽五三二引禮記外傳：「國以民爲本，人以食爲天，故建國君民，先命立社，地廣穀多，不可偏祭，故於國城之内，立壇祭之，親之也，日用甲，尊之也。」

〔二〕説文社下云：「周禮：『二十五家爲社。』」亦通謂經説爲本經也。史記魯世家集解引賈逵左傳注、吕氏春秋慎大篇高注、左傳哀公十五年杜注並同，蓋周禮家舊有此説。漢書五行志中之下注：「臣瓚曰：『舊制，二十五家爲一社。而民或十家五家共爲田社，是私社。』」

〔三〕大雅緜文。

〔四〕小雅甫田文。

謹按：春秋左氏傳〔一〕曰：「共工氏有子曰句龍佐顓頊，能平九土〔二〕，爲后土〔三〕，故封爲上公，祀以爲社，非地祇。〔四〕」

〔一〕見昭公二十九年。

〔二〕「九土」，禮記祭法作「九州」，杜注作「水土」，國語魯語上作「九土」，與此同。

〔三〕今左傳作「共工氏有子曰句龍，爲后土」。漢書百官公卿表注，應劭曰：「共工氏有子曰句龍，爲后土，五行之官，封爲上公，祀爲貴神。」獨斷上：「社神，蓋共工氏之子句龍也，能平水土，帝顓頊之世，舉以爲土正，天下賴其功，堯祠以爲社。」蔡邕集陳留東昏庫上里社碑：「社祀之建尚矣，昔在聖帝，有五行之官，而共工子句龍爲后土；及其没也，遂爲社祀。故曰：社者，土地之主也。」册府元龜三二引應劭曰：「湯遭天旱七年，明德以薦，而旱不止，故遷社，以棄代爲稷，欲遷句龍，而德莫繼，故作夏社。」

〔四〕世説注引作「然則社自祀句龍，非土之祭也」。禮記郊特牲正義、書鈔八七、御覽五三二引五經異義：「今孝經説曰：『社者，土地之主，土地廣博，不可偏敬，封五土以爲社。』古左氏説：『共工氏有子曰句龍，爲后土，后土爲社。』許君謹案，亦曰：『春秋稱公社，今人稱社神爲社公，故知社是上公，非地祇。』駁云：『社祭土而主陰氣，又云，社者，神地之道謂社神，但言上公，失之矣，今人亦謂雷曰雷公，天曰天公，豈上公也？』」尚書召誥正義：「左氏説：『社稷惟祭句龍，后稷，人神而已。』孝經説：『社爲土神，稷爲穀神，句龍、后稷配食者。』」又湯誓正義：「漢世儒者，説社稷有二，左氏説：『社祭句龍，稷祭柱、棄，惟祭人神而已。』孝經説：『社爲土神，稷爲穀神，句龍、柱、棄是配食者也。』」

稷神

孝經說：「稷者，五穀之長，五穀衆多，不可偏祭，故立稷而祭之。〔一〕」

〔一〕周禮大司徒疏、續漢書祭祀志注、通典四五注、初學記十三、書鈔八七、類聚三九、御覽二一又五三二引孝經援神契：「稷，五穀之長也，穀衆不可偏祀，故立稷神祀之。」獨斷上：「稷神，蓋厲山氏之子柱也，柱能植百穀，帝顓頊之世，舉以爲田正，天下賴其功；周棄亦播殖百穀，以稷五穀之長也，因以稷名其神也。社稷二神功同，故同堂別壇，俱在未地。」餘並詳上條。

謹按：春秋左氏傳〔一〕：「有烈山氏之子曰柱，能殖百穀疏〔二〕果，故立以爲稷正也〔三〕；周棄亦以爲稷，自商以來祀之。〔四〕」禮緣生以事死，故社稷人祀之也，則祭稷穀，不得稷米，稷反自食也〔五〕。而邾文公用繒子於次睢之社〔六〕，司馬子魚曰：「古者，六畜不相爲用〔七〕，祭以爲人也，民〔八〕，神之主也，用人，其誰享之？」詩云：「吉日庚午，既伯既禱。〔九〕」豈復殺馬以祭馬乎？孝經之說，於斯悖矣。米之神爲稷，故以癸未日祠稷於西南，水勝火爲金相也。

〔一〕見昭公二十九年。

〔二〕「疏」，何本作「蔬」，古通。禮記曲禮：「稷曰嘉疏。」釋文：「『疏』本作『蔬』。」論語述而：「飯疏食。」釋文：「『疏』本作『蔬』。」此二字通用之證。

〔三〕漢書百官表后稷，注引應劭曰：「后，主也，爲此稷官之主也。」

〔四〕器案此文有譌羨，今左傳云：「有烈山氏之子曰柱爲稷，自夏以上祀之；周棄亦爲稷，自商以來祀之。」國語魯語上：「昔烈山氏之有天下也，其子曰柱，能殖百穀百蔬，夏之興也，（器案：「興」當爲「衰」，尚書湯誓正義引此曰：『興』當爲『衰』字之誤。」祭法正作「衰」。左傳昭公二十九年注：「湯既勝夏，廢柱而以棄代之。」亦是指夏衰時言。詳器讀國語雜志。）周棄繼之，故祀以爲稷。」禮記祭法：「厲山氏之有天下也，其子曰農，能殖百穀，夏之衰也，周棄繼之，故祀以爲稷。」

〔五〕拾補曰：「此文有譌，當云『若稷是穀神，祭之用稷，反自食也』，『也』與『邪』通。應氏以社稷是人神，駁孝經説，其實上所引出援神契，文不全，通典亦引其説云：『稷乃原隰之中，能生五穀之祇。原隰之祇，祭穀何害？』」札迻云：「案盧校非也。『則』與『卽』通，『不得稷米稷』，當作『不以稷米祭稷』，此篇説社稷五祀，皆本許氏五經異義説，禮記郊特牲孔疏引異義：『許君謹案：禮緣生及死，故社稷人事之，既祭稷穀，不得但以稷米祭稷，反自食。』可據以校此文。」器按：郊特牲疏引異義：「今孝經説：『稷者，五穀之長，穀衆多，不可偏敬，故立稷而祭之。』古左氏説：『列山氏之子曰柱，死祀以爲稷，稷是田正，周棄亦爲稷，自商以來祀之』，下接『許君謹案』云云」，孫引未備，故補之。

〔六〕左傳僖公十九年，「繒」作「鄫」，杜注：「睢水出受汴，東經陳留、梁、譙、沛、彭城縣入泗。此水次有妖神，東夷皆社祠之，蓋殺人而用祭也。」器案博物志：「琅邪臨沂縣東界次睢有大叢社，民謂之食人社，卽次睢之社也。」

〔七〕杜注：「謂若祭馬先不用馬也。」器案：左傳昭公十一年：「申無宇曰：『五牲不相爲用。』」亦是此意。

〔八〕「民」下，原有「人」字，左傳無，此後人以避唐諱旁注「人」字誤增，十反篇亦有此文，正無「人」字，今據刪。

〔九〕小雅吉日作「吉日維戊，既伯既禱」，此疑涉下章「吉日庚午」而誤。毛傳：「維戊，順類乘牡也。伯，馬祖也。重物愼微，將用馬力，必先爲之禱其祖。禱，禱獲也。」箋云：「戊，剛日也，故乘牡爲順類也。」爾雅釋天：「既伯既禱，馬祭也。」郭注：「伯，祭馬祖也，將用馬力，必將祭其先。」周官甸祝「馬禂」，杜子春曰「禂，禱也，爲馬禱無疾。」引爾雅爲證。說文禂下云：「禱牲馬祭也，從示周聲。詩曰：『既禡既禂。』」蓋三家異文。漢書敍傳引詩「是類是禡」，注引應劭曰：「禮，將征伐，告天而祭，謂之類，告以事類也。至所征伐之地，表而祭之，謂之禡。禡者，馬也；馬者，兵之首，故祭其先神也。」說與此異，蓋誤以師祭爲馬祭，故又從而爲之辭耳。

靈星

俗說：縣令問主簿：「靈星在城東南，何法？〔一〕」主簿仰答曰：「唯靈星所以在東南者，亦不知也。〔二〕」

〔一〕史記封禪書正義引廟記、續漢書祭祀志下注引三輔故事、御覽五三二引三輔舊事，並云：「長安城東十里有靈星祠。」通典禮四：「周制：仲秋之月，祭靈星於國之東南。」

〔二〕論衡祭意篇：「世儒案禮，不知靈星何祀，其難曉而不識，說縣官名曰明星云云。」疑此卽當時案禮之事也。

漢書郊祀志：「高祖五年，初置靈星，祀后稷也，歐爵簸揚〔一〕，田農之事也。〔二〕」

〔一〕「歐」當作「敺」，續漢書祭祀志下作「驅」，漢書百官公卿表下注：「『敺』讀與『驅』同。」又韓信傳注：「『敺』與『驅』同。」文選風賦注：「『敺』，古『驅』字。」

〔二〕史記封禪書、漢書郊祀志並云：「其後二歲，（前言「天下已定」，乃高帝五年，此言「其後二歲」，則七年也。）或言曰：『周興而邑立后稷之祠，至今血食天下。』於是高祖制詔御史：『其令天下立靈星祠，常以歲時祠以牛。』」按玉海九九以其後二歲，即高祖八年。續漢書祭祀志謂「漢興八年，高祖立靈星祠」，通典禮四同，論衡祭意篇又謂「高皇帝四年，詔天下祭靈星」，獨斷上、漢舊儀（封禪書正義引）並云在高祖五年，與此同。北史劉芳傳：「芳疏云：靈星本非禮事，兆自漢初，專爲祈田，恒隸郡縣。郊祀志云：『高祖五年制詔御史，其令天下立靈星祠，牲用太牢，縣邑令長得祠。』晉祠令云：『郡縣國祠稷社先農，縣又祠靈星。』此靈星在天下諸縣之明據也。」續漢書祭祀志下：「漢興八年，有言『周興而邑立后稷之祀。』於是高帝令天下立靈星祠，言祠后稷而謂之靈星者，以后稷又配食星也。舊說：星謂天田星也。一曰：龍左角爲天田官，主穀，祀用壬辰位祠之，壬爲水，辰爲龍，就其類也，牲用太牢，縣邑令長侍祠，舞者用童男十六人，舞者象教田，初爲芟除，次耕種，次耘耨驅爵及穫刈舂簸之形，象其功也。」

謹按：祀典，既以立稷，又有先農，無爲靈星，復祀后稷也。左中郎將〔一〕賈逵說，以爲龍第三有天田星，靈者神也，故祀以報功〔二〕。辰之神爲靈星〔三〕，故以壬辰日祀靈星於東南〔四〕，金勝木爲土相〔五〕。

〔一〕後漢書賈逵傳：「和帝即位，永元三年，以逵爲左中郎將。」書鈔設官部引漢官儀：「五官、左、右中郎將，秦官也，秩比二千石，凡郎官，皆主更，直執戟宿衛。」

〔二〕獨斷上：「舊說曰：靈星，火星也。一曰：龍星，火爲天田。」史記封禪書集解、漢書郊祀志注並引張晏云：「龍星左角曰天田，則農祥也，晨見而祭。」

〔三〕劉寶楠愈愚錄二曰：「靈星，即龍星角亢也，故又曰角星；龍屬辰爲大火，故又曰火星；辰爲農祥，故又曰農祥；又曰天田星；星色赤，又曰赤星；靈通作零，又曰零星。」案：淮南主術篇：「君人主其猶零星之尸。」後漢書高句驪傳云：「好祠鬼神、社稷、零星。」字皆作「零」。

〔四〕後漢書東夷傳注引「辰」上無「壬」字。朱亦棟羣書札記曰：「零星二字，切音爲辰，此古真、青之所以通也，猶曰辰星云爾。祠于東南者，因其方也。」

〔五〕史記封禪書正義引漢舊儀：「五年，脩復周家舊祠，祀后稷於東南，爲民祈農，報厥功。夏則龍星見而始雩，龍星左角爲天田，右角爲天庭，天田爲司馬，教人種百穀爲稷。靈者，神也，辰之神爲靈星，故以壬辰日祠靈星於東南，金勝木爲土相也。」案：毛詩絲衣序：「繹賓，尸也。高子曰：『靈星之尸也。』」說者謂高子與孟子同時，卽所謂「固哉高叟」者，則靈星之祭，自周已然。漢因周祭后稷而立靈星之祀者，周、漢皆祀天田，以后稷配之也。古之祀典，尤重農事，故稷與先農，不嫌重複，何獨疑於靈星之重祀后稷哉？劉芳襲仲遠之說，謂靈星本非禮事，兆自漢初，非也。

竈神

禮器記曰：「臧文仲安知禮？燔柴於竈，竈者，老婦之祭也，故盛於盆，尊於瓶。〔一〕」

〔一〕今禮記禮器，「竈」作「奧」，鄭注：「『奧』當爲『爨』，字之誤也。或作『竈』。……老婦，先炊者；盆、瓶，炊器也。明此祭先炊，非祭火神，燔柴似失之。」正義：「或作『竈』者，諸禮記本有作『竈』字，故云或也。」器案：應氏所見禮記，字正作「竈」。

周禮說：「顓頊氏有子曰黎，爲祝融〔一〕，祀以爲竈神。〔二〕」

〔一〕此古周禮說，見五經異義（詳後）。史記曆書集解引應劭曰：「黎，陰官也。」漢書百官公卿表注，應劭曰：「顓頊氏有子曰黎，爲祝融五行之官，封爲上公，祀爲貴神。」

〔二〕說文:「周禮以竈祠祝融。」(今本脱,段從史記五帝本紀索隱補。)左傳昭公二十九年疏引賈逵云:「祝融祀於竈。」淮南時則篇注云:「祝融,吴回爲高辛氏火正,死爲火神,託祀於竈。」並用古周禮説。淮南氾論篇:「炎帝作火,死而爲竈。」炎帝爲火德之帝,祝融爲火官之神,故同有竈神之説也。

謹按:明堂月令:「孟冬之月,其祀竈也〔一〕。五祀之神,王者所祭〔二〕,古之神聖,有功德於民,非老婦也。〔三〕」漢記:「南陽陰子方〔四〕積恩好施,喜祀竈,臘日晨炊,而竈神見〔五〕,再拜受神〔六〕,時有黄羊,因以祀之〔七〕。其孫識〔八〕,執金吾〔九〕,封原鹿侯。興衛尉,鮦陽侯〔一〇〕。家凡二侯〔一一〕,牧守數十。其後子孫常以臘日祀竈以黄羊。〔一二〕」

〔一〕明堂月令,卽小戴記之月令,蔡邕作月令章句,卽據小戴記,其釋月令篇名云:「成法具備,各從時月藏之明堂,所以示承祖考神明,不敢泄瀆之義,故以明堂冠月令以名其篇。」今禮記月令作「孟夏之月」,吕氏春秋四月紀同。應氏此篇,多本五經異義,通典、御覽引異義,亦作「孟夏之月」(詳後),此作「孟冬之月」,誤。

〔二〕五祀有二。一爲五行之祀,左傳昭公二十九年:「魏獻子問蔡墨曰:『社稷五祀,誰氏之五官也?』對曰:『少皞氏有四叔:曰重,曰該,曰修,曰熙。實能金木及水。重爲句芒,該爲蓐收,修及熙爲玄冥,此其三祀也。顓頊氏有子曰黎,爲祝融,共工氏有子曰句龍爲后土,此其二祀也。』」大宗伯:「以血祭祭五祀。」後鄭所謂「五官之神」是也。一則月令所謂「春祀户,夏祀竈,中央祀中霤,秋祀門,冬祀行」是也。並見禮記祭法。

〔三〕禮記禮器正義引五經異義:「竈神,今禮戴説引此燔柴盆瓶之事。古周禮説:『顓頊氏有子曰黎,爲祝融,祀以爲竈神。』(荆楚歲時記注引「古周禮」以下十九字)許君謹案同周禮。」鄭駁之云:「祝融乃古火官之長,猶后稷爲堯司馬,其尊如是,王者祭之,但就竈陘,一何陋也?祝融乃是五祀之神,祀于四郊,而祭火神于竈,于禮乖也。」御覽五二九引五經異義曰：「大戴説禮器云：『竈者，老婦之祭。』許君按月令『孟夏之月，其祀竈，五祀之神，王者所祭，非老婦也。』」鄭玄曰：「竈神祝融是老婦。」通典禮十一引許慎云：「月令：『孟夏祀竈』，王者所祭，古之有功德于人，非老婦也。」鄭玄云：「爲祭五祀，竈在廟門外之東，祀竈禮設主於竈陘，祝融乃古火官之長，猶后稷爲堯司馬，上公也。今但就竈陘而祭之，屈上公之神，何其陋也。」又月令云：「其帝炎帝，其神祝融。」文列在上，與祀竈絶遠，而推合之，文義不次，焉得爲義也。又左傳云：「五官之神，生爲上公，死爲貴神。」若祭之竈神，豈得謂貴神乎？特牲饋食禮云：「尸謖而祭饎，爨以謝先炊者之功。」知竈是祭老婦，報先炊之義也。臧文仲燔柴于竈，夫子譏之，云：「盛于盆，尊于瓶」者，是祝融之神，豈可以盆瓶之器，寘于陘而祭之乎？

〔四〕器按：此事又見後漢書陰興傳、搜神記四及蒙求舊注。蒙求舊注以子方爲陰識祖父，搜神記亦云：「至識三世而遂繁昌。」與此合。范書未詳，足補其闕。

〔五〕李賢注引雜五行書曰：「竈神名禪，字子郭，衣黄衣，被髮，從竈中出，知其名呼之，可除凶惡，宜市猪肝泥竈，令婦孝。」器按：史記封禪書：「少翁以方，蓋夜致王夫人及竈鬼之貌云。」又見漢書郊祀志。莊子達生篇：「竈有髻。」釋文引司馬云：「髻，竈神，着赤衣，狀如美女。」史記武紀索隱引司馬彪注莊子云：「浩，竈神也，如美女，衣赤。」李弘範音詁，則莊子一作「浩」。玉燭寶典十二引竈書：「竈神，姓蘇名吉利婦名博頰。」荆楚歲時記：「竈神名蘇吉利。」魏志管輅傳云：「王基家賤婦人生一兒，墮地即走入竈中，輅曰：『直宋无忌之妖，將其入竈也。』」史記封禪書集解、類聚八〇引白澤圖：「火之精曰宋无忌。」髻、吉、忌，聲俱近。酉陽雜俎曰：「竈神名隗，狀如美女。」又云：「姓張名單，字子郭，一云名壤子。」道藏太清部感應篇注引傳云：「竈神狀如美人，有六女，即六癸玉女。一云，竈有三十六神。又蘇吉利婦，姓王名博頰，張單妻，字卿吉，六女皆名察洽。」汪政竈觚録引禮緯含文嘉：「竈下小兒名繩，呼之吉。」

〔六〕「神」，拾補云：「范書『慶』字是。」器案：搜神記亦作「慶」。竊疑風俗通自作「福」，此涉上文「神」字而誤，所謂「祭神受福」也，不必改從范書。

〔七〕玉燭寶典十二引荆楚記：「以黄犬祭之，謂之黄羊。陰氏世蒙其福。古今注：『狗一名黄羊。』」

〔八〕陰識，後漢書有傳。

〔九〕續漢書百官志四：「執金吾一人，中二千石。」本注曰：「掌宫外戒非常水火之事，月三繞行宫外，及主兵器，吾猶禦也。」注引應劭曰：「執金革以禦非常。」

〔一〇〕漢書地理志上汝南郡鮦陽注、水經汝水注引應劭曰：「在鮦水之陽。」

〔一一〕拾補：「孫云：『案陰興卒於光武世，未嘗封侯，永平初，乃封興子慶爲鮦陽侯，興弟就新陽侯，慶弟博㶏强侯。凡侯者四人，不止二侯也。』」器案：後漢紀明紀：「永平元年四月癸卯，封故衛尉興子慶爲鮦（原誤「鯛」）陽侯。」疑當從袁紀作「衛尉興子慶爲鮦陽侯」。又「二侯」，搜神記亦作「四侯」。據陰識傳：「識卒，子躬嗣。躬弟子綱，女爲和帝皇后，封綱吴房侯。」則實爲五侯，疑「二」爲「五」壞文。

〔一二〕後漢書陰興傳：「宣帝時，陰子方至孝有仁恩，臘日晨炊而竈神形見，子方再拜受慶，家有黄羊，因以祀之。自是已後，暴至巨富，田有七百餘頃，輿馬僕隸，比於邦君。子方常言：『我子孫必將彊大。』至識三世，而遂繁昌，故後常以臘祀竈而薦黄羊焉。」搜神記四：「漢宣帝時，南陽陰子方者，性至孝，積恩好施，喜祀竈，臘日晨炊，而竈神形見，後暴至巨富，田七百餘頃，輿馬僕隸，比於邦君。子方嘗言：『我子孫必將彊大。』至識三世，而遂繁昌，家凡四侯，牧守數十，故後世子孫嘗以臘日祀竈，而薦黄羊焉。」

風伯〔一〕

楚辭說〔二〕："後飛廉使奔屬。〔三〕"飛廉，風伯也〔四〕。

〔一〕漢書郊祀志上："雍有日月、參辰、南北斗、熒惑、太白、歲星、填星、辰星、二十八宿、風伯、雨師、四海、九臣、十四臣、諸布、諸嚴、諸逐之屬，百有餘廟。"師古曰："風伯，飛廉也；雨師，屏翳也，一曰屏號。而說者乃謂風伯、箕星也，雨師，畢星也，此志既言二十八宿，又有風伯、雨師，則知非箕畢也。"

〔二〕意林"說"作"云"。

〔三〕離騷文。

〔四〕意林作"風伯飛廉"。漢書揚雄傳注："應劭曰：『楚辭云：鸞皇爲余先戒兮，後飛廉使奔屬，雲師告余以未具。飛廉，風伯也。』"

謹按：周禮〔一〕："以禋燎祀風師。〔二〕"風師者，箕星也〔三〕，箕主簸揚〔四〕，能致風氣。易巽爲長女也〔五〕，長者伯〔六〕，故曰風伯〔七〕。鼓之以雷霆，潤之以風雨〔八〕，養成萬物，有功於人，王者祀以報功也。戌〔九〕之神爲風伯，故以丙戌日祀於西北，火勝金爲木相也〔一〇〕。

〔一〕見大宗伯。

〔二〕"禋"，朱藏元本、仿元本、兩京本、胡本、郎本、鍾本、汪本作"柳"。拾補曰："『禋』即『酒』字，說文以爲『槱』之重文，此下亦仍作『槱』。"器案：周禮"風師"作"飌師"。

〔三〕文選東都賦注引「風師者」三字作「風伯」。周禮鄭注：「風師，箕也。」書堯典、洪範鄭注、獨斷、淮南原道篇高注說同。

〔四〕意林、文選思玄賦注無「箕」字。

〔五〕思玄賦注、天中記二引俱無「也」字。易說卦：「巽一索而得女，故謂之長女。」又曰：「巽爲長女。」

〔六〕「伯」下，思玄賦注有「之」字，天中記有「也」字。白虎通姓名篇：「伯者，長也。」

〔七〕獨斷上：「風伯，箕星也，其象在天，能興風。」漢書武紀注、水經穀水注引應劭曰：「飛廉，神禽，能致風氣者也。明帝永平五年，至長安迎取飛廉并銅馬，置上西門之外，名平樂館，董卓悉銷以爲錢。」

〔八〕易繫辭上：「鼓之以雷霆，潤之以風雨。」語又見禮記樂記。

〔九〕意林「戌」誤「戊」。

〔一〇〕續漢書祭祀志下：「以丙戌日祠風伯於戌地。」通典禮四：「後漢以丙戌日祀風師於戌地。」唐會要二二、御覽五二九引劉向五經通義：「王者所以因郊祭日月、星辰、風伯、雨師、山川，何？以爲皆有功于民，故祭之也，皆天地之別神從官也，緣天地之意，亦欲及之，故歲一祭之。禮日出于南門外，禮月、四瀆于北門外，禮山川丘陵于西門外，禮風伯、雨師于東門外，禮各卽其位也，以示明之。其祭之奈何乎？曰：祭日者懸，祭月者毀，祭風者明，祭雨者布，祭山者沉，各象其貌也。」

雨師

春秋左氏傳說：「共工之子，爲玄冥師。〔一〕」「鄭大夫子產禳於玄冥。〔二〕」雨師也〔三〕。

〔一〕拾補曰：「案左昭元年傳：『金天氏有裔子曰昧，爲玄冥師。』又二十九年傳云：『少皞氏有四叔，脩及熙爲玄冥。』說者謂昧當是脩、熙之後，金天氏，少皞也，非共工，共工有子曰句龍，爲后土，亦見傳，此疑誤說。」器案：漢書百官公卿表注，應劭曰：「少昊有四叔，重爲句芒，該爲蓐收，脩及熙爲玄冥。五行之官，皆封爲上公，祀爲貴神。」又揚雄傳注，應劭曰：「顓頊、玄冥，皆北方之神，主殺戮也。」

〔二〕見昭公十八年。

〔三〕意林作「雨師，玄冥也」，白帖一、羣書通要甲二引作「玄冥爲雨師」，疑此文當重「玄冥」二字，作「玄冥，雨師也」。

謹按：周禮〔一〕：「以槱燎祀雨師。」雨師者，畢星也〔二〕。詩云：「月離于畢，俾滂沱矣。〔三〕」易師卦：「師者，衆也。」土中之衆者莫若水〔四〕，雷震百里〔五〕，風亦如之。至於太山，不崇朝而徧雨天下，異於雷風，其德散大，故雨獨稱師也〔六〕。丑之神爲雨師，故以己丑日祀雨師於東北，土勝水爲火相也〔七〕。

〔一〕見大宗伯文。

〔二〕鄭注：「雨師，畢也。」書堯典、洪範鄭注、獨斷、淮南原道篇高注說同。

〔三〕小雅漸漸之石文。

〔四〕原作「易師封也，土中之衆者莫若水，衆者師也」，今依拾補乙正如此。

〔五〕易震卦：「雷震百里。」

〔六〕獨斷上：「雨師，畢星也，其象在天，能興雨。」獨斷以雨師及上之風伯、靈星、社稷、先農爲六神。

〔七〕續漢書祭祀志下：「以己丑日祠雨師於丑地。」通典禮四：「後漢以己丑日祀雨師於丑地。」

桃梗　葦茭　畫虎

謹按：黃帝書〔一〕：「上古之時，有荼與鬱壘昆弟二人〔二〕，性能執鬼〔三〕，度朔山上立桃樹下〔四〕，簡閱百鬼，無道理，妄爲人禍害〔五〕，荼與鬱壘縛以葦索〔六〕，執以食虎。〔七〕」於是縣官常以臘除夕〔八〕，飾桃人〔九〕，垂葦茭〔一〇〕，畫虎於門，皆追效於前事，冀以衞凶也〔一一〕。桃梗，梗者，更也〔一二〕，歲終更始受介祉也〔一三〕。　戰國策、齊語〔一四〕：「孟嘗君將西入秦，諫者千數，而弗聽；蘇秦欲止之〔一五〕，曰：『臣之來也，過於淄上〔一六〕，有土偶人焉，與桃梗相與語〔一七〕，謂土偶人曰〔一八〕：子西岸之土也，埏子以爲人〔一九〕，至歲八月，天霖雨，淄水至，則子殘矣。曰：不然。吾西岸之土也，殘則復西岸耳。今子東國桃木也〔二〇〕，削子以爲人，隆雨下〔二一〕，淄水至，泆子而去〔二二〕，汎汎將何如矣。夫秦四塞之國〔二三〕，譬若虎口，而入之，則不知其可。』孟嘗乃止。」春秋左氏傳〔二四〕曰：「魯襄公朝楚，會楚康王卒〔二五〕，楚人使公親襚〔二六〕，公患之。叔孫穆叔曰：『祓殯而襚，則布帛也。〔二七〕』乃使巫以桃茢先祓殯〔二八〕，楚人弗禁，既而悔之。〔二九〕」「古者，日在北陸而藏冰〔三〇〕，深山窮谷，其藏之也，黑牡秬黍，以享司寒〔三一〕；其出之也，桃弧棘矢，以除其災也。〔三二〕」葦茭，傳曰：「萑葦有藂。〔三三〕」呂氏春秋〔三四〕：「湯始得伊尹，祓之於廟，薰以萑葦。〔三五〕」周禮：「卿大夫之子，名曰門子。〔三六〕」論語：「誰能出不由户。〔三七〕」

故用葦者，欲人子孫蕃殖〔三八〕，不失其類，有如萑葦〔三九〕。茭者，交易，陰陽代興也〔四〇〕。虎者，陽物，百獸之長也〔四一〕，能執搏挫鋭，噬食鬼魅〔四二〕，今人卒得惡悟〔四三〕，燒虎皮飲之〔四四〕，擊其爪〔四五〕，亦能辟惡，此其驗也〔四六〕。

〔一〕續漢書禮儀志中注、歲時廣記五、羣書類編故事二引俱脱「書」字，鼠璞引「書」下有「稱」字。

〔二〕文選東京賦注、禮儀志中注、書鈔一五五、御覽八九一、歲時廣記引「荼」上有「神」字。論衡訂鬼篇、禮儀志中注引山海經及論衡亂龍篇、獨斷上俱作「神荼」。又類聚八六、御覽九六七、路史餘論三引「鬱壘」作「鬱律」，慧琳音義十一引云：「又一名鬱律。」宋本續漢書禮儀志中注、歲時廣記引作「鬱櫑」，又引山海經作「鬱儡」。俞正燮癸巳存稿十三：「風俗通引黄帝書：『神荼、鬱律兄弟二人，性能執鬼，居度朔山桃樹下。』引此言者甚多，或以爲黄帝書，或以爲山海經，『荼』或作『蔡』，『律』或作『壘』，義雖太古，亦經淺人附會。漢蔡邕獨斷云：『歲竟，畫荼壘，并懸葦索以禦凶。』晉司馬彪續漢書禮儀志云：『大儺訖，設桃梗、鬱儡。』是專有荼壘或鬱儡一桃木人，而不云神荼、神蔡。晉葛洪枕中書云：『玄都大真王言蔡鬱壘爲東方鬼帝。』語雖不可據，然可知漢、魏、晉道士相傳神蔡鬱壘止是一神，姓蔡名鬱壘，漢時宫廷禮制，亦以爲一人，而通儒及漢時道家黄帝書，皆以爲二人，乃知古禮制、古儒説、古道説，各不相喻也。審究其義，神荼、鬱律，由桃椎展轉生故事耳。」器案：玉燭寶典一引括地圖：「桃都山有大桃樹，槃屈三千里，上有金鷄，日照入，此鷄則鳴，於是晨鷄悉鳴。下有二神，一名鬱，一名壘，並執葦索以伺不祥之鬼，得而煞之。」則謂鬱、壘爲二神。玄中記又謂二神左名隆，右名窔。俱此一神話之傳聞異辭也。

〔三〕漢書藝文志雜占類有執不祥劾鬼物八卷。

〔四〕「立」原作「章」，義不可通。文選注、書鈔、御覽、路史、歲時廣記俱無「章」字，今案「章」字乃「立」字之譌，論衡亂龍篇正作「立桃樹下」，今據改正。類聚「朔」作「索」，雲笈七籤九九軒轅本紀：「黄帝書説東海有度索山，或曰度朔山，譌呼也。（此山間以竹索懸而度也）山有神荼、鬱壘神，能禦凶鬼，爲百姓除患，制驅儺之禮以象之。」又歲時廣記、羣書類編故事引「度」上有「於」字。

〔五〕「無道理」上，文選注重「百鬼」二字，玉燭寶典一、慧琳音義、御覽八九一重「鬼」字。又御覽九六七引作「鬼妄榾（音骨）人」，「榾」疑「滑」譌，路史作「鬼妄滑人者」，歲時廣記作「簡閱百鬼之無道者」。

〔六〕御覽九六七、路史「縛」作「援」。

〔七〕歲時廣記、羣書類編故事「食」作「飼」，慧琳音義作「飴」，卽「飼」之譌。

〔八〕歲時廣記「除」作「祭」。

〔九〕玉燭寶典一引莊子：「斲鷄于户，縣葦灰于其上，插桃其旁，連灰其下，而鬼畏之。」淮南詮言篇：「羿死於桃棓。」注：「棓，大杖，以桃木爲之，以擊殺羿，自是以來，鬼畏桃也。」漢書景十三王傳：「取桃灰毒藥並煮之。」蓋所以禁陶望卿死後不能爲厲鬼也。御覽九六七引典術：「桃者，五木之精也，故壓伏邪氣者也。桃之精生在鬼門，制百鬼，故今作桃人梗著門以壓邪，此仙木也。」

〔一〇〕書鈔「垂」作「承」。齊民要術十、慧琳音義、類聚、歲時廣記、鼠璞引「茭」作「索」，御覽九六七作「垂葦索交」，蓋「索」爲「茭」之旁注字，後人或逕以「索」代「茭」，御覽則并以旁注字入正文，又誤「茭」爲「交」也。尋説文竹部：「筊，索也。」則「茭」當作「筊」，古從艸從竹之字多混也，此書上文言「葦索」，則字本作「筊」可知。續漢書禮儀志中注：「夏后氏金行，作葦茭，言氣交也。殷人水德，以螺首填其閉塞，使如螺也。周人木德，以桃爲梗，言氣相更也。今人元日以葦插户。螺則今之門鐶也。桃梗，今之桃符也。」

〔一一〕書鈔、御覽八九一、歲時廣記「衛」作「禦」，山海經、獨斷同。山海經云：「於是黄帝乃作禮，以時驅之，立大桃人，門户畫神荼、鬱壘與虎，懸葦以禦凶。」則以爲黄帝。論衡亂龍篇：「故今縣官斬桃爲人，立之户側；畫虎之形，著之門闌。」與此同。慧琳音義引此云：「於是黄帝作禮毆（原誤「歐」）之，立桃人於門户，畫荼與鬱壘與虎以象之。今俗法每以臘終除夕，飾桃人，垂葦索，畫虎於門，左右置二燈象虎眼以祛不祥。」亦以爲黄帝，蓋參合搜神記爲之，非風俗通原如此也。釋常談中云：「搜神記及風俗通云：『東海之中度朔山，山有盤桃，屈曲三千里，枝間東北有二鬼，一名鬱壘，一名神荼，萬鬼皆怕之。今歲首立桃符于門，畫此之形，以辟鬼也。』」此爲揉合二書之證。玉燭寶典一、御覽二九引玄中記：「東南有桃都山，山上有大樹，名曰桃都，枝相去三千里。上有天鷄，日初出，光照此木，天鷄則鳴，羣鷄皆隨之鳴。下有二神，左名隆，右名窔，並執葦索，伺不祥之鬼，得而殺之。今人正朝作兩桃人立門旁，以雄鷄毛置索中，蓋遺象也。」（據魯迅古小説鈎沈本）此又異説也。嘉定赤城志三九紀遺門，又以爲桃都山在台州，蓋就神話而名其山以實之也。

〔一二〕周禮女祝：「掌以時招梗禬禳之事，以除疾殃。」杜子春讀「梗」爲「更」。

〔一三〕宋書禮志一：「舊時，歲旦常設葦茭、桃梗，磔鷄於宫及百寺門，以禳惡氣。漢儀則仲夏之月設之，有桃卯（當從續漢書禮儀志中作「桃印」），無磔鷄。」戴埴鼠璞：「風俗通曰：『黄帝書稱：上古之時，有兄弟二人荼與鬱壘，用度朔上桃樹以制百鬼，于是縣官以臘除飾桃人，垂葦索。』歲時記：『桃者，五行之精，壓伏邪氣，制百鬼。』本草經曰：『梟桃在樹不落，殺百鬼。』山海經云：『東海度朔山有大桃樹，蟠屈三千里，其東北曰鬼門，萬鬼出入也。有二神曰神荼，曰鬱壘；黄帝象之，立桃版于户。』淮南子曰：『羿死于桃棓。』注云：『棓，大杖，以擊煞羿，由是鬼畏桃。今人以桃梗作代歲旦植門以辟鬼。』後漢禮儀志曰：『代有所尚，周人木德，以桃爲梗，言氣相梗。梗，更也。』莊子曰：『插桃枝於户，童子不畏而鬼畏之。』桃之制鬼，見於傳記者不一，而六經亦自可考，檀弓曰：『君臨臣喪，以巫祝桃茢。』傳曰：『楚人使公視襚，公使巫以桃茢先祓殯。』周禮戎右：『贊牛弭桃茢。』鄭司農於喪祝云：『喪祝與巫以桃厲執戈在王前。』以桃茇除，雖聖人不廢，例以巫家之説而鄙之，可乎？」

〔一四〕拾補云：「『語』衍。」拾補識語云：「案齊語如謂太史公世家爲世家言矣，戰國策本名長短語。」

〔一五〕史記孟嘗君傳以此爲蘇代。

〔一六〕「澅」原作「濇」，拾補校作「澅」，云：「『澅』即『淄』字，作『濇』譌。」今據改正。水經淄水注引應劭地理風俗記：「淄入濡。」

〔一七〕史記作「木偶人與土偶人相與語」。戰國策趙策一：「蘇秦説李兑云云」，亦引此喻，作土梗與木梗，歲時廣記五引戰國策高誘注云：「東海中有山名度朔，上有大桃樹，其枝間東北曰鬼門，下有二神人，一曰余與，二曰鬱雷，主治害鬼，故世刊此桃余與、鬱雷，正歲以置門户，號之曰桃梗。」

〔一八〕拾補「謂」上據戰國策及御覽引補「桃梗」二字。

〔一九〕「埏」，齊策作「挻」，老子：「挻埴以爲器。」釋文：「挻，始然反，河上云：『和也。』聲類云：『柔也。』」

〔二〇〕續漢書注「國」下有「之」字，齊策作「今子東國之桃梗也」，亦有「之」字，當據補。説苑正諫篇「東國」作「東園」。

〔二一〕齊策「隆」作「降」。器案：隆、降古通，禮記喪服小記注：「以不貳降。」釋文：「『降』一本作『隆』。」戰國策魏策：「休祲降於天。」曾、劉本作「休烈隆於天」。説文隆從生降聲。書大傳隆谷，鄭注：「隆讀如厖降之降。」荀子天論：「隆禮尊賢而王。」韓詩外傳作「降」。蓋隆從降聲，古音本同，如詩「我心則降」，即讀「降」爲「隆」也。隆雨，即上文之霖雨，霖、隆古同聲通用，詩雲漢以臨與融、宗、宮、躬通押，漢避殤帝諱，改隆慮作林慮，俱其證。

〔二二〕「去」字原無，拾補據齊策補，今從之。

〔二三〕史記蘇秦傳：「秦四塞之國。」正義：「東有黃河，有函谷、蒲津、龍門、合河等關；南山及武關、嶢關；西有大隴山及隴山關、大震、烏蘭等關；北有黃河、南塞：是四塞之國。」

〔二四〕見襄公二十九年。

〔二五〕楚康王卒在二十八年十二月乙未。

〔二六〕杜注：「諸侯有遣使賵襚之禮，今楚欲依遣使之比也。」

〔二七〕左傳「帛」作「幣」，注云：「先使巫祓除殯之凶邪而行襚禮，與朝而布幣，無以異也。」

〔二八〕杜注：「茢，黍穰也。」案檀弓下：「君臨臣喪，以巫祝桃茢執戈惡之也。」鄭注：「桃，鬼所惡。茢，萑苕，可掃不祥也。」正義：「下云：『荆人使公親襚，巫先拂柩。』時荆王以襄二十八年十二月死，至明年正月，則殯來已久，得有始行襲禮，巫先拂柩者。彼云襲者，謂加衣於殯，非爲尸加衣，故下云拂柩。及左傳云『祓殯而襚』，是既襚也。公以楚人無禮於己，故公用天子未襲之前，君臨臣喪之法，以巫祝桃茢也。」又案說文：「梨，黍穰也。茢，芀也。」又釋芀曰：「葦華也。」芀亦作苕，爾雅謂之薍。鄭玄注周禮：「茢，苕帚。」詩毛傳：「薍爲萑，萑苕蓋謂薍穗。」據此，則茢乃萑苕之帚，杜訓爲黍稷，改字說經，究不如從本訓之爲得也。

〔二九〕杜注：「禮，君臨臣喪乃祓殯，故楚悔之也。」器案：禮記檀弓下載此云：「襄公朝于荆，康王卒，荆人曰：『必請襲。』魯人曰：『非禮也。』荆人强之，巫先拂柩，荆人悔之。」鄭注云：「巫祝，桃茢，君臨臣喪之禮。」卽本檀弓本文爲說，杜祓殯之說，未知何據。

〔三〇〕以下左傳昭公四年文。杜注：「陸，道也，謂夏十二月，日在虛危，冰堅而藏之也。」

〔三一〕杜注：「黑牡，黑牲也。秬，黑黍也。司寒，玄冥，北方之神也，故物皆用黑。有事於冰，故祭其神也。」

〔三二〕杜注：「桃弓棘箭，所以禳除凶邪，將御至尊故也。」古今注上輿服：「辟惡車，秦制也，桃弓葦矢，所以祓除不祥。」

〔三三〕淮南說林篇：「藿葦有叢。」藿、萑古通。

〔三四〕見本味篇。

〔三五〕今本呂覽脫「薰以萑葦」句，嚴可均輯全秦文據本書及續漢書禮儀志注引補。

〔三六〕大宗伯職：「其正室皆謂之門子。」鄭注：「正室，適子也，將代父當門者也。」左傳襄公十年：「大夫諸司門子弗順。」

〔三七〕雍也文。

〔三八〕續漢書禮儀志注引「殖」作「植」。

〔三九〕詩小雅小弁：「萑葦淠淠。」毛傳：「淠淠，衆也。」

〔四〇〕續漢書禮儀志中桃印：「代以所尚爲飾，夏后氏金行，作葦茭，言氣交也。」

〔四一〕「也」，胡本作「者」，誤。

〔四二〕拾補曰：「續漢志注：『能擊驚牲，食魑魅者也。』」

〔四三〕「惡」下原有「遇」字，拾補以爲衍文，今據删。御覽八九一、事類賦二〇引作「今人卒得病」。

〔四四〕「悟燒」二字原倒，依拾補校乙。史記天官書：「鬼哭若呼，其人逢俉。」集解：「俉，迎也。」索隱曰：「俉音五故反，逢俉，謂相逢而驚也。亦作迕，音同。」器案：此文「悟」借「俉」字，轉鈔者旁注「遇」字，遂誤增入，拾補以爲「忤」同，未達一間。

〔四五〕御覽作「繫其衣服」，事類賦作「繫之衣服」。

〔四六〕御覽、事類賦「其」作「甚」。

雄鷄

俗說：鷄鳴將旦，爲人起居；門亦昏閉晨開，扞難守固；禮貴報功，故門户用鷄也。青史子書〔一〕說：「鷄者，東方之牲也〔二〕，歲終更始，辨秩東作〔三〕，萬物觸户而出，故以鷄祀祭也。」

〔一〕漢書藝文志小說家有青史子五十七篇，本注：「古史官記事也。」通志氏族略引賈執姓氏英賢録：「青史子，晉太史董狐之子，受封青史之田，因氏焉。漢書藝文志：『青史子著書。』」案書亡，馬國翰有輯本，亦見丁晏佚禮扶微。

〔二〕賈子新書胎教篇引青史氏記說王太子懸弧之禮儀曰：「東方之弧以梧，梧者，東方之木，春也；其牲以鷄，鷄者，東方之牲也。」

〔三〕尚書堯典：「平秩東作。」周禮馮相氏鄭注：「辨秩東作。」正義：「據書傳而言。」史記五帝本紀索隱引尚書大傳：「辯秩東作。」辯與辨通。隸釋六北海相景君銘：「辨秩東衍。」文選典引：「惇睦辨章之化洽。」李善注：「尚書曰：『平章百姓。』辨與平，古字通也。」

太史丞〔一〕鄧平〔二〕說：「臘者，所以迎刑送德也〔三〕，大寒至，常恐陰勝〔四〕，故以戊日臘。戊者，土氣也〔五〕，用其日殺鷄以謝刑德〔六〕，雄著門，雌著户，以和陰陽，調寒暑〔七〕，節風雨也。〔八〕」

〔一〕兩京本不提行，蓋宋藏元本、仿元本，上行適至行末而止，兩京本遂誤連貫之也。

〔二〕漢書律曆志上，敍造太初曆，首選鄧平，又云：「迺詔遷用鄧平所造八十一分律曆，罷廢尤疏遠者十七家，復使校曆律昏明。宦者淳于陵渠復覆太初曆晦朔弦望皆最密，日月如合璧，五星如連珠。陵渠奏狀，遂用鄧平曆，以平爲太史丞。」

〔三〕拾補云：「似誤，下云『謝刑德』，此當是送刑德，御覽十三引獨斷云：『臘但送不迎。』況春氣將至，何反言迎刑乎？其誤明矣。」

〔四〕灌畦暇語「勝」下有「陽」字。

〔五〕「土氣」，暇語引同宋本，裴玄新語亦作「土氣」（詳後引），大德本以下各本俱作「温氣」，不可據。

〔六〕「日」上原有「氣」字，暇語無，今從之。暇語並無「刑」字。

〔七〕「調寒暑」，原作「調寒配水」，札迻曰：「案『調寒配水』，疑當作『調寒暑，配水旱（「配」字亦疑有誤）』。」器案：灌畦暇語作「以和陰陽，調寒暑，節風雨也」，此文「配水」二字卽「暑」之譌羨，孫氏曲爲之説，非也。

〔八〕書鈔一五五、類聚四、御覽二九、草堂詩箋三二鷄注引裴玄新語：「正朝，縣官煞羊，懸其頭於門，又磔鷄以副之。俗説以厭癘氣，玄以問河南任君（疑當作「伏君」），任君曰：『是月也，土氣上昇，草木萌動，羊嚙百草，鷄啄五穀，殺之以助生氣也。』」

謹按：春秋左氏傳〔一〕：「周大夫賓孟適郊，見雄鷄自斷其尾，歸以告景王曰：『憚其爲犧也。』〔二〕」山海經曰：「祠鬼神皆以雄鷄。〔三〕」魯郊祀常以丹鷄，祝曰：「以斯翰音赤羽，去魯侯之咎。〔四〕」今人卒得鬼刺痱，悟，殺雄鷄以傅其心上〔五〕，病賊風者，作鷄散〔六〕，東門鷄頭可以治蠱〔七〕。由此言之：鷄主以禦死辟惡也。

〔一〕見昭公二十二年。

〔二〕左傳：「賓孟適郊，見雄鷄自斷其尾，問之，侍者曰：『自憚其犧也。』遽歸告王，且曰：『鷄其憚爲人用乎？人異於是，犧者實用人，人犧實難，己犧何害？』王弗應。」國語周語下：「景王既殺下門子，賓孟適郊，見雄鷄自斷其尾，問之，侍者曰：『憚其犧也。』遽歸告王，曰：『吾見雄鷄自斷其尾，而人曰：憚其犧也。吾以爲信畜矣，人犧實難，己犧何害？抑其惡爲人用也乎？則可也。人異於是，犧者實用人也。』王弗應。」杜預注曰：「畏其爲宗廟奉犧牲，故自殘毀也。」韋昭注曰：「純美爲犧，祭祀所用也。言鷄自斷其尾者，懼爲宗廟所用也。」器案：周禮牧人：「祭祀共犧牲。」鄭注：「犧牲，毛羽完具也。」蓋祭祀之犧牲，當選其毛羽完具者耳。

〔三〕西次二經云：「其祠出毛一雄鷄。」北山首經、北次二經、中次三經、中次八經、中次十經，皆言「祠之用雄鷄」。

〔四〕「祝曰」云云，原作「祀日以其朝聲赤羽去魯侯之咎」，拾補校作「祝曰，以斯鶾音赤羽，去魯侯之咎」，云：「皆錢以説文校改。」器案：説文鶾下云：「鷄肥翰音者也。（從段改）从鳥倝聲。魯郊以丹鷄，祝曰：『以斯鶾音赤羽，去魯侯之咎。』」蓋此所引乃魯郊禮文，魯郊禮漢時猶存，故春秋繁露、説文、五經異義及風俗通皆得引之。曲禮：「凡祭宗廟之禮，鷄曰翰音。」

〔五〕「傅」，胡本、程本皆如此作，餘本俱誤作「傳」。御覽八八四引志怪：「夏侯弘忽行江陵，逢一大鬼，提弓戟急走，小鬼數百從之，弘畏懼，下路避之，大鬼過後，捉一小鬼，問：『此是何物？』曰：『廣州大殺。』弘曰：『以此矛戟何爲？』曰：『以此殺人，若中心腹者輒死，中餘處不至於死。』弘曰：『治此病者有方不？』鬼曰：『殺烏鷄薄心即差。』弘曰：『今欲行何？』鬼曰：『當荆、楊二州。』爾時，此二州皆行心腹病，略無不死者；弘在荆州，教人殺烏鷄薄之，十得八九。今中惡用烏鷄，自弘之由也。」據此，則以爲晉時事，實則此爲先民積累之驗方，故神其説若鬼遺方也。

〔六〕御覽九一八有「治之」二字。

〔七〕此即淮南説山篇所謂「鷄頭已瘻」者，彼注以鷄頭爲芡，失之。齊民要術三、御覽九一八引四民月令：「東門磔白鷄頭。」原注：「可以合法藥。」

殺狗磔邑四門

俗説：狗別賓主，善守禦〔一〕，故著四門，以辟盗賊也〔二〕。

〔一〕御覽九〇五引「禦」作「衛」。隋書五行志上引洪範五行傳：「犬，守禦者也。」

〔二〕御覽「盗賊」作「惡」。

謹按：月令：「九門磔禳，以畢春氣。〔一〕」蓋天子之城，十有二門，東方三門，生氣之門也，不欲使死物見於生門，故獨於九門殺犬磔禳。犬者金畜〔二〕，禳者却也，抑金使不害春之時所生〔三〕，令萬物遂成其性，火當受而長之，故曰以畢春氣〔四〕。功成而退，木行終也。

〔一〕六藝流別十七引尚書大傳：「季春之月，九門磔禳，出疫於郊，以禳春氣。」與鄭引王居明堂禮同。

〔二〕禮記月令注：「犬，金畜也。」吕氏春秋孟秋紀、仲秋紀注同。周禮庖人注：「犬屬司寇，金也。」

〔三〕「春之時」，拾補校作「春時之」。

〔四〕器按：月令：「毋出九門。」鄭注：「天子九門者，路門也，應門也，雉門也，庫門也，皐門也，城門也，近郊門也，遠郊門也，闕門也。」鄭於下「九門磔禳」無注，或遂以爲明與上文相同。考鄭注九門，係指遠近而言，天子十二門，則指方位而言，吕氏春秋季春紀：「九門磔禳，以畢春氣。」高誘注：「九門，三方九門也，嫌非王氣所在，故磔犬羊以禳，木氣盡之，故曰以畢春氣也。」淮南時則篇注同，與應説合；高爲盧植弟子，疑俱出盧植解詁，當舉此文及高注，以補鄭注之闕。灌畦暇語：「月令『九門磔禳，以畢春氣』。蓋天子十二門，東方三門，生氣所出入，不欲以死物厭之，故獨磔於九門。犬者金畜，禳者却也，抑金使不害春之生，命萬物遂成其性，火當受而長之，故曰以畢春氣。」

太史公記：「秦德公〔一〕始殺狗磔邑四門，以禦蠱菑。〔二〕」今人殺白犬以血題門户〔三〕，正月白犬血辟除不祥，取法於此也。

〔一〕御覽九〇五作「秦始皇」，誤，史記秦本紀、封禪書及漢書郊祀志俱作「秦德公」。

〔二〕御覽作「以禦凶災」，郎本、程本、鄭本「菑」誤作「蓄」。封禪書：「秦德公時，磔狗邑四門，以禦蠱菑。」索隱：「案左傳云：『皿蟲爲蠱。』梟磔之，鬼亦爲蠱，故月令云：『大儺旁磔。』注云：『磔，禳也，厲鬼爲蠱，將出害人，旁磔於四方之門。』故此亦磔狗邑四門也。風俗通云：『殺狗磔禳也。』」

〔三〕御覽有「日」字。

膢

謹按：韓子書：「山居谷汲者，膢臘而買水。〔一〕」楚俗常以十二月祭飲食也〔二〕。又曰：「嘗新始殺也，食新曰貙膢。〔三〕」

〔一〕續漢書禮儀志中注引「買」作「賔」，韓非子五蠹篇作「相遺以水」。

〔二〕器案：「楚俗」句上當脱「説文」二字，下文「又曰」，卽承此而言，如無此二字，則「又曰」將何所指也？説文：「膢，楚俗以二月祭飲食也。」古唐類範一五五、孔本書鈔一五五、御覽三三引説文俱作「十二月」，與風俗通合。拾補曰：「玉篇、廣韻皆云：『冀州八月，楚俗二月。』今案當作『十二月』，説文脱『十』字，後皆承其誤耳。下文『嘗新』，卽指八月言。曰膢臘，臘非十二月而何？」

〔三〕續漢志注作「當新始殺食曰貙膢」，書鈔作「貙膢」，説文作「一曰祈穀食新曰離膢」。器案：漢書韋玄成傳注，晉灼曰：「漢儀注：『立秋貙婁又嘗粢。』」武紀注，如淳曰：「漢儀注：『立秋貙膢。』」蘇林曰：「膢，祭名也。貙，虎屬，常以立秋祭獸。王者亦以此日出獵，還以祭宗廟，故有貙膢之祭也。」古今注亦作「貙膢」，續漢志作「貙劉」，鹽鐵論論菑篇作「貙蔞」，膢、蔞俱從婁聲，婁、劉同音通叚，漢書婁敬傳：「婁者，劉也。」卽其證。

臘

謹按：禮傳：「夏曰嘉平，殷曰清祀，周曰大蜡，漢改爲臘。〔一〕」臘者，獵也，言田獵取禽獸〔二〕，以祭祀其先祖也〔三〕。或曰：臘者，接也，新故交接，故大祭以報功也〔四〕。漢家火行衰於戌，故曰臘也〔五〕。

〔一〕大事記解題三、雲麓漫鈔三、急就篇補注四引作「秦、漢曰臘」。事類賦五、書林事類韻會一〇〇作「夏曰清祀，殷曰嘉平」。世説新語德行篇注引五經要義：「三代名臘：夏曰嘉平，殷曰清祀，周曰大蜡，總謂之臘。」禮記月令疏引蔡邕章句：「夏曰清祀，殷曰嘉平，周曰蜡，秦曰臘。」靖康緗素雜記四：「案禮記外傳云：『蜡祭卽臘祭也，夏曰清祀，殷曰嘉平，周謂之蜡祭，秦曰臘。』……風俗通云云，此云『秦曰臘』，蓋漢仍之也。」説與此異。獨斷説四代臘之別名，仍云：「夏曰嘉平，殷曰清祀，周曰大蜡，漢曰臘。」又與所爲月令章句不同，一人之説，而矛盾如此，未知何故。

〔二〕原無「禽」字，拾補覆校云：「據李善注閑居賦引作『言獵取禽獸』，一切經音義十四引，亦有『禽』字，當補入。」今據補。

〔三〕類聚五、事類賦五、玉堂嘉話六、歲時廣記三九「田」作「因」。原本書鈔一五五「取」作「收」。左傳僖公五年正義、文選閑居賦注、歲時廣記「祭」下無「祀」字。後漢書陳寵傳注引作「臘者，歲終祭衆神之名」。玄應四分律音義作「臘，獵也，獵取禽獸，祭先祖也，此歲終祭神之名也」，羣書通要甲七引作「臘者，歲終大祭也」，靖康緗素雜記作「臘者，遠近祭衆神之名」，今本脱「歲終祭衆神之名也」句，當據補。月令鄭注：「臘，謂以田獵所得禽祭也。」

〔四〕拾補據御覽引「故」爲「狎獵」二字。器案：玉燭寶典十二、事類賦、書林事類韻會亦作「狎獵」。世説新語德行篇注、寶典、類聚五、御覽三三、歲時廣記引晉博士張亮議：「傳曰：『臘，接也，祭宜在新故交接也。』俗謂臘之明日爲初歲，秦、漢以來有賀，此古之遺語也。」隋書禮儀志二：「開皇四年詔：『古稱臘者，接也，取新故交接。』」即據此爲言。急就篇：「祠祀社稷叢臘奉。」顔注：「臘，接也，廣祭百神也。」釋氏要覽下、入衆篇經音疏、增輝記皆云：「臘，接也。」

〔五〕拾補據類聚、御覽引校作「故此日臘也」，又云：「御覽『故以戌爲臘也』。」拾補識語曰：「案下一事，『故以午祖也』，此當從御覽，去『爲』字。」器案：後漢書陳寵傳注、緗素雜記引俱作「故臘用戌日也」，事類賦作「故以戌爲臘」。説文云：「冬至後三戌爲臘。」蓋以漢火行言之。又禮儀志中注、通典禮四、書鈔一五五引魏臺訪議：「高堂隆曰：『帝王各以其行之盛而祖，以其終而臘。……火生於寅，盛於午，終於戌，故火家以午祖，以戌臘。』秦静曰：『古禮出行有祖祭，歲終有蜡臘，無正月必祖之祀。漢氏以午祖，以戌臘。午，南方，故以祖；冬者，歲之終，物畢成，故以戌臘。而小數之學者，因爲之説，非典文也。』」成伯璵禮記外傳：「周，木德；漢，火德。各以其五行之王日爲祖，其休廢日爲臘也。火王午，木王卯，水王子，金王酉，而臘各用其廢日。」

祖

謹按：禮傳〔一〕：「共工之子曰脩〔二〕，好遠遊，舟車所至，足迹所達〔三〕，靡不窮覽，故祀以爲祖神。〔四〕」祖者，徂也。詩云：「韓侯出祖，清酒百壺。〔五〕」左氏傳〔六〕：「襄公將適楚，夢周公祖而遣之。〔七〕」是其事也。詩云：「吉日庚午。〔八〕」漢家盛於午，故以午祖也〔九〕。

〔一〕玉函山房輯佚書載風俗通此文，以爲荀爽禮傳。

〔二〕史記五宗世家索隱、續漢書禮儀志中注、後漢書馬成傳注及荀彧傳注引「工」下俱有「氏」字。

〔三〕「達」，馬成傳注作「逮」。

〔四〕朱筠曰：「後漢陳咸傳注引此作『死爲祖神』。」器案：通典禮十一引白虎通云：「共工氏之子曰脩，好遠遊，車舟所至，足跡所達，靡不窮覽，故祀以爲祖神。」類聚五社部、歲時廣記十四祠社神引此文作「故祀以爲社神」，與前社神條混，非是。倭名類聚抄一引作「故其死後，祀以爲祖神」。

〔五〕大雅韓奕文。

〔六〕見昭公七年。

〔七〕後漢書吴祐傳注：「祖道之禮，封土爲軷壇也。五經要義曰：『祖道，行祭，爲道路祈也。』周禮：『大馭掌王玉路以祀及祀軷。』注云：『祀軷者，封土象山於路側，以菩芻棘柏爲神主，祭之，以車轢軷而去，喻無險難。』」

〔八〕小雅吉日文。漢書翼奉傳：「王者吉午酉也，詩曰：『吉日庚午。』」

〔九〕續漢志注、靖康緗素雜記四及五引俱作「漢家火行，火盛於午，故以午日爲祖也」。獨斷上：「赤帝以戌午祖。」注：「赤帝，炎帝，火行。」類聚四三引魏文帝答繁欽書：「是日戌午，祖於北園。」宋書禮志二、類聚五、書鈔一五五、初學記十三引晉嵇含祖道賦序：「祖之在於俗尚矣，自天子至庶人，莫不咸用，有漢卜日丙午云云。」

禊

謹按：周禮〔一〕：「男巫掌望祀望衍，旁招以茅〔二〕；女巫掌歲時，以祓除釁浴。〔三〕」禊者，潔也〔四〕。春者，蠢也，蠢蠢摇動也〔五〕。尚書：「以殷仲春，厥民析。〔六〕」言人解析也〔七〕。療生疾之時，故於水上釁潔之也〔八〕。巳者，祉也〔九〕，邪疾已去，祈介祉也〔一〇〕。

〔一〕春官文。

〔二〕周禮「望衍」下有「授號」二字，注：「杜子春云：『望衍，謂衍祭也；授號，以所祭之名號授之；旁招，以茅招四方之所望祭者。』玄謂：衍讀爲延，聲之誤也。望祀，謂有牲粢盛者。延，進也，謂但用幣致其神。二者，詛祝所授類造攻説禬禜之神號，男巫爲之招。」

〔三〕拾補云：「見周禮。續漢禮儀志注，『釁浴』作『疾疢』，文選顏延年曲水詩序注同，初學記、御覽皆同。」器案：白帖一、歲華紀麗一、樂府詩集八〇、緗素雜記四、歲時廣記十八、桑世昌蘭亭考十二、羣書通要甲六引亦作「疾病」。周禮云：「女巫掌歲時祓除釁浴。」鄭注：「歲時祓除，如今三月上巳如水上之類。釁浴，謂以香薰草藥沐浴也。」

〔四〕歲華紀麗「禊」作「祓」，誤。續漢志注、南齊書禮志上、文選顏延年曲水詩序注、閑居賦注、白帖、樂府詩集、歲時廣記、海録碎事二、書林事類韻會五〇「潔」俱作「絜」，南齊書並有「言自絜濯也」一句。

〔五〕續漢志注、樂府詩集不重「蠢」字。禮記鄉飲酒義：「春之爲言蠢也。」漢書律曆志：「春，蠢也，物蠢生，迺動運。」釋名釋天：「春，蠢也，萬物蠢然而生也。」春秋繁露王道通三篇又陽尊陰卑篇：「春之爲言猶偆偆也。」白虎通五行篇：春之爲言偆偆動也。」蠢、偆通假。

〔六〕堯典文。郎本「民」誤「明」。呂氏春秋仲春紀高注：「尚書：『厥民析。』散布在野。」

〔七〕「析也」二字原無，拾補據禮儀志注、文選注補，又云：「下尚有脱字。」器案：樂府詩集、蘭亭考亦有「析也」二字，今據補正。

〔八〕朱筠曰：「唐類函歲時部引此作『盥潔之也』，『釁』當從類函作『盥』。」拾補曰：「『釁』，御覽『盥』。」又云：「此下有脱文，當言『日用上巳』，下方可承。」器案：曲水詩序注引此文云：「於水上盥絜也。」歲時廣記亦作「盥」。閑居賦注引此云：「仲春之時，於水上祓除，故事取於清絜也。」白帖一、歲時廣記「潔」作「絜」，海録碎事作「于水上盥絜也」。續漢書禮儀志上：「是月上巳，官民皆絜於東流水上，自（從周舉傳注）洗濯祓除，去宿垢疢，爲大絜。絜者，言陽氣布暢，萬物訖去，始絜之也。」文選王元長三月三日曲水詩序注引禮傳曰：「禊者，絜也，仲春之時，於水上釁絜也。」則風俗通此義，亦本荀爽禮傳爲説。

〔九〕拾補云：「己乃十干之己。」拾補識語云：「案古書以上辰，上巳連舉，意是辰巳之巳，巳之爲止，古今達詁，此文釋巳爲祉，亦佳證矣。」器案：盧説非，徐説是。史記律書：「巳者，言陽氣之已盡也。」漢書律曆志：「已（音以）盛于巳。」太玄玄數：「辰巳午。」注云：「巳取其已盛。」淮南天文篇：「巳則生已定也。」説文：「巳，已也，四月陽氣已出，陰氣已滅，萬物見，成文章。」釋名釋天：「巳，已也，陽氣畢布已也，如出有所爲，畢已復還而入也。」是漢人皆以辰巳之巳，取終已爲義。

〔一〇〕「介」原作「分」，朱筠曰：「唐類函引作『祈介祉也』，『分』當從類函作『介』。」器案：朱校是，曲水詩序注、又集注殘本鈔曰、御覽三〇、歲時廣記、綱目集覽十一引俱作「介」，今據改正。文選顏延年曲水詩序注引仲長統昌言：「周禮：『女巫掌歲時，祓除疾病。』禊者，潔也，于水上盥潔也。巳者，祉也，邪疾已去，祈介祉也。」

司命

謹按：詩云：「芃芃棫樸，薪之槱之。」〔一〕周禮：「以槱燎祀司中司命。」〔二〕司命，文昌也。司中，文昌下六星也〔三〕。槱者，積薪燔柴也。今民間獨祀司命耳〔四〕，刻木長尺二寸爲人像，行者檐篋中〔五〕，居者別作小屋，齊地〔六〕大尊重之，汝南餘郡亦多有〔七〕，皆祠以睹〔八〕，率以春秋之月〔九〕。

〔一〕大雅棫樸文。

〔二〕原作「周禮槱燎司中司命」，今據續漢書祭祀志中注引校改，文見大宗伯。

〔三〕原作「文昌也司中文昌上六星也」，今據孫詒讓說校改。拾補校作「司中、文昌第五星也，司命、文昌第四星也」，覆校云：「今依康成說改，續漢志注所引，亦止云『文昌上六星也』。」札迻曰：「此文當作『周禮以槱燎祀司中司命，司命（今本涉上脱此二字），文昌也，司中，文昌下（今本譌「上」）六星也』，周禮大宗伯，先鄭注云：『司中，三能三階也。』司命文昌，猶彼云文昌宮星也。司中文昌下六星，即指三能也。三能即三台六星，在文昌宮之下，開元占經引春秋元命苞云：『魁下六星，兩兩而比曰三能。』三能在斗魁下，則亦在文昌之下矣。此篇説五祀社稷，皆不從康成説，盧氏不察，輒依後鄭義以改此文，不知仲遠自從先鄭義也。」器案：仲遠與康成同時，仲遠撰風俗通義時，蓋尚未見三禮鄭注也。

〔四〕續漢志注「獨」作「猶」。禮記祭法司命鄭注云：「此非大神所祈報大事者也，小神居人之間，司察小過，作譴告者爾。」又曰：「司命主督察三命。」器案：管子法法篇：「有故爲其殺生，急於司命也。」史記封禪書：「神君最貴者，曰太一，其佐曰太禁、司命之屬。」後漢書趙壹傳：「迺收之於斗極，還之於司命。」此即世俗所傳南斗注生、北斗注死之説，後世乃以人鬼實之，或以爲張仲、或以爲文翁，均之不足信也。

〔五〕拾補云：「『檜』一作『置』。」器案：續漢志注作「置」。

〔六〕「地」上原有「天」字，續漢志注無，是，今據删。

〔七〕續漢志注「餘」作「諸」，「有」下有「者」字。

〔八〕「䐗」原作「腊」，拾補校作「䐗」，云：「『豬』同。」器案：續漢志注作「豬」，説文䄍下云：「以豚祠司命。」盧校是，今據改正。

〔九〕祭法鄭注：「時民家或春秋祠司命。」

風俗通義怪神第九〔一〕

禮：天子祭天地、五嶽、四瀆，諸侯不過其望也，大夫五祀，士門户，庶人祖〔二〕。蓋非其鬼而祭之，諂也〔三〕。又曰：「淫祀無福。〔四〕」是以隱公將祭鍾巫〔五〕，遇賊蔿氏〔六〕；二世欲解淫神，閻樂刼弑〔七〕；仲尼不許子路之禱，而消息之節平〔八〕；荀罃不從桑林之祟〔九〕，而晉侯之疾間〔一〇〕。由是觀之：則淫躁而畏者〔一一〕，災自取之，厥咎響〔一二〕應，反誠據義，内省不疚者〔一三〕，物莫能動，禍轉爲福矣。傳曰：「神者，申也〔一四〕。怪者，疑也。〔一五〕」孔子稱「土之怪爲墳羊」〔一六〕，論語：「子不語怪、力、亂、神。〔一七〕」故采其晃著者曰怪神也。

〔一〕蘇頌曰：「神怪九，子抄云：『三十一。』」

〔二〕禮記曲禮下：「天子祭天地，祭四方，祭山川，祭五祀，歲徧。諸侯方祀祭山川，祭五祀，歲徧。大夫祭五祀，歲徧。士祭其先。」又王制：「天子祭天地，諸侯祭社稷，大夫祭五祀。天子祭天下名山大川，五嶽視三公，四瀆視諸侯。諸侯祭名山大川之在其地者。」公羊傳僖公三十一年：「天子祭天，諸侯祭土。天子有方望之事，無所不通。諸侯，山川有不在其封内者，則不祭也。」左傳哀公六年：「楚昭王曰：『三代命祀，祭不越望。』」

〔三〕見論語爲政篇。

〔四〕禮記曲禮下：「非其所祭而祭之，名曰淫祀，淫祀無福。」

〔五〕見左傳隱公十一年及史記魯世家，集解引賈逵曰：「鍾巫，祭名也。」

〔六〕「爲」，拾補曰：「左傳作『爲』，此從史記。」

〔七〕事詳史記秦本紀二世三年。通鑑三三：「祖母馮太后自養視，數禱祠解。」胡注：「師古曰：『解音懈。』余按韻書，解音懈者，釋『除也』，禱祠以除災也。賈公彦曰：『求福曰禱，禱禮輕；得求曰祠，祠禮重。』」

〔八〕論語述而篇：「子病，子路請禱，子曰：『有諸？』子路對曰：『有之。誄曰：禱爾于上下神祇。』子曰：『丘之禱久矣。』」世説新語規箴篇：「殷覬病困，……殷荆州……往與覬別，涕零，屬以消息所患。」

〔九〕「祟」，程本誤作「崇」，拾補校作「禁」。案下陽城景王祠條亦云「晉悼不解桑林之祟」，彼文，程本不誤，盧校非是。

〔一〇〕左傳襄公十年：「晉侯懼，還及著雍，疾，卜，桑林見。荀偃、士匄欲奔請禱焉，荀罃不可，曰：『我辭禮矣，彼則以之，猶有鬼神，於彼加之。』晉侯有間。」杜注：「間，疾差也。」

〔一一〕論衡狀留篇：「輕燥早成，禍害暴疾。」淫躁與輕燥義近。

〔一二〕「嚮」，胡本、郎本、程本作「饗」，拾補曰：「『嚮』通，作『饗』譌。」

〔一三〕論語顔淵篇：「内省不疚，夫何憂何懼？」

〔一四〕五行大義論諸神：「神，申也，萬物皆有質，礙屈而不申，神是清虚之氣，無所擁滯，故曰申也。」論衡論死篇：「神者，伸也，伸復無已，終而復始。」説文：「申，神也。」杜伯簋：「亯孝于皇申且考。」用「申」爲「神」字。

〔一五〕未詳。淮南氾論注：「疑，怪也。」

〔一六〕國語魯語下：「季桓子穿井，獲如土缶，其中有羊焉，使問之仲尼曰：『吾穿井而獲狗，何也？』對曰：『以丘之所聞，羊也。丘聞之：木石之怪曰夔蝄蜽，水之怪曰龍罔象，土之怪曰墳羊。』」又見韓詩外傳、史記孔子世家、說苑辯物篇、淮南氾論篇、家語辯物篇、廣雅釋天、博物志九、搜神記十二。「墳」，它書或作「羵」，說文無羵字。

〔一七〕述而篇文。

世間多有見怪驚怖以自傷者

謹按：管子書：「齊公出於澤〔一〕，見衣紫衣〔二〕，大如轂，長如轅，拱手而立〔三〕。還歸，寢疾，數月不出〔四〕。有皇士〔五〕者，見公語，驚〔六〕曰：『物惡能傷公！公自傷也。此所謂澤神委蛇者也，唯霸主乃得見之。』於是桓公欣然笑，不終日而病愈。〔七〕」予之祖父郴〔八〕，爲汲令，以夏至日詣見〔九〕主簿杜宣，賜酒〔一〇〕，時北壁上有懸赤弩〔一一〕，照於杯〔一二〕，形如蛇〔一三〕，宣畏〔一四〕惡之，然不敢不飲，其日，便得胸腹痛切，妨損飲食，大用羸露，攻治萬端，不爲愈。後郴因事過至宣家，闚視，問其變故，云：「畏此蛇，蛇入腹中。」郴還聽事〔一五〕，思惟良久，顧見懸弩，必是也。則使門下史將鈴下〔一六〕侍徐扶輦載〔一七〕宣，於故處設酒，盃中故〔一八〕復有蛇，因謂宣：「此壁上弩〔一九〕影耳，非有〔二〇〕他怪。」宣〔二一〕遂解，甚夷懌〔二二〕，由是瘳平，官至尚書，歷四郡，有威名焉〔二三〕。

〔一〕拾補曰：「案此事，今管子書無之，唯莊子達生篇文多與此同，『齊公』作『桓公』，此脫『桓』字。又『出』作『田』。」

〔二〕拾補曰：「此下，莊有『而朱冠』三字。」

〔三〕莊作「捧其首而立」。

〔四〕「數月」，莊作「數日」，釋文引司馬本作「數月」，原本玉篇言部引莊子亦作「數月」，與此同。

〔五〕「皇士」，拾補曰：「莊作『皇子告敖』。」

〔六〕拾補曰：「『公語』下，當有『之』字，否則『語驚』二字衍。」

〔七〕莊子達生篇：「桓公田於澤，管仲御，見鬼焉。公撫管仲之手曰：『仲父何見？』對曰：『臣無所見。』公反，誒詒爲病，數日不出。齊士有皇子告敖者曰：『公則自傷，鬼惡能傷公。夫忿滀之氣，散而不反，則爲不足；上而不下，則使人善怒；下而不上，則使人善忘；不上不下，中身當心則爲病。』桓公曰：『然則有鬼乎？』曰：『有。沈有履，竈有髻，户内之煩壤，雷霆處之；東北方之下者，倍阿鮭蠪躍之；西北方之下者，則泆陽處之。水有罔象，丘有峷，山有夔，野有彷徨，澤有委蛇。』公曰：『請問委蛇之狀。』皇子曰：『委蛇其大如轂，其長如轅，紫衣而朱冠。其爲物也，惡聞雷車之聲，則捧其首而立。見之者殆乎霸。』桓公輾然而笑曰：『此寡人之所見者也。』於是正衣冠與之坐，不終日而不知病之去也。」器案：「委蛇」，字又轉作「委維」、「延維」、「委邪」，山海經大荒南經：「蒼梧之野，爰有委維。」郭注：「即委蛇也。」又：「岳山有延維。」又海内經：「有神焉，人首蛇身，長如轅，（郭注：「大如車轂，澤神也。」）左右有首，（郭注：「歧頭。」）衣紫衣，冠旃冠，名曰延維，（郭注：「委蛇。」）人主得而饗食之，伯天下。」郭注：「齊桓公出田於大澤，見之，遂霸諸侯。亦見莊周，作『朱冠』。」博物志一：「澤有委邪，狀如轂，長蛇音也，見之者霸。」容齋五筆謂：「委蛇二字凡十二變，一曰委蛇，本於詩羔羊：『退食自公，委蛇委蛇。』毛公注：『行可從跡也。』鄭箋：『委曲自得之貌。』委，於危反。蛇音移。左傳引此句，杜注云：『順貌。』莊子載齊威公澤中所見，其名亦同。」郭璞、洪邁說委蛇，俱引莊子，疑此亦當作莊子。

〔八〕永樂大典二〇三一一引無「父」字。西溪叢語上引「郴」誤「彬」。後漢書應奉傳：「奉字世叔，汝南南頓人也。曾祖父順，字仲華，生十子，皆有才學。中子疊，江夏太守。疊生郴，武陵太守。郴生奉，奉子劭。」拾補曰：「禮云：『臨文不諱。』今人作父祖行狀，空其名，請他人填諱，出於近世，非古也。或遂有不填者，本欲揚名，而深没其名，即並世人尚有不盡知者，況後世乎？此甚不可也。然劭屢斥祖父名，亦所未安。」

〔九〕「詣見」，西溪叢語、永樂大典作「請」，類聚六〇、御覽七三八、鼠璞引亦作「請」。

〔一〇〕拾補云：「此文似倒，當云『主簿杜宣詣見，因賜之酒』，文亦有脱也。」器案：如類聚、御覽、大典、叢語、鼠璞所引，文義自通，不必乙補。

〔一一〕御覽引「赤弩」作「弓」。

〔一二〕拾補據類聚引「杯」下增「中」字。案：書鈔一二五、御覽、叢語、苕溪漁隱叢話前十一、鼠璞、大典引俱有「中」字。

〔一三〕拾補據類聚引「形」上補「其」字。案：書鈔、御覽、大典引亦有「其」字。

〔一四〕叢語、大典引無「畏」字。

〔一五〕通鑑八九注：「中庭曰聽事，言受事察訟於是。漢、魏皆作『聽事』，六朝以來，乃始加广作廳。」

〔一六〕武梁祠畫象有鈴下，後漢書酷吏周紆傳：「又問鈴下。」注：「漢官儀曰：『鈴下、侍閤、辟車，此皆以名自定者也。』」世說新語方正篇注引孔氏志怪：「門中一鈴下。」愛日齋叢鈔一：「常子然瓌，本河朔農家，一村數十百家皆常氏，多不通譜。子然既爲御史，一村之人，名皆從玉，雖走使、鈴下皆然。」通鑑注：「有使令則掣鈴以呼之，因以爲名。」

〔一七〕「郴還聽事」至「扶輦載宣」，大典作「後郴使宣」。

〔一八〕大典無「故」字。

〔一九〕御覽「弩」作「弓」。

〔二〇〕御覽無「有」字。

〔二一〕類聚、御覽「宣」下有「意」字；鼠璞「遂」下有「意」字。

〔二二〕大典「夷懌」作「怡懌」。器案：詩小雅節南山：「既夷既懌。」毛傳：「懌，服也。」鄭箋：「夷，説也。」正義：「既已和悦，既以懌服。」

〔二三〕器謹案：晉書樂廣傳：「嘗有親客，久闊不復來，廣問其故，答曰：『前在坐，蒙賜酒，方欲飲，見盃中有蛇，意甚畏之，既飲而疾。』于時河南聽事壁上有角漆畫作蛇，廣意盃中蛇，卽角影也，復置酒於前處，謂客曰：『酒中復有所見不？』答曰：『所見如初。』廣乃告其所以，客豁然意解，沉痾頓愈。」困學紀聞十三：「樂廣客蛇影，與風俗通所載杜宣事同。」戴埴鼠璞：「大率奇事易失實，虎石、蛇盃，意義略同，皆有二出。」御覽二三引抱朴子云：「予祖郴，爲汲令，以夏至日請主簿杜宣賜酒，北壁上有懸赤弩，照於杯中，形如蛇，宣惡之，及飲得疾。後郴知之，使宣於舊處設酒，於杯中猶有蛇，因謂宣曰：『此弩影耳。』宣遂意解。」繼昌以「予祖郴」上，當有「應劭云」或「風俗通云」等字。案日知録卷二十有引古必用原文條，以爲「凡引前人之言，必用原文」，舉水經江水注引盛弘之荆州記「所指今上，則南宋文帝以宜都王卽帝位之事，古人不以爲嫌。」案顧氏所發明甚是，今此抱朴子之「祖郴」，孔穎達五經正義之「大隋」，亦其證也，時因此而連類及之。

世間多有惡夢變難必效

謹按：晏子春秋：「齊景公病水十日〔一〕，夜夢與二日鬬而不勝，晏子朝，公曰〔二〕：『吾夢與二日鬬，寡人不勝，我其死也？』晏子對曰：『請召占夢者。〔三〕』立〔四〕於閨，使〔五〕以車迎召〔六〕占夢者，至曰：『曷爲見召？』晏子曰〔七〕：『公夢與二日鬬，不勝，恐必死也。〔八〕』占夢者曰：『請反具〔九〕書。』晏子曰：『無反書。公無所病，病者陰也〔一〇〕，日者，陽也，一陰不勝二陽，公病將已。〔一一〕』居三日，公病大愈，且賜占夢者〔一二〕，曰：『此非臣之功〔一三〕也，晏子教臣對也。〔一四〕』公召晏子，將賜之〔一五〕，晏子曰：『占夢者以臣之言對〔一六〕，故有益也。使臣身言之〔一七〕，則不信矣。此占夢者之力也，臣無功焉。』公召吏〔一八〕而使兩賜之〔一九〕，晏子不爲〔二〇〕奪人之功，占〔二一〕夢者不蔽人之能。」

〔一〕晏子春秋內篇雜下作「卧十數日」，御覽三九八引晏子無「卧」字。

〔二〕晏子「曰」下有「夕者」二字。

〔三〕史記五帝本紀正義引帝王世紀：「黄帝因夢，求得風后、力牧，因著占夢經十一種。」漢書藝文志數術略雜占有黄帝長柳占夢十一卷，甘德長柳占夢二十卷。

〔四〕晏子「立」作「出」。

〔五〕「使」下，拾補曰：「晏子有『人』字。」

〔六〕拾補曰：「下『召』字晏無。」

〔七〕晏子「曰」下有「夜者」二字。

〔八〕晏子作「公曰：『寡人死乎？』故請君占夢，是所爲也。』」

〔九〕「具」，晏子作「其」，御覽三九八引晏子亦作「其」，俱誤，當據此校正。

〔一〇〕晏子此句作「公所病者陰也」，御覽引晏子作「所病者陰也」。

〔一一〕案：晏子此下有「以是對。占夢者入，公曰：『寡人夢與二日鬭而不勝，寡人死乎？』占夢者對曰：『公之所病陰也，日者陽也，一陰不勝二陽，公病將已。』」四十八字，較此爲明晳。拾補據晏子補「占者以是對」五字。

〔一二〕拾補據晏子補重「占夢者」三字。

〔一三〕拾補曰：「晏『功』作『力』。」案御覽三九八引晏子亦作「功」。

〔一四〕晏子無「對」字。

〔一五〕晏子「將」作「且」。

〔一六〕拾補曰：「『臣』非，晏作『占』。」今案：孫校本晏子「臣」作「占」，吳覆元本作「臣」，御覽三九八引晏子作「臣」。

〔一七〕「使臣身言之」，晏子作「使臣言之」，意林引晏子作「臣若自對」，御覽七四三引晏子，作「若使臣言」。器案：爾雅釋詁：「身，余，我也。」郭注：「今人亦自呼爲身。」疏：「身，自謂也。」通鑑一一八注：「晉人多自稱爲身。」案韓非子喻老篇：「句踐入宦於吳，身執干戈，爲吳王先馬。」身執干戈即親執干戈也。史記項羽本紀：「宋義乃遣其子宋襄相齊，身送之，至無鹽。」身送之即親送之也。此文身言之，即親言之也。

〔一八〕郎本「吏」誤「使」。

〔一九〕「賜之」下，晏子有「日以」二字。

〔二〇〕「不爲」，拾補云：「二字似倒。」案晏子無「爲」字。

〔二一〕晏子「占」上有「以」字。

城陽景王祠

謹按：漢書〔一〕：「朱虛侯〔二〕劉章，齊悼惠王子，高祖孫也。宿衛長安，年二十，有氣力。高后攝政，諸呂擅恣，章私忿之。嘗入侍宴〔三〕飲，章爲酒吏，自請曰：『臣將種也〔四〕，請得軍法行酒。〔五〕』有詔可。酒酣〔六〕，章進歌舞〔七〕，已而復曰：『請爲太后耕田歌。〔八〕』太后笑曰：『顧汝父知田耳〔九〕，若生而爲王者子〔一〇〕，安知田乎？』曰：『臣知之。深耕廣〔一一〕種，立苗欲疏〔一二〕，非其種者，鉏而去之。〔一三〕』太后默然。頃之，諸呂有亡酒者〔一四〕，章拔劍追斬之，而還報曰：『有亡酒一人，臣謹行軍法斬之。』太后左右大驚，業許之矣，無以罪也。自是諸呂畏憚，雖大臣亦皆依之〔一五〕。高后崩，諸呂作亂，欲危社稷，章與周勃共誅滅之，尊立文帝，封城陽王，賜黃金千斤，立二年薨。城陽今莒縣是也〔一六〕。自琅琊、青州六郡〔一七〕，及渤海都邑鄉亭聚落〔一八〕，皆爲立祠〔一九〕，造飾五二千石車〔二〇〕，商人次第爲之，立服帶綬，備置官屬，烹殺謳歌，紛籍連日，轉相誑曜，言有神明，其譴問禍福立〔二一〕應，歷載彌久，莫之匡糾，唯樂安太守〔二二〕陳蕃、濟南相曹操，一切禁絶，肅然政清〔二三〕。陳、曹之後，稍復如故〔二四〕，安有鬼神，能爲病者哉？予爲營陵令〔二五〕，以爲章本封朱虚，并食此縣，春秋國語：「以勞定國，能御大災。〔二六〕」凡在於他，尚列祀典。章親高祖之孫〔二七〕，進説耕田，軍法行酒，時固有大志矣。及誅諸吕，尊立太宗，功冠天下，社稷已寧，同姓如此，功烈如彼，餘郡禁之可也，朱虚與莒，宜常血食〔二八〕。於是乃移書曰：「到聞此俗，舊多淫祀，糜〔二九〕財妨農，長亂積惑，其侈可忿，其愚可愍〔三〇〕。昔仲尼不許子路之禱，晉悼不解桑林之祟，死生有命〔三一〕，吉凶由人〔三二〕，哀我〔三三〕黔黎，漸染迷謬，豈樂也哉？莫之徵〔三四〕耳。今條下〔三五〕禁，申約吏民，爲陳利害，其有犯者，便收朝廷；若私遺脱，彌彌不絶，主者髡截〔三六〕，嘆無及已。城陽景王，縣甚尊之。惟王弱冠，内侍帷幄，吕氏恣睢，將危漢室，獨先見識，權發酒令，抑邪〔三七〕扶正，忠義洪毅，其歆禋祀，禮亦宜之；於駕乘烹殺，倡優男女雜錯，是何謂也？三邊紛〔三八〕拏，師老〔三九〕器弊，朝廷旰食〔四〇〕，百姓囂然〔四一〕。禮興在有，年饑則損〔四二〕。自今聽歲再祀，備物〔四三〕而已，不得殺牛，遠近他倡，賦會宗〔四四〕落，造設紛華，方廉察之，明爲身計，而復僭失，罰與上同。明除見處，勿後中覺。」

〔一〕高五王傳。

〔二〕水經巨洋水注引地理風俗記：「朱虚縣，丹山在西南，丹水所出，東入海，丹水由朱虚丘阜矣，故言朱虚。」

〔三〕「宴」，漢書作「燕」，古通。

〔四〕史記陳涉世家：「陳勝曰：『王侯將相，寧有種乎？』」

〔五〕漢書「軍」上有「以」字。

〔六〕史記高紀集解、玄應一切經音義十三、又五七引應劭曰：「不醉不醒曰酣。」

〔七〕漢書「儛」作「舞」。

〔八〕漢書作「請爲太后言耕田」，史記齊悼惠王世家作「請爲太后言耕田歌」，師古曰：「欲申諷喻也。」

〔九〕師古曰：「顧，念也。汝父，謂高帝也。」

〔一〇〕漢書無「者」字。

〔一一〕「廣」，漢書作「穊」，史記同。

〔一二〕師古曰：「穊，稠也。穊種者，言多生子孫也。疏立者四散置之，令爲藩輔也。穊音冀。」

〔一三〕師古曰：「以斥諸吕也。」

〔一四〕師古曰：「避酒而逃亡。」

〔一五〕漢書作「雖大臣皆依朱虚侯，劉氏爲彊」。

〔一六〕漢書諸侯王表云：「都莒。」

〔一七〕後漢書史弼傳注引應劭漢官儀：「濟南、樂安、齊國、北海、東萊、平原六郡，青州所管也。青州在齊國臨淄。」

〔一八〕文選東京賦注：「小於鄉曰聚。」又吴都賦注：「落，居也。」

〔一九〕後漢書劉盆子傳：「軍中常有齊巫，鼓舞祠城陽景王，以求福助。巫狂言：『景王大怒曰：當爲縣官，何故爲賊？』」

注：「以其定諸呂，安社稷，故郡國皆爲立祠焉，盆子承其後，故軍中祠之。」又耿弇傳注引伏琛齊地記：「小城內有漢景王祠。」又琅邪孝王京傳：「京國中有城陽景王祠，吏人奉祠，神數下，言宮中多有不便利。」水經渭水注：「赤眉樊崇于縣郭北設壇祠城陽景王。」

〔二〇〕拾補云：「造二千石車五兩也，故下云『商人次第爲之』，其非一車明矣。魏志太祖紀注引魏書云：『賈人或假二千石輿服導從，作倡樂。』文各不同也。」

〔二一〕「立」，胡本作「歷」。

〔二二〕「太守」，原作「太傅」，尋後漢書陳蕃傳，書鈔七四引謝承後漢書，俱作「蕃爲樂安太守」，此作「太傅」，誤。水經濟水注引應劭地理風俗記：「臨濟，樂安太守治。」

〔二三〕三國志魏書武紀：「光和末，遷爲濟南相，禁斷淫祀，姦宄逃竄，郡界肅然。」注引魏書曰：「初，城陽景王劉章以有功於漢，故其國爲立祠，青州諸郡，轉相倣傚，濟南尤盛，至六百餘祠，賈人或假二千石輿服導從，作倡樂，奢侈日甚，民坐貧窮，歷世長吏，無敢禁絕者。太祖到，皆毀壞祠屋，止絕官吏民不得祠祀。及至秉政，遂除姦邪鬼神之事，淫祠由此遂絕。」又注引魏武故事載自明本志令：「故在濟南，始除殘去穢。」又注引魏書：「黃巾移書太祖云：『昔在濟南，毀壞神壇，其道乃與中黃太乙同，似若知道。』」俱指此事。抱朴子內篇道意：「魏武禁淫祀之俗，而洪慶來假。」宋書禮志四：「漢時城陽人以劉章有功於漢，爲之立祠，青州諸郡，轉相放效，濟南尤甚；及魏武帝爲濟南相，皆毀之。」通典禮十五：「魏武王秉漢政，普除淫祀。」陳蕃事未詳。

〔二四〕搜神記七：「元康五年……蛇入臨淄漢城陽景王祠。」是晉時尚有此祠也。

〔二五〕漢書地理志注：「應劭曰：『師尚父封於營丘，陵亦丘也。』」意林引風俗通：「余爲營陵令，正觸太歲，主簿令余東北上，余不從，在事五月，遷太山守。」

〔二六〕國語魯語上：「夫聖王之制祀也，法施於民則祀之，以死勤事則祀之，以勞定國則祀之，能禦大災則祀之，能扞大患則祀之；非是族也，不在祀典。昔烈山氏之有天下也，其子曰柱，能殖百穀百蔬，夏之興也，周棄繼之，故祀以爲稷。共工氏之伯九有也，其子曰后土，能平九土，故祀以爲社。黄帝能成命百物，以明民共財，顓頊能修之，帝嚳能序三辰以固民，堯能單均刑法以儀民，舜勤民事而野死，鮌鄣洪水而殛死，禹能以德脩鮌之功，契爲司徒而民輯，冥勤其官而水死，湯以寬治民而除其邪，稷勤百穀而山死，文王以文昭，武王以武烈去民之穢；故有虞氏禘黄帝而祖顓頊，郊堯而宗舜；夏后氏禘黄帝而祖顓頊，郊鮌而宗禹；商人禘舜而祖契，郊冥而宗湯；周人禘嚳而郊稷，祖文王而宗武王。幕能帥顓頊者也，有虞氏報焉；杼能帥禹者也，夏后氏報焉；上甲微能帥契者也，商人報焉；高圉大王能帥稷者也，周人報焉。凡禘、郊、宗、祖、報，此五者，國之典祀也；加之以社稷山川之神，皆有功烈於民者也；及前哲令德之人，所以爲明質也；及天之三辰，民所以瞻仰也；及地之五行，所以生殖也；及九州名山澤，所以出財用也：非是，不在祀典。」又見禮記祭法。

〔二七〕在親戚稱謂上加以親字，以示其爲直系親屬或最親近之戚屬。史記淮南王傳：「大王親高皇帝孫。」又梁孝王世家：「李太后親平王之大母也。」春秋繁露竹林篇：「齊頃公親齊桓公之孫。」説苑善説篇：「鄂君子晳親楚王母弟也。」晉書武悼楊皇后傳：「賈妃親是其女。」此數親字義並同。

〔二八〕後漢書鄧禹傳注：「血祀，謂祭廟殺牲，取血以告神也。」此血食義同。

〔二九〕「糜」，朱藏元本、兩京本、胡本、郎本、鍾本、鄭本、奇賞本作「靡」，「靡」「糜」古通。漢書文紀後元年詔：「爲酒醪以靡穀者多。」師古曰：「靡音糜。」

〔三〇〕論語公治長：「其知可及也，其愚不可及也。」

〔三一〕論語顏淵：「死生有命，富貴在天。」

〔三二〕左傳僖公十六年：「吉凶由人。」

〔三三〕「我」，大德本以下各本俱作「哉」，此從宋本。

〔三四〕「徵」，拾補曰：「『懲』同。」

〔三五〕「下」，元作「丸」，郎本、程本、奇賞本作「下」，今據改正。

〔三六〕主者，主事之吏。漢書王陵傳：「上亦問左丞相平，平曰：『各有主者。』上曰：『主者爲誰乎？』平曰：『陛下卽問決獄責廷尉，問錢穀責治粟内史。』」後漢書何敞傳：「二府聞敞行，皆遣主者隨之。」注：「主者，謂主知盜賊之曹也。」

〔三七〕「邪」，嚴輯全後漢文誤作「雅」。

〔三八〕三邊，指北、西、南三邊，當時又稱爲三方或三垂。「紛」，郎本、全後漢文作「分」。漢書霍去病傳：「漢、匈奴相紛拏，殺傷大當。」師古曰：「紛拏，亂相持搏也。」鹽鐵論和親篇：「禍紛拏而不解。」後漢書馮衍傳：「禍拏未解，兵連不息。」

〔三九〕左傳僖公四年：「師老矣。」

〔四〇〕左傳昭公二十年：「楚君大夫其旰食乎。」杜注：「旰，晏也。」

〔四一〕文選養生論：「終朝未食則囂然思食。」李注：「囂然，飢意也。」

〔四二〕周禮地官大司徒：「以荒政十有二聚萬民，七曰眚禮。」注：「眚禮，謂殺吉禮也。」又司農注：「眚禮，掌客職所謂『凶荒殺禮』者也。」詩野有死麕傳：「凶荒則殺禮。」又有狐序：「古者，凶荒則殺禮。」

〔四三〕易繫辭上：「備物致用。」

〔四四〕楚辭招魂：「室家遂宗。」注：「宗，衆也。」

九江〔一〕逡〔二〕遒有唐、居二山〔三〕，名〔四〕有神，衆巫共爲取公嫗〔五〕，歲易〔六〕，男不得復娶，女不得復嫁，百姓苦〔七〕之。

〔一〕漢書地理志注：「應劭曰：『江自廬江尋陽分爲九。』」

〔二〕「逡」，拾補曰：「前、後漢志俱作『浚』。」器案：後漢書宋均傳、册府元龜六八九俱作「浚」，此蓋涉下文偏旁而誤。

〔三〕「二」字原無，據拾補校補。拾補曰：「宋均傳作『唐、后二山』，作『二山』是。」器案：續漢書郡國志，浚遒縣屬九江郡，劉昭補注：「案宋均傳，縣有唐、后二山。」俱作「唐、后二山」，應氏作「唐居山」誤。惟宋均傳注以浚遒縣屬廬江郡亦誤，當據此及郡國志校正。

〔四〕「名」，拾補據宋均傳校作「各」。

〔五〕宋均傳：「衆巫遂取百姓男女，以爲公嫗。」注：「以男爲山公，以女爲山嫗，猶祭之有尸主也。」

〔六〕拾補據宋均傳，於「歲」下補「歲改」二字。

〔七〕「苦」，大德本誤描作「若」，徐本從之，非是。

謹按：時太守宋均到官，主者白出錢，給聘男〔一〕女，均曰：「衆巫與神合契，知其旨欲，卒取小民不相當。」於是勑條巫家男女以備公嫗〔二〕，巫扣頭服罪，乃殺之，是後遂絶〔三〕。

〔一〕「男」下原有「子」字，拾補云：「『子』字衍。」今據刪訂。

〔二〕宋均傳作「均乃下書曰：『自今以後，爲山娶者，皆娶巫家，勿擾良民。』」

〔三〕抱朴子內篇道意：「宋廬江罷絶山祭，而福禄永終。」「宋廬江」亦當作「宋九江」。

會稽〔一〕俗多淫祀〔二〕，好卜筮〔三〕，民一〔四〕以牛祭，巫祝賦斂受謝，民畏其口，懼被祟，不敢拒逆〔五〕，是以財盡於鬼神，産匱於祭祀。或貧家不能以時祀，至竟言不敢食牛肉〔六〕，或發病且死，先爲牛鳴，其畏懼如此。

〔一〕水經河水注、御覽一五七引應劭漢官儀：「凡郡或以號令，禹合諸侯，大計東冶之山，會稽是也。」

〔二〕意林引無「俗」字。

〔三〕漢書文紀注引應劭曰：「龜曰兆，筮曰卦，卜以荆灼龜。」

〔四〕後漢書第五倫傳「一」作「常」。

〔五〕自「巫祝賦斂」至此，第五倫傳、後漢紀十及册府元龜六八九俱無此文。

〔六〕「肉」原作「害」，盧校作「肉」。器案：「害」即「宊」譌，盧校是也，今從之。「或貧家」以下至此，後漢紀作「或家貧不能以時禱祀，至諱言牛，不敢食其肉」，後漢書作「其自食牛肉而不以薦祠者」。

謹按：時太守司空第五倫到官，先禁絶之〔一〕，掾吏〔二〕皆諫，倫曰：「夫建功立事在敢斷〔三〕，爲政當信經義〔四〕，經〔五〕言：『淫祀無福〔六〕』，『非其鬼而祭之，諂也。〔七〕』律『不得屠殺少齒。〔八〕』令鬼神有知〔九〕，不妄飲食〔一〇〕民間；使其無知，又何能禍人。」遂移書屬縣，曉論百姓：「民不得有出門之祀〔一一〕，督課部吏，張設罪罰，犯，尉以下坐，祀〔一二〕依託鬼神，恐怖愚民，皆按論之。有屠牛〔一三〕，輒行罰。」民初恐怖，頗摇動不安，或接祝〔一四〕妄言，倫勑之愈急，後遂斷，無復有禍祟矣〔一五〕。

〔一〕意林引作「嚴科絶之」。自此以下，至「又何能禍人」，後漢書無。

〔二〕漢制，太守屬官有五官掾、門下掾、文學掾等。

〔三〕後漢紀作「在於爲政」。

〔四〕此亦西漢人昌言以經術飾吏事之義。

〔五〕「經」字原無，今據後漢紀訂補。

〔六〕禮記曲禮下：「非其所祭而祭之，名曰淫祀，淫祀無福。」鄭注：「妄祭，神不饗。」

〔七〕論語爲政：「非其鬼而祭之，諂也。」鄭注：「人神曰鬼。非其祖考而祭之者，是諂求福。」

〔八〕後漢紀無此句。漢人以經目律，故律與經簡同長二尺四寸，此尤經、律並重之證。漢人稱牛馬年齡爲齒，此引漢律，即謂畜牲少齒，不得屠殺也。淮南説山篇高注：「王法禁殺牛，民犯禁殺之者誅。」魏新律序：「漢賊律有欺謾、詐僞、踰封、矯制，賊伐樹木，殺傷人畜産，及諸亡印、儲峙不辦。」

〔九〕後漢紀有「而祭之」三字。

〔一〇〕後漢紀「食」下有「於」字。

〔一一〕鹽鐵論散不足篇：「古者，庶人魚菽之祭，春秋修其祖廟，士一廟，大夫三，以時有事于五祀，蓋無出門之祭。」

〔一二〕拾補云：「『祀』字疑衍。」

〔一三〕「牛」原作「生」，拾補云：「疑『牛』。」按後漢書、後漢紀俱作「牛」，今據改。

〔一四〕「接祝」，拾補曰：「倫傳作『祝詛』。」

〔一五〕抱朴子内篇道意：「第五公誅除妖道，而既壽且貴。」

鮑君神〔一〕

謹按：汝南鮦陽〔二〕有於田〔三〕得麏者，其主未往取也，商車十餘乘經澤中行，望見此麏著繩，因持去，念其不事〔四〕，持一鮑魚〔五〕置其處。有頃，其主往，不見所得麏，反見鮑君〔六〕，澤中非人道路，怪其如是，大以爲神〔七〕，轉相告語，治病求福，多有效驗，因爲起祀舍〔八〕，衆巫數十，帷〔九〕帳鐘鼓，方數百里皆來禱祀，號鮑君神〔一〇〕。其後數年，鮑魚主來歷祠下，尋問其故，曰：「此我魚也，當有何神。」上堂取之，遂〔一一〕從此壞〔一二〕。傳曰：「物之所聚斯有神。」言人共獎成〔一三〕之耳。

〔一〕韓非子說林上：「涸澤蛇將徙，有小蛇謂大蛇曰：『子行而我隨之，人以爲蛇之行者耳，必有殺子；不如相銜，負我以行，人以爲我爲神君也。』」則稱神異爲君，戰國時已如是，此書之鮑君、李君，義正如是。

〔二〕漢書地理志注、水經汝水注引應劭曰：「縣在鮦水之陽。」

〔三〕「於田」，辨惑編一引作「男子」。

〔四〕拾補曰：「抱朴子作『猶念取之不事』。」辨惑編「不事」下有「而得」二字。

〔五〕史記貨殖傳：「鮑千鈞。」索隱：「漬曰鮑。」漢書貨殖傳注，師古曰：「鮑，今之䱎魚也。」玉篇：「䱎，鹽漬魚也。」説文：「鮑，饐魚也。」饐卽䱎之變文。

〔六〕朱藏元本、仿元本、兩京本、胡本、郎本、程本、鍾本、辨惑編、廣博物志十四，「君」作「魚」。

〔七〕此二句，辨惑編作「怪之以爲神」。

〔八〕「祀」，拾補云：「疑『祠』。」器案：廣博物志正作「祠」，辨惑編「起祀舍」作「立廟」。抱朴子内篇道意作「因共爲起屋立廟」。

〔九〕「帷」，廣博物志作「幃」。

〔一〇〕「君」，辨惑編作「魚」。

〔一一〕「遂」，辨惑編作「廟」。

〔一二〕抱朴子内篇道意：「昔汝南有人於田中設繩罥以捕麏，而得者，其主未覺，有行人見之，因竊取麏（以上十六字，據太平廣記三一五引抱朴子補）而去，猶念取之不事，其上有鮑魚者，乃以一頭置罥中而去。本主來，於罥中得鮑魚，怪之以爲神，不敢持歸。於是村里聞之，因共爲起屋立廟，號爲鮑君；後轉多奉之者，丹楹藻棁，鍾鼓不絶，病或有偶愈者，則謂有神，行道經過，莫不致祀焉。積七八年，鮑魚主後行過廟下，問其故，人具爲之説，其鮑魚主乃曰：『此是我魚耳，何神之有。』於是乃息。」卽本應氏此文。劉敬叔記鱣父廟事，與此爲同一類型之故事，其異苑五曰：「會稽石亭埭有大楓樹，其中空朽，每雨水，輒滿溢。有估客載生鱣至此，聊放一頭於朽樹中，以爲狡獪；村民見之，以爲魚鱣非樹中之物，咸謂是神，乃依樹起屋，宰牲祭祀，未嘗虚日，因遂名鱣父廟；人有祈禱及穢慢，則禍福立至。後估客返，見其如此，卽取作臛，於是遂絶。」

〔一三〕國語周語中：「以獎王室。」韋注：「獎，成也。」

李君神

謹按：汝南南頓〔一〕張助，於田中種禾〔二〕，見李核〔三〕，意欲持去，顧見空桑中有土，因殖種，以餘漿溉灌〔四〕，後人見桑中反復生李，轉相告語〔五〕，有病目痛者，息陰下〔六〕，言李君令我目〔七〕愈，謝以一豚〔八〕。目痛小疾，亦行自愈〔九〕。衆犬吠聲〔一〇〕，因盲者得視，遠近翕赫，其下車騎常數千百，酒肉滂沲〔一一〕。閒一歲餘〔一二〕，張助遠出來還〔一三〕，見之，驚云〔一四〕：「此有何神，乃我所種耳。〔一五〕」因就斮也〔一六〕。

〔一〕史記楚世家正義、漢書地理志注引應劭曰：「大頓子國，姬姓也，逼於陳，後南徙，故曰南頓也。」

〔二〕太平廣記三一五引作「南頓人張助者，耕於田中，種禾」。

〔三〕拾補云：「抱朴子『核』作『栽』。」器案：太平廣記引「見」下有「一」字，抱朴子道意篇亦有「一」字。

〔四〕廣記引作「及掘取之，以濕土封其根，置空桑中，遂忘取之，助後作遠職，不在」，文與此異，與抱朴子同，詳見下注。

〔五〕廣記引作「其後里中人見桑中忽生李，謂之神」，抱朴子同。

〔六〕廣記引作「蔭息此桑下，因祝之」，抱朴子同。

〔七〕「目」，大德本誤描作「自」。

〔八〕廣記引作「言李君能令我目愈者謝一豚」，抱朴子「豚」作「㹠」。

〔九〕廣記引作「其目偶愈，便殺豚祭之」，抱朴子同。

〔一〇〕注見正失篇。

〔一一〕廣記引作「傳者過差，便言此樹能令盲者得視，遠近翕然，互來請福，其下常車馬塡溢，酒肉滂沲」，抱朴子同。

〔一二〕廣記作「如此數年」，抱朴子同。

〔一三〕廣記引「遠出」作「罷職」，抱朴子同。

〔一四〕廣記引作「乃曰」，抱朴子同。

〔一五〕廣記引作「此是我昔所置李核耳，何有神乎」，抱朴子同。

〔一六〕廣記引作「乃斫去」，抱朴子作「乃斫去，便止也」，搜神記五作「因就斫之」。案太平廣記所引風俗通，與應氏文異，而與葛氏文合，則今本爲後人所删改者多矣。

石賢士神〔一〕

謹按：汝南汝陽〔二〕彭氏墓路頭立一石人〔三〕，在石獸後〔四〕。田家老母，到市買數片餌〔五〕，暑熱行疲，頓息石人下小瞑，遺一片餌去，忽不自覺〔六〕。行道人有見者，時客適會，問何〔七〕因有是餌？客聊調之〔八〕：「石人能治病，愈者來謝之。」轉語〔九〕：「頭痛者摩石人頭，腹痛者摩其〔一〇〕腹，亦還自摩，他處放此。〔一一〕」凡人病自愈者，因言得其福力〔一二〕，號曰賢士〔一三〕，輜輦轂擊〔一四〕帷帳絳天〔一五〕，絲竹之音，聞數十里，尉部常往護視〔一六〕，數年亦自歇，沫〔一七〕復其故矣〔一八〕。

〔一〕「神」，胡本作「傳」，拾補云：『「傳」譌。』器案：太平廣記三一五引抱朴子載此事，標題爲著餌石人。

〔二〕漢書地理志汝南郡汝陽注，應劭曰：「汝水出弘農，入淮。」

〔三〕拾補曰：「御覽八六〇作『墓近大道，有一石人』。」器案：抱朴子道意篇作「汝陽（從太平廣記三一五引）彭氏墓近大道，墓口有一石人」。

〔四〕封氏聞見記六引作「汝南彭氏墓頭，立石人石獸」。

〔五〕御覽七四一引「餌」作「餅」，抱朴子作「餅」，廣記引抱朴子又作「餌」，二字形義俱近。

〔六〕封氏聞見記引作「暑熱行疲，息石人下，遺一片餌」，御覽七四一引作「田家老母市餅，置道邊石人頭上，既而忘之」，又八六〇引作「田家老母到市買數片餌以歸，過蔭墓樹下，以餌着石人頭，忽去而忘之」。抱朴子作「田家老母到市買數片餅以歸，天熱，過蔭彭氏墓口樹下，以所買之餅，暫著石人頭上，忽然便去，而忘取之」。

〔七〕「何」字原無，據拾補校補。

〔八〕聞見記作「客來見，道行人因調之云」。

〔九〕聞見記作「石人能愈病，人來謝者，轉相告語」，御覽兩引俱作「轉以相語」，抱朴子亦作「轉以相語」，此文省二字，義反晦，當據補。

〔一〇〕「其」，御覽兩引俱作「石人」，抱朴子同。

〔一一〕「放此」，原作「於此」，拾補曰：「二字疑有譌脫。」器案：「於」爲「放」形近之誤，韓鄂四時纂要卷一「占月影」下云：

「他月倣此。」「黑道」下云：「他月倣此。」「推六道」下云：「他月倣此。」句法放此，放、倣古通。御覽十六引京氏律術：「孟春之月，則太簇爲宫，沽洗爲商，蕤賓爲角，南吕爲徵，應鍾爲羽，大吕爲變宫，夷則爲變徵，他月效此也。」（據宋本）「效此」亦是「放此」之誤。他處放此者，謂於人身上他處有病痛者，卽於其處摩石人，亦還自摩也。

〔一二〕「力」，封氏聞見記作「乃」，秦本仍作「力」。

〔一三〕封氏聞見記作「石賢士」，御覽八六〇作「賢君」，準「鮑君」、「李君」例，作「賢君」是。

〔一四〕封氏聞見記「輦」作「駢」。

〔一五〕「天」，郎本、程本作「緇」，拾補云：「『絳天』二字見封燕然山銘，舊作『絳緇』，誤。」器案：文選張衡思玄賦：「揚芒熛而絳天兮。」吕延濟注：「絳，赤也，言南方火氣盛芒角，天爲赤色也。」續漢書百官志五補注引漢官儀：「煙炎絳天。」隸釋十二執金吾丞武榮碑：「□旗絳天。」宋書索虜傳：「長沙王義欣檄司兖二州云：『紅旗絳天。』」此俱作「絳天」之證。抱朴子外篇詰鮑：「流血絳路。」梁書武紀上：「移檄京邑文『朱旗絳寓。』」用法相同。封氏聞見記一本「絳」作「障」，傅玄魏德頌：「朱旗翳天。」，障、翳義近。

〔一六〕漢代都尉於郡内分部而治，故稱尉部。説文：「護，救視也。」

〔一七〕「沫」，何本、郎本、程本、鄭本作「末」，漢書溝洫志注，師古曰：「沫音本末之末。」封氏聞見記作「數年稍自休歇」。

〔一八〕御覽七四一引作「後餅母爲説乃止」，又八六〇引作「數年前餌母聞之，爲人説之，乃無復往者」。此文省餌母申説事，當據補。抱朴子道意篇：「汝陽彭氏墓近大道，墓口有一石人。田家老母到市買數片餅以歸，天熱，過蔭彭氏墓口樹下，以所買之餅，暫著石人頭上，忽然便去，而忘取之。行路人見石人頭上有餅，怪而問之，或人（太平廣記引「人」下有「調」字）云：『此石上（廣記作「人」）有神，能治病，愈者以餅來謝之。』如此轉以相語，云：『頭痛者摩石人頭，腹痛者摩石人腹，亦還以自摩，無不愈者。』遂千里來就石人治病，初但雞肋（廣記作「初具雞豚」），後用牛羊，爲立帷帳，管絃不絶，如此數年。忽日前忘餌母聞之，乃爲人說，始無復往者。」即襲用此文。

世間多有亡人魄持其家語聲氣，所說良是

謹按：陳國張漢直，到[一]南陽從京兆尹[二]延叔堅讀[三]左氏傳[四]，行後數月，鬼物[五]持其女弟言[六]：「我病[七]死喪在陌上，常苦飢[八]寒，操一[九]量[一〇]不借[一一]，掛屋[一二]後楮[一三]上，傅[一四]子方送我五百錢，在北墉[一五]中[一六]，皆亡[一七]取之。又買[一八]李幼一頭牛[一九]，本券[二〇]在書篋中。」往求索之[二一]，悉如其言。婦尚不知有此妹[二二]，新從聟[二三]家來[二四]，非其所及[二五]。家[二六]人哀傷，益以爲審。父母諸弟，衰絰到來[二七]迎喪，去精舍[二八]數里，遇漢直與諸生十餘人相隨[二九]，漢直顧見其家[三〇]，怪其如此。家見漢直，謂其鬼也[三一]，惝惘[三二]良久[三三]。漢直乃前爲父拜[三四]，說其本末，且悲且喜[三五]。凡所聞見，若此非一。夫死者、澌也，鬼者、歸也，精氣消越，骨肉歸于土也[三六]。夏后氏用明器，殷人用祭器，周人兼用之，視民疑也[三七]。子貢問孔子：「死者其有知乎？」曰：「賜，爾死自知之，由未晚

也。〔三八〕」董無心云〔三九〕：「杜伯死，親射宣王於鎬京〔四〇〕，子以爲桀、紂所殺，足以成軍，可不須湯、武之衆。〔四一〕」古事既察，且復以今驗之。人相啖食，甚於畜生。凡菜肝〔四二〕鱉瘕〔四三〕，尚能病人。人用物精多〔四四〕，有生之最靈者也〔四五〕，何不芥蔕於其胸腹〔四六〕，而割裂之哉？猶〔四七〕死者無知審〔四八〕矣。而時有漢直爲狗鼠之所爲〔四九〕。

〔一〕太平廣記三一六引「到」作「至」。

〔二〕續漢書百官志四：「河南尹一人，主京都特奉朝請。其京兆尹、左馮翊、右扶風，三人，漢初都長安，皆秩中二千石，謂之三輔。中興都洛陽，更以河南郡爲尹，以三輔陵廟所在，不改其號，但減其秩。」御覽一五七引漢官儀：「京兆，絶高曰京，京，大也。十億曰兆，欲令帝都殷盛也。」續漢書郡國志一注引應劭漢官曰：「尹，正也。郡府聽事壁諸尹畫贊，肇自建武，訖於陽嘉，注其清濁進退，所謂不隱過，不虛譽，甚得述事之實，後人是瞻，足以勸懼，雖春秋采毫毛之善，貶纖介之惡，不避王公，無以過此，尤著明也。」

〔三〕廣記引「讀」作「學」，搜神記十七亦作「學」。

〔四〕後漢書延篤傳：「延篤字叔堅，南陽犨人也，少從潁川唐溪典受左氏傳，旬日能諷誦之，典深敬焉。桓帝以博士徵，拜議郎，與朱穆、邊韶共著作東觀，稍遷侍中，遷左馮翊，又徙京兆尹。先是陳留邊鳳爲京兆尹，亦有能名，郡人爲之語曰：『前有趙、張、三王，後有邊、延二君。』」

〔五〕史記齊悼惠王世家：「及魏勃少時，欲求見齊相曹參，家貧無以自通，乃常獨早夜埽齊相舍人門外，相舍怪之，以爲物而伺之，得勃。」索隱：「姚氏云：『物，怪物。』」又留侯世家贊：「學者多言無鬼神，然言有物。」說文：「鬽，老物精也。」論衡訂鬼篇：「鬼者，老物精也。」

〔六〕廣記、搜神記作「持其妹，爲之揚言曰」。

〔七〕「病」原作「痛」，拾補校作「病」，案廣記、搜神記正作「病」，今據改正。

〔八〕「飢」，程本、鄭本、廣記作「饑」。

〔九〕「一」，廣記作「一三」，搜神記作「一三」。

〔一〇〕匡謬正俗七：「或問曰：『今人呼履舃屐屩之屬一具爲一量，於義何邪？』答曰：『字當作「兩」，詩云：葛屨五兩者，相偶之名，履之屬二乃成具，故謂之兩，兩音轉變，故爲量耳。』」

〔一一〕「借」，郎本、程本誤「措」。方言四：「菲履麻作者謂之不借。」釋名釋衣服：「齊人謂草履曰屝，屝，皮也，以皮作之，或曰不借，言賤易有，宜各自蓄之，不假借人也。」古今注：「不借者，草履也，以其輕賤易得，故人人自有，不假借於人，故名不借也。」儀禮喪服傳繩屝注、說文綼下、鹽鐵論散不足篇俱作「不借」，賈疏云：「謂之不借者，此凶荼履，不得從人借，亦不得借人。」則又與輕賤之義異。孟子盡心篇：「猶棄敝蹝也。」趙注、齊民要術雜說引四民月令作「不惜」。又釋名：「齊人云『搏腊』。」周禮夏官弁師玉璂，鄭讀如薄借綦之綦，俱一音之轉也。

〔一二〕「屋」原作「柴」，今據廣記、搜神記校改。

〔一三〕「楮」原作「昔」，今據廣記、搜神記校改。

〔一四〕「傅」原作「傳」，拾補校作「傅」，案廣記正作「傅」，今據改正。

〔一五〕「墉」，拾補校作「牖」。案：廣記作「牖」，搜神記作「墉」。

〔一六〕「中」，廣記、搜神記作「下」。

〔一七〕「亡」，拾補校作「忘」。案：廣記作「忘」，搜神記作「亡」，古通。

〔一八〕「買」字原無，拾補校補。今案：廣記、搜神記正有「買」字，今據補。

〔一九〕「一頭牛」，廣記作「牛一頭」。

〔二〇〕朱筠曰：「何氏漢魏叢書本作『文券』，大德本作『杰』字，不可解。」案大德本及朱藏元本俱作「本券」，朱說不可信。

〔二一〕「往求索之」，廣記作「往索」。

〔二二〕「妹」原作「女」，廣記、搜神記俱作「妹」，今據改正。

〔二三〕「聟」，拾補曰：「『壻』之俗體，蓋『胥』字或作『骨』，後屢變而『月』遂從『耳』，漢唐公防碑『壻』作『聓』，今又變而從『工』從『几』，然自是本來如此，非後來所改也。」器案：廣韻九魚：「胥俗作骨。」考之漢人，如韓勑孔廟禮器碑、桐柏淮源廟碑、司空宗俱碑、巴郡太守張納碑、張壽碑，戚伯著碑、金廣延母碑、殽坑祠碑陰、楊震碑陰及魏公卿上尊號奏、北齊南陽祠寺碑，固已書「胥」爲「骨」，「咠」，亦或作又誤爲「咠」，故從「胥」之「壻」或作「埍」，儀禮士昏禮：「取『壻，夫也。」釋文：「俗作『埍』。」或又作「聓」，禮記昏義：「壻執鴈入。」釋文：「『壻』本又作『聓』。」王羲之女壻帖：「取卿爲女聓。」並作「聓」，(唐公防碑作「聓」)干禄字書以爲俗字者也。翟云升隸篇云：「依字從士從胥，俗從『知』下作『耳』，其字似『智』，故水經注『壻鄉』或譌作『智鄉』，並譌『壻水』爲『智水』也。」字又或作「聟」，方言三：「聟謂之倩。凡民男而聟謂之臧。」(漢書司馬遷傳應劭注引方言亦作「聟」)應氏此文亦作「聟」，左傳文公八年：「復致公壻池之封。」釋文：「俗作『聟』。」干禄字書以爲通字者也。詩有女同車箋：「壻御輪三周。」釋文：「本作『埍』。」儀禮士昏禮注：「壻之室也。」釋文：「本作『埍』。」顧炎武金石文字記曰：「壻字一傳爲『埍』，再傳爲『埍』，三傳爲『聟』，四傳爲『聓』，皆『胥』之變也。」

〔二四〕廣記作「妹新歸寧」。

〔二五〕「及」字原無，拾補校補。案：廣記及搜神記俱有「及」字，今據補正。

〔二六〕「家」原作「受」，拾補校作「家」。案：廣記、搜神記俱作「家」，今據改正。

〔二七〕「衰絰到來」，拾補校作「椎結」。案：廣記作「椎結」。

〔二八〕搜神記無「精」字。器案：漢人謂講讀之所爲精舍，後漢書姜肱傳：「乃就精廬，求見徵君。」注：「精廬，即精舍也。」又黨錮劉淑傳：「立精舍講授，諸生常數百人。」又儒林包咸傳：「往東海，立精舍講授。」又蔡玄傳：「精廬暫建。」注：「精廬，講讀之所。」三國志魏書武帝傳注引武帝讓縣自明本志令：「于譙東五十里築精舍，欲秋夏讀書，冬春射獵。」俱其證。

〔二九〕「隨」原作「追」，拾補校作「隨」。案：廣記作「隨」，今據改正。

〔三〇〕「家」，廣記、搜神記作「家人」。

〔三一〕廣記作「良以爲鬼也」。

〔三二〕「惝惘」，廣記作「惝怳」，搜神記作「悵惘」。

〔三三〕「良久」，廣記作「有間」。

〔三四〕廣記無「拜」字。

〔三五〕廣記作「爲父說其本末如此，得知妖物之爲」。

〔三六〕白虎通崩薨篇：「庶人死曰死，魂魄去亡，死之爲言澌也，精氣窮也。」（御覽五四八引春秋說題辭同）說文：「𣦸，澌也，人所離也。」廣雅釋言：「死，澌也。」曲禮：「庶人曰死。」注：「死之言澌也。」釋名釋喪制：「人始氣絶曰死，死，澌也，就消澌也。」物理論：「人含氣而生，精氣盡而死，死猶澌也，言精氣皆澌也。」爾雅釋訓：「鬼之爲言歸也。」説文：「人之所歸爲鬼。」列子天瑞篇：「精神離形，各歸其真，故謂之鬼，鬼，歸也，歸其真宅。」御覽八八三引韓詩外傳：「人死曰鬼，鬼者歸也，精氣歸於天，肉歸於土，血歸於水，脈歸於澤，聲歸於雷，動作歸於風，眼歸於日月，骨歸於木，筋歸於山，齒歸於石，膏歸於露，髮歸於草，呼吸之氣復歸於人。」（又見李冶古今黈六引）說苑反質篇：「精神者，天之有也，形骸者，地之有也，精神離形而各歸其真，故謂之鬼，鬼之爲言歸也。」（並見漢書楊王孫傳及漢紀）禮記祭法注：「鬼之言歸也。」家語哀公問政篇：「孔子曰：『人生有氣有魄。氣者，神之盛也，衆生必死，死必歸土，此謂鬼。魂氣歸天，此謂神。合鬼與神享之，教之至也。骨肉弊於下，化爲野土，其氣揚於上，此神之著也。』」論衡論死篇：「人死，精神升天，骸骨歸土，故謂之鬼。」尸子：「鬼者，歸也，故古人以死人爲歸人。」

〔三七〕禮記檀弓上：「仲憲言於曾子曰：『夏后氏用明器，示民無知也；殷人用祭器，示民有知也；周人兼用之，示民疑也。』曾子曰：『其不然乎！其不然乎！夫明器，鬼器也；祭器，人器也。夫古之人，胡爲而死其親乎？』」説又見家語公西赤問章。白虎通三教篇：「夏后氏用明器，殷人用祭器，周人兼用之，何謂？曰：夏后氏教以忠，故先明器，以奪孝子之心也；殷人教以敬，故先祭器，敬之至也；周人教以文，故兼用之，周人意至文也。孔子曰：『之死而致死之，不仁，而不可爲也。之死而致生之，不知，而不可爲也。故有死道焉，以奪孝子之心也；有生道焉，使人勿倍也。』」示、視古通。

〔三八〕拾補曰：「由、猶同。」説苑辨物篇：「子貢問孔子：『死人有知無知也？』孔子曰：『吾欲言死者有知也，恐孝子順孫妨生以送死也；欲言無知，恐不孝子孫棄不葬也。賜欲知死人有知將無知也，死徐自知之，猶未晚也。』」家語致思篇略同。

〔三九〕漢書藝文志儒家：「董子一篇。」班氏自注：「名無心，難墨子。」論衡福虛篇：「儒家之徒董無心，墨家之徒纏子，相見講道。纏子稱墨家右鬼神，是引秦繆公有明德，上帝賜之九年。董子難以堯、舜不賜年，桀、紂不夭死。」案：隋、唐、宋諸史志，並載儒家董子一卷，明時尚有傳本，見陳第世善堂書目，今則佚矣。馬國翰輯有四條，孫詒讓以董子卽纏子，輯有佚文六條，俱失收此文，當據補。

〔四〇〕墨子明鬼篇引此事爲驗，論衡薄葬篇云：「墨家之議，自違其術。其薄葬而又右鬼，右鬼引效，以杜伯爲驗。杜伯死人，如謂杜伯爲鬼，則夫死者審有知，如有知而薄之，是怒死人也。情欲厚而惡薄，以薄受死者之責，雖右鬼其何益哉？如以鬼非死，則其信杜伯非也。如以鬼是死人，則其薄葬非也。術用乖錯，首尾相違，故以爲非。非與是不明，皆不可行。」

〔四一〕論衡福虛篇載儒家之徒董無心，墨家之役纏子相見講道。意林引纏子言，與儒者董無心論難。玉海引中興館閣書目云：「董子一卷，與學墨者纏子辯明鬼之非，纏子屈焉云云。」疑此亦是與纏子論難之辭。御覽九〇八引纏子：「桀爲天下，酒濁而殺厨人。紂王天下，熊蹯不熟，而殺庖人。」意林引纏子：「董子曰：『子信鬼神，何異以踵解結，終無益也。』纏子不能應。」當卽論難此事之文也。

〔四二〕器案「菜肝」疑當作「馬肝」，篆文采與馬形近。史記封禪書：「文成食馬肝而死。」又儒林傳：「食肉不食馬肝。」（漢書同）又扁鵲倉公傳：「淳于司馬食馬肝致病。」論衡言毒篇：「食走馬之肝殺人。」

〔四三〕鱉瘕，未詳，史記扁鵲倉公傳：「臨菑氾里女子薄五蟯瘕爲病。」蓋與鱉瘕病似。

〔四四〕左傳昭公七年：「用物精多。」

〔四五〕尚書泰誓上：「惟人萬物之靈。」漢書刑法志：「人，有生之最靈者也。」列子楊朱篇：「人肖天地之類，懷五常之性，有生之最靈者也。」五行大義四引桓譚新論：「人抱天地之體，懷純粹之精，有生之最靈者也。」向子期難養生論：「夫人受形於造化，與萬物並存，有生之最靈者也。」

〔四六〕「芥蔕」當作「蔕芥」，司馬相如子虛賦：「呑若雲夢者八九於其胸中，曾不蔕芥。」文選西京賦：「睚眦蠆芥。」李善注：「張揖子虛賦注：『蔕介，刺鯁也。』蠆與蔕同，並丑介切。」漢書賈誼傳：「細故蔕芥，何足以疑。」史記賈生傳作「慸葪」，索隱引張揖曰：「慸葪，鯁刺也，以言細微事，不足慸介我心，故於此云何足以疑之者也。」鶡冠子世兵篇用其言，又作「袃葪」。

〔四七〕拾補曰：「此又以『猶』爲『由』。」

〔四八〕「審」下原有「者」字，拾補云：「『者』衍。」今據删。

〔四九〕器案：狗鼠者，賤之之辭。世說新語賢媛篇：「魏武帝崩，文帝悉取武帝宮人自侍，及帝病困，卞后出看疾，太后入户，見直侍並是昔日所愛幸者，太后問：『何時來耶？』云：『正伏魄時過。』因不復前而歎曰：『狗鼠不食汝餘，死故應爾。』至山陵亦竟不臨。」

世間亡者，多有見神，語言飲食，其家信以爲是，益用悲傷

謹按：司空南陽來季德〔一〕停喪在殯，忽然〔二〕坐祭牀上，顏色服飾，聲氣熟是也，孫兒婦女，以次教誡〔三〕，事有條貫，鞭撻〔四〕奴婢，皆得其過，飲食飽滿〔五〕，辭訣而去，家人大哀剝〔六〕斷絶，如是三四〔七〕，家益厭苦。其後飲醉形壞〔八〕，但得老狗，便朴殺之，推問里頭沽

酒家狗〔九〕。

〔一〕後漢書來歷傳：「來豔字季德，少好學下士，開館養徒，少歷顯位，靈帝時，再遷司空。」又靈紀：「建寧四年夏四月，太常來豔爲司空。」注：「豔字季德，南陽新野人。」又：「光和元年夏四月，太常來豔爲司空。九月，司空來豔薨。」

〔二〕搜神記十八有「見形」二字。

〔三〕搜神記「誡」作「戒」。

〔四〕搜神記「撻」作「扑」。

〔五〕「飽滿」，搜神記作「既絶」。

〔六〕搜神記「剥」作「割」。

〔七〕搜神記「三四」作「數年」。

〔八〕搜神記「壞」作「露」。

〔九〕此句搜神記作「推問之則里中沽酒家狗」。御覽八八五、九〇五引桓譚新論：「吕仲子婢死，有女兒年四歲，葬後數來撫循之，亦能爲兒沐頭浣濯，甚惡之，以告方士，云：『其家青狗爲之，殺之則止。』婢遂不復來。楊仲文亦言：所知家姬死，已斂未葬，忽起飲酒食，醉後而坐棺前祭牀上，如是三四，家益厭苦，其後醉行，壞垣得老狗，便行打殺之，推問，乃里頭沽家狗。」搜神記四：「漢時東萊郡陳司空薨，經周年，忽然還家，在牀而坐，約束子孫，與平生無異；飲酒食肉，問論幽冥事，歷歷來往不一，專事感婦，子孫致敬，無異生前。忽一度還家，飲酒醉卧在牀，子孫乃近前審視之。元是村中沽酒家老犬也。從此便無蹤跡。」今案：此三事與應氏所載者大同小異，倘即所謂世間多有之謂也。

世間多有狗作變怪，扑殺之，以血塗門戶然衆〔一〕得咎殃

謹按：桂陽太守汝南李叔堅〔二〕，少時，爲〔三〕從事，在家，狗人立行〔四〕，家〔五〕言當殺之〔六〕，叔堅云：「犬馬喻君子〔七〕，狗見人行，效之，何傷？〔八〕」叔堅見〔九〕縣令還〔一〇〕，解冠榻上，狗戴持走〔一一〕，家大驚，時〔一二〕復云：「誤觸冠，冠纓掛着之耳。〔一三〕」狗於竈前蓄火〔一四〕，家益怔忪〔一五〕，復云：「兒婢〔一六〕皆在田中，狗助蓄火，幸可不煩鄰里，此有何惡。〔一七〕」里中相罵，不言無狗怪〔一八〕，遂不肯殺，後數日，狗自暴死〔一九〕，卒無纖介之異〔二〇〕。叔堅辟太尉掾〔二一〕、固陵長、原武令，終享大位。子條蜀郡都尉〔二二〕，威龍司徒掾。凡變怪皆〔二三〕婦女下賤，何者？小人愚而善畏，欲信〔二四〕其說，類復裨增；文人亦不證察，與俱悼懾，邪氣承〔二五〕虛，故速咎證。易曰：「其亡斯自取災。〔二六〕」若叔堅者，心固於金石〔二七〕，妖至而不懼，自求多福〔二八〕，壯矣乎〔二九〕！

〔一〕「衆」，拾補云：「疑譌，或『衆』當作『免』。」器案：盧說非是，「衆」古通「終」，楚辭遠游：「羨韓衆之得一。」王注：「『衆』一作『終』。」洪興祖補注引列仙傳作韓終。說文：「螽，蝗也，從䖵夂聲。夂，古文終字。⿰虫衆，螽或從虫衆聲。」公羊哀公十二年：「冬十有二月，⿰虫衆。」釋文：「『⿰虫衆』，本亦作『螽』。」注云：「比年再⿰虫衆。」疏作「比年再螽」。類聚一〇〇引春秋佐助期：「螽之爲蟲，赤頭甲身，而翼飛行，陰中陽也。螽之爲言衆暴衆也。」宋均注：「螽象衆暴衆，故一作⿰虫衆

也。」此皆「衆」、「終」古通之證。史記刺客傳：「衆終莫能就。」王念孫曰：「『衆』與『終』一字，一本作『終』，一本作『衆』，後人並存之耳。韓策無『衆』字。」蓋史記本作「衆」，風俗通用法，正與之相同也。

〔二〕「李」，拾補云：「類聚『韋』。」器案：意林、御覽九〇五、事類賦二三引及搜神記十八俱作「李」，太平廣記四三八引作「漢汝南李叔堅」。

〔三〕「爲」下，拾補補「州」字，云：「脱，意林有，類聚無。」今按：意林「爲」作「作」，廣記脱「爲」字，御覽、廣記、事類賦無「州」字，搜神記亦無。

〔四〕拾補「立」下補「而」字。今案：意林引作「家有狗，作人立」，御覽引作「在家狗如人立行」，廣記引作「其家犬忽人立而行」，事類賦及搜神記作「家有狗人行」，律以「豕人立而啼」句法，補「而」字是。

〔五〕「家」下拾補補「人」字。今案：御覽、廣記、事類賦及搜神記俱有「人」字。

〔六〕廣記作「咸請殺之」。

〔七〕漢書孔光傳：「臣光智謀淺短，犬馬齒臷。」陳書章昭達傳：「臣當効犬馬之勞，以盡臣節。」

〔八〕意林引作「此狗喻人，人行何害」，廣記引作「見人行而效之，何傷也」。

〔九〕「見」，御覽同，意林作「作」，類聚九四作「爲」。

〔一〇〕意林無「還」字，類聚、御覽有。

〔一一〕意林作「狗戴之而走」，廣記作「狗戴之以走」，類聚、御覽與今本合。

〔一二〕「時」，拾補校作「愕」，按：拾補乃據類聚校也，御覽、事類賦作「堅」，廣記無此字。

〔一三〕意林作「此狗誤觸冠纓，冠纓挂其耳矣」。

〔一四〕意林引作「犬復與人竈前畜火」，類聚作「狗又上竈」，御覽作「狗於竈前畜火」，廣記作「犬尋又於竈前畜火」，事類賦及搜神記作「狗又於竈前蓄火」，蓄、畜通，積也。淮南說山篇：「畜火井中。」

〔一五〕「怔忪」，事類賦及搜神記作「怔營」，文選王褒四子講德論：「百姓征伀。」五臣本「征伀」作「怔忪」，李善注引方言曰：「征伀，惶遽也。」

〔一六〕類聚「婢」作「婦」。

〔一七〕「家益怔忪」下，意林引作「隣里告之，叔堅曰：『狗能蓄火，幸不須人（此依道藏本，武英殿本作「煩人」）』」。御覽作「家益怪，堅復云：『兒婢皆在田中，狗助畜火，狗何能作怪。』」廣記作「家人益驚愕，叔堅曰：『兒婢皆在田中，犬助畜火，幸可不煩鄰里，亦何惡也。』」

〔一八〕意林、類聚、御覽、廣記引俱無。

〔一九〕類聚、御覽引同，廣記作「居旬日，犬自死」。意林引「自」作「遂」。

〔二〇〕事類賦「卒」上有「家」字。類聚、御覽、廣記引「纖介」作「纖芥」，搜神記亦作「纖芥」。器案：介、芥通。春秋繁露王道篇：「春秋紀纖芥之失。」說苑至公篇、論衡問孔篇俱作「纖介」；孟子萬章篇「一介不以與人，一介不以取諸人」，意林作「一芥」；論衡知實篇：「天下之人，有如伯夷之廉，不取一芥於人。」仲任以伊尹事爲伯夷，亦作「一芥」。

〔二一〕類聚無「掾」字，非是。

〔二二〕後漢書獨行彭脩傳注引應劭漢官儀曰：「都尉，秦官也，本名郡尉，掌佐太守，典其武職，秩比二千石，孝景時更名都尉。」

〔二三〕「皆」，拾補作「多」，云：「有脫字，或是『由』字。」

〔二四〕信讀爲伸。

〔三五〕「承」，拾補校作「乘」。

〔三六〕易順鼎讀經瑣記：「風俗通引易曰：『斯自取災。』易無此語，疑『其所取災』之異。」器案：「其亡其亡」，否九五爻辭，「斯其所取災」，旅初六爻辭。

〔三七〕胡本重「固於金石」句，拾補云：「誤。」淮南原道篇：「利貫金石。」

〔三八〕詩大雅文王：「自求多福。」

〔三九〕唐錦夢餘錄曰：「見怪不可驚怖，但宜鎮之以靜，如桓公見紫衣之神，周南見怪鼠之語，李叔堅不殺戴冠之犬，馬公亮大書入窗之手，是皆能以氣勝之也。夫怪豈能傷人，所患者人不能持守，乃自傷耳。」

昔晉文公出獵，見大虵，高如隄，其長竟路，文公曰：「天子見妖則修德，諸侯修政，大夫修官〔一〕，士修身。〔二〕」乃即齋館〔三〕，忘食與寢，請廟曰：「孤犧牲瘯蠡〔四〕，幣帛不厚，罪一也；遊逸無度，不卹國政，罪二也；賦役重數，刑罰慄剋〔五〕，罪三也；有三罪矣，敢逃死乎！〔六〕」其夜，守虵吏夢天殺虵曰：「何故當聖君道爲？」及明視之，則已臭爛〔七〕。

〔一〕「官」原作「宮」，何本、胡本作「家」，札迻曰：「案『宮』當爲『官』，形近而譌，賈子新書春秋篇云：『大夫夢惡則修官。』」（亦見新序雜事二）今據改正。

〔二〕器謹案：後漢書楊賜傳、治要引桓譚新論引周書曰：「天子見怪則修德，諸侯見怪則修政，卿大夫見怪則修職，士庶人見怪則修身。」則晉文此語，又本之周書。

〔三〕王勃拜南郊頌：「齋館雲深。」

〔四〕左傳桓公六年：「故奉牲以告曰：『博碩肥腯。』謂民力之普存也，謂其畜之碩大蕃滋也，謂其不疾瘯蠡也，謂其備腯咸有也。」疏云：「瘯蠡，畜之小病。」

〔五〕拾補云：「懆剋，慘刻通。」

〔六〕器案：應氏此文載文公以三事自責之辭，原本新序，新書則作以五事自責，博物志載此事，不詳文公自責之辭。

〔七〕新書春秋篇：「晉文公出畋，前驅還白：『前有大蛇，高若堤，橫道而處。』文公曰：『還車而歸。』其御曰：『臣聞祥則迎之，見妖則陵之。今前有妖，請以從吾者攻之。』文公曰：『不可。吾聞之曰：天子夢惡則脩道，諸侯夢惡則脩政，大夫夢惡則脩官，庶人夢惡則脩身，若是則禍不至。今我有失行，而天招以夭，我若攻之，是逆天命也。』乃歸齊伯（『伯』當即『宫』字之誤。）而請於廟曰：『孤實不佞，不能尊道，吾罪一；執政不賢，左右不良，吾罪二；飭政不謹，民人不信，吾罪三；本務不脩，以咎百姓，吾罪四；齊肅不莊，粢盛不潔，吾罪五。請興賢遂能，而章德行善，以道百姓，毋復前過。』乃退而脩政，居三日而夢天誅大蛇曰：『爾何敢當明君之路？』文公覺，使人視之，蛇已魚爛矣，文公大說，信其道而行之不解，遂至於伯。故曰：『見妖而迎以德，妖反爲福也。』」新序雜事二：「晉文公出獵，前驅曰：『前有大蛇，高如隄，阻道竟之。』文公曰：『寡人聞之：諸侯夢惡則修德，大夫夢惡則脩官，士夢惡則修身，如是而禍不至矣。今寡人有過，天以戒寡人，還車而返。』前驅曰：『臣聞之：喜者無賞，怒者無刑，今禍福已在前矣，不可變，何不遂驅之。』文公曰：『不然。夫神不勝道，而妖亦不勝德，禍福未發，猶可化也。』還車反，宿齋三日，請於廟曰：『孤少犧不肥，幣不厚，罪一也；孤好弋獵，無度數，罪二也；孤多賦斂，重刑罰，罪三也。請自今以來者，關市無征，澤梁毋賦斂，赦罪人，舊田半稅，新田不稅。』行此令未半旬，守蛇吏夢大帝殺虵曰：『何故當聖君之道爲？而罪當死。』發夢視虵臭腐矣，謁之，文公曰：『然，夫神果不勝道，而妖亦不勝德，柰何其無究理而任天也，應之以德而已。』」博物志七：「晉文公出，大蛇當道如拱，文公反脩德，使吏守蛇，吏夢天殺蛇曰：『何故當聖君道？』覺而視蛇，則自死也。」（太平廣記二九一引「自死」作「臭」。）

武帝時迷於鬼神，尤信越巫〔一〕，董仲舒數以爲言。武帝欲驗其道，令巫詛仲舒；仲舒朝服南面，誦詠經論，不能傷害，而巫者忽死〔二〕。

〔一〕史記封禪書：「越人勇之乃言：『越人俗鬼，而其祠皆見鬼，數有效。昔東甌王敬鬼，壽百六十歲，後世怠慢，故衰耗。』乃令越巫立越祝祠，安臺無壇，亦祠天神上帝百鬼，而以雞卜。上信之，越祠雞卜始用。」又見補武紀及漢書郊祀志。

〔二〕謝應芳辨惑編二引用此文，誤爲白虎通。

世間多有精物妖怪百端

謹按：魯相右扶風〔一〕臧仲英爲侍御史〔二〕，家人作食，設桉，欻〔三〕有不清塵土投汚之；炊臨熟，不知釜處〔四〕；兵弩自行；火從篋簏中起，衣物燒盡〔五〕，而簏故完；婦女婢使悉亡其鏡，數日〔六〕堂下擲庭中，有人聲言：「汝鏡。〔七〕」女孫〔八〕年三四歲，亡之，求不能得，二三日乃於清〔九〕中糞下啼：若此非一。汝南有許季山者〔一〇〕，素善卜卦，言：「家當有老青狗物〔一一〕，內中婉〔一二〕御者〔一三〕益喜與〔一四〕爲之。誠欲絕，殺此狗，遣益喜歸鄉里。」皆如其言，因斷無纖介，仲英遷太尉長史〔一五〕。

〔一〕續漢書百官志四：「河南尹一人，主京都特奉朝請。其京兆尹、左馮翊、右扶風，三人，漢初都長安，皆秩中二千石，謂之三輔，中興都雒陽，更以河南郡爲尹，以三輔陵廟所在，不改其號，但減其秩。」

〔二〕續漢書百官志三：「侍御史十五人，六百石。」本注曰：「掌察舉非法，受公卿羣吏奏事，有違失舉劾之。凡郊廟之祠，及大朝會、大封拜，則二人監威儀，有違失則劾奏。」

〔三〕「欻」，郎本、程本、鄭本作「歘」。文選西京賦：「欻從背見。」薛綜注：「欻之言忽也。」王襃九懷：「霾土忽兮塺塺。」

〔四〕御覽八六九引作「欲炊而失釜」。

〔五〕「燒盡」，御覽作「盡燒」，搜神記三亦同。

〔六〕搜神記「日」下有「從」字。

〔七〕搜神記作「還汝鏡」。

〔八〕「女孫」，郎本作「孫女」。

〔九〕「清」，搜神記作「圊」，拾補云：「『圊』本字。」器案：周禮內豎：「執褻器以從。」鄭注：「褻器，清器。」史記萬石君傳廁牏，集解、索隱俱引孟康曰：「廁，行清。」荀子王制篇：「修採清，易道路。」楊注：「採謂採去其穢，清謂使之清潔。」清即謂廁也。說文：「廁，清也。」急就篇：「屏廁清溷糞土壤。」

〔一〇〕後漢書許曼傳：「許曼者，汝南平輿人也，祖父峻，字季山，善卜占之術，多有顯驗，時人方之前世京房。自云：『少嘗篤病三年，不愈，乃謁太山請命，行遇道士張巨君，授以方術。』所著易林，至今行于世。」

〔一一〕拾補云：「『物』字疑衍。」札迻曰：「案古書多謂鬼魅爲物，漢書郊祀志云：『有物曰蛇。』顏注云：『物謂鬼神也。』春秋繁露王道篇云：『乾谿有物女。』此云狗物，猶言狗魅也，非衍。」器案：孫說是，物訓鬼魅，注前世間多有亡人魄持其家語聲氣所說良是條。

〔一二〕「婉」，搜神記作「侍」。

〔一三〕「者」下，搜神記有「名」字。

〔一四〕「與」下，搜神記有「共」字。

〔一五〕搜神記：「右扶風臧仲英（太平廣記三五九引無「右」字）爲侍御史，家人作食設案，有不清塵土投汚之（廣記作「有塵垢在焉」）；炊臨熟，不知釜處；兵弩自行；火從篋簏中起，衣物盡燒，而篋簏故完；婦女婢使，一旦盡失其鏡，數日從堂下擲庭中，有人聲言：『還汝鏡。』女孫年三四歲，亡之，求不知處，兩三日乃於圊中糞下啼：若此非一。汝南許季山者，素善卜卦，卜之曰：『家當有老青狗物（廣記無「物」字），內中侍御者名益（廣記作「蓋」，下同）喜，與共爲之，誠欲絶，殺此狗，遣益喜歸鄉里。』仲英從之，怪遂絶，後徙爲太尉長史，遷魯相。」續漢書百官志一：「太尉長史一人，千石。」本注曰：「署諸曹事。」

汝南汝陽〔一〕西門亭〔二〕有鬼魅，賓客宿止〔三〕，有〔四〕死亡，其厲厭者，皆亡髮〔五〕失精〔六〕，尋問其故，云：「先時頗已有怪物，其後，郡侍奉掾〔七〕宜祿鄭奇來〔八〕，去亭六七里，有一端正婦人〔九〕，乞得〔一〇〕寄載，奇初難之〔一一〕，然後上車，入亭，趨至樓下，吏〔一二〕卒檄〔一三〕，白：『樓不可上。』奇曰〔一四〕：『我不惡也。』時亦昏冥，遂上樓，與婦人棲〔一五〕宿，未明發去〔一六〕。亭卒上樓掃除，見死婦，大驚，走白亭長。亭長擊鼓會諸廬吏〔一七〕，共〔一八〕集診之，乃亭西北八里吳氏婦新亡，以〔一九〕夜臨殯，火滅，火〔二〇〕至失之；家〔二一〕卽持去。奇發行數里，腹痛，到南頓〔二二〕利陽亭加劇，物故，樓遂無敢復上。〔二三〕」

〔一〕漢書地理志注引應劭曰：「汝水出弘農，入淮。」

〔二〕「亭」上，拾補引孫云：「御覽九一二有『習武』二字。」

〔三〕周禮遺人職：「三十里有宿。」鄭注：「宿，可止宿，若今之亭有室矣。」續漢書百官志五注引風俗通：「漢家因秦，大率十里一亭，亭，留也，蓋行旅宿會之所館。」案：後漢書獨行王忳傳：「除郿令，到官，至斄亭，亭長曰：『亭有鬼，數殺過客，不可宿也。』忳曰：『仁勝凶邪，德除不祥，何鬼之避？』即入亭止宿。」此皆可證明漢代亭制，有室可止宿。

〔四〕「有」，拾補校作「多」。案：太平廣記三一七引作「多」，搜神記十六作「輒有」。

〔五〕御覽九四六引幽明録：「淮南郡有物髡髮。」太平廣記四七三引作「取人頭髻」。魏書靈徵志：「太和元年，狐截人髮，靈太后召而鞭之。」北齊書後主紀：「武平四年正月，鄴都、并州，並有狐媚，多截人髮。」

〔六〕文選西京賦：「喪精亡魂。」精謂精魂精靈。

〔七〕「侍」原作「待」，拾補校作「侍」，今案：胡本、郎本、廣記作「侍」，搜神記亦作「侍」，今據改正。

〔八〕「來」，廣記作「休」。

〔九〕「端正」，廣記作「美」。

〔一〇〕廣記、搜神記無「得」字。

〔一一〕拾補云：「下似有脱文。」

〔一二〕「吏」，廣記同，程本誤「來」，搜神記作「亭」。

〔一三〕「檄」，拾補云：「疑『復』。」札迻云：「案『檄』疑當作『徼』，徼白即謂遮徼告白，廣雅釋詁云：『徼，遮也。』」案：廣記、搜神記俱無「檄」字。

〔一四〕「奇」字原無，拾補校補，案：廣記、搜神記俱有「奇」字，今據補正。

〔一五〕「棲」，拾補校作「接」，今案：廣記引作「接」。

〔一六〕詩小雅小宛：「明發不寐。」

〔一七〕文選西都賦：「周廬千列。」李注：「史記衞令：『周廬設卒甚謹。』漢書音義：『張晏曰：直宿曰廬。』」據此，則郡國亦有廬卒之制。

〔一八〕「共」，大德本誤描作「其」，徐本從之，非是。

〔一九〕廣記、搜神記無「以」字。

〔二〇〕廣記、搜神記「火」上有「及」字。

〔二一〕廣記、搜神記「家」上有「其」字。

〔二二〕「南頓」原作「新頓」，拾補校改。今案：廣記、搜神記作「南頓」，漢志汝南郡有南頓，今從之。

〔二三〕搜神記：「後漢時，汝南汝陽西門亭有鬼魅，賓客止宿，輒有死亡，其厲厭者，皆亡髮失精，尋問其故，云：『先時頗已有怪物，其後，郡侍奉掾宜禄鄭奇來，去亭六七里，有一端正婦人，乞寄載，奇初難之，然後上車，入亭，趨至樓下，亭卒白：樓不可上。奇云：吾不恐也。時亦昏冥，遂上樓，與婦人棲宿，未明發去。亭卒上樓掃除，見一死婦，大驚，走白亭長。亭長擊鼓，會諸廬吏，共集診之，乃亭西北八里吳氏婦新亡，夜臨殯，火滅，及火至，失之，其家即持去。奇發行數里，腹痛，到南頓利陽亭加劇，物故。樓遂無敢復上。』」

謹按：北部督郵〔一〕西平〔二〕郅〔三〕伯夷〔四〕，年三十所〔五〕，大有才決，長沙太守郅君章〔六〕孫也，日晡時到亭〔七〕，勑前導人〔八〕，録事掾〔九〕白：「今尚早，可至前亭。」曰：「欲作文書，便留。」吏卒惶怖，言當解去，傳云：「督郵欲於樓上觀望，亟掃除。」須臾便上，未冥樓鐙〔一〇〕，階下復有火，勑〔一一〕：「我思道，不可見火，滅去。」吏知必有變，當用赴照，但藏置壺中耳〔一二〕。既冥，整服坐誦六甲〔一三〕、孝經〔一四〕、易本訖〔一五〕、臥有頃，更轉東首，絮巾結兩足幘冠之〔一六〕，密拔劍解帶，夜時，有正黑〔一七〕者四五尺，稍高，走至柱屋，因覆伯夷，伯夷〔一八〕持被掩足，跣脱幾失，再三，徐以劍帶繫〔一九〕魅脚，呼下火上，照視老狸正赤，略無衣毛，持下燒殺，明旦發樓屋，得所髡人結〔二〇〕百餘〔二一〕，因從此絶。伯夷舉孝廉，益陽長〔二二〕。楚辭云：「鱉令屍亡〔二三〕，泝江而上，到岷山下蘇起，蜀人神之，尊立爲王。〔二四〕」漢淮陽太守尹齊，其治嚴酷，死未及殮，怨家欲燒之，屍亦飛去〔二五〕。見於書傳。樓上新婦〔二六〕，豈虛也哉？

〔一〕續漢書百官志五：「郡守其監屬縣，有五部督郵曹掾一人。」案：漢郡置督郵，因地制宜，分東西南北中五部，本書過譽篇有長沙郡西部督郵繇延，御覽七〇四引汝南先賢傳：「范滂被詰，受幾許贓賕，滂曰：『曾爲北部督郵，汝陽令有記囊表裏六尺，若以此爲贓，贓直六十耳。』」此亦汝南郡之北部督郵也。御覽二五三引劉熙辨釋名曰：「督郵，主諸縣罰，以負郵殷糾攝之也。」

〔二〕漢書地理志汝南郡西平，注引應劭曰：「故柏子國也，今柏亭是。」

〔三〕「郅」原作「到」，拾補校作「郅」，云：「『到』譌。」器案：類聚八〇、御覽九一二引作「郅」，今據改正。抱朴子登涉篇作「郄」，原注云：「一作『郅』。」今案：御覽六七一引抱朴子正作「郅」。搜神記十八、搜神後記作「郅」。御覽二五三引列異記、九〇五引續搜神記誤作「劉」。

〔四〕拾補云：「見續搜神記。」

〔五〕「所」，搜神記作「許」，古通。

〔六〕「郅君章」原作「到若章」，拾補據錢校改，今從之。拾補云：「范書有郅惲傳，字君章。」器案：後漢紀七、御覽七三九引東觀漢紀、范書范式傳注及御覽三九七引謝承後漢書俱作郅君章，本書過譽篇作郅君章，不誤，搜神記作到若章，亦誤。

〔七〕御覽引列異記作「懼武亭」。

〔八〕拾補曰：「下『便留』二字，疑當繫此。」札迻曰：「案『人』當作『入』，謂令入亭止宿也。盧校不解，欲移下文『便留』二字著此下，大誤。」器案：搜神記作「勑前導人且止」，干記即用應氏此文，並「且止」與下文「今尚早可至前亭」，辭氣亦相應，疑當從搜神記訂補。

〔九〕録事掾他書未見，續漢書百官志五：「主記室史，主録記書催期會。」或即是也。

〔一〇〕拾補云：「有脱文。」器案：類聚引作「止樓上，燃數燈」。

〔一一〕搜神記「勑」下有「云」字。

〔一二〕搜神記「耳」作「日」，屬下爲句。

〔一三〕漢書藝文志數術略五行有風鼓六甲二十四卷，後漢書方術傳注：「遁甲，推六甲之陰而隱甲也。今書七志有遁甲經。」

〔一四〕類聚六九引漢獻帝傳：「尚書令王允奏曰：『太史令王立説孝經六隱事，能消却姦邪。』常以良日，允與立入爲帝誦孝經一章，以丈二竹簞，畫九宮其上，隨日時而出入焉。及允被害，乃不復行也。」御覽七〇八引東觀漢記：「尚書令王允奏云：『太史令王立說孝經六隱事，令朝廷行之，消災却邪，有益聖躬。』詔曰：『聞王者當修德爾，不聞孔子制孝經有此而却邪者也。』允固奏請曰：『立學深厚，此聖人祕奥，行之無損。』帝乃從之，常以良日，王允與王立入爲帝誦孝經一章，以丈二竹簟，畫九宮其上，隨日時而出入焉。」又見後漢紀二六。後漢書向栩傳：「但遣將於河上，北向讀孝經，賊當自消滅。」伯夷此事，亦其鄰類。

〔一五〕三國志魏書管輅傳注引輅别傳：「時年十五，來至官舍讀書，始讀詩、論語及易本。」又曰：「輅言始讀詩、論、易本，學問微淺。」北史儒林權會傳：「曾夜出城東門，會獨乘一驢，忽有二人，一人牽頭，一人隨後，有似相助；其廻動輕漂，有異生人。漸失路，不由本道，心甚怪之，遂誦易經上篇第一卷，不盡，前後二人忽然離散，會亦不覺，墮驢迷悶，至明始覺，方知墮處，乃是郭外，去家數里。」所言易經，疑亦是易本也。又御覽引「訖」誤「記」。

〔一六〕「絮巾」，原誤作「挐巾」，札迻云：「案方言：『大巾，陳、潁之間謂之帤。』說文云：『帤，巾帤也。』玉篇云：『帤，大巾也。』史記絳侯世家云：『太后以冒絮提文帝。』集解晉灼云：『巴蜀異物志謂頭上巾爲冒絮。』此挐巾即巾帤，續漢書輿服志云：『幘，文者長耳，武者短耳。』此云兩足，疑即兩耳矣。」器案：御覽引列異記作「以絮巾結兩足，以幘冠之」。三國志魏書閻温傳注引魏略：「岐著絮巾布袴，常於市中販胡餅。」絮巾即帤巾，今據改正。

〔一七〕詩蟋蟀疏：「蟋蟀，似蝗而小，正黑，有光澤如漆。」正黑，猶言純黑，下文正赤，亦謂純赤。御覽「黑」作「異」，非是。

〔一八〕「伯夷」二字原不重，拾補云：「二字當重。」今案：搜神記、列異記正重二字，今據補正。

〔一九〕「繫」原作「擊」，列異記作「繫」，細繹上文，作「繫」良是，今據改正。周禮考工記、說文殳部以毄爲擊，漢孔彪碑及漢書景紀則以毄爲繫，是二字古混用之證。

〔二〇〕御覽引「結」作「髻」，搜神記同；列異記作「結」。結、髻古通，漢書陸賈傳：「尉佗魁結箕踞見賈。」注：「結讀曰髻。」

是其證。

〔二〕列異記云：「舊説狸髡千人得爲神也。」器案：魏書靈徵志：「太和元年，狐截人髮，靈太后召而鞭之。」北齊書後主紀：「武平四年正月，鄴都、并州，並有狐媚，多截人髮。」御覽九四六引幽明録：「淮南郡有物髡髮。」太平廣記四七三引作「取人頭髻」此皆列異記所謂舊説之證。

〔三〕漢書地理志長沙國益陽注引應劭曰：「在益水之陽。」水經資水注引同。續漢書百官志五注引應劭漢官曰：「前書百官表云：『萬户以上爲令，萬户以下爲長。』三邊始孝武皇帝所開縣，户數百而或爲令，荆、揚、江南七郡，惟有臨湘、南昌、吴三令爾，及南陽穰中土沃民稠，四五萬户而爲長。桓帝時，以汝南陽安爲女公主邑，改號爲令，主薨，復復其故，若此爲繫其本俗令長以水土爲之，及秩高下，皆無明文，班固通儒，述一代之書，斯近其真。」案：范書劭本傳云：「凡朝廷制度，百官典式，多劭所立。」劭此文云：「郅伯夷爲益陽長。」當必可據，而范書桓紀及度尚傳俱云「益陽令」，當從此作「長」爲允。又案：抱朴子登涉篇：「林慮山下有一亭，其中有鬼，每宿者，或死或病。常夜有數十人，衣色或黄或白或黑，或男或女。後郅伯夷（校見前）者過之宿，明燈燭而坐，誦經，夜半有十餘人來，與伯夷對坐，自共樗蒲博戲。伯夷密以鏡照之，乃是羣犬也。伯夷乃執燭起，佯誤以燭燼爇其衣，乃作燋毛氣。伯夷懷小刀，因捉一人而刺之，初作人叫，死而成犬。餘犬悉走，於是遂絶，乃鏡之力也。」搜神記：「北部督郵西平郅（原誤「到」）伯夷，年三十許，大有才決，長沙太守郅君章孫也。日晡時到亭，勑前導人且止，録白掾白：『今尚早，可至前亭。』曰：『欲作文書，便留。』吏卒惶怖，言當解去，傳云：『督郵欲於樓上觀望，亟掃除。』須臾便上，未暝，樓鐙，階下復有火，勑云：『我思道，不可見火，滅去。』吏知必有變，當用赴照，但藏置壺中。日既暝，整服坐誦六甲、孝經、易本訖，卧有頃，更轉東首，以拏巾結兩足幘冠之，密拔劍解帶。夜時，有正黑者四五尺稍高，走至柱屋，因覆伯夷，伯夷持被掩之，足跣脱幾失再三，以劍帶繫魅脚，呼下火上，照視之，老狐正赤，略無衣毛，持下燒殺。明旦，發樓屋，得所髡人髻百餘，因此遂絶。」續搜神記：「林慮山下有一亭，每過宿者或病死，常云有十許人，男女合雜，衣或黑或白，輒來爲害。有郅伯夷者過宿，明燭而坐，誦經，至中夜，忽有十餘人來，與伯夷並坐蒱博。伯夷密以鏡照之，乃是羣犬；因執燭起，陽誤以燭燒其衣，作燃毛氣。伯夷懷刀捉一人刺之，初作人，遂死滅犬，餘悉走去。」器案：應氏此文鄭奇條敍汝陽西門亭有鬼魅之事，郅伯夷條敍鬼魅之所由絶滅，本爲一事，故郅伯夷條云「到亭」，即承「汝陽西門亭」而言，又云「得所髡人結百餘」，即承「其厲厭者皆亡髮失精」而言，其事本末頗具如此。自葛稚川采此事，以坿益其登山用鏡之説，遂改爲林慮山，而陶淵明後記因之。今考漢書地理志河内郡隆慮注引應劭曰：「隆慮山在北，避殤帝名，改曰林慮也。」林慮隸河内，屬司隸校尉部，汝陽隸汝南，屬豫州刺史部，州郡隔絶，相去有間，自不得掍，干記襲用此文不誤。此二條本爲一事，只扳引郅伯夷事，而所言之亭，遂不能指實，並失文章前後照應之法。然應氏原文之分段屬辭，固可由干記斷其與今本相同，敍事既竟，然後著論，或綜論全事，或分論一事，其有事迹昭晰，爲人所共喻者，則存而不論，此應氏本書之通例，盧氏未明此二條，本敍一事，遂謂「楚辭云」以下一段，似當在上條「樓遂無敢復上」之後，誤矣。

〔三三〕拾補云：「此一段似當在上條『樓遂無敢復上』之後，上當有『謹案』二字，提行起，今脱在此，誤。」按：盧説不可從，已見上注。

〔三四〕器案：今本楚辭無此文，文亦不類，疑非出楚辭，亦或楚辭説也。後漢書張衡傳注、文選思玄賦注、御覽八八八、九二三、事類賦六、蒙求舊注引蜀王本紀：「望帝積百餘歲。荆有一人名鼈令（一作「靈」），其尸亡去，荆人求之不得。鼈令尸隨江水上至郫，遂活，與望帝相見，望帝以鼈令爲相。時玉山出水，若堯之洪水，望帝不能治，使鼈令決玉山，民得安處。鼈令治水去後，望帝與其妻通，慚愧，自以德薄，不如鼈令，乃委國授之而去，如堯之禪舜。鼈令即位，號曰開明帝。」水經江水注引來敏本蜀論、太平廣記三七四引蜀記，同。本書佚文，亦詳此事。

〔三五〕史記酷吏傳：「後數歲，尹齊亦以淮陽都尉病死，家直不滿五十金。所誅滅，淮陽甚多，及死，仇家欲燒其尸，尸亡歸葬。」集解：「徐廣曰：『尹齊死，未及斂，恐怨家欲燒之，屍亦飛去。』」漢書酷吏傳：「尹齊，東郡茌平人也，以刀筆吏稍遷至御史，事張湯，湯數稱以爲廉。武帝使督盜賊，斬伐不避貴勢，遷關都尉，聲甚於甯成，上以爲能，拜爲中尉，吏民益彫敝，輕齊木彊少文，豪惡吏伏匿，而善吏不能爲治，以故事多廢抵罪，後復爲淮陽都尉。王溫舒敗後數年，病死，家直不滿五十金。所誅滅，淮陽甚多，及死，仇家欲燒其尸，妻亡去歸葬。」應氏引鼈令及尹齊事，俱以尸亡證樓上新婦，（揚雄蜀都賦：「昔天地降生杜鄘密促之君，則荆上亡尸之相。」張衡思玄賦：「鼈令殪而尸亡兮，取蜀禪而引世。」俱用尸亡事。）史記作「仇家欲燒其尸，尸亡去歸葬」，論衡死僞篇作「怨家欲燒其尸，亡去歸葬」，與應氏合，漢書作「怨家欲燒其尸，妻亡歸葬」，王先謙補注：「史記作『尸亡去歸葬』，徐廣注：『未及斂，尸亦飛去。』風俗通怪神篇説同，公羊：『陳侯鮑甲戌之日亡，己丑之日死（同屍）而得。』疏亦引此事爲證，班氏蓋以爲誕而易之。」器案：王充亦以此爲失實之言，不驗之語，故倡爲竊舉持亡之説，而黄氏日鈔、顧氏日知録從之，蓋所以破怪神之説也。潛夫論巫列篇亦有飛尸説，甚矣，人之好怪也。「淮陽太守」，史、漢、論衡俱作「淮陽都尉」，此蓋應氏之誤，當據改正。

〔三六〕漢、魏、六朝人通稱婦爲新婦，故上言婦，此又言新婦也。塵史辨誤曰：「呂氏春秋曰：『白圭……何事比我於新婦乎？』按今之尊者斥卑者之婦曰新婦，卑對尊稱其妻及婦人，凡自稱者則亦然，則世人之語，豈無所稽哉？而不學者輒易之曰媳婦，又曰室婦，不知何也。」

世間多有伐木血出以爲怪者

謹按〔一〕：桂陽太守〔二〕江夏〔三〕張遼叔高〔四〕，去隱令〔五〕，家居買田，田〔六〕中有大樹十餘圍〔七〕，扶疏〔八〕蓋數畝地，播不生穀，遣客伐之，六七〔九〕血出，客驚怖，歸具事白叔高〔一〇〕。叔高大怒曰〔一一〕：「老樹汁出〔一二〕，此何等血？」〔一三〕因自嚴〔一四〕行，復斫之，血大流灑〔一五〕，叔高使先斫其枝，上有一空處〔一六〕，白頭公可長四五尺〔一七〕，忽出往赴〔一八〕叔高，叔〔一九〕高乃逆格之，凡殺四頭〔二〇〕，左右皆怖伏地〔二一〕，而叔〔二二〕高恬如也。徐熟視，非人非獸也〔二三〕，遂伐其樹。其年〔二四〕司空辟〔二五〕侍御史兗州刺史，以〔二六〕二千石之尊，過鄉里，薦祝祖考，白日繡衣〔二七〕，榮羨如此〔二八〕，其禍安居？春秋國語曰：「木石之怪夔魍魎。」〔二九〕物惡能害人乎〔三〇〕？

〔一〕搜神記十八有「魏」字，誤。太平廣記四一五引無，法苑珠林四二引搜神記、廣記三五九引法苑珠林、御覽八八六引列異傳俱無「魏」字。

〔二〕漢書地理志注引應劭曰：「桂水所出，東北入湘。」

〔三〕漢書地理志注引應劭曰：「沔水自江別至南郡華容爲夏水，過郡入江，故曰江夏。」

〔四〕御覽九五二、廣記四一五引「遼」下有「字」字，搜神記亦有。法苑珠林引搜神記作「張遺字昇高」，廣記引法苑珠林又作「張遺字叔高」。器案：說文：「遼，遠也。」廣雅釋詁：「高，遠也。」名高字遠，義正相會，作「遼」爲是。又「昇」亦當作「叔」，蓋草書「叔」字與「升」相似誤。

〔五〕搜神記作「去鄢陵」，御覽八八六引列異傳作「家居鄢陵」。器案：此文當作「去隔陵令」，後漢書宋宏傳有隔陵令，「鄢」一作「隔」，見左傳莊公二十八年釋文引字林，漢書地理志作「傿陵」。

〔六〕「田」，御覽引列異傳作「里」。

〔七〕淮南説山篇：「求大三圍之本。」一圍有三寸、五寸及一抱諸説。

〔八〕説文：「枎，扶疏四布也。」文選上林賦注：「扶疏，四布也。」

〔九〕宋本、朱藏元本、仿元本、兩京本、胡本、郎本、程本、徐本作「六七」，餘本作「木中」，御覽九五二引作「六七下血出」，拾補校作「有赤汁六七斗出」。今案：廣記引正作「有赤汁六七斗出」，而搜神記、列異傳文又不同，詳後附引。

〔一〇〕御覽引作「歸以其事白叔高」，廣記引作「歸具白叔高」。

〔一一〕「叔高大怒曰」，原作「大怒」，拾補校作「叔高大怒曰」。今案：廣記引作「高怒曰」，搜神記作「叔高大怒曰」，今據改正。

〔一二〕御覽引作「樹木汁出」，廣記引作「樹老赤汁」，搜神記及列異傳俱作「樹老汁赤」。

〔一三〕御覽引「等」作「言」，廣記引作「有何等血」。器案：何等爲漢人習語，作「言」者誤。史記三王世家褚先生補：「王夫人曰：『陛下在，妾又何等可言者。』」孟子公孫丑篇：「敢問夫子惡乎長？」趙注：「丑問孟子才志所長何等。」吕氏春秋愛類篇：「其何故也？」高注：「爲何等故也。」論衡感虚篇：「堯何等力？」又道虚篇：「實黄帝者何等也？」又：「所謂尸解者何等也？」又語增篇：「何等潔者？」又藝增篇：「此何等民者？」又：「何等賢者？」又非韓篇：「夫法度之公者謂何等也？」又剌孟篇：「名世者謂何等也？」又詰術篇：「所謂十日者何等也？」顏氏家訓書證篇：「又問東宮舊事六色罽緵是何等物？」匡謬正俗六曰：「問曰：『俗謂何物爲底，義何訓？』答曰：『此本言何等物，其後遂省，但言(有謌羡)直云等物耳。等字本音都在反，轉音丁兒反，左太沖吳都賦云：「畛畷無數，膏腴兼倍，原隰殊品，窳隆異等。」蓋其證也。今吳、越之人，呼齊等爲丁兒反。應璦詩云：「文章不經國，筐篚無尺書，用等稱才學，往往見歎譽。」(文選題作應璩詩)此言譏其用何等才學見歎譽而爲言乎？以是知去「何」而直言「等」，其言已舊，今人不詳其本，乃作底字，非也。』」

〔一四〕廣記引無「嚴」字，搜神記有。

〔一五〕御覽引無「灑」字，廣記、搜神記有。

〔一六〕廣記引無「上」字，御覽、搜神記有。

〔一七〕御覽引無此句，廣記、搜神記句上有「見」字，拾補校補「見」字。

〔一八〕廣記引無「赴」字，御覽、搜神記有。

〔一九〕「叔」字原脱，拾補校補。案廣記引正有，今從之。

〔二〇〕御覽引作「如此凡殺四頭」，廣記引作「如此凡數四」。

〔二一〕廣記引「左」上有「顧」字。

〔二二〕「叔」字原脱，今據朱藏元本、仿元本、胡本、郎本、鍾本校補。

〔二三〕御覽引無「非獸」二字，廣記、搜神記有。

〔二四〕「其年」下原有「同」字，何本、郎本、程本、鍾本作「應」，搜神記亦作「應」，拾補云：「『同』字衍，程本作『應』，亦臆改。」今案：廣記引正無此字，今從之。

〔二五〕「辟」下，拾補據廣記補「高爲」二字。

〔二六〕「以」下廣記引有「居」字。

〔二七〕御覽引作「衣綉」，搜神記作「繡衣」。器案：繡、綉同字，繡衣一作錦衣，史記項羽本紀：「富貴不歸故鄉，如衣繡夜行。」漢書項羽傳作「衣錦」。漢書朱買臣傳：「上拜買臣會稽太守，上謂買臣曰：『富貴不歸故鄉，如衣繡夜行，今子何如？』」東觀漢紀：「建武二年，封景丹爲櫟陽侯，上謂曰：『富貴不歸故鄉，如衣錦夜行，故以封卿。』」（又見後漢書景丹傳）蘇武書：「夜行被繡，不足爲榮。」華陽國志巴志：「帝謂目曰：『富貴不歸故鄉，如衣繡夜行耳。』」南史柳慶遠傳：「爲雍州刺史，帝餞於新亭，曰：『卿衣錦還鄉，朕無西顧之憂矣。』」唐書張士貴傳：「從平東都，授虢州刺史，高祖謂之曰：『欲卿衣錦晝遊耳。』」宋韓琦有晝錦堂，歐陽修爲記，蔡襄書石。

〔二八〕後漢書宗室四王三侯傳注：「繡衣御史，武帝置，名繡者，尊寵之也。」

〔二九〕「魍魎」，今本魯語下作「蝄蜽」，列異傳同，史記孔子世家作「罔閬」，博物志作「罔兩」，又獨言木不及石。案自「春秋國語曰」以下，搜神記移在「遂伐其木」句下，作「此所謂『木石之怪夔蝄蜽』者乎」，文義較順，此文置在此間，與上下文俱不應，甚非宅句安章之道，疑當從搜神記爲當也。

〔三〇〕搜神記十八：「魏（校見前）桂陽太守江夏張遼字叔高，去鄢陵，家居買田，田中有大樹十餘圍，枝葉扶疏，蓋地數畝，不生穀，遣客伐之，斧數下，有赤汁六七斗出，（法苑珠林引作「樹大血出」）客驚怖，歸白叔高。叔高大怒曰：『樹老汁赤，如何得怪？』（珠林引作「此何得怪」，廣記引珠林作「此等何怪」。）因自嚴行復斫之，（珠林、廣記俱作「因自斫之」。）血大流灑，（珠林、廣記「灑」俱作「出」。）叔高使先斫其枝，上有一空處，見白頭公可長四尺長，突出往赴叔高，（珠林「赴」作「趍」，廣記誤作「稱」。）高以刀逆格之，如此凡殺四五頭並死。（廣記「死」誤「出」。）左右皆驚怖伏地，叔高神慮恬然如舊，（珠林、廣記俱作「恬然」，與風俗通合。）徐熟視非人非獸，（珠林、廣記俱作「似人非人，似獸非獸」。）遂伐其木，此所謂『木石之怪夔蝄蜽』者乎。（珠林、廣記同。）是歲，應司空辟侍御史兗州刺史，以二千石之尊，過鄉里，薦祝祖考，白日繡衣，榮羨，竟無他怪。」御覽八八六引列異傳：「桂陽太守張叔高家居鄢陵，里中有樹大十圍，遣客斫之，樹大血出，客驚怖，叔高曰：『樹老汁赤耳。』斫之，血大流出，空處有一白頭翁，出走，高以刀斫殺之，所謂『木石之怪夔蝄蜽』乎？」

世間多有虵作怪者

謹按：車騎將軍〔一〕巴郡〔二〕馮緄鴻卿〔三〕爲議郎，發綬笥，有二赤虵，可長三尺〔四〕，分南北走，大用憂怖。許季山孫曼字寧方〔五〕，得其先人祕要，緄請使卜，云：「君後三歲，當爲邊將，東北〔六〕四五千〔七〕里，官以東爲名〔八〕，復五年〔九〕，爲大將軍，南征，此吉祥也。〔一〇〕」鴻卿意〔一一〕解，實應且惑。居無幾，拜尚書、遼東太守、廷尉、太常〔一二〕。會武陵蠻夷黃高，攻燒南郡，鴻卿以威名素著，選登亞將，統六師之任〔一三〕，奮虓虎之勢〔一四〕，後爲屯騎校尉、將作大匠、河南尹〔一五〕，復再臨理，官紀數方面〔一六〕，如寧方之言。春秋：「外虵與內虵鬭。〔一七〕」文帝時亦復有此〔一八〕，傳、志著其云爲〔一九〕，而鴻卿獨以終吉，豈所謂「或得神以昌」乎〔二〇〕？

〔一〕續漢書百官志一：「將軍不常置。」本注曰：「掌征伐背叛，比公者四：第一大將軍，次驃騎將軍，次車騎將軍，次衞將軍。又有前後左右將軍。」補注引漢儀：「車騎、衛將軍、左右前後，皆金紫，位次上卿，典京師兵衛，四夷屯警。」

〔二〕漢書地理志巴郡注引應劭曰：「左氏：『巴子使韓服告楚。』」

〔三〕御覽九三四引「緄」下有「字」字。案趙明誠金石錄云：「漢車騎將軍馮緄碑，碑云：『字皇卿。』與范史異。」（碑見隸釋七）陳思寶刻叢編十八：「漢故車騎將軍馮公之碑，篆額馮公名緄，巴郡宕渠人，碑云：『字皇卿。』而本傳作鴻卿。」今案：後漢書本傳、書鈔六四引謝承後漢書、華陽國志梁益寧三州先漢以來士女目錄俱作鴻卿，與應氏合，疑不能明也。

〔四〕「三」，今從宋本，餘本俱作「二」，拾補云：「『二』，類聚『三』。」今考御覽九三四、廣記四五六引俱作「三」，搜神記九作「二」。

〔五〕「曼」字原無，拾補云：「孫云：『范書方術傳，許曼祖父峻，字季山。寧方蓋曼字也。』」器案：御覽九三四引作「許季山孫憲」，搜神記亦作「許季山孫憲字寧方」，「憲」字形與「曼」近而誤，足證「孫」下原有「曼」字，不然，則「字」字將無所着落也。

〔六〕御覽九三四引「東北」作「東地」，拾補校作「控地」。

〔七〕「千」字原無，拾補據御覽九三四引補。今案：御覽六八二引亦有「千」字，范書許曼傳作「當東北行三千里」，今據補。

〔八〕器案：漢時諸刺史太守，皆得稱將，如馬援誡子書：「郡將下車輒切齒。」皇甫規自訟疏：「吏推報將之怨。」張奐奏記段熲：「得過州將。」之等皆是也。此云當爲邊將，官以東爲名，即下所出遼東太守是也。

〔九〕類聚九六、御覽九三四引「復」作「後」。

〔一○〕「也」字原無，拾補校補。案類聚、御覽六八二又九三四及廣記引俱有「也」字，今據訂補。惟白帖二九及廣記引此句在「卜云」下，搜神記同。謝肇淛五雜組六：「風角之術，起於漢末，赤蛇分道，許曼知太守爲邊官。」

〔一一〕「意」下原有「威名」二字，拾補云：「二字疑衍。」器案：此涉下文而誤衍，盧説是，今據删。

〔一二〕類聚、御覽六八二引作「拜遼東太守」，廣記引作「尋拜遼東太守」。

〔一三〕御覽六八二引無此句。

〔一四〕自「之勢」起，至下條「到秋節遷北」止，宋本缺此一頁。虓虎，已注正失篇。

〔一五〕應劭漢官儀：「河南尹，所治，周地也，洛陽，本成周，周之衰微，分爲東、西周。秦兼天下，置三川守，河、雒、伊也。漢更名河南，孝武皇帝增曰太守。世祖中興，徙都雒陽，改號爲尹，尹，正也。詩曰：『赫赫師尹。』」（據孫星衍校集本）

〔一六〕後漢書耿純傳：「時李軼兄弟用事，專制方面。」案方面猶言一面，史記留侯世家：「獨韓信可屬大事，當一面。」又：「獨以一面專制諸侯。」

〔一七〕左傳莊公十四年：「初，内蛇與外蛇鬭於鄭南門中，内蛇死六年而厲公入，公聞之，問於申繻曰：『猶有妖乎？』對曰：『人之所忌，其氣燄以取之，妖由人興，人無釁焉，妖不自作，人棄常則妖興，故有妖。』」後漢書楊賜傳：「故春秋兩蛇鬭於鄭門，昭公殆以亡敗。」

〔一八〕漢書武紀：「太始四年秋七月，趙有蛇從郭外入邑，與邑中蛇羣鬭孝文廟下，（服虔曰：「趙所立孝文廟也。」）邑中蛇死。」又五行志：「武帝太始四年七月，有蛇從郭外入邑，與邑中蛇鬭孝文廟下，邑中蛇死，後二年秋，有衛太子事，事自趙人江充起。」（搜神記六同）是漢書二文俱作武帝時，應氏作文帝時，係涉漢書言孝文廟而誤，當據改正。

〔一九〕傳謂左傳，志謂漢志。

〔二〇〕左傳莊公三十二年：「故有得神以興，亦有以亡。」後漢書楊賜傳：「臣聞之經傳：或得神以昌，或得神以亡。」亦作「昌」，與應氏合。後漢書方術許曼傳：「許曼者，汝南平輿人也。祖父峻，字季山，善卜占之術，多有顯驗，時人方之前世京房。曼少傳峻學，桓帝時，隴西太守馮緄始拜郡，開綬笥，有兩赤蛇，分南北走。緄令曼筮之，卦成，曼曰：『三歲之後，君當爲邊將，官有東名，當東北行三千里，復五年，更爲大將軍，南征。』延熹元年，緄出爲遼東太守，討鮮卑，五年，復拜車騎將軍，擊武陵蠻賊，皆如占，其餘多類此云。」搜神記九：「車騎將軍巴郡馮緄字鴻卿，初爲議郎，發綬笥，有二赤蛇，可長二尺，分南北走，大用憂怖。許季山孫憲字寧方，得其先人祕要，緄請使卜云：『此吉祥也，君後三歲，當爲邊將，東北四五里，官以東爲名，後五年，從大將軍南征。』居無何，拜尚書郎、遼東太守、南征將軍。」

世間人家多有見赤白光爲變怪者

謹案：太尉梁國橋玄公祖〔一〕，爲司徒長史〔二〕，五月末所〔三〕，於中門外卧，夜半後，見東壁正白〔四〕，如開門明，呼問左右，左右莫見，因起自往手捫摸之〔五〕，壁自如故，還牀復見之，心大悸動。其旦，予適往候之，語次相告；因爲説：「鄉人有董彥興者，卽許季山外孫也，其探賾〔六〕索隱〔七〕，窮神知化〔八〕，雖眭孟〔九〕京房〔一〇〕，無以過也。然天性褊狹，羞於卜術。間來候師王叔茂，請起往迎。」須臾，便與俱還。公祖虛禮盛饌，下席行觴。彥興自陳：「下士〔一一〕諸生，無他異分，幣重言甘〔一二〕，誠有踧踖〔一三〕，頗能別者〔一四〕，願得從事。」公祖辭讓再三，爾乃聽之。曰：「府君當有怪——白光如門明者，然不爲害也。六月上旬鷄鳴時〔一五〕，南方哭聲，吉也。到秋節，遷北〔一六〕，行〔一七〕郡以金爲名，位至將軍三公。」公祖曰：「怪異如此，救族不暇，何能致望於所不圖？此相饒耳。〔一八〕」到六月九日未明，太尉楊秉暴薨〔一九〕。七月二〔二〇〕日，拜鉅鹿太守〔二一〕，鉅邊有金。後爲度遼將軍，歷登三事〔二二〕。今妖見此，而應在彼，猶趙鞅夢童子裸歌而吴入郢也〔二三〕。

〔一〕橋玄，范書有傳。

〔二〕續漢書百官志一：「司徒公……長史一人，千石。」御覽二〇九引應劭漢官儀：「太尉、司徒、司空長史，秩比千石，號爲毗佐三台，助成鼎味。」

〔三〕所猶許也。

〔四〕説苑反質篇：「白當正白，黑當正黑。」釋名釋衣服：「襢衣，襢，坦也，坦然正白，無文彩也。」正白即純白，猶上文郅伯夷條之言正黑正赤也。

〔五〕「抆摸」，原作「收莫」，拾補校作「抆摸」，今案：窮通篇祝恬條亦有「手抆摸」語，今據校改。搜神記三作「捫摸」。

〔六〕「賾」原誤「頤」，今從拾補校改。

〔七〕易繫辭上：「探賾索隱。」又：「聖人有以見天下之賾。」釋文：「『賾』，京氏作『嘖』。」案：賾，説文無，徐鉉説文叙辨俗書譌謬不合六書之體者，以「賾」爲假借之字，當通用「嘖」。

〔八〕易繫辭下：「窮神知化，德之盛也。」

〔九〕眭弘，字孟，漢書本傳載其推大石自立、僵柳復起，爲匹夫爲天子之兆，後孝宣帝果興於民間。注引應劭云：「眭，音桂。」

〔一〇〕京房，字君明，精占驗之術，詳漢書本傳。

〔一一〕詩邶風日月：「日居月諸，照臨下土。」又魯頌閟宮：「奄有下土，纘禹之緒。」

〔一二〕左傳昭公十一年：「幣重言甘，誘我也。」

〔一三〕論語鄉黨篇：「踧踖如也。」集解引馬融曰：「踧踖，恭敬之貌。」

〔一四〕穀梁襄公六年：「由別之而不別也。」范甯注：「別猶識也。」

〔一五〕漢書王莽傳上：「以雞鳴爲時。」胡三省曰：「以丑時爲十二時之始。」

〔一六〕胡本「北」誤「比」。

〔一七〕「行」上，宋本缺一頁。

〔一八〕鮑照樂府：「日月流邁不相饒。」隋書劉炫傳：「自贊曰：『家業貧窶，爲父兄所饒。』」饒字義與此同，謂相容也。

〔一九〕拾補曰：「錢云：『案桓紀秉以延熹八年五月丙戌薨，橋本傳不云爲鉅鹿太守，皆與史不合。』」器案：楊秉字叔節，范書有傳，御覽二〇七引張璠後漢紀作字叔卿，今考袁宏後漢紀二二、蔡中郎集太尉橋玄碑、陶潛集聖賢羣輔録、古籍叢殘古類書第一種貞男部俱作字叔節，作叔卿誤。又袁紀及蔡中郎集俱云秉薨在延熹八年五月丙戌。

〔二〇〕搜神記「二」作「七」。

〔二一〕札迻曰：「案蔡中郎集太尉橋公碑，亦載其嘗爲鉅鹿太守，范書疏略失載耳，盧殊失考。」器案：中郎集太尉橋玄碑陰，亦載玄拜鉅鹿太守。水經濁漳水注引應劭曰：「鹿者，林之大者也。尚書曰：『堯將禪舜，納之大麓之野，烈風雷雨不迷，致之以昭華之玉而縣取目焉。』」（又見漢書地理志注引）

〔三二〕綱目集覽二七：「三公主天地人之事，故曰三事。」又詳正失篇注。

〔三三〕左傳昭公三十一年：「十二月辛亥朔，日有食之。是夜也，趙簡子夢童子贏而轉以歌，旦以占諸史墨曰：『吾夢如是，今而日食，何也？』對曰：『六年及此月也，吳其入郢乎？終亦弗克，入郢必以庚辰，（定公四年十一月庚辰，吳入郢。）日月在辰尾，庚午之日，日始有謫，火勝金，故弗克。』」搜神記三：「太尉橋玄字公祖，梁國人也，初爲司徒長史，五月末，於中門卧，夜半後，見東壁正白，如開門明，呼問左右，左右莫見，因起自往手捫摸之，壁自如故，還床復見，心大怖恐。其友應劭適往候之，語次相告。劭曰：『鄉人有董彥興者，即許季山外孫也，其探賾索隱，窮神知化，雖眭孟、京房，無以過也。然天性褊狹，羞於卜筮者。間來候師王叔茂，請往迎之。』須臾，便與俱來。公祖虛禮盛饌，下席行觴。彥興自陳：『下土諸生，無他異分，幣重言甘，誠有踧踖，頗能別者，願得從事。』公祖辭讓再三，爾乃聽之。曰：『府君當有怪——白光如門明者，然不爲害也。六月上旬雞鳴時，聞南家哭，即吉。到秋節，遷北，行郡以金爲名，位至將軍三公。』公祖曰：『怪異如此，救族不暇，何能致望於所不圖，此相饒耳。』至六月九日未明，太尉楊秉暴薨。七月七日，拜鉅鹿太守，鉅邊有金。後爲度遼將軍，歷登三事。」

風俗通義山澤第十〔一〕

孝經曰：「聖不獨立，智不獨治，神不過天地，同靈造虛，由立五嶽，設三台。〔二〕」傳曰：「五嶽視三公，四瀆視諸侯，其餘或伯或子男，大小爲差。〔三〕」尚書：「咸秩無文。〔四〕」王者報功，以次秩之，無有文也〔五〕。易称：「山澤通氣。〔六〕」禮：「名山大澤，不以封諸侯。〔七〕」故積其類曰山澤也。

〔一〕蘇頌曰：「山澤十，子抄云：『二十四。』」

〔二〕馬國翰以下引傳爲援神契，定此爲孝經緯援神契文。黄奭曰：「案風俗通原文引作孝經，今孝經無其文，據列仙傳引作援神契，其爲緯文無疑。朱彝尊經義考僅引『聖不獨立』二句，以爲緯語，疎矣。」札迻曰：「案孝經無此文，攷劉向列仙傳讚云：『援神契言神不過天地，造靈洞虛，猶立五嶽，設三台。』與此文同，則是孝經緯文。漢人引經、緯，不甚分别也。『同靈造虛』，『同』疑『洞』之誤。」譚獻復堂日記五曰：「此當爲孝經緯文，古微書、緯攟皆失采記之。」

〔三〕禮記王制：「天子祭天下名山大川，五嶽視三公，四瀆視諸侯。」注：「視，視其牲器之數。」尚書大傳夏傳：「五嶽視三公，四瀆視諸侯，其餘山川視伯，小者視子男。」注：「所視者，謂其牲幣、粢盛、籩豆、爵獻之數，非謂尊卑。」（據陳壽祺定本）説苑辨物篇：「五嶽者，何謂也？泰山，東嶽也；霍山，南嶽也；華山，西嶽也；常山，北嶽也；嵩高山，中嶽也。五嶽何以視三公？能大布雲雨焉，能大斂雲雨焉。雲觸石而出，膚寸而合，不崇朝而雨天下，施德博大，故視三公也。四瀆者，何謂也？江、河、淮、濟也。四瀆何以視諸侯？能蕩滌垢濁焉，能通百川於海焉，能出雲雨千里焉，施德甚大，故視諸侯也。山川何以視子男也？能出物焉，能潤澤物焉，能生雲雨，爲恩多，然品類以百數，故視子男也。書曰：『禋于六宗，望秩於山川，徧于羣神矣。』」後漢書襄楷傳注、書鈔五〇引孝經援神契：「五嶽視三公，四瀆視諸侯。」書鈔九一引詩含神霧：「五岳視三公，岱宗爲之長，封禪往焉。」又詳公羊傳僖公三十一年注、史記封禪書、漢書郊祀志及博物志一。

〔四〕雒誥文。

〔五〕孫星衍曰：「咸秩，謂徧序其尊卑；無文，謂禮質無文。何氏注公羊、鄭注王制皆云：『春秋變周之文，從殷之質。』是周尚文，殷尚質；此言『無文』者，用殷禮祀之。漢書翟方進傳云：『定五畤廟祧，咸秩亡文。』注：『孟康曰：諸廢祀無文籍，咸祭之。』與應氏不同者，或古文説也。」阮元咸秩無文解：「書洛誥：『周公曰：王肇稱殷禮，祀于新邑，咸秩無文。』又曰：『稱秩元祀，咸秩無文。』此兩言『無文』者，謂無詩也。古人稱詩之入樂者曰文，故子夏詩大序曰：『聲成文謂之音。』又曰：『主文而譎諫。』鄭康成曰：『聲謂宮、商、角、徵、羽也。聲成文者，宮商上下相應。主文，主與樂之宮商相應也。』孟子曰：『不以文害辭。』趙岐曰：『文，詩之文章。』然則周公祀明堂之時，但秩序祀禮，仍用殷禮，而樂則殷樂，詩不可用，周樂詩又未敢遽作，故曰『咸秩無文』也。周頌及文王之什等詩，皆周公祀明堂，歸政後在鎬京所作也。」器案：僖公三十一年公羊傳：「山川有能潤于百里者，天子秩而祭之。」漢書郊祀志：「天子祭天下名山大川，懷柔百神，咸秩無文。」師古曰：「秩，序也，舊無禮文者，皆以次序而祭之。」後漢書章紀：「詔曰：『今山川鬼神，應典禮者，尚未咸秩。』」注：「咸，皆也；秩，序也；言山川之神，尚未次序而祭之，書曰：『咸秩無文。』」

〔六〕易說卦兩見此文。周語下：「川，氣之導也。」注：「導，達也。易曰：『山澤通氣。』又疏爲川谷，以導其氣。」博物志一：「山澤通氣，以興雲雨，雲氣觸石，膚寸而合，不崇朝以雨。」黃宗炎曰：「山能灌澤成川，澤能蒸山作雲，是謂通氣。」

〔七〕禮記王制文。

五嶽

东方泰山，詩云：「泰山巖巖，魯邦所瞻。〔一〕」尊曰岱宗，岱者，長也〔二〕，萬物之始，陰陽交代〔三〕，雲觸石而出〔四〕，膚寸而合，不崇朝而徧雨天下〔五〕，其惟泰山乎！故爲五嶽之長。王者受命易姓，改制應天，功成封禪，以告天地〔六〕。孔子曰：「封泰山，禪梁父，可得而數，七十有二。〔七〕」岱宗廟在博縣西北三十里〔八〕，山虞長守之〔九〕。十月曰〔一〇〕合凍，臘月曰涸凍，正月曰解凍〔一一〕，皆太守自〔一二〕侍祠，若有穢疾〔一三〕，代行事，法七十萬五千三牲，燔柴〔一四〕，上福脯〔一五〕三十朐，縣次〔一六〕傳送京師〔一七〕。四嶽皆同王〔一八〕禮。南方衡山，一名霍山〔一九〕，霍者，萬物盛長〔二〇〕，垂枝布葉，霍然而大〔二一〕。廟在廬江〔二二〕灊縣〔二三〕。西方崋山〔二四〕，崋者，華也〔二五〕，萬物滋熟〔二六〕，變華〔二七〕於〔二八〕西方也〔二九〕。廟在弘農崋陰縣〔三〇〕。北方恒山，恒者，常也，萬物伏藏於北方有常也〔三一〕。廟在中山上曲陽縣〔三二〕。中央曰嵩高〔三三〕，嵩者，高也〔三四〕，詩云：「嵩高惟嶽，峻極于天。〔三五〕」廟在潁川陽城縣〔三六〕。

〔一〕魯頌閟宮文。

〔二〕拾補「尊」上據續漢書祭祀志補「泰山山之」四字，「尊」下補「者一」二字，「岱者」下據書舜典正義、左傳昭公四年正義引補「始也宗者」四字。器案：詩大雅崧高疏引作「泰山，山之尊。一曰岱宗，岱，始也；宗，長也」，又周頌時邁疏引作「岱，始也；宗，長也」，爾雅釋山疏引作「泰山，山之尊。一曰岱宗，岱，始也；宗，長也」，杜甫望嶽詩王洙注引與崧高疏、釋山疏同，續漢書祭祀志中劉昭注引「始」作「胎」。諸書釋五嶽之名，俱以雙聲叠韻爲訓，始、胎同台聲，始字漢讀當與今異。

〔三〕御覽十八引三禮義宗：「東岳所以謂之岱者，代謝之義，陽春用事，除故生新，萬物更生，相代之道，故以代爲名也。」費長房歷代三寶記九引提謂經：「東方泰山，漢言代岳，陰陽交代，故謂代岳。」（又見續高僧傳一）倪思寬二初齋讀書記五曰：「愚案萬物之始，陰陽交代，後世泰山治鬼之説，實造端於此。」

〔四〕類聚七、御覽三八引春秋元命包：「山者，氣之苞含，所以含精藏雲，故觸石而出。」

〔五〕魏鶴山師友雅言：「膚寸之膚，投壺有一字注：『側指爲膚。』握拳便有四寸，古者以聲爲律身爲度。在靖有一農者買牛，謂自頂至膊有十九膚者，良邦近古，猶有古字存於世。」又曰：「因説膚寸字，在靖州有買牛者，謂頂闊四膚者，良遂問何如爲膚？云：鋪四指爲一膚。及讀投壺『注籌室中五扶，堂上七扶，庭中九扶。』注：『鋪四指曰扶，一指案寸。』春秋傳曰：『膚寸而合。』是扶膚同音。」阮福膚寸而合解：「膚之音與扶相通。禮記投壺：『室中五扶，堂上七扶，庭中九扶。』鄭康成注：『鋪四指曰扶，一指按寸。』春秋傳曰：『膚寸而合。』伏生尚書大傳：『扶寸而合。』鄭康成注：『四指爲扶，音膚。』韓非子：『上失扶寸。』注：『四指爲扶。』玉篇、廣韻皆作扶。由是觀之：則膚、扶聲之轉，可見古人通用也。所謂『膚寸而合』者，如雲出山，散而不合，則不得雨，今膚寸而合，如人以兩手之四指平鋪，先分兩處，向下覆之，由分而合，漸肖雲合之狀，合之甚易，故云『膚寸而合，不崇朝而雨遍天下』，非謂泰山之雲，相離四寸而合也。」

〔六〕尚書大傳：「五嶽皆觸石而出雲，扶寸而合，不崇朝而雨天下。」注：「四指爲扶。」（據陳壽祺定本）公羊傳僖公三十一年：「觸石而出，膚寸而合，不崇朝而徧雨乎天下者，唯泰山爾。」注：「側手爲膚，按指爲寸。言其觸石理而出，無有膚寸而不合。崇，重也；不重朝，言一朝也。」（文選張景陽雜詩注引何休曰：「四指爲膚。」與今本異。）白虎通封禪篇：「王者易姓而起，必升封泰山，何？報告之義也。始受命之日，改制應天，天下太平，功成封禪，以告太平也。所以必於泰山者何？萬物之始，交代之處也。」又巡狩篇：「東方爲岱宗者何？言萬物更相代於東方也。」白帖六、初學記五、御覽二九引五經通義：「泰山一名岱宗，言王者受命易姓，報功告成，必於岱宗也。東方萬物始交代之處。宗，長也，言爲羣嶽之長。」書鈔九一引劉向五經通義：「太山，五岳之長，故獨封太山，告太平於天，報神功也。」御覽十八引崔靈恩三禮義宗：「東岳謂之岱者，代謝之義，陽春用事，除故生新，萬物更生，相代之道，故以岱爲名也。」漢書眭弘傳：「泰山者，岱宗之嶽，王者易姓告成之處。」後漢書安紀注：「太山，王者告代之處，爲五嶽之宗，故曰岱宗。」

〔七〕古書言封泰山、禪梁父者，其説不一。御覽六八二引漢官儀：「孔子稱封太山、禪梁父，可得而數，七十有二。」史記封禪書：「管仲曰：『古者，封泰山、禪梁父者，七十二家，而夷吾所記者，十有二焉。』」御覽五三六引河圖真紀鉤：「王者封泰山、禪梁父，異姓奉度，繼興崇功者，七十二君。」又引典略：「建武三十年，有司奏封禪，詔曰：『災異連仍，日月薄蝕，百姓怨歎，而有事於太山，汙七十二代編録，以羊皮雜貂裘，何彊顏耶！』」又引孫嚴宋書：「臣逢千載之會，願上封禪書一篇，使聲齊七十二代。」此以爲七十二者也。白虎通封禪篇：「故孔子曰：『升泰山觀易姓之王，可得而數者，七十餘君。』」史記封禪書正義引韓詩外傳：「孔子升泰山，觀易姓而王，可得而數者，七十餘人，不得而數者萬數也。」（又見尚書序正義、小學紺珠五引）晉書禮志：「自開闢以來，封禪者七十餘君。」此以爲七十餘者也。御覽五三六引張華封禪議：「立德濟世，揚暉仁風，以登封太山者，七十有四家，其謚號可知者，十有四也。」此以爲七十四者也。張華以七十二爲七十四，十二爲十四，蓋兼秦皇、漢武記之也。

〔八〕漢書郊祀志下：「自是五嶽、四瀆，皆有常禮，東嶽泰山於博，中嶽泰室於嵩高，南嶽灊山於灊，西嶽華山於華陰，北嶽常山於上曲陽。」漢書地理志：「博有泰山廟，岱山在西北求山上。」史記封禪書正義引括地志：「泰山一曰岱宗，東岳也，在兖州博城縣西北三十里。」申鑒時事篇黄省曾注引漢制：「岱宗廟在博縣西北三十里，山虞長守之。」疑本應氏此文。

〔九〕周禮地官山虞注：「虞，度也，度知山之大小及所生者。」又：「山虞掌山林之政令，物爲之厲，而爲之守禁。」注：「物爲之厲，每物有蕃界也。爲之守禁，爲守者設禁令也。守者，謂其地之民占伐林木者也。鄭司農云：『厲，遮列守之。』」

〔一〇〕「曰」原誤作「日」，今據拾補校改。拾補校「日」爲「曰」，云：「下皆同。」器案：後漢書祭祀志上注引作「博縣十月祀岱宗，名曰合凍」，不誤，今據改正。

〔一一〕御覽五二六引漢舊儀：「祭五嶽，祠用三正色牲，十月涸凍，二月解凍，皆祭祀，乘傳車，稱使者。」

〔一二〕岱史望典紀引無「自」字。

〔一三〕通志五八選舉一：「凡舉士不得有金痍痼疾，督郵書其版，舉主保之。」（其督郵版狀曰：「身無金痍痼疾云云。」）案後漢書朱浮傳注引漢官儀載舉狀云：「身無金痍痼疾。」有穢疾不得侍祠，蓋亦有金痍痼疾不得應舉之比。

〔一四〕文選甘泉賦注引應劭漢書注：「柴，牲玉之香也。」

〔一五〕漢書賈誼傳：「上方受釐坐宣室。」應劭曰：「釐，祭餘肉也。漢儀注：『祭天地五時，皇帝不自行祠，還致福。』釐音禧。」師古曰：「禧，福也，借釐字爲之耳，言受神之福也。」書鈔一四五引風俗通：「俗説：膊，大脯也。案太山博縣，每歲十月，祠太山，脯闊一尺，長五分。」

〔一六〕漢書武紀：「起官寺市里，募徙貧民，縣次給食。」又平紀：「徵吏民有明當世之務，習先聖之術者，縣次續食，令與計偕。」縣次猶言所經過之縣也。

〔一七〕「皆太守」以下，拾補據續漢書祭祀志上注引校作「皆太守潔齋，親自執事，作脯廣一尺，長五寸，既祀訖，取泰山君夫人坐前脯三十朐，太守拜章，縣次驛馬，傳送雒陽。」按申鑒注引漢制：「皆太守自侍祠，法七十萬五千三牲，燔柴，上福脯三十朐，縣次傳送京師。」黄山曰：「説文：『朐，脯挺也。』朐與挺皆脯名，以同物通訓。公羊昭二十五年傳何注：『屈曰朐，申曰脡。』士虞禮鄭注：『古文「脡」爲「挺」。』曲禮鄭注：『屈中曰朐。』是朐爲脯之屈中者，作脯廣一尺長五寸，故須中屈之。」

〔一八〕「同王」舊倒植，今從拾補校改。

〔一九〕「山」字原無，從拾補校補。

〔二〇〕詩大雅崧高正義、左傳昭公四年正義、爾雅釋山疏引「萬物」上有「言」字。

〔二一〕「霍然而大」，詩正義、左傳正義、爾雅疏作「霍然大也」。白虎通巡狩篇：「南方爲霍山者何？霍之爲言護也，言太陽用事，護養萬物也。」御覽二一引崔靈恩三禮義宗：「南岳謂之霍，霍者護也，言陽氣用事，盛夏之日，護養萬物，故以爲稱。」又三八引白虎通：「南方衡山者，上承景宿，銓德均物，故曰衡山。」

〔二二〕漢書地理志注引應劭曰：「廬江，故廬子國。」又武紀：「元封五年，登灊天柱山。」應劭曰：「灊音若潛。南嶽霍山在灊，縣名，屬廬江。」

〔二三〕漢書地理志：「灊，天柱山在南，有祠。」水經禹貢山水澤地所在：「霍山爲南岳，在廬江灊縣西南。」注：「天柱山也。」中鑒注引漢制：「衡廟在廬江灊縣。」爾雅釋山：「霍山爲南嶽。」注：「即天柱山。」史記封禪書：「上巡南郡，至江陵而東，登禮灊之天柱山，號曰南岳。」又見補武紀、漢書郊祀志及搜神記。蓋漢武以衡山遼闊，因讖緯皆以霍山爲南岳，故移其神於此也。御覽三九引徐靈期南岳記：「衡山者，五嶽之南嶽也，其來尚矣，至於軒轅，乃以灊霍之山爲副焉，故爾雅云：『霍山爲南嶽。』蓋因其副焉。（或云衡山一名霍山）至漢武南巡，又以衡山遼遠，道隔江、漢，於是乃徙南嶽之祭於廬江灊山，亦承軒轅副義也。」是其故也。洪頤煊筠軒文鈔霍山爲南嶽解：「爾雅釋山述五嶽，一云：『江南衡。』李巡曰：『衡，南嶽衡山也。』一云：『霍山爲南嶽。』郭璞曰：『霍山，今廬江灊縣，灊水出焉，別名天柱山。』漢武帝以衡山遼闊，故移其神於此，今其土俗人皆呼之爲南嶽。』案漢書地理志長沙國湘南下注云：『禹貢衡山在東南，荆州山。』廬江郡灊下注云：『天柱山在南，有祠。』班孟堅作志，在武帝移易衡山以後，故注嶽祠於天柱山下，並未以天柱爲霍山也。霍山即衡山，應劭風俗通云：『衡山一名霍山。』衡之與霍，猶泰之與岱，是一山有二名也。故孫炎注爾雅，以霍山爲誤，當作衡山。李善注文選遊天台山賦引爾雅：『衡山爲南嶽。』當即據孫炎所改之本。是霍山在漢武未易以前，即荆州衡山之別名，漢武既易以後，後人始以名灊縣之天柱山。故水經記山水澤地所在云：『霍山爲南嶽，在廬江灊縣西南。』又泚水篇云：『泚水出廬江灊縣西南霍山東北。』張揖廣雅云：『天柱謂之霍山。』皆據移易以後言也。郭景純注爾雅獨云：『南嶽本以兩山爲名，非從近也。而學者多以霍山不得爲南嶽。』

又言：『從漢武帝始乃名之。』如此言爲武帝在爾雅之前乎？斯不然矣。景純此言，明駁孫炎不知漢武移易南嶽，以衡山遼曠，因移嶽祠于天柱下，並非以天柱有霍山之名，舉以當南嶽也。若天柱本名霍山，既有爾雅此文可證，漢志灊縣下當稱霍山，不當稱天柱矣。且衡山在江南，天柱在江北，若霍山即天柱，爾雅所舉，不應前後互異。故應仲援以霍山即衡山，而不分爲二，其所言與漢志、爾雅合，視景純爲覈實也。」郝懿行爾雅義疏，亦依洪氏爲説，不具録。若朱字緑杜溪文稿有南岳考二卷，則文更繁富也。

〔二四〕「崋」俗作「華」，本書宋本以下各本及廣博物志五引此文，「崋山」、「崋者」、「崋陰」字皆作「崋」。説文山部崋下云：「山在弘農華陰，从山，華省聲。」九經字樣山部崋下云：「經典相承用『華』字。」今案：漢西嶽崋山廟碑、西嶽崋山亭碑、樊毅脩崋嶽廟碑、樊毅復崋下民租碑，凡説崋山字皆从山作崋。

〔二五〕「華」，拾補據書正義、左傳正義校作「變」。案所據正義，見詩大雅蕩、崧高、左傳昭公四年，又爾雅釋山疏引亦作「變」。徐氏識語曰：「案崋、變聲義都遠，西方成實，變義不類也。切謂變與蕚近，俗作变，與夸近，故譌耳。此當爲『蕚也，萬物喊蕚，由西方也』。爾雅釋草：『芺薊，其實荂。』注：『其實也。』荂即蕚字，知蕚有實義。方言：『喊，荂也。』故喊荂連文，『然』爲『喊』譌，故或爲『成』，『滋於』本爲『兹亏』，『兹』爲『蕚』之上，『亏』爲『蕚』之下，譌錯傎到，其蹟可尋也。」

〔二六〕宋本、大德本作「熟」，餘本俱作「然」，廣博物志引亦作「然」。拾補曰：「『滋然』二字左正義作『成』。」器案：詩正義、爾雅疏亦作「成」。

〔二七〕「華」，拾補校作「由」。器按：詩正義、左傳正義、爾雅疏作「由」。

〔二八〕「於」，拾補云：「書無左有。」器案：詩正義、爾雅疏亦有。

〔二九〕白虎通巡狩篇：「西方爲華山者何？華之爲言穫也，言萬物成熟可得穫也。」初學記五引白虎通：「西岳華山，少陰用事，萬物生華，故曰華山。」

〔三〇〕漢書地理志：「華陰，太華山在南，有祠。」申鑒注引漢制：「華廟在弘農華陰縣。」

〔三一〕白虎通巡狩篇：「北方爲恒山者何？恒，常也，萬物伏藏於北方有常也。」白帖二引白虎通作「陰陽終其常久，故曰常山。」初學記五引白虎通作「陰終陽始，故其道長久，故曰常山。」

〔三二〕漢書地理志注引應劭曰：「中山，中山故國。」志又云：「上曲陽，恒山北谷在西北，有祠。」申鑒注引漢制：「恒廟在中山上曲陽縣。」

〔三三〕「嵩高」，廣博物志引作「嵩山」。今案爾雅釋山：「山大而高崧。」郭注：「今中嶽嵩高，蓋依此名。」釋文：「『崧』又作『嵩』。」五經文字：「『崧』作『嵩』同，又通作『崇』。」國語周語：「融降於崇山。」韋昭注：「崇，崇高山也。夏居陽城，崇高所近。」是崇高即嵩高也。後漢書靈紀：「熹平五年夏四月，復崇高山名爲嵩高山。」注：「前書：『武帝祠中嶽，改嵩高爲崇高。』東觀記曰：『使中郎將堂谿典請雨，因上言改之，名爲嵩高山。』」則嵩高與崇高之命名，蓋亦隨時王典制而改易也。「崇」又通作「崈」，考工記釋文云：「『崇』本亦作古『崈』字。」漢書郊祀志及地理志並作「崈高」，注云：「『崈』，古『崇』字。」唐寫本經典釋文舜典第二崈山云：「古崇字。」薛季宣本古文尚書亦作「崈」。

〔三四〕拾補云：「爾雅疏下有『言高大也』四字。」今案詩正義亦有四字。白虎通巡狩篇：「中央爲嵩高者何？嵩言其高大也，中央之嶽獨加高字者何？中央居四方之中而高，故曰嵩高山。」御覽三八引白虎通：「嵩者高也，言峻大矣，處中以領四方。」釋名釋山：「嵩，竦也，亦高稱也。」爾雅釋詁：「崇，崧，高也。」說文山部：「崇，嵬高也。」

〔三五〕詩大雅蕩崧高文。禮記孔子閒居引「崧」作「嵩」，文心雕龍夸飾篇：「嵩高極天。」亦作「嵩」，與此同。俞樾茶香室叢鈔一云：「按毛傳：『嵩，高貌。嶽，四嶽也。』不專言中嶽。應氏之説，或本三家歟？宋樓鑰攻媿集跋先大父嵩嶽圖云：『嵩高維嶽，峻極于天，巍然居四嶽之中，蓋天下之絶境也。』亦以『嵩高維嶽』爲指中嶽。」

〔三六〕漢書地理志：「潁川郡崈高，武帝置，以奉太室山，是爲中岳，有太室、少室山廟。古文以崇高爲外方山也。」師古曰：「『崈』古『崇』字。」（又見武紀及史記封禪書）申鑒注引漢制：「嵩縣在潁川陽成縣。」器案：漢志陽城下不言有嵩廟，疑仲瑗就所近言之。漢書武紀注引應劭曰：「嵩高縣有上、中、下萬歲里。」蓋因漢武登嵩高，吏卒咸聞呼萬歲者三，後因設此里也。

謹按：尚書：「歲二月東巡狩，至于岱宗，柴，——岱宗，泰山也〔一〕——望秩于山川，遂見東后〔二〕，東后〔三〕，諸侯也——合時月正日，同律度量衡，修五禮、五玉、三帛、二牲、一死贄。五月南巡狩，至于南嶽，——南嶽，衡山也——八月西巡狩，至于西嶽，——西嶽，華〔四〕山也——十二〔五〕月北巡狩，至于北嶽，——北嶽，恒山也——皆如岱宗之禮。〔六〕」中嶽〔七〕，嵩高也，王者所居，故不巡焉。巡者，循也；狩者，守〔八〕也；道德太平，恐遠近〔九〕不同化，幽隱有不得所者，故自親〔一〇〕行之也〔一一〕。所以五載一出者，蓋五歲再閏，天道大備〔一二〕。嶽者捔〔一三〕功考德〔一四〕，黜陟幽明〔一五〕也〔一六〕。

〔一〕此引古文未終，即於其間爲之訓故之辭。下加破折號者同。

〔二〕今舜典作「肆覲東后」。段玉裁古文尚書撰異曰：「『肆』，周禮大行人注、五帝本紀、封禪書、漢書郊祀志、後漢書律曆志元和二年詔、白虎通巡狩篇、春秋公羊隱公八年何注、風俗通義山澤卷十皆作『遂』。」

〔三〕「東后」，拾補云：「下當有『東方』二字。」今案：封禪書、郊祀志俱作「東后者」。

〔四〕「華」，當從上文作「崋」。

〔五〕「二」，當作「一」。

〔六〕尚書舜典：「歲二月東巡守，至于岱宗，柴，望秩于山川，肆覲東后，協時月，正日，同律度量衡，修五禮、五玉、三帛、二生、一死贄，如五器，卒乃復。五月南巡守，至于南岳，如岱禮。八月西巡守，至于西岳，如初。十有一月朔巡守，至于北岳，如西禮。」

〔七〕「嶽」字原無，今補。

〔八〕「守」，拾補云：「當作『牧』，見所校白虎通。」

〔九〕「近」字原無，拾補云：「脱，類聚有。」器案：御覽五三七引亦有，今據補正。

〔一〇〕「自親」，拾補據白虎通校作「親自」。案御覽引「自親」上有「必」字。

〔一一〕白虎通巡狩篇：「王者所以巡狩者何？巡者循也，狩者牧也，爲天下巡行守牧民也。道德太平，恐遠近不同化，幽隱不得所者，故必親自行之，謹敬重民之至也。」（據陳立疏證本）孟子梁惠王：「巡狩者，巡所守也。」文選東都賦注引逸禮：「巡狩者何？巡者循也，狩者牧也，謂天子巡行守牧也。」公羊傳隱公八年解詁：「五年親自巡守，巡猶循也，狩猶守也，循行守視之辭，亦不可國至人見，爲煩擾，故至四嶽，知四方之政而已。」疏云：「堯典文也。」陳壽祺尚書大傳定本以爲唐傳。

〔一二〕白虎通巡狩篇：「所以不歲巡守何？爲太煩也，過五年爲大疏也，因天道，時有所生，歲有所成，三歲一閏，天道小備，五歲再閏，天道大備，故五載一巡守。」後漢書張純傳引禮稽命嘉：「三年一閏，天道小備，五年再閏，天道大備。」御覽五三七引逸禮：「王者必制巡狩之禮何？尊天重民也。所以五年一巡狩何？五歲再閏，天道大備。所以至四嶽者，盛德之山，四方之中，能興雲致雨也。巡狩者何？巡，循也，狩，牧也，爲天循行牧民也。」

〔一三〕「桷」，原作「埆」，拾補校作「捔」，今從之。案詩召南行露正義引五經異義：「獄者埆也，因證於埆核之處。」蓋涉彼而誤。

〔一四〕拾補作「捔考功德」，云：「舊倒，據書、左正義、爾雅疏乙正。」

〔一五〕「幽明」，拾補云：「三書皆無此二字。」

〔一六〕白虎通巡狩篇：「嶽者何謂也？嶽之爲言捔也，捔功德也。」廣雅釋山：「嶽，确也。」廣韻三覺：「嶽，捔也。」禮記王制疏：「嶽者何？嶽之爲言捔也，捔功德也。必先於此岱宗者，言萬物皆相代於東方，故歲二月東巡守，至于岱宗；宗者尊也，岱爲五嶽之首，故爲尊也。」又案詩大雅蕩崧高疏引作「嶽捔考功德，黜陟也。」尚書、左傳正義及爾雅疏合。

四瀆

河出燉煌〔一〕塞外崑崙山，發源注海〔二〕。易：「河出圖，聖人則之。」〔三〕禹貢：「九河既道。」詩曰：「河水洋洋。」〔四〕廟在河南滎陽縣〔五〕。河隄謁者〔六〕掌四瀆，禮祠與五嶽同〔七〕。江出蜀郡湔氐徼外〔八〕崏山，入海〔九〕。詩云：「江、漢陶陶。」〔一〇〕禹貢：「江、漢朝宗于海。」廟在廣陵江都縣〔一一〕。淮出南陽平氏桐柏大復山東南〔一二〕，入海〔一三〕。禹貢：「海、岱及淮，淮、沂其乂。」詩云：「淮水湯湯。〔一四〕」廟在平氏縣〔一五〕。濟出常山房子〔一六〕贊皇山，東入沮〔一七〕。禹貢：「浮于汶，達于濟。」廟在東郡臨邑縣〔一八〕。

〔一〕漢書地理志「燉煌」作「敦煌」，注引應劭曰：「敦，大也；煌，盛也。」

〔二〕説文水部：「河水出焞煌塞外昆侖山，發原注海。」

〔三〕繫辭上文。

〔四〕衛風碩人文。

〔五〕漢書地理志河南郡滎陽注引應劭曰：「故虢國，今虢亭是也。」史記封禪書：「水曰河，祠臨晉。」索隱：「韋昭曰：『馮翊縣，地理志臨晉有河水祠。』」正義：「即同州馮翊縣，本漢臨晉縣，收大荔，秦獲之，更名。括地志云：『大河祠在同州朝邑縣南三十里。』」漢書郊祀志：「水曰河，祠臨晉。」師古曰：「即今之同州朝邑縣界。」郊祀志下又云：「自是五嶽、四瀆，皆有常禮，河於臨晉。」師古曰：「馮翊之縣也，臨河西岸。」地理志：「臨晉有河水祠。」續漢書郡國志同。封禪書、郊祀志並云：「高帝時河巫祠河於臨晉」，應氏此文云「祠河於滎陽」，申鑒注引漢制：「河廟在河南滎陽縣。」水經河水注五：「河水又東經五龍塢北，塢臨長河，有五龍祠，應劭云：『崑崙山廟在河南滎陽縣。』疑即此祠，所未詳。」則謂河廟在滎陽，酈道元已疑之矣。

〔六〕河隄謁者，見水經濟水注引應劭漢官儀，又河水注有河隄謁者王景、王誨、司馬登等。

〔七〕漢書郊祀志：「自是五嶽、四瀆皆有常祀，東嶽泰山於博，中嶽泰室於嵩高，南嶽灊山於灊，西嶽華山於華陰，北嶽常山於上曲陽，河於臨晉，江於江都，淮於平氏，濟於臨邑界中，皆使者持節侍祠，唯泰山與河歲五祠，江水四，餘皆一禱而三祠云。」御覽五二六引衛宏漢舊儀：「祭五岳，祠用三正色牲，十月涸凍，二月解凍，皆祭祀，乘傳車稱使者。祭四瀆，用三正色牲，沈珪，有車馬紺蓋。」

〔八〕「湔氏徼外」，原作「湔流互徼外」，拾補校作「湔氏道徼外」，朱筠曰：「『氏』譌作『互』，『流』字衍，當作『江出江都湔氏徼外』，據許氏説文江字解更正。」今參盧、朱二家説校改。

〔九〕説文水部：「江水出蜀湔氏徼外崏山，入海。」

〔一〇〕今大雅蕩之什江漢作「江、漢浮浮，武夫滔滔」，王引之經義述聞謂當作「江、漢滔滔，武夫浮浮」，與二章言「江、漢湯湯，武夫洸洸」相應，其説曰：「風俗通山澤篇引此詩曰：『江、漢陶陶。』『陶』與『滔』古字通，（楚辭九章「滔滔孟夏兮」，史記屈原傳作「陶陶」。）若非經文本作『滔滔』，何以應劭引作『江、漢陶陶』？（風俗通窮通篇云：「詩美『滔滔江、漢，南國之紀』。」所引乃四月六章也，此云『江、漢陶陶』，則引江漢首章也。）此其明證也。上句爲『江、漢滔滔』，則下句當爲『武夫浮浮』明甚，而孔氏正義已據誤本作解，陸氏釋文亦不列古今本之異同，則當時已上下互譌，莫能是正矣。」

〔一一〕漢書地理志：「江都有江水祠。」郊祀志：「江水祠蜀，宣帝改祠于江都。」續漢書郡國志：「江都有江水祠。」水經淮水注：「應劭地理風俗記曰：『江都縣爲一都之會，故曰江都也。』縣有江水祠，俗謂之伍相廟也，子胥但配食耳，歲三祭與五岳同，舊江水道也。」申鑒注引漢制：「江廟在廣陵江都縣。」史記封禪書：「江水祠蜀。」索隱：「案風俗通云：『江出崏山，崏山廟在江都。』地理志：『江都有江水祠。』蓋漢初祠之於源，後祠之於委也。」正義：「括地志云：『江瀆祠在益州成都縣南八里，秦并天下，江水祠蜀。』」

〔一二〕水經淮水注引「氏」下有「縣」字，「東南」上有「在」字。

〔一三〕説文水部：「淮水出南陽平氏桐柏大復山東南，入海。」

〔一四〕小雅谷風之什鼓鍾文。

〔一五〕桐柏淮源廟碑：「以淮出平氏，始于大復，潛行地中，見于陽口，立廟桐柏，春秋宗奉，灾異告愬，水旱請求，位比諸侯。」水經淮水注：「桐柏大復山……山南有淮源廟，廟前有碑，是南陽郭苞立，又二碑並是漢延熹中守令所造，文辭鄙拙，殆不可觀。」續漢書郡國志注：「荆州記曰：『桐柏山淮源涌發其中，潛流三十里，東出大復山南，山南有淮源廟。』」申鑒注引漢制：「淮廟在平氏縣。」七修類稿二引中都志：「風俗通曰：『淮廟在唐州，廟前槐樹下有一泉眼，淮水出焉，其源甚窄。』」郎瑛曰：「今考風俗通無有，實謬論也。」案漢無唐州之名，唐代始置，後改淮安郡，尋復曰唐州。風俗通何得有唐州之稱，此實中都志之謬論耳。

〔一六〕水經濟水注一：「山海經曰：『王屋之山，聯水出焉，西北流注於秦澤。』郭景純云：『聯、沇聲相近，即沇水也，潛行地下，至共山南，復出於東丘，今原城東北有東丘城。』孔安國曰：『泉源爲沇，流出爲濟。』春秋説題辭曰：『濟，齊也；齊，度也，貞也。』風俗通曰：『濟出常山房子縣贊皇山，廟在東郡臨邑縣。濟者，齊也，齊其度量也。』余按二濟同名，所出不同，鄉流亦別，斯乃應氏之非矣。」拾補云：「此非四瀆之濟，酈道元已議其誤。案四瀆之濟，本作泲字，説文：『泲，沇也。』漢書地理志：『河東垣縣，王屋山在東北，沇水所出。』泲亦作沸，後人與濟混用無別，故致斯誤。」器案説文繫傳云：「漢書：『房子縣贊皇山，濟水所出，東至廮陶入泜，此非四瀆之濟，四瀆之濟，古皆作沸，今人多亂之。』」辨濟、沸二水甚明，張華博物志一亦以出王屋之濟，爲四瀆之濟，證以説文：「沸，沇也，東入于海。」沇水出河東東垣王屋山，東爲沸。」則濟、沸二水，自不相混，道元以下，辨之者衆，玆不具。

〔一七〕朱筠曰：「『沮』當作『泜』，據説文濟字解更正。」器案：漢書地理志：「常山房子，贊皇山，石濟水所出，東至廮陶入泜。」説文：「濟水出常山房子贊皇山，東入泜。」又泜下云：「水在常山。」沮水，水經、漢志「直路」下俱云：「出北地直路，入洛。」不言受濟水，此作「沮」，誤。

〔一八〕漢書地理志：「臨邑有泲廟。」師古曰：「泲亦濟水字也。」續漢書郡國志：「臨邑有泲廟。」水經四：「濟水又北過臨邑東。」注引地理志曰：「縣有濟水祠也。」申鑒注引漢制：「濟廟在東郡臨邑縣。」

謹按：尚書大傳〔一〕、禮三正記：「江、河、淮、濟爲四瀆〔二〕。瀆者，通也，所以通中國垢濁，民陵居，殖五穀也〔三〕。江者，貢也，珍物可貢獻也〔四〕。河者，播也，播爲九流，出龍圖也〔五〕。淮者，均〔六〕，均其務〔七〕也〔八〕。濟者，齊，齊其度量也。〔九〕」

〔一〕宋本、吴本、兩京本、胡本、郎本「大」作「太」，不可據；宋藏元本、仿元本「大傳」更誤作「太傅」。

〔二〕陳壽祺定本以此爲夏傳文。

〔三〕永樂大典本水經河水注引作「江、淮、河、濟爲四瀆，瀆，通也，所以通中國垢濁」。爾雅釋水：「江、河、淮、濟爲四瀆，四瀆者，發源注海者也。」白虎通巡狩篇：「謂之瀆何？瀆者，濁也，中國垢濁，發源東注海，其功著大，故稱瀆也。」釋名釋水：「天下大水四，謂之四瀆，江、河、淮、濟是也。瀆，獨也，各獨出其所而入海也。」水經二河水：「河水又東北流四瀆津。」注：「津西側岸臨河有四瀆祠，東對四瀆口，河水東分濟，亦曰泲水，受河也。然滎口水右斷門不通，始自是出，東北流逕九里，與清水合。故泲瀆自河入濟，自泲入淮，達江，水徑周通，故有四瀆之名也。」王觀國學林四：「唐書許敬宗傳：『高宗東封泰山，以敬宗領使，次濮陽，帝曰：「天下洪流巨谷，不載祀典，濟甚細，而在四瀆，何哉？」敬宗對曰：「瀆之言獨也，不因餘水，獨能赴海者也。濟潛流屢絶，狀雖微細，獨而尊也。」』觀國按：前漢郊祀志曰：『天子祭名山大川，五嶽視三公，四瀆視諸侯。』顔師古注曰：『江、河、淮、濟爲四瀆，瀆者，發源而注海者也。』所謂發源而注海者，江、河、淮、濟皆發源于西，而注乎東，受他水而不爲他水之所受，有直通之意，故謂之瀆。天下洪流巨谷雖多，然自發源以往，皆爲他水之所受，未有如四瀆，不爲他水之所受；許敬宗乃言瀆獨也，不因餘水，獨能赴海，其說非也。瀆與獨雖同音，而其義則大不同，豈遽以瀆爲獨耶？四瀆正因受餘水，而不爲餘水之所奪，故能直赴于海，而敬宗乃言不因餘水獨能赴海，非也。禹貢：『導沇水，東流爲濟，入于河，溢爲滎，東出于陶丘北，又東至于菏，又東北會于汶，又北東入于海。』前漢地理志引禹貢『沇水東流爲泲。』顏師古注曰：『泉出王屋山名爲沇，流去乃爲泲也。泲與濟同。』蓋濟水雖潛流屢絕，而亦自發源赴海，不爲他水之所奪，故居四瀆之數，而敬宗以爲獨而尊，亦非也。瀆亦通用竇字，周禮大宗伯：『以血祭五祀五嶽。』鄭注曰：『不見四竇者，四竇，五嶽之匹，或省文也。』小宗伯：『兆五帝于四郊，四望、四類亦如之。』鄭氏注曰：『四望，五嶽；四類，四竇也。』竇亦直通之意，瀆與竇雖異文而義則同，以此觀之，則四瀆或讀爲四竇。春秋桓公十二年左氏傳曰：『乃宋公盟于勾瀆之丘。』杜預注：『勾瀆之丘，穀丘也。』釋文：『勾音鉤，瀆音豆。』又哀公六年左氏傳曰：『拘江說囚王豹于勾竇之丘。』釋文：『竇音豆。』然則瀆、竇二字通用矣。鄭康成讀四瀆謂之四竇，則四瀆或讀爲四竇，可知矣。」

〔四〕拾補據水經注校補「所出」二字於「珍物」上。器案：永樂大典本水經江水注引作「出珍物可貢獻」，文選江賦注引作「江者貢也，爲其出物可貢」。帝範審官篇注引作「出珍物，可貢獻也」。御覽六〇引作「江，貢也，所出珍物可貢獻也」。羣書通要甲集九引作「所出珍物，可獻貢也」。廣雅釋水：「江，貢也。」釋名釋水：「江，公也，諸水流入其中，所公共也。」（據畢沅校本）水經江水注引釋名：「江，共也，小水流入其中，所公共也。」文選江賦注引釋名：「江者，公也，所出物不私，故曰公也。」

〔五〕「播也」二字原無，拾補據水經注校補。器案：永樂大典本水經注河水注五引作「河，播也，（太平寰宇記引水經注此文，下尚有「昔禹治洪水」五字）播爲九河，自此始也」。御覽六一引作「河，播也，播爲九州也」。廣雅釋水：「河，何也。」詩玄鳥箋：「河之言何也。」水經河水注引春秋説題辭：「河之爲言荷也，荷精分布，懷陰引度也。」釋名釋水：「河，下也，隨地下處而流通也。」

〔六〕拾補曰：「水經注引『淮，均也』，此不加『也』字亦可，書中自有此文法，下『濟者齊』同。」

〔七〕拾補曰：「水經注引春秋説題辭，『務』作『勢』。」

〔八〕廣雅釋水：「淮，均也。」釋名釋水：「淮，圍也，圍繞揚州北界，東至海也。」水經淮水注、御覽六一引春秋説題辭：「淮者，均其勢也。」地理志淮浦注引應劭曰：「淮，涯也。」水經淮水注引應劭曰：「淮，崖也。」崖、涯字同。

〔九〕水經濟水注引作「濟，齊其度量也」，注又引春秋説題辭：「濟之爲言齊也，齊者，度也；度者，貞也。」廣雅釋水：「濟，濟也。」釋名釋水：「濟，濟也，源出河北，濟河而南也。」

林

謹按：詩云：「殷商之旅，其會如林。〔一〕」傳曰：「山林之士，往而不能反。〔二〕」禮記將至〔三〕泰山，必先有事於配林〔四〕。林，樹木之所蘩〔五〕生也〔六〕。今配林在泰山西南五六里，予前臨郡，因侍祀之行，故往觀之，樹木蓋不足言〔七〕，猶七八百載間有衰索乎〔八〕！

〔一〕大雅文王文。

〔二〕注見愆禮篇。

〔三〕「禮記將至」，拾補曰：「疑是『禮將祀』三字，『至』字當爲衍文。禮器本作『齊人將有事於泰山』，此或約省其文也。程本改『祀』爲『記』，書中無此例。」

〔四〕續漢書祭祀志上：「建武三十年三月，上幸魯，過泰山，告太守以上過，故承詔祭山及梁父。時虎賁中郎將梁松等議：『記曰：齊將有事泰山，先有事配林。蓋諸侯之禮也。河、嶽視公侯，王者祭焉，宜無即事之漸，不祭配林。』」注：「盧植注曰：『配林，小山，林麓配泰山者也。謂諸侯不郊天，泰山，巡省所考，五嶽之宗，故有事將祀之，先即其漸，天子則否矣。』」案禮器鄭注：「配林，林名。」正義：「配林是泰山之從祀者也，故先告從祀，然後祭泰山，此皆積漸從小至大之義也。」公羊傳成公十七年何注作「蜚林」，釋文：「蜚，芳尾反，又音配。」惠棟曰：「古『配』字讀爲『妃』，故『配林』一作『蜚林』，音相近。」

〔五〕「藂」原作「聚」，今從拾補校改。

〔六〕說文：「平土有叢木曰林。」淮南說林篇高注、文選西京賦薛注：「木叢生曰林。」呂氏春秋安死篇高注：「木藂生曰林。」釋名釋山：「山中叢木曰林，林，森也，森森然也。」御覽五七引蔡邕月令章句：「叢木曰林。」

〔七〕御覽五七引作「配林在泰山西南五六里，金樹木，蓋不足言」，疑有脱誤。

〔八〕猶，由通，此通春秋至漢末言之。

麓

謹按：尚書：「堯禪舜，納于大麓。〔一〕」麓，林屬於山者也〔二〕。春秋：「沙麓崩。〔三〕」傳曰：「麓者，山足也。〔四〕」詩云：「瞻彼旱麓。〔五〕」易稱：「卽鹿無虞，以從禽也。〔六〕」

〔一〕堯典文。

〔二〕水經濁漳水注、漢書地理志上鉅鹿注引應劭曰：「鹿者，林之大也。尚書曰：『堯將禪舜，納之大麓之野，烈風雷雨不迷，致之以昭華之玉，而縣取目焉。』」案所引尚書，當是大傳文。史記堯本紀：「堯使舜入山林川澤，暴風雷雨，舜行不迷。」舜本紀：「入于大麓，烈風雷雨不迷。」淮南泰族篇：「既入大麓，烈風雷雨而不迷。」高注：「林屬於山曰麓。堯使舜入林麓之中，遭大風雨而不迷也。」論衡吉驗篇：「堯使舜入大麓之野，虎狼不搏，蝮蛇不噬，逢烈風疾雨，行不迷惑。」（又見亂龍篇）僖公十四年穀梁傳：「林屬於山爲鹿。」說文麓下引一曰：「林屬於山爲麓。」

〔三〕見僖公十四年，今本「麓」作「鹿」。

〔四〕詩旱麓傳：「麓，山足也。」書堯典釋文引馬、鄭云：「麓，山足也。」路史發揮五引尚書大傳鄭注：「山足曰麓，麓者，録也。」易屯卦集解引虞翻曰：「山足稱鹿，鹿，林也。」

〔五〕大雅文王之什旱麓文。周語引詩作「旱鹿」，韋注：「山足曰鹿。」

〔六〕屯卦文。釋文：「王肅作『麓』，云：『山足。』虞翻曰：『艮爲山，山足稱麓。』」集解引虞注作「鹿」。李賡芸炳燭編云：「李鼎祚集解載虞翻注及應劭風俗通皆以鹿爲山足作麓，正字作鹿，古省，春秋僖十四年『沙鹿崩』，亦省麓作鹿也。魏志王粲傳：『易稱即鹿無虞，諺有掩目捕雀。』文選左思魏都賦：『即鹿縱而匪禁。』淮南繆稱訓高誘注云：『鹿以喻民。』則皆以爲麋鹿之鹿。」

京

謹按：爾雅：「丘之絶高大者爲京。〔一〕」謂非人力所能成，乃天地性自然也〔二〕。春秋左氏傳：「莫之與京。〔三〕」國語：「趙文子與叔向游於九京。〔四〕」今京兆〔五〕、京師〔六〕，其義取於此〔七〕。

〔一〕釋丘文。爾雅作「絶高爲之京，非人爲之丘」。

〔二〕御覽五六、一五五、長安志二引作「京謂非人力所能成，天地性自然也」。郭注京云：「人力所作。」丘云：「地自然也。」御覽一五七引應劭漢官儀：「絶高曰京，京，大也。」說文：「京，人所爲絶高丘也。」又：「丘之高也，非人所爲也。」

〔三〕莊公二十二年文。

〔四〕晉語八作「趙文子與叔向遊於九原」，韋注：「『原』當作『京』也，京，晉墓地。」宋庠本作京，注曰：「『京』當作『原』，九原，晉墓地。」黄丕烈曰：「檀弓載此事作『原』，又：『以從先大夫於九京也。』鄭注：『晉卿大夫之墓地在九原，「京」蓋字之誤，當作「原」。』」案韋解云「此當作京」者，考水經汾水注云：「京陵縣故城，於春秋爲九原之地，其京尚存，漢興，增陵於其下，故曰京陵。」地理、郡國二志皆曰京陵，是韋正依當日地名，傳合趙文子從先大夫於九京爲說，與鄭不同，鄭易「京」爲「原」，此則易「原」爲「京」耳。司馬彪云：「京陵，春秋時九京。」是亦從「京」不從「原」也。別本「京」、「原」互異，乃宋公序誤用鄭改韋。

〔五〕漢書百官公卿表上：「內史，周官，秦因之，掌治京師，景帝二年分置左內史、右內史，武帝太初元年，更名京兆尹。」注：「張晏曰：『地絶高曰京。左傳曰：「莫之與京。」十億曰兆。尹，正也。』師古曰：『京，大也；兆者，衆數。言大衆所在，故云京兆也。』」應劭漢官儀：「京兆，絶高曰京，京，大也；十億曰兆。欲令帝都殷盛也。」（據孫星衍校集本）

〔六〕公羊傳桓公九年：「京師者何？天子之居也。京者何？大也；師者何？衆也；天子之居，必以衆大之辭言之。」白虎通京師：「京師者何謂也？千里之邑號也。京，大也；師，衆也；天子所居，故以大衆言之。明什倍諸侯，法日月之經千里。春秋傳曰：『京師，天子之居也。』王制曰：『天子之田方千里。』」獨斷上：「天子所都曰京師。京，水也，地下之衆者，莫過於水，地上之衆者，莫過於人。京，大；師，衆也。故曰京師也。」

〔七〕御覽、長安志引作「京師義亦取此」。

陵

謹按：詩云：「如山如陵。〔一〕」易曰：「伏戎于莽，升其高陵。〔二〕」又：「天險不可升，地險山川丘陵。〔三〕」春秋左氏傳曰：「殽有二陵：其南陵，夏后皐之墓也；其北陵，文王之所避風雨也。〔四〕」殽在弘農澠池縣，其語曰：「東殽、西殽，澠池所高。〔五〕」國語：「周單子會晉厲公於加陵。〔六〕」爾雅曰：「陵莫大於加陵。〔七〕」言其獨高厲也〔八〕。陵有天性〔九〕自然者〔一〇〕。今王公墳壟，各稱陵也〔一一〕。

〔一〕詩無此文，小雅天保、魯頌閟宫俱有「如岡如陵」語，疑此乃應氏用三家詩。

〔二〕同人文。

〔三〕坎文。

〔四〕僖公三十二年文。

〔五〕御覽四二引西征記：「崤山上不得鳴鼓角，鳴則風雨總至。自東崤至西崤三十里，東崤長坂數里，峻阜絶澗，車不得方軌。西崤全是石坂，十二里，險絶不異東崤。」草堂詩箋十三潼關吏注引永初山川古今記：「澠池有二崤，東爲左崤，西爲右崤，悉長坡數十里，路阻深澗，屈曲盤紆，車不得方軌也。」

〔六〕拾補曰：「即柯陵，見周語下，宋庠補音：『「柯陵」或作「加陵」。』案淮南人間訓亦作『嘉陵』。」

〔七〕釋地文，郭注云：「所在未聞。」翟灝爾雅補郭曰：「應劭風俗通義山澤卷引國語『周單子會晉厲公於加陵』，下又引爾雅此文。今國語無會加陵事，惟周語柯陵之會，宋庠補音曰：『柯，古何反，今本或作加陵，內傳及二傳皆是柯，又無別音，設作加字，亦當音柯。』然則宋初所見國語，固猶有以柯陵爲加陵者。單襄公與晉厲公會，正是柯陵，而淮南子人間訓亦云：『晉厲公合諸侯於嘉陵。』嘉與加同音通借，漢人所引，既各如是，不得謂加非是本字，而必亦柯音矣。韋昭、杜預俱云：『柯陵，鄭西地。』左傳莊公十四年：『晉厲公自櫟侵鄭，及大陵。』大陵亦鄭地，疑即此陵矣。蓋此陵於諸陵中爲獨大，故當時又號之曰大陵。」案錢大昕潛研堂文集十答問七，亦舉淮南之嘉陵，謂『嘉』與『加』同，即春秋之柯陵也」。

〔八〕案「厲」疑當作「廣」，涉上文「晉厲公」而誤，御覽五三引春秋説題辭：「陵之爲言棱也，輔山成其廣，層棱扶推，益厥長也。」即此高廣之義也。水經延江水注引詩曰：「高平曰陵。」高平與高廣義亦近。

〔九〕「性」，拾補據水經渭水下注引校作「生」。

〔一〇〕拾補云：「水經注有『也』字。」

〔一一〕拾補曰：「水經注無『各』字『也』字。」劉寶楠漢石例墓域稱陵（北海相景君碑、丹陽太守郭旻碑）下云：「日知録（二十四）據水經注引風俗通、後漢書明、章二帝紀、西京雜記及曹公祭橋玄文、陳思王上書，謂人臣得稱陵。又據舊唐書德扉傳盧粲駁武承訓造陵之奏，謂『陵之稱施於尊極，不屬王公已下，此自南北朝以後然爾』。審是則人臣不得稱陵，由來已久。案水經注滱水篇云：『滱水又東逕京邱北，南對漢中王頊王陵，北對君子岸，岸上有哀王子憲王陵，滱水又東，逕白土北，南即靖王子康王陵，又東逕漢哀王陵北，冢有二墳，故世謂之兩女陵，非也。』㶟水篇云：『瀑水又東逕燕王陵南。』此漢代人臣得稱陵也。濟水一云：『又東逕秦相魏冉冢南，世謂之安平陵。』此戰國時得稱陵也。河水四云：『其水東南逕子夏陵北。』汾水篇云：『襄陵縣西北有晉襄公陵。』顏師古注漢書地理志，亦以河東郡襄陵爲晉襄公之陵。陳留郡襄邑，本承匡襄陵鄉也，宋襄公所葬。此春秋時諸侯及大夫士皆得稱陵。河水四引闞駰十三州記曰：『雷首山南有古冢，陵柏蔚然，俗謂之夷齊墓。』似商、周之際，已通名陵，顧氏謂始於趙秦，恐非。」器案：漢時人臣墳壟稱陵者，尚有陳陵，爲陳元方祖父墳，見太平寰宇記一陳留縣。至于董仲舒墓俗呼蝦蟆陵，則蘇頌壠土記及宋敏求長安志九亦載之。

丘

謹按：尚書：「民乃降丘度土。〔一〕」堯遭洪水，萬民皆山棲巢居，以避其害，禹決江疏河，民乃下丘，營度爽塏〔二〕之場而邑落〔三〕之，故丘之字，二人立一上，一者地也，四方高〔四〕，中央下，像形也〔五〕。詩云：「至于頓丘。〔六〕」「宛丘之下。〔七〕」論語：「他人之賢丘陵也。〔八〕」爾雅曰：「天下有名丘五，其三在河南，其二在河北。〔九〕」

〔一〕禹貢：「桑土既蠶，是降丘宅土。」段玉裁撰異曰：「風俗通義山澤篇曰：『謹按尚書：民乃降丘度土。』此今文尚書也。『是』字作『民乃』二字，『宅』作『度』，此文字異者七百有餘之目也。凡古文尚書『宅』字，今文作『度』，說見堯典（『宅嵎夷』下），揚子方言曰：『度，居也。』史記夏本紀：『於是民得下丘居土。』司馬所據今文尚書，亦當作『民乃降丘度土』，『度土』作『居土』，亦如『度西曰柳谷』作『居西』也。王伯厚藝文志考舉漢儒所引『民降丘宅土』，未詳見何書，地理志：『是降丘宅土。』蓋或用古文尚書改之也。」器案：詩大雅文王有聲：「宅是鎬京。」坊記引作「度」，詩皇矣：「此維與宅。」論衡初稟篇引作「度」，書堯典：「宅西。」周禮縫人注引作「度」，舜典：「五流有宅，五宅三居。」史記五帝本紀二「宅」字並作「度」，禹貢：「三危既宅。」夏本紀亦作「度」。

〔二〕左傳昭公三年：「景公欲更晏子之宅，曰：『請更諸爽塏者。』」杜注：「就高燥也。」文選蜀都賦：「營新宫於爽塏。」劉淵林注：「爽塏，高明也。」又西京賦李周翰注：「爽，明也；塏，大也。」

〔三〕後漢書東夷傳：「夫餘國……其邑落皆主屬諸加。挹婁國……其邑落各有大人。東沃沮國有邑落長帥。」

〔四〕程本「方」誤「不」。

〔五〕説文：「丘，土之高也，非人所爲也。从北从一，一，地也。人居在丘北，故从北，中邦之居，在崐崘東南。一曰：四方高，中央下爲丘，象形。」又：「北，乖也，从二人相背。」釋名釋喪制：「丘，象丘形也。」今案：説文：「屯从屮貫一」，「才从丨上貫一」，「之从屮从一」，「旦从日見一上」，「立从大立一之上」，「至，鳥飛从高下至地也，从一」，「氐从氏下箸一」，「且从几足有二横，一其下地也。」此从一皆訓爲地。

〔六〕衛風氓文。毛傳：「丘一成爲頓丘。」釋名釋丘同，爾雅釋丘作敦。

〔七〕陳風宛丘文。毛傳：「四方高，中央下曰宛丘。」爾雅釋丘：「宛中，宛丘。」又云：「丘上有丘爲宛丘，陳有宛丘。」釋名釋丘：「中央下曰宛丘，有丘宛宛如偃器也。」

〔八〕子張文。

〔九〕釋丘文。

墟

謹按：尚書：「舜生姚墟。〔一〕」傳曰：「郭氏之墟。」墟者〔二〕，虛也。郭氏，古之諸侯，善善不能用，惡惡不能去〔三〕，故善人怨焉，惡人存〔四〕焉，是以敗爲丘墟也〔五〕。今故廬居處高下者，亦名爲墟〔六〕。姚墟在濟陰城〔七〕陽縣，帝顓頊之墟〔八〕，閼伯之墟是也〔九〕。

〔一〕陳壽祺大傳定本以此爲大傳文，段玉裁撰異以此爲今文尚書，當在堯典「有鰥在下曰虞舜」下，林春溥古書拾遺亦以爲書佚文。史記始皇本紀正義引孝經援神契曰：「舜生姚墟。」

〔二〕莊子秋水篇釋文、一切經音義十三、五三引無「者」字。

〔三〕黃石公三略上：「善善不進，惡惡不退，賢者隱蔽，不肖在位，國受其害。」

〔四〕桓譚新論「存」作「仇」。

〔五〕新序雜事四：「昔者，齊桓公出遊於野，見亡國故城——郭氏之墟，問於野人曰：『是爲何墟？』野人曰：『是爲郭氏（御覽五六引作「虢」，誤）之墟。』桓公曰：『郭氏者曷爲墟？』野人曰：『郭氏者，善善而惡惡。』桓公曰：『善善而惡惡，人之善行也，其所以爲墟者，何也？』野人曰：『善善而不能行，惡惡而不能去，是以爲墟也。』桓公歸，以語管仲，曰：『其人爲誰？』桓公曰：『不知也。』管仲曰：『君亦一郭也。』於是桓公招野人而賞焉。」羣書治要引新論譴非篇：「昔齊桓公出見一故墟而問之，或對曰：『郭氏之墟也。』復問：『郭氏曷爲墟？』曰：『善善而惡惡焉。』桓公曰：『善善惡惡，乃所以爲存，而反爲墟，何也？』曰：『善善而不能用，惡惡而不能去。彼善人知其貴己而不用，則怨之，惡人見其賤己而不好，則仇之。夫與善人爲怨，惡人爲仇，欲毋亡得乎？』」說文郭下云：「齊之郭氏虛，善善不能進，惡惡不能退，是以亡國也。」貞觀政要納諫篇：「珪對曰：『臣聞於管子曰：「齊桓公之郭國，問其父老曰：郭何故亡？父老曰：以其善善而惡惡也。桓公曰：若子之言，乃賢君也，何至於亡？父老曰：不然。郭君善善而不能用，惡惡而不能去，所以亡也。」』

〔六〕漢書王莽傳注：「墟，故居也。」文選西征賦注：「聲類曰：『墟，故所居也。』」禮記檀弓下疏：「凡舊居皆曰墟。」左傳昭公十七年疏：「虚者，舊居之處也。」

〔七〕「城」，拾補曰：「漢志作『成』，他紀、傳亦作『城』。」

〔八〕漢書地理志下：「春秋經曰：『衛遷于帝丘。』今之濮陽是也，本顓頊之虚，故謂之帝丘。」又東郡濮陽下注曰：「衛成公自楚丘徙此，故帝丘顓頊虚。應劭曰：『濮水南入鉅野。』」

〔九〕左傳襄公九年：「陶唐氏之火正閼伯居商丘。」杜注：「商丘在宋地。」疏云：「梁國睢陽縣也。」又昭公元年：「遷閼伯於商丘，主辰。」注：「商丘，宋地。」續漢書郡國志二：「睢陽，本宋國閼伯墟。」

阜

謹按：詩云：「如山如阜。〔一〕」春秋左氏傳：「魯公伯禽宅曲阜之地。〔二〕」阜者，茂也〔三〕，言平地隆踊〔四〕，不屬於山陵也〔五〕。今曲阜在魯城中，委曲長七八里〔六〕，雒北芒坂〔七〕，即爲阜也。

〔一〕小雅天保文。

〔二〕今左傳無此語，書費誓序：「魯侯伯禽宅曲阜。」疑應氏係用此文。

〔三〕釋名釋山：「土山曰阜，阜，厚也，言高厚也。」

〔四〕書鈔一五七引「隆」作「陸」，不可據。

〔五〕爾雅釋地李注：「土山獨高大名阜。」

〔六〕續漢書郡國志二：「魯國，古奄國。」注：「應劭曰：『曲阜在魯城中，委曲長七八里。』」書鈔引此文作「七八百里」，衍「百」字。

〔七〕書鈔「坂」作「阪」。續漢書郡國志一：「雒陽注：『皇覽曰：縣東北山，萇弘冢；縣北芒山道西，呂不韋冢也。』」

培〔一〕

謹按：春秋左氏傳：「培塿無松柏。〔二〕」言其卑小〔三〕。部者，阜之類也〔四〕，今齊、魯之間，田中少高卬，名之爲部矣〔五〕。

〔一〕拾補曰：「當作『部』，疑與下『培塿』，皆近人所改。」

〔二〕拾補曰：「見襄廿四年傳，此作『培塿』，非。觀下文兩『部』字猶不改，可證本皆作『部』字，御覽『部』皆改作『培塿』，不可從。」器按：御覽引見卷五十六。說文附下引左傳作「附婁」，淮南原道篇注：「嶁讀㟝嶁無松柏之嶁。」則又作「㟝嶁」，並音近通假。倭名類聚鈔一引「培塿」與今本同，源順自注云：「上音部，下音嶁。」方言：「冢，秦、晉之間或謂之培，自關而東謂之丘，小者謂之塿。」郭注：「培，音部。」書鈔一五七引墨子：「培塿之工，卽生松柏。」

〔三〕晉語八：「松柏不生埤。」注：「埤，下濕也。」

〔四〕書鈔、御覽引作「培塿者，卽阜之類也」。劉師培曰：「此承上文引左傳言，似以作『培塿』爲長。」

〔五〕御覽引作「田中小高者名之爲培塿矣」，倭名類聚鈔引作「培塿，田中小高者也」。

藪

謹按：爾雅：「藪者，澤也。〔一〕」藪之爲言厚也〔二〕，草木魚鱉，所以厚養人君與百姓也〔三〕。魯有泰〔四〕野，晉有泰陸，秦有陽紆，宋有孟諸，楚有雲夢，吴有具區，齊有海隅，燕有昭餘祁，鄭有圃田，周有焦漢〔五〕濩。今漢有九州之藪：揚州曰具區，在吴縣之西〔六〕；荆州曰雲夢，在華容縣南〔七〕，今有雲夢長掌之；豫州曰圃田，在中牟縣西〔八〕；青州曰孟諸，不知在何處〔九〕；兖州曰大野，在鉅野縣北〔一〇〕；雍州曰弦蒲〔一一〕，在汧縣北蒲谷亭〔一二〕；幽州曰奚養，在虒〔一三〕縣東〔一四〕；冀州曰泰陸，在鉅鹿縣西北〔一五〕；并州曰昭餘祈，在鄔縣北〔一六〕；其一藪，推求未得其處〔一七〕。尚書：「紂爲逋逃淵藪。〔一八〕」春秋左氏傳曰：「山藪藏疾。〔一九〕」又曰：「藪之薪蒸，虞候守之。〔二〇〕」是也。

〔一〕釋地作「藪，澤之別名也」。

〔二〕爾雅釋地疏、御覽七二引作「藪，厚也」。

〔三〕爾雅疏引作「有草木魚鱉，所以厚養人也」，御覽引同此本，當據爾雅疏引「草木」添「有」字爲允。

〔四〕「泰」，拾補校作「大」，云：「下句同。」器案：此所引爾雅頗有異文，蓋應氏所見本與郭注本異，不必以今本爾雅改風俗通。

〔五〕「漢」，拾補云：「衍。」案蓋涉下文而誤。

〔六〕漢書地理志會稽郡吴下云:「具區澤在西,揚州藪,古文以爲震澤。」續漢書郡國志四吴郡云:「吴,本國,震澤在西,後名具區澤。」

〔七〕漢書地理志南郡華容下云:「雲夢澤在南,荆州藪。」注引應劭曰:「春秋『許遷於容城』是。」續漢書郡國志四南郡云:「華容,侯國,雲夢澤在南。」

〔八〕漢書地理志河南郡中牟下云:「圃田澤在西,豫州藪。」續漢書郡國志一河南尹云:「中牟有圃田澤。」水經渠水注:「風俗通曰:『渠者,水所居也。』渠水自河與泲亂流,東逕滎澤北,東南分泲,歷中牟縣之圃田澤北,與陽武分水,故述征記曰:『踐縣境便覩斯卉,窮則知踰界。』今雖不能然,諒亦非謬。詩所謂『東有圃草』也。皇武子曰:『鄭之有原圃,猶秦之有具圃。』澤在中牟縣西,西限長城,東極官渡,北佩渠水,東北四十許里,南北二十許里,中有沙岡,上下二十四浦,津流逕通,淵潭相接,各有名焉。」

〔九〕漢書地理志梁國睢陽縣:「禹貢明諸澤在東北。」周禮職方氏鄭注:「望諸,明都也,在睢陽。」吕氏春秋有始篇:「宋之孟諸。」高注:「孟諸在梁國睢陽之東北。」淮南地形篇高注同。爾雅釋地:「宋有孟諸。」郭注:「今在梁國睢陽縣東北。」左傳僖公二十八年:「楚子玉夢河神謂己曰:『吾賜汝孟諸之麋。』」杜注:「在睢陽縣東北。」是東漢、西晉諸儒尚知其處,仲遠云不知,何也? 續漢書郡國志二於梁國睢陽下,遂不出孟諸澤之名,豈亦承其誤耶? 然劉注於睢陽有陽梁聚下别引左傳、爾雅言孟諸之文,與注他澤例同,豈續志有脱文與?

〔一〇〕「鉅野」,原作「鉅鹿」,今校改。鉅鹿屬冀州,不屬兖州,漢書地理志山陽郡鉅壄本注云:「大壄澤在北,兖州藪。」續漢書郡國志二山陽郡云:「鉅野有大野澤。」

〔一一〕逸周書職方解作「彊蒲」,蓋字之誤。

〔一二〕漢書地理志右扶風汧下云：「北有薄谷鄉、弦中谷，雍州弦蒲藪。」續漢書郡國志一右扶風汧下不出弦蒲澤，注云：「爾雅曰：『十藪，秦有陽紆。』郭璞曰：『在縣西。』」又於弘農華陰下注云：「呂氏春秋九藪云：『秦之陽華。』高注曰：『或在華陰西。』」今案：周禮職方氏雍州云：「其澤藪曰弦蒲。」鄭注：「弦蒲在汧。」冀州云：「其澤藪曰楊紆。」鄭注：「所在未聞。」及郭璞注爾雅釋地「秦有楊陓」云：「今在扶風汧縣西。」酈道元注水經汧水云：「汧水出汧縣之蒲谷鄉，決爲弦蒲藪。」及劉昭郡國志注，皆以職方之弦蒲，卽爾雅之楊陓。邵晉涵爾雅正義曰：「雍、冀二州，同一澤藪，而異其名，竊所未詳。」

〔一三〕「虒」，原作「虎」，今據拾補校正。徐友蘭識語曰：「漢地理志：『奚養幽州藪，在琅邪長廣縣西。』案長廣在今山東萊州府，虒奚在今直隸順天府，不相應。切以『虎』爲『黃』譌，後漢之黃，當先漢之睡，與長廣近矣。」

〔一四〕拾補曰：「考漢志奚養在琅邪長廣縣。周禮注同。此云虒，當卽續漢郡國志之傂奚縣，屬漁陽，前志作厗奚，厗音題，疑形近而誤。」器案：班志厗奚下、劉志傂奚下本文及注，俱未出奚養藪名，周禮注及漢志俱云：「奚養幽州藪，在琅邪長廣縣西。」則此仍當在長廣縣西，他書亦未有言奚養在漁陽之傂奚者，拾補說未安。

〔一五〕漢書地理志鉅鹿郡鉅鹿下注云：「禹貢大陸澤在北。」又引應劭曰：「鹿，林之大者也。」續漢書郡國志二鉅鹿郡鉅鹿云：「故大鹿，有大陸澤。」

〔一六〕「鄔」原作「鄢」，今據拾補校改。漢書地理志太原郡鄔縣本注云：「九澤在北，是爲昭餘祁，并州藪也。」

〔一七〕器案：尋應氏上文，此當指周之焦濩，爾雅釋地：「周有焦濩。」郭注：「今扶風池陽縣瓠中是也。」漢書地理志左馮翊池陽注引應劭曰：「在池水之陽。」未及藪名。續漢書郡國志一左馮翊池陽下注云：「爾雅十藪，周有焦濩。郭璞曰：『縣瓠中是也。』」小雅六月：「整居焦濩。」正義引孫炎云：「周，岐周，並此及弦蒲，是雍州有二藪也。」仲遠言「推求未得其處」，何也？晉書地理志：「扶風郡池陽縣，今爲西安府三原縣，焦濩澤在涇陽縣界。」元和郡縣志：「焦濩藪，亦名瓠口即所謂鄭、白二渠是也。」

〔一八〕引書今佚，又見左傳昭公七年。段玉裁古文尚書撰異云：「此亦今文尚書襲故語爲説，與左氏合。」

〔一九〕宣公十五年文。

〔二〇〕昭公二十年文。

澤

謹按：尚書：「雷夏既澤。〔一〕」詩云：「彼澤之陂，有蒲與荷。〔二〕」傳曰：「水草交厝，名之爲澤。〔三〕」澤者，言其潤澤萬物，以阜民用也〔四〕。春秋左氏傳曰：「澤之莞蒲，舟鮫守之。〔五〕」韓詩内傳：「舜漁雷澤。〔六〕」雷澤在濟陰城陽縣〔七〕。

〔一〕禹貢文。

〔二〕陳風澤陂文。葉抱崧説叩引風俗通「有蒲與荷」，「蒲」作「藪」，謂爲魯詩，不知所據爲何本也。

〔三〕爾雅釋水：「水草交爲湄。」疏引李巡注：「水中有草木交會曰湄。」「湄」亦作「麋」，詩巧言：「居河之麋。」毛傳：「水草交謂之麋。」釋文：「『麋』本作『湄』。」爾雅釋水注即作「湄」。左傳襄公十四年注：「居河之麋。」釋文：「『麋』本作『湄』。」又僖公二十八年：「吾賜汝孟諸之麋。」杜注：「孟諸，宋藪澤。水草之交曰麋。」是河澤皆得言湄，自其水草之交言之則曰湄，自其水之所居者言之則爲澤也。

〔四〕釋名釋地：「下而有水曰澤，言潤澤也。」

〔五〕昭公二十年文。

〔六〕玉函山房輯佚書、宋綿初内傳徵俱未收此文。

〔七〕續漢書郡國志三：「濟陰郡成陽有雷澤。」案：舜又有漁于濩澤之説，水經沁水注：「東逕濩澤，墨子曰：『舜漁濩澤。』（今尚賢篇作「雷澤」）應劭曰：『澤在縣西北。』」縣謂陽阿縣，漢書地理志河東郡陽阿縣濩澤注引應劭同。元和郡縣志：「濩澤在陽城縣西北十二里。」則舜漁之地，應亦兩主之。

沆〔一〕

謹按：傳曰：「沆者，莽也〔二〕，言其平望莽莽〔三〕無涯〔四〕際也。〔五〕」沆，澤之無水，斥鹵之類〔六〕也〔七〕。今俗語亦曰沆澤〔八〕。

〔一〕「沆」原作「沈」，拾補曰：「當從説文作『沆』，下並同。」今據改正。

〔二〕拾補曰：「水經巨馬水注引作『沆漭』，無『者』字。」器案：天中記十八引亦作「漭」，文選西京賦薛綜注：「沆漭，猶洸瀁，亦寬大也。」後漢書馬融傳：「瀇瀁沆漭。」注：「並水貌也。」

〔三〕拾補曰：「水經注作『言乎滛滛漭漭』。」案：天中記引同水經注。

〔四〕拾補曰：「『涯』，水經注『崖』。」案：天中記亦作「崖」。

〔五〕史記燕世家正義引作「亢，莽也，言平望漭漭，無涯際也」，（據日本會注考證本）御覽七〇引作「言其平望沆莽，無崖際也」。器案：涯、崖字通，説文有厓無涯，爾雅釋水：「滸，水厓。」字或作涯，淮南原道篇高注：「潯，厓也。」文選謝希逸宋孝武宣貴妃誄注、沈休文應詔樂遊苑詩注引許慎注作「潯，涯也」，江賦注引作「潯，水涯也」。莊子天道篇：「而積斂無崖。」成玄英疏云：「略無涯畤。」俱其證。

〔六〕「類」，拾補云：「水經注『謂』。」器案：史記會注考證本正義、天中記引亦作「謂」。

〔七〕說文：「沆，大水也，从水，亢聲。一曰：大澤貌。」徐鍇繫傳引博物志：「停水，東方曰都，一名沆。」御覽七〇引述征記：「齊人謂湖曰沆。」漢書刑法志：「除山川沈斥城池邑居園囿術路三千六百井。」漢紀孝文紀「沈斥」作「沆斥」，王制正義引異義：「左氏說曰：『賦法積四十五井，除山井坑岸三十六井，定出賦九井。』」「岸」亦「斥」之誤。文選西京賦：「絕阬踰斥。」書鈔酒食部五引齊地記：「齊有皮邱坑，民煮坑水爲鹽。」水經膠水注：「膠水北歷土山注於海，土山以北悉鹽坑。」「坑」亦當作「坑」，「坑」、「阬」通用。

〔八〕郎本脫「澤」字。後漢書馬融傳廣成頌：「瀰綸阬澤。」水經巨馬水注：「巨馬水又東經督亢澤，荊軻傳之督亢地圖也。」下引風俗通此文。御覽三六引淮南地形篇「東南方曰沅澤」，今本淮南作「元澤」，「元澤」卽「亢澤」之誤，「沅澤」卽「沆澤」之誤，是「沆澤」又通作「亢澤」、「阬澤」、「坑澤」也。

沛

謹按：尚書〔一〕、春秋公羊傳：「齊桓公〔二〕循海而東，師大陷沛澤之中。〔三〕」左氏傳〔四〕：「齊景公〔五〕田于沛，招虞人以弓。〔六〕」傳曰：『送逸禽之超大沛。〔七〕』沛者，草木之蔽茂〔八〕，禽獸之所蔽匿也。

〔一〕拾補曰：「此或引大傳，有脫文，今大傳亦無考。」

〔二〕「桓」原作「景」，拾補曰：「『景』非，此見僖四年。」今按：此蓋涉下文而誤，盧校是，今據改正。

〔三〕何休注云：「草棘曰沛，漸洳曰澤。」孟子滕文公：「園囿汙池沛澤多。」趙注：「沛，草水之所生也。澤，水也。」

〔四〕拾補曰：「見昭卅年。」

〔五〕「公」字原無，今據拾補校補。

〔六〕孟子萬章下：「齊景公田，招虞人以旌。」

〔七〕未詳所出。淮南覽冥篇：「過歸雁於碣石，軼鶤雞於姑餘。」文意相似。

〔八〕詩甘棠：「蔽芾甘棠。」張遷碑：「蔽沛棠樹。」易豐卦：「豐其沛。」釋文引子夏傳作「芾」，芾、沛通。説文無芾字，𣎵下云：「艸木盛，𣎵𣎵然，讀若輩。」當爲正字。

湖

謹按：春秋國語：「伍子胥諫吴王：『與我争五湖之利，非越乎？』及越滅吴，范蠡乘扁舟於〔一〕五湖。〔二〕」湖者，都也〔三〕，言流瀆四面所猥〔四〕都〔五〕也〔六〕，川澤所仰以溉灌也〔七〕。今盧江臨湖〔八〕、丹陽蕪湖縣是也。

〔一〕「於」，拾補曰：「類聚『如』。」案書鈔一三七引「於」上有「遊」字。

〔二〕按事見吴語、越語、説文怵下引吴語「於其心也怵然」，亦稱爲春秋國語，漢書藝文志國語列入六藝略春秋類。

〔三〕「都也」二字原無，今據拾補校補。拾補曰：「二字脱，以初學記補，下同。」器案：吴郡志四八引亦有「都也」二字。

〔四〕「猥」，鍾本作「徼」，拾補校作「隈」。

〔五〕「都」字原無，拾補校補，今從之。

〔六〕御覽六六、天中記十引作「湖，都也，流瀆四面所隈都也」。

〔七〕説文：「湖，大陂也，川澤所仰以灌漑也。」

〔八〕「湖」字原無，今據拾補校補。

陂

謹按：傳曰：「陂者，繁也。〔一〕」言因下鍾水以繁利萬物也。今陂皆以溉灌，今汝南富陂〔二〕縣是也。

〔一〕拾補曰：「錢云：『古讀繁如婆，與陂音相近。』」

〔二〕「陂」，拾補曰：「漢志『波』，水經注『陂』。」

渠

謹按：傳曰：「渠者，水所居也。〔一〕」秦時韓人鄭國穿渠，孝武帝時趙中大夫白公復穿渠，故其語曰：「田於何所？池陽〔二〕谷口〔三〕。鄭國在前，白渠起後〔四〕。舉鍤爲雲，決渠爲雨。涇水一石，其淤數斗〔五〕。且溉且糞〔六〕，長我稷黍。衣食京師，數百萬口。〔七〕」又鄭當時穿渠以利漕運，若此非一，官民俱賴其饒焉〔八〕。

〔一〕説文：「渠，水所居。」

〔二〕漢書地理志上：「左馮翊池陽。」注：「應劭曰：『在池水之陽。』」

〔三〕史記河渠書索隱：「瓠口即谷口。」案此谷口，即漢書地理志上九嵕山東之谷口。

〔四〕「起」，水經渭水注引作「在」，今案漢書溝洫志正作「在」，作「在」是。

〔五〕此言涇河水中含泥量之大。

〔六〕漢書溝洫志注：「如淳曰：『水渟淤泥，可以當糞。』」

〔七〕拾補曰：「漢書『億萬之口』。」漢紀作「百萬餘口」。

〔八〕事並見史記河渠書、漢書溝洫志、水經渭水注。

溝

謹按：周禮：「溝者，溝也〔一〕，廣四尺，深四尺。〔二〕」漢書「高祖與項羽要，割鴻溝以東爲楚」是也〔三〕。鴻溝在滎陽縣〔四〕。

〔一〕拾補曰：「此無義理，當依匠人作『九夫爲井，井間廣四尺，深四尺謂之溝』，與下一例。」器按：釋名釋水：「水注谷曰溝，田間之水亦曰溝。溝，構也，縱横相交構也。」疑此當作「傳曰：『溝，構也，言縱横相交構也。』周禮：『溝廣四尺，深四尺。』」今本有脱誤，遂不可解。拾補逕改從周禮，亦未可從。

〔二〕說文：「溝，水瀆，廣四尺，深四尺。」周禮遂人注：「遂、溝、洫、澮，皆所以通水於川也。遂廣深各二尺，溝倍之，洫倍溝，澮廣二尋，深二仞。」漢書溝洫志注引應劭曰：「溝廣四尺，深四尺，洫廣深倍於溝。」

〔三〕史記高紀：「中分天下，割鴻溝而西者爲漢，鴻溝而東者爲楚。」正義引應劭曰：「在滎陽東二十里。」器按：漢書高紀、項羽傳俱言割滎陽，史記則言鴻溝，疑此當作「漢書」爲允。

〔四〕水經濟水注一：「濟渠水斷坂溝，惟承此始，故云泲受旃然矣；亦謂之鴻溝水，蓋因漢、楚分王，指水爲斷故也，郡國志曰『滎陽有鴻溝水』是也。蓋因城地而變名爲川流之異目。」楊守敬疏曰：「案史記項羽本紀：『羽與漢約，中分天下，割鴻溝以西者爲漢，鴻溝以東者爲楚。』裴駰、司馬貞引文穎説，以官渡水爲鴻溝，劉昭、顏師古並以爲據。考渠水出滎陽北，河東南，逕陽武縣爲官渡水，又逕大梁城東南入潁，言楚、漢事者，或主滎陽，應劭注漢書，謂『鴻溝在滎陽東南二十里』是也；或主大梁，張華謂『始皇鑿渠引河水以灌大梁，謂之鴻溝，楚、漢會此處』是也。蓋鴻溝之約，未幾卽爽約，故人無定説。酈氏於此篇，叙滎陽鴻溝，於渠水篇叙大梁鴻溝，並有『漢、楚指水』之説，乃兩存之。至旃然水亦謂之鴻溝者，則因濟渠水斷汴溝，惟承此水，並渠水之上流，被以鴻溝之名耳。」又渠水注：「渠水於此有陰溝、鴻溝之稱焉。項羽與漢高分王，指是水以爲東西之别。蘇秦説魏襄王曰：『大王之地，南有鴻溝』是也。故尉氏縣有波鄉、波亭，鴻溝鄉、鴻溝亭，皆藉水以立稱也。今蕭縣西亦有鴻溝亭，梁國睢陽縣有鴻口亭，先後談者，亦指此以爲楚、漢之分王，非也，蓋春秋之所謂紅澤者也。」范守己御龍子集十七瑑譚一豫譚云：「漢書云：『滎陽下引河，東南爲鴻溝，以通宋、鄭、陳、蔡、曹、衛，與濟、汝、淮、泗合流，南入于淮者也。』其支派與宋、鄭、陳、蔡諸水，皆相流通。厥後河徙不常，故流遂絶。正統間河自中牟南行，由開封西南經通許、睢、陳支流入淮，由是汴南諸水之故跡俱没於河，已而河復北徙，止遺河形瀰漫而已，古跡茫然，莫可復辨。今西華猶稱古鴻溝。」

洫

謹按：周禮：「十里爲成，成間廣八尺，深八尺，故〔一〕謂之洫。〔二〕」論語曰：「禹盡力乎溝

洫。〔三〕

〔一〕「故」，拾補曰：「衍。」

〔二〕考工記匠人文。

〔三〕泰伯文。說文：「十里爲成，成間廣八尺，深八尺謂之洫。从水血聲。論語曰：『盡力乎溝洫。』」

風俗通義佚文

聲音

相，拊也，所以輔相於樂。奏樂之時，先擊相。（御覽五八四）

器案：禮記樂記：「治亂以相，訊疾以雅。」鄭玄注：「相卽拊也，亦以節樂。拊者，以韋爲衣，裝之以糠，糠一名拊，因以名焉。今齊人或謂糠爲相。」孔穎達疏：「相卽拊也，所以輔助於樂，故謂拊爲相。」孔疏卽本之應說。

雅，形如漆筩，有椎。禮云：「訊疾以雅」是也。（御覽五八四）

擊壤，形如履，長三四寸，下僮以爲戲。（路史後紀十）

壤，木爲之，前廣後鋭，長尺四寸，闊三寸，未戲先側一壤於地，遠三四十步，以手中壤擊之，故曰擊壤。（羅氏識遺九）

古琴歌曲有五，如鹿鳴、騶虞之類；操有十二，如將歸、拘幽、履霜、別鶴之類；引有九，如烈女、湘妃、霹靂、思歸、走馬之類；又有二十一章，如陽春弄、連珠弄之類。（類說三六）

九引：烈女（楚樊妃），伯妃（魯伯妃），思歸（衛女），霹靂（楚商梁），走馬（樗里牧恭），箜篌（霍子高，卽公無渡河），琴引（秦屠門高），楚引（楚龍丘子）。（合璧事類前五七、小學紺珠四）

清角、黄帝之琴，號鐘、齊桓公琴，繞梁、楚莊王琴，緑綺、司馬相如琴，焦尾、蔡邕琴，鳳皇、趙飛燕琴。（天中記四二）

梧桐生於嶧陽山巖石之上，采東南孫枝以爲琴，聲清雅。（事類賦一一五、御覽九五六、桐譜下器用篇又雜説篇、蘇軾次韻和王鞏詩施注、天中記五一）

十月謂之應鍾何？應者，應也；鍾者，動也；言萬物應陽而動，不藏也。（意林、御覽一七、合璧事類前十四）

器案：白虎通五行篇：「十月謂之應鍾何？應者，應也；鍾者，動也；言萬物應陽而動，下藏也。」「下藏」，風俗通作「不藏」，疑「不」字是，謂時至十月，一陽復生，故不藏也。

十二月律，謂之大吕何？大者，太也；旅，拒也；言陽氣欲出，陰不許也。吕之言拒也，旅拒難之也。（意林、御覽一七）

器案：「旅抑」，原作「依卽」，錢大昕、盧文弨俱疑「卽」當作「抑」。器案：白虎通五行篇：「十二月律，謂之大吕何？大者，大也；吕者，拒也；言陽氣欲出，陰不許也。吕之爲言拒也，旅抑拒難之也。」字正作「旅抑」，今據改正。

祀典

太山巖石松樹，鬱鬱蒼蒼如雲中。（文選贈白馬王彪詩注、又劉楨公讌詩注、又謝朓之宣城詩注）

器案：續漢書祭祀志上注、通典禮典引應劭漢官儀：「馬第伯封禪儀記曰：『仰視巖石松樹，鬱鬱蒼蒼，若在雲中。』」

謹案：自郊貙膢，春秋饗射，天子射麋掩雉，獻諸宗廟，扶陽發滯，養老致敬，化之至也。（御覽三三）

四夷（器案：蘇頌記風俗通義存佚篇名及其次第，云「第八並篇名亦亡」，以今所輯佚文觀之，即四夷也，今輒代擬之。）

東方曰夷者，東方仁，好生，萬物牴觸地而出。夷者，牴也，其類有九：一曰玄菟，二曰樂浪，三曰高驪，四曰滿飾（一作蒲飾），五曰鳧臾，六曰索家，七曰東屠，八曰倭人，九曰天鄙。南方曰蠻者，君臣同川而浴，極爲簡慢。蠻者，慢也，其類有八：一曰天竺，二曰咳首，三曰僬僥，四曰跂踵，五曰穿胸，六曰儋耳，七曰狗軹，八曰旁脊。西方曰戎者，斬伐殺生，不得其中。戎者，兇也，其類有六：一曰僥夷，二曰戎夷，三曰老白，四曰耆羌，五曰鼻息，六曰天剛。北方曰狄者，父子叔嫂，同穴無別。狄者，辟也，其行邪辟，其類有五：一曰月支，二曰穢貊，三曰匈奴，四曰單于，五曰白屋。（禮記王制疏、爾雅釋地疏、羅氏識遺一〇、鄭樵爾雅注、通鑑三三注）

王制云：「東方曰夷，夷者，柢也，言仁而好生，萬物柢地而出。」（後漢書東夷傳文，注云：「見風俗通。」）

羌乃三苗，姜姓之裔。（通鑑釋文一〇）

器案：同卷又引「裔」作「別」。

羌本西戎，卑賤者也，主牧羊，故羌字從羊人，因以爲號。無君臣上下，健者爲豪，不能相一，種別部分，强者陵弱，轉相抄盜，男子戰死以爲吉，病終者謂之凶。（御覽七九四）

諸羌種落熾盛，大爲邊害。（文選謝靈運傳論注）

氐言抵冒貪饕，至死好利。樂在山谿，本西南夷，別種號曰白馬，孝武皇帝遣中郎將郭昌等引兵征之，降服，以爲武都郡。（史記匈奴傳索隱、御覽七九四、通鑑釋文一〇、又一三、綱目集覽一八、又二〇）

器案：史記索隱：「西接氐、羌，案風俗通云：『二氐，本西南夷種。』地理志云：『武都有白馬氐。』」

貊者，謹案：春秋傳：「大貊、小貊。」貊，略也，云無禮法，不知送往勞來，無宗廟粢盛，賦

斂輕薄也。（御覽七八〇）

胡者，謹案：漢書：「山戎之別種也。」又胡者，互也，言其被髮左衽，言語贄幣，事殊互也。殷時曰獯粥，改曰匈奴。（史記匈奴傳索隱、通鑑六注）

器案：水經河水注二：「應劭曰：『反舌左衽，不與華同，須有譯言乃通也。』」

樓煩，故樓煩胡地也。（史記匈奴傳正義）

器案：索隱引應劭曰同。

春秋傳曰：「狄本山戎之別種也，其後分居，號曰赤翟、白翟。」（史記晉世家正義）

器案：此據會注考證本。

昔高辛氏有犬戎之寇，帝患其侵暴，而征伐不克，乃訪募天下有能得犬戎之將吴將軍頭者，購黄金千鎰，邑萬家，又妻以少女。時帝有畜狗，其毛五采，名曰槃瓠，下令之後，槃瓠遂銜人頭，造闕下。羣臣怪而診之，乃吴將軍首也。帝大喜，而計槃瓠不可妻之以女，又無封爵之道，議欲有報，而未知所宜。女聞之，以爲帝皇下令，不可違信，因請行；帝不得已，乃以女配槃瓠。槃瓠得女，負而走，入南山，止石室中，所處險絶，人跡不至。於是女解去衣裳，爲僕鑒之結，著獨力之衣。帝悲思之，遣使尋求，輒遇風雨震晦，使者不得進。經三年，生子一十二人，六男六女，槃瓠死後，因自相夫妻，織績木皮，染以草實，好五色衣服，制裁皆有尾形。其母後歸，以狀白帝，於是使迎諸子，衣裳斑蘭，語言侏離，好入山壑，不樂平曠；帝順其意，賜以名山廣澤。其後滋蔓，號曰蠻夷，外癡內黠，安土重舊，以先父有功，母帝之女，田作賈販，無關梁符傳租稅之賦，有邑君長，皆賜印綬，冠用獺皮，名渠曰精夫，相呼爲姎徒。（後漢書南蠻傳文，注云：「此已上，並見風俗通。」）

器案：槃瓠神話，又見搜神記十四、水經沅水注、後漢書南蠻傳注及御覽八七五引魏略，荒誕不稽，可無録也。史通書事篇曰：「范曄博採衆書，裁成漢典，觀其所取，頗有奇工，至於方術篇及諸蠻夷傳，乃録王喬、左慈、廩君、槃瓠，言雖迂誕，事多詭越，可謂美玉之瑕，白圭之玷，惜哉，無是可也。」

哀牢夷者，其先有婦人名沙壹，居于牢山，嘗捕魚水中，觸沈木，若有感，因懷妊十月，產子男十人，後沈木化爲龍，出水上，沙壹忽聞龍語曰：「若爲我生子，今悉何在？」九子見龍驚走，獨小子不能去，背龍而坐，龍因舐之。其母鳥語，謂背爲九，謂坐爲隆，因名子曰九隆。及後長大，諸兄以九隆能爲父所舐而黠，遂共推以爲王。後牢山下有一夫一婦，復生十女子，九隆兄弟皆娶以爲妻。後漸相滋長，種人皆刻畫其身，象龍文，衣皆著尾。（後漢書西南夷傳文，注云：「自此以上，並見風俗通也。」）

器案：九隆神話，又見華陽國志四南中志永昌郡、御覽三六一引益部耆舊傳。

巴有賨人，剽勇。高帝爲漢王時，閬中人范目説高祖募取賨人，定三秦，封目爲閬中慈襲鄉侯，並復除目所發賨人盧、朴、沓、鄂、度、夕、襲七姓，不供租賦。閬中有渝水，賨人左右居，鋭氣善舞，高祖樂其猛鋭，數觀其舞，後令樂府習之。（文選蜀都賦注）

器案：華陽國志一巴志：「漢高帝滅秦，爲漢王，王巴、蜀。閬中人范目有恩信方略，知帝必定天下，説帝，爲募發賨民，要與共定秦。秦地既定，封目爲長安建章鄉侯。帝將討關東，賨民皆思歸，帝嘉其功，而難傷其意，遂聽還巴，謂目曰：『富貴不歸故鄉，如衣繡夜行耳。』徙封閬中慈鄉侯，目固辭，乃封渡沔縣侯，故世謂亡秦范三侯也。目復除民羅、朴、昝、鄂、度、夕、襲七姓，不供租賦。閬中有渝水，賨民多居水左右，天性勁勇，初爲漢前鋒陷陣，鋭氣喜舞，高帝善之，曰：『此武王伐紂之歌也。』乃令樂人習學之，今所謂巴渝舞也。」後漢書南蠻傳載板楯七姓作羅、朴、督、鄂、度、夕、龔。羅、盧一聲之轉。文選注引孫盛蜀譜：「朴音浮。」三國時有巴東太守朴胡。沓、昝、督三字，疑當從昝爲是。襲、龔二字，或則以爲作「龔」者誤也。漢書禮樂志：「巴俞鼓員三十六人。」師古曰：「巴，巴人也，俞，俞人也，當高祖初爲漢王，得巴、俞人，並趫捷善鬭，與之定三秦，滅楚，因存其武樂也。巴俞之樂，因此始也。巴即今之巴州，俞即今之渝州，各其本地。」

槃瓠之後，輸布一匹二丈，是謂賨布。廩君之巴氏，出幏布八丈。（文選魏都賦注）

廩君乘土船，下至夷城，石岸曲，水亦曲，廩君望之如穴狀，曰：「我既道穴中，又入此柰何。」石岸爲崩，廣三丈餘，陛級之。廩君行至上岸，上岸有平石，廣長五丈，休其上投算，投算處皆有石，因立城其旁。（書鈔一五八）

器案：書鈔一六〇引蜀録同。又御覽三七引世本：「稟君名務相，姓巴，與樊氏、暉氏、相氏、鄭氏，凡五姓俱出皆争神，以土爲舡，雕文畫之，而浮水中，其舡浮，因立爲君。它舡不能浮，獨廩君舡浮，因立爲君。」

秦始皇遣蒙恬築長城，徒士犯罪，亡依鮮卑山，後遂緐息；今皆髠頭衣赭，亡徒之明效也。（書鈔四五、御覽六四七）

器案：論衡寒温篇：「亡秦之路，赤衣比肩。」

古制（以下略本蘇頌所列次第，就其可識別者而彙輯之。）

周禮：「五黨爲州。」州，疇也；疇，類也。州有長，使之相周足也，字從重川。堯遭洪水，居水中高土曰州。（類聚六、玉燭寶典一二、御覽一五七、止觀輔行傳弘決四之三、天中記一三）

周制：天子方千里，分爲百縣，縣有四郡。郡者，羣也。故左氏傳曰：「上大夫受縣，下大夫受郡。」至秦始皇初，置三十六郡以監縣，縣，平也。（意林、史記秦始皇本紀正義、類聚六、御覽一五七、天中記一三）

器案：此説與説文郡下、吕氏春秋季夏紀、季冬紀高注合。左氏傳云云，見哀公二年。

周禮：「百里曰同。」所以奬王室，協風俗，總名爲縣，縣，𢆯也，首也，從系倒首，與縣易偏矣。言當𢆯静，平徭役也。（水經河水注二、御覽一五七、玉海二〇、天中記一三）

盧文弨曰：「案：『首也』疑當從意林作『平也』，『𢆯』與『平』，皆與『縣』聲相諧合，下方云『倒首』，上必不以首爲正釋，且『从系』亦當作『从𢆯』，與説文自別。下云『𢆯静平徭役』，正中説𢆯也平也之義，『首也』之訓，殊無意理。」器案：「與縣易偏」，今從永樂大典本水經注，天中記同，蓋謂縣之爲字，與首倒易其偏旁也。他本作「擧首易偏」，非是。又案：司馬法：「地方百里爲一同。」（左傳昭公二十三年注同）漢書藝文志六藝略禮著録軍禮司馬法百五十五篇，今存者僅一卷，蓋其殘餘耳。

周禮：「五家爲鄰，四鄰爲里。」春秋國語：「五家爲軌，十軌爲里。」里者，止也，里有司，司五十家，共居止，春秋通其所也。（續漢書百官志五注、廣韻六止、御覽一五七、希麟續一切經音義一、又三、事文類聚續四、羣書通要甲一〇、天中記一六）

器案：「春秋通其所也」，宋本後漢書「春秋」作「舊欣」。引春秋國語者，齊語文也。又案：漢書異姓諸侯王表注引應劭説閭閻，疑風俗通亦當有此文，文云：「周禮：『二十五家爲閭閻。』音簷。門閭外旋下㢋謂之步簷也。」

國家制度，大率十里一鄉。（續漢書百官志五注）

謹案：春秋國語：「畺有寓望。」謂今之亭也，民所安定也。亭有樓，從高省，丁聲也。漢家因秦，大率十里一亭，亭，留也，今縣有亭長。又語有亭待，蓋行旅宿食所館也。亭亦平也，民有争訟，吏留平處，勿失其正也。亭吏舊名負弩，改爲亭長，亭長者，一亭之長率也。陳、楚、宋、魏謂之亭父，齊謂之師。（原本玉篇高部、漢書高紀上注、續漢書百官志五注、書鈔七九、御覽一九四、營造法式總釋上、職官分紀四二、大事記解題三、玉海一七五、天中記一四）

器案：「平處」一作「辨處」，今從原本玉篇。平、辨古通，尚書堯典：「平秩東作。」史記五帝本紀索隱引尚書大傳作「辯秩東作」，即其證。「畺有寓望」，見國語周語中，韋注：「境界之上，有寄寓之舍，候望之人。」説文高部：「亭，民所安定也。亭有樓。从高省，丁聲。」此用說文義。方言三：「楚、東海之間，亭父謂之亭公，卒謂之弩父。」注：「主僋幔弩導幨，因名。」漢書高紀上注引應劭曰：「舊時，亭有兩卒：一爲亭父，掌開閉掃除；一爲求盜，掌逐捕盜賊。」後漢書陳忠傳注引謝承後漢書：「施延，家貧母老，周流傭賃，……後到吴郡海鹽，取卒月直，賃作半路亭父，以養其母。是時，吴、會未分，山陰馮敷爲督郵，到縣，延持帚往，敷知其賢者云云。」與應氏所言「亭父掌開閉掃除」合，是亭父乃賃作。楚、東海之間，亭卒謂之弩父，蓋卽求盜，俱以父名，其義一也。風俗通謂「陳、楚、宋、魏謂之亭父」，「父」字恐譌。

中人城北四十里有左人亭，鮮虞故邑。（御覽一六一）

器案：水經滱水注引應劭曰：「左人城，在唐縣西北四十里。」

光武中興以來，五曹詔書，題鄉亭壁，歲補正，多有闕誤。永建中，兖州刺史過翔，箋撰卷別，改著板上，一勞而久逸。（御覽五九三）

拾補曰：「『過翔』，廣韻八戈作『過栩』。」

器案：漢時詔令皆奏可施行，成帝初置尚書員五人掌之，故謂之五曹詔書，見後漢書應劭傳。

殺青書可繕寫。謹案：劉向别録曰：「殺青者，直治青竹作簡書之耳。」新竹有汗，善朽蠹，凡作簡者，皆於火上炙乾之，陳、楚之間謂之汗，汗者，去其汗也。吴、越曰殺，殺亦治也。劉向爲孝成皇帝典校書籍，二十餘年，皆先書竹，爲易刊定，可繕寫者，以上素也。由是言之：殺青者竹，斯爲明矣。今東觀書，竹素也。（書鈔一〇四、初學記二八、文選張景陽雜詩注、又

劉孝標重奏劉秣陵沼書注、事類賦二四、御覽六〇六、九六二、王荆文公詩注三三、黄山谷謝鄭閎中惠高麗畫扇詩任注)

案:劉向别録義曰:「周宣王太史作大篆也。」(文選魏都賦六臣本注)

案:劉向别録:「讎校,一人讀書,校其上下,得謬誤爲校;一人持本,一人讀書,若怨家相對爲讎。」(文選魏都賦注、慧琳一切經音義七七)

拾補曰:「『怨』同『寃』」。

姓氏

(案四庫全書風俗通義有附録一卷,乃從永樂大典「通」字韻中所載馬總意林節本姓氏篇裒集而成者。嗣後,朱筠、錢大昕、盧文弨、嚴可均、張澍、顧櫰三、姚東升、徐友蘭、陳漢章、王仁俊,俱有輯補,而張澍併爲之注焉;則應書此篇雖亡,經後人之鈎沉輯佚,庶幾可復舊觀矣。然諸家俱以四聲爲次,固非應氏之舊,雖失本真,此亦無可如何者,吾亦時且從衆焉。至其自相牴牾之處,亦頗爲之是正,夫豈故爲薄古哉,亦將以之信今云耳。篇名舊引多歧出,今從蘇頌所見,定爲姓氏,蓋漢人亦習稱姓某氏云。)

萬類之中,惟人爲貴。春秋左氏傳:「官有世功,則有官族,邑亦如之。」公羊譏衛滅邢,論語貶昭公娶於吴,諱同姓也。蓋姓有九:或氏於號,或氏於謚,或氏於爵,或氏於國,或氏於官，或氏於字，或氏於居，或氏於事，或氏於職。以號，唐、虞、夏、殷也；以謚，戴、武、宣，穆也；以爵，王、公、侯、伯也；以國，齊（一作「曹」）、魯、宋、衞也；以官，司馬、司徒、司寇、司空、司城也；以字，伯、仲、叔、季也；以居，城、郭、園、池也；以事，巫、卜、陶、匠也；以職，三烏、五鹿、青牛、白馬也。（北史高構傳、姓纂二十三元、御覽三六二、廣韻五支、十虞、十二齊、六豪、十四清、十姥、一送、十九代、四十一漾、一屋、姓解一、三、古今姓氏書辨證五支、十二齊、通志氏族略、古今源流至論後七、困學紀聞二〇、小學紺珠七、急就篇補注二、姓氏急就篇上、通鑑注一、五、二二九）

器案：廣韻十二齊、姓解三、古今源流至論後七俱引作風俗通氏姓篇序。春秋左氏傳：「官有世功云云。」見隱公八年。春秋公羊傳僖公二十五年：「春王正月丙午，衞侯燬滅邢。衞侯燬何以名？絶。曷爲絶之？滅同姓也。」又哀公十二年：「夏五月甲辰，孟子卒。孟子者何？昭公之夫人也。其稱孟子何？諱娶同姓，蓋吴女也。」論語述而篇：「陳司敗問：『昭公知禮乎？』孔子曰：『知禮。』孔子退，揖巫馬期而進之曰：『吾聞君子不黨，君子亦黨乎？君取于吴，爲同姓，謂之吴孟子。君而知禮，孰不知禮！』巫馬期以告。子曰：『丘也幸，苟有過，人必知之。』」

齊、魯、宋、衞四族，齊爲之長。（姓解三）

張、王、李、趙，黄帝賜姓也。（姓解三）

器案：廣韻十陽引作：「風俗傳：『張、王、李、趙，黄帝賜姓也。』」

東方氏，伏羲之後，帝出於震，位主東方，子孫因以爲氏焉。（姓纂一、通志氏族略、能改齋漫録五、辨誤録下、類稿五七、路史後紀一、五、合璧事類續三〇、通鑑注一七）平原厭次，漢太中大夫東方朔。（能

東郭氏，東郭牙，齊大夫，咸陽，其後也。(史記平準書索隱)

東陵氏，東陵侯邵平，子孫氏焉。(通志氏族略、古今姓氏書辨證二)

東闞氏，晉東闞嬖五之後，漢有將軍北亭侯東闞義。(古今姓氏書辨證二)

僮氏，漢有交阯刺史僮尹。(廣韻一東、姓解一、姓氏急就篇上、通鑑注六二、卮林四)

銅鞮氏，晉銅鞮伯華之後。銅鞮，晉之别邑也。(通志氏族略)

中氏，漢有少府卿中京。(廣韻一東、姓解一、姓氏急就篇上、卮林四)

中行氏，穆子後。(路史後紀九下)

中壘氏，劉向爲中壘校尉，支孫以官爲氏。(姓纂一、通志氏族略、古今姓氏書辨證一)

沖氏，漢有博士沖和。(姓解一、古今姓氏書辨證一)

終古氏，桀内史終古，後氏焉。(姓纂一、通志氏族略、古今姓氏書辨證一)

器案：吕氏春秋先識篇：「夏太史令終古，出其圖法，執而泣之，夏桀迷惑，暴亂愈甚，太史令終古乃出奔如商。」淮南氾論篇：「夏之將亡，太史令終古先奔於商，三年而桀乃亡。」此應氏所本，通志謁爲「紂内史」，錢大昕以下諸家悉據之，而不知是正，所謂以謁傳謁也。

鍾離氏，鍾離，子國，在九江，蓋其後徙于此，吴滅之。(路史國名紀二)

嵩氏，漢有嵩極玄子。（古今姓氏書辨證一）

弓氏，魯大夫叔弓之後，漢有光禄勳弓祉。（姓解二、卮林四）

熊氏，黄帝有熊氏之後也。（姓解二）

公旗氏。（古今姓氏書辨證二引姓源韻譜）

公文氏，衛有公文要。（姓解三）

公叔氏，衛大夫公叔文子。（姓解三）

公乘氏，魯有公乘子皮，見列女傳。（晉書音義六、姓源韻譜）

公賓氏，魯大夫公賓庚之後。（後漢書劉玄傳注、姓氏急就篇下、通鑑注漢紀三一）

公族氏，晉成公立嫡子爲公族大夫，韓無忌號公族穆子，見左氏傳。（後漢書黨錮傳注、姓氏急就篇下）

公玉氏，齊湣王臣有公玉冉，其後也。（史記封禪書索隱、武紀索隱）

器案：吕氏春秋審己篇、正名篇、過理篇及新序雜事五，俱作公玉丹，此作「冉」，疑誤。戰國策燕策上作公玉曰，「曰」亦是誤字。

功氏，晉大司功景子之後，晉有功景。（姓解一、古今姓氏書辨證一、類稿二、姓氏急就篇上）

蒙氏，東蒙主，以蒙山爲氏，秦有將軍蒙驁，驁生武，武生恬，皆仕秦。姓纂一、通志氏族

略、類稿二一、合璧事類續二四、通鑑注四、彊識略三三）

農氏，神農之後。（廣韻二冬、姓氏急就篇上、韻會二冬）

龍丘氏，吳郡，漢時博士龍丘長。（姓纂一、通志氏族略、姓氏急就篇下）

器案：「博士」通志作「高士」，廣韻十一尤云：「漢有吳人龍丘萇，隱居不屈。」尋後漢書循吏任延傳：「吳有龍丘萇者，隱居太末，志不降辱，王莽時，四輔三公，連辟不到，掾吏白請召之，延曰：『龍丘先生躬德履義，有原憲、伯夷之節，都尉埽灑其門，猶懼辱焉，召之不可。』遣功曹奉謁，修書記，致醫藥，吏使相望於道，積一歲，萇乃乘輦詣府門，願得先死備錄。延辭讓再三，遂署議曹祭酒。萇尋病卒。」據此，則「博士」當作「高士」。

雍氏，周文王第十二子也，雍伯之後，以國爲姓，今或音雍州之雍，鄭大夫有雍糺，楚有雍子，齊有雍廩，宋有雍鉏，漢什邡侯雍齒，沛人也。（通志氏族略、類稿二、急就篇補注一、合璧事類續二五、通鑑注八）

重氏，顓頊重黎之後，少昊時，重爲南正，司天之事，黎爲北正，司地之事。（姓纂一、通志氏族略、類稿二）

移氏，齊公子雍，食采於移，其後氏焉，漢有弘農太守移良。（後漢書楊震傳注、廣韻五支、姓解二、容齋五筆一、古今姓氏書辨證三、路史後紀四、又國名紀四、姓氏急就篇上、通鑑注漢紀四二）

器案：移良見楊震傳。

爲氏，漢有南郡太守爲昆。（廣韻五支、容齋五筆一、姓氏急就篇上）

隨氏，隨侯之後，漢有博士隨何，又有右扶風隨蕃。（廣韻五支、急就篇補注一）

岐氏，岐伯，黃帝師。（類稿四引風俗傳）

羲氏，堯卿羲仲之後。（廣韻五支、姓解二、姓氏急就篇上）

戲陽氏，衛有戲陽速。（姓解二）

皮氏，周卿士樊仲皮之後，漢有皮尚，又有皮延至孝，後漢有諫議大夫皮究。（姓纂二、類稿三、祕笈新書別二、合璧事類續一六、翰苑新書後六、彊識略三三）

離氏，離婁，孟子門人，漢有中庶子離常之。（通志氏族略、古今姓氏書辨證三、類稿四）

訾氏，帝嚳妃，訾娵氏女，漢有樓虛侯訾順。（通志氏族略、類稿四、合璧事類續二七、急就篇補注二、彊識略三三）

器案：樓虛侯訾順，見漢書景武昭宣元成功臣表。

卑氏，鄭大夫卑諶之後，漢有北平太守卑躬，議郎卑整。（後漢書皇后紀下注、容齋五筆一、古今姓氏書辨證三、姓氏急就篇上）

器案：卑諶，漢書古今人表同，左傳襄公二十九年、論語憲問篇作裨諶。廣韻五支引胡太傅碑有太傅掾雁門卑整，今本蔡邕集誤作畢整，後漢書皇后紀下有議郎卑整，即其人也。

裨氏，鄭有裨竈明天文。（姓解二）

器案：裨竈見左傳昭公十七年、十八年。

差氏，人姓。（急就篇補注二）

池氏，漢有中牟令池瑗。（廣韻五支、姓氏急就篇上、卮林四）

夷維氏，故萊，夷維邑也，蓋因邑爲姓。（史記魯仲連傳正義引應劭）

師氏，師，樂人，瞽者之稱，晉有師曠，魯有師乙，鄭有師悝、師觸、師蠲、師成，又師服，晉大夫也。漢有東海師中作雅琴師氏八篇。（通志氏族略、古今姓氏書辨證三、類稿四、合璧事類續二七、彊識略三三）

器案：漢書藝文志六藝略樂類：「雅琴師氏八篇。」本注：「名中，東海人，傳言師曠後。」書鈔一〇九引别録：「師氏雅琴者，名忠，東海下邳人，傳云言師曠之後，至今邳俗猶多好琴也。」

師尹氏，師尹，三公官也，以官爲姓。（詩經小雅節南山正義）

鴟夷氏，本范蠡也，後人以爲氏。（通志氏族略、古今姓氏書辨證三）

資氏，資成，陳留人。（姓纂二、通志氏族略、類稿四）

尸氏，其先封於尸鄉，故爲尸氏，齊相有尸臣。（通志氏族略、類稿四、姓氏急就篇上）

伊氏，漢有議郎伊推，又伊嘉爲雁門都尉，石顯黨。（姓纂二、類稿四）

器案：伊推見漢書儒林瑕丘江公傳，伊嘉見佞幸石顯傳。

纍氏，纍祖之後，晉七輿大夫纍虎，里克、丕豹之黨。（通志氏族略、古今姓氏書辨證三、類

稿四）

器案：類稿「虎」作「彪」。

邳氏，奚仲爲夏車正，自薛封邳，其後以爲氏焉，後漢二十八將有衛尉信都邳彤。（廣韻六脂、姓解一、通志氏族略、類稿四、姓氏急就篇上、通鑑注漢紀三二）

器案：水經泗水注引應劭曰：「邳在薛。」又曰：「奚仲自薛徙居之，故曰下邳也。」

司鴻氏，古有司鴻荀，著書，漢中大夫司鴻儀，諫議大夫司鴻荀。（通志氏族略、姓解三、古今姓氏書辨證四）

司功氏。（通志氏族略）

司馬氏。（通志氏族略）

司寇氏，蘇忿生爲武王司寇，後以官爲氏，禮記司寇惠子，魯大夫。（姓纂二、廣韻五十候、通志氏族略、古今姓氏書辨證四）

期氏，楚大夫居期思城，因以爲姓。（古今姓氏書辨證四、類稿四、姓氏急就篇上）

期思氏，古有期思國，國人以爲氏。（廣韻七之、姓解一、古今姓氏書辨證四）

旗氏，齊卿公孫竈，惠公孫也，生欒施，字子旗，子孫以王父字爲氏，後漢有旗流甘，九江太守旗光。（通志氏族略、姓解三、類稿四、卮林四）

旗思氏，楚大夫居旗思城，因以爲氏。（姓纂二）

器案：此即前期思氏之誤。

綦毋氏，漢有廷尉綦毋參；晉大夫綦毋張，戰國策綦毋子與公孫龍争辯。（姓纂二、通志氏族略、姓解三）

器案：綦毋參見後漢書班勇傳

菑丘氏，勇士菑丘訢。（姓解二）

飛廉氏，飛廉國，秦所滅，因氏焉，漢書光禄大夫飛廉安國。（姓纂二）

器案：漢書無文，「書」疑當作「有」。

非氏，非子伯益之後。（廣韻八微、姓纂四、姓解三）

器案：漢書河渠志有大司農非調。

肥氏，漢有肥韶、英布將肥銖，又仁恕掾肥親。（姓纂二、通志氏族略「銖」作「赫」）

孫詒穀曰：「『肥赫』即下條之『賁赫』。」

器案：孫説是。史記黥布傳：「中大夫賁赫。」集解、索隱並云：「賁音肥。」漢書黥布傳師古注同，姓纂「赫」作「銖」，誤。

賁氏，秦非子之後，漢有賁赫，禮有縣賁父。（晉書音義六九、通志氏族略、通鑑注一一）

器案：縣賁父見禮記檀弓上。

威氏，齊威王之後，以田氏始王，故其後以爲氏。（廣韻八微、通志氏族略、姓解二、姓氏急就

篇上）

威王氏，漢有中郎威王弼，出自楚威王後。（廣韻八微、十陽、通志氏族略、姓解二、姓氏急就篇下）

幾氏，宋大夫仲幾之後，以王父字爲氏。（姓纂二）

魚氏，宋桓公子目夷，字子魚，賢而有謀，子孫以王父字爲氏，漢有長安富人魚翁俶也。（廣韻九魚、姓纂二、通志氏族略、姓解二、通鑑釋文二一、二四、通鑑注晉紀二〇、綱目集覽四一）

器案：長安富賈魚翁叔，見漢書張湯傳。

魚孫氏，宋大夫魚石奔楚，在國者因氏焉。（姓纂二、路史後紀一〇）

舒氏，舒子之後，以國爲姓。（姓纂二、類稿八、合璧事類續一八）

渠丘氏，莒有渠丘公，因氏焉。（姓纂二、路史國名紀二）

器案：渠丘公見左傳成公八年，路史「莒」作「魯」，誤。

余氏，秦由余之後，以國爲姓，代居歙州。（廣韻九魚、姓纂三、通志氏族略、通鑑釋文二七、類稿六、合璧事類續一六、翰苑新書後六、祕笈新書別二、姓氏急就篇上、通鑑注唐紀七三）

器案：姓纂新安望下引此，祕笈新書「歙」作「陜」，疑誤。

夫餘氏，吴公子夫槩奔楚，餘子在吴者，以夫餘爲氏。（廣韻九魚、姓纂二、姓解三、通志氏族略）

沮氏，黃帝時史官沮誦之後。（後漢書獻紀注、通鑑釋文七）

樗里氏，琴引有樗里牧恭。（姓氏急就篇上）

於陵氏，陳仲子，齊世家也，辭爵灌園，居于於陵，因氏焉，漢有議郎於陵欽。（姓纂二、姓解三、齊乘四、通志氏族略、急就篇補注二）

諸氏，漢有雒陽令諸於。（廣韻九魚、容齋五筆一）

器案：南唐書：「諸祐，蘄州獨木人。」注：「諸音查。」

諸葛氏，葛嬰爲陳涉將軍，有功非罪而誅，孝文帝追録封其孫諸縣侯，因并氏焉。（三國志吳書諸葛瑾傳注、廣韻九魚、姓纂二、通志氏族略、通鑑釋文一二、姓解一、類稿五六、合璧事類續三〇、祕笈新書別三、姓氏急就篇下、通鑑注漢紀二〇）

儲氏，齊大夫儲子之後也。（後漢書鮑永傳注）

屠氏，漢末有屠景先，河東人也。（姓纂三、類稿五、通志氏族略）

屠門氏，秦屠門高。（姓氏急就篇下）

虞氏，凡氏之興九事，一氏於號，唐、虞、夏、殷是也。（廣韻十虞）

虞丘氏，晉有虞丘書爲乘馬御。（姓解二）

器案：虞丘書見左傳襄公十六年。

騶氏，越王句踐之後。（姓解二）

毋車氏，樂安毋車伯奇，爲下邳相，有主簿步邵南，時人稱毋車府君步主簿。（廣韻十虞、姓解三）

巫氏，凡氏於事，巫、卜、匠、陶也，殷有巫咸、巫賢，漢有冀州刺史巫捷，又有巫都著養性經也。（廣韻十虞、姓纂二、通志氏族略、類稿八、合璧事類續二三、卮林四）

瞿氏，漢有南陽太守瞿茂。（姓解三、姓氏急就篇下、卮林四）

須氏，太昊風姓之後，有須句國，又殷有密須，並以國爲氏，魏有須賈，漢有平陸侯須無，紹封傳四代。（姓纂二、廣韻十虞、一切經音義九、姓解一、類稿八、合璧事類續一八、姓氏急就篇上、通鑑注周紀五）

須卜氏，匈奴貴姓有須卜氏。（綱目集覽七）

器案：漢書匈奴傳下、王莽傳下有右骨都侯須卜當。

區氏，歐冶子之後，轉爲區氏，又音歐，吴有區景，長沙人，官至蒼梧太守。（類稿八）

案：廣韻十虞區下云：「後漢末有長沙區景。」

蒲氏，漢有詹事蒲昌，又有蒲遵。（姓纂三、廣韻十一模、姓解二、通志氏族略、類稿七、合璧事類續二四、通鑑注二九一）

器案：東觀漢紀馬援傳：「受齊詩，師事潁川蒲昌，昌受詩於匡衡。」字作「蒲」，與此同；而漢書則作滿昌，字君都，潁川人，詹事，見溝洫志、韋玄成傳、王嘉傳、王莽傳中，滿、蒲二字，形近易誤，如「州滿」一作「州蒲」，即其明證。

胡毋氏，本陳胡公之後也，公子完奔齊，齊宣王母弟，別封毋鄉，遠本胡公，近取毋邑，故曰胡毋氏也。（後漢書獻紀注、通鑑釋文七、通鑑注漢紀四八、綱目集覽一七）

壺氏，漢有諫議大夫壺遂。（廣韻十一模）

器案：壺遂見漢書律歷志、韓安國傳及司馬遷傳。

徒人氏，齊有徒人費。（姓解一）

屠氏，漢末有屠景先。（姓纂三、類稿五、合璧事類續二四）

屠門氏，秦有屠門高。（姓氏急就篇下）

塗氏，塗山氏之後，漢有諫議大夫塗惲，治尚書。（後漢書賈逵傳注、廣韻十一模、通志氏族略、類稿八、玉海三七、姓氏急就篇上、卮林四）

器案：塗惲，字子真，平陵人，受尚書，見漢書儒林張山拊傳，類纂作「漢有諫議大夫塗禪，又塗子真治尚書」，既誤「惲」爲「禪」，又誤分爲二人，不可據。

齊氏，氏於國。（古今姓氏書辯證十二齊）

器案：並詳篇首序。

黎氏，九黎之後，尚書：「西伯戡黎。」亦見毛詩，左傳齊大夫黎彌、黎且，字亦作犂。（姓纂三、通志氏族略、類稿八、合璧事類續二四）

器案：左傳定公九年作犂彌。

鞮氏，晉銅鞮伯華之後也。（姓纂三、通志氏族略、類稿八）

稽氏，稽黄，秦賢人也。（姓纂三、通志氏族略、類稿八）

西鄉氏，宋大夫西鄉錯之後，尸子有隱者西鄉曹。（通志氏族略、古今姓氏書辯證四、路史後紀十）

洼氏，漢有大鴻臚洼丹。洼音圭。（後漢書儒林傳注、廣韻十二齊）

枚氏，六國有賢人枚被。（通鑑注一七）

裴氏，伯益之後。（後漢書桓紀注）

案：姓解三引作「非氏，有非子者，伯益之後也」。

哀氏，魯哀公之後，因謚以爲姓，漢有哀章。（後漢書劉玄傳注、古今姓氏書辯證六、類稿十、路史後紀十、姓氏急就篇下）

臺氏，金天氏裔孫曰臺駘，其後氏焉，漢有侍中臺崇。（後漢書獻紀注、姓氏急就篇上）

器案：臺崇即見獻紀。

來氏，楚有來英，漢功臣表：『軑侯來蒼。』（通志氏族略、類稿九）

器案：軑侯黎蒼有作來蒼者，此亦其證。

真氏，漢有太尉長史真祐。（姓纂三、廣韻十七真、通志氏族略、姓解三、類稿一二、巵林四）

器案：姓纂作真俗，疑誤。

新垣氏，魏將新垣衍，畢公高之後，漢書文帝時，新垣平善望氣。（通志氏族略）

神氏，神農之後，漢有騎都尉神曜。（姓纂三、廣韻十七真、類稿一一、路史後紀四、姓氏急就篇上、卮林四）

申公氏，申公巫臣之後，漢太子傅申公。（姓解三、古今姓氏書辯證六）

申徒氏，本申屠氏，隨音改爲申徒，尸子：「申徒狄，夏賢人也，湯以天下授之，耻以不義聞，己自投於河。」莊子：「申徒嘉，兀者，鄭人也。」漢有西屏將軍申徒建。勝屠，即申徒也。（史記酷吏傳索隱、姓纂三、通志氏族略、古今姓氏書辯證六、急就篇補注二）

器案：申屠建更始西屏將軍，見漢書游俠原涉傳、王莽傳下、後漢書劉玄傳，「西屏」或作「西平」，非是。

秦氏，氏於國。（古今姓氏書辯證十二齊）

頻氏，漢有酒泉太守頻暢。（姓纂三、廣韻十七真、姓解一、通志氏族略、容齋五筆一、姓氏急就篇上）

器案：姓解云：「一云名暘。」

淳于氏，春秋時小國也，桓五年不復其國，一號州淳于公，子孫以國爲氏。（姓纂三、通志氏族略、通鑑釋文一七、類稿五六）

器案：漢書地理志：「北海郡淳于。」注：「應劭曰：『春秋州公如曹。左傳曰：淳于公如曹。』臣瓚曰：『州，國名也，淳于，公國之所都。』」左傳見桓公五年。

倫氏，黃帝樂人伶倫氏之後。（廣韻十八諄、通志氏族略、古今姓氏書辯證六、類稿一一、姓氏急就篇上）

春氏，楚相黄歇號春申君，子孫氏焉。（姓纂三、通志氏族略、類稿一一）

鈞氏，楚大夫元鈞之後，漢有御史鈞喜。（姓纂三、廣韻十八諄、通志氏族略、類稿一一、姓氏急就篇上、卮林四）

器案：廣韻作「侍中鈞喜」。

文氏，周文王支庶，以謚爲氏，越大夫文種。（姓纂三、通志氏族略、類稿一二、合璧事類續二七、翰苑新書後六、秘笈新書別二）

聞人氏，少正卯，魯之聞人也，其後遂以聞人爲氏，漢有太子舍人聞人通漢、沛人，治后氏禮。（後漢書靈紀注、通志氏族略、姓解一、類稿五七、合璧事類續三〇、通鑑注漢紀四八、通鑑綱目集覽二二、二八）

器案：聞人通漢字子方，見漢書儒林孟卿傳，類稿作「聞人通」，脱「漢」字。

芸氏，晉大夫芸賢，見戰國策。（姓纂三、類稿一二）

器案：類稿作芸質。

云氏，祝融之後。（姓纂三、類稿一二）

芬氏，晉大夫芬賢。（通志氏族略）

顧櫰三曰：「疑『芸賢』之僞。」案：廣韻二十文芸下無文，芬下云：「又姓，戰國策晉有大夫芬質。」則未必「芬」誤而「芸」是也。

殷氏，氏於號，唐、虞、夏、殷是也。（急就章補注一）

勤氏，魯有大夫勤成。（通志氏族略、姓解一、古今姓氏書辯證七、姓氏急就篇下）

元氏，魏武侯公子元食邑於此，因而遂氏焉。（漢書地理志魏郡元城注引應劭）

器案：姓纂四：「元氏，左傳衞大夫元咺之後，其先食采於元，因氏焉。」説與此異。

垣氏，垣，秦邑，因以爲氏，秦始皇有將垣齮，漢有西河太守垣恭。（後漢書公孫述傳注、古今姓氏書辯證七、姓氏急就篇下、卮林四）

錢大昕曰：「今本史記作『桓齮』。」

園氏，姓於所居，城、郭、園、池是也。（姓纂四、類稿一四、姓氏急就篇上）鄭穆公之子圈，其後爲姓，至秦博士逃難，乃改爲園。（齊東野語五）

軒氏，軒轅之後，漢有諫議大夫軒和。（姓纂四、通志氏族略、類稿一四）

軒轅氏，軒轅，即黄帝也，姓公孫，或言姓姬。（通志氏族略）

器案：張澍據路史收入軒丘氏。尋路史國名紀三：「軒丘，楚文庶子采邑。」不言出風俗通。漢書梁孝王傳有軒丘豹。

孫陽氏，秦穆公時孫陽伯樂善相馬，漢有侍御史孫陽敖。（古今姓氏書辯證七）

器案：姓纂四引風俗通孫陽氏一條，文大誤，説詳後櫟陽氏條。

尊氏，太昊諸侯尊盧氏之後。（廣韻二十三魂、姓解三、路史前紀八、姓氏急就篇上）

尊盧氏，太昊之世侯者。（路史前紀八）

屯氏，漢有常山太守屯莫如。（急就篇補注二、困學紀聞一二、卮林四）

困學紀聞曰：「儒林傳『毛莫如少路』，宋景文公引蕭該音義：『案風俗通姓氏篇。混沌氏，太昊之良佐，漢有屯莫如，爲常山太守。』案此莫如姓非毛，應作屯，音徒本反。愚案：溝洫志云：『自塞宣房後，河復北決於館陶，分爲屯氏河。』顏師古注：『屯音大門反。而隋室分析州縣，誤以爲毛氏河，乃置毛州，失之甚矣。』以此語之，則屯、毛之相混久矣。屯之爲氏，於此可考。廣韻云：『後蜀録有法部尚書屯度。』」案：漢書杜欽傳：「幸賴陛下至明，遣使者毛莫如先考驗，卒得其姦。」李尋傳：「光録勳平當、光禄大夫毛莫如與御史中丞、廷尉雜治。」儒林施讎傳：「魯伯授太山毛莫如少府，……莫如至常山太守。」字皆誤作「毛」，自宋祁以來，多有質言其誤者矣。

盆成氏，盆成括仕齊，孟軻知其必死，其子逃難，改氏成焉。（廣韻二十三魂、姓解三、古今姓氏書辯證七）

賁氏，魯有賁浦。（通志氏族略、類稿一四、合璧事類續二一、通鑑注漢紀四）

根牟氏，根牟子，六國時賢者，著書七篇。（廣韻二十四痕、姓解二、古今姓氏書辯證七、類稿一四、姓氏急就篇下）

陸璣草木蟲魚疏：「孔子删詩授卜商，商爲之序，以授魯人曾申，申授魏人李克，克授魯人孟仲子，仲子授根牟子，根牟子授趙人荀卿，荀卿授魯國毛亨，毛亨作訓詁傳，以授趙國毛萇，時人謂亨爲大毛公，萇爲小毛公。」

恩氏，陳大夫成仲不恩之後。（廣韻二十四痕、姓解一、古今姓氏書辯證七、類稿一四、姓氏急就篇上）

韓氏，韓之先出於唐叔虞，曲沃桓叔之子萬食邑於韓原，因以爲氏。（姓解三）

邯鄲氏，因國爲姓，漢有衞尉邯鄲義。（廣韻二十五寒、姓解一、路史國名紀二、通鑑注六一）

丹氏，晉有大夫丹木。（廣韻二十五寒、姓解三、姓氏急就篇上）

安氏，漢有安成爲太守。（姓纂四、廣韻二十五寒、通志氏族略、類稿一六、合璧事類續一五、姓氏急就篇上）

器案：姓纂、類稿俱無「爲太守」三字。漢書藝文志諸子略小説家：「待詔臣安成未央術一篇。」應劭注：「道家也，好養生事，爲未央之術。」當卽其人。

莞蘇，楚大夫，見呂氏春秋，漢有莞路，爲御史中丞。（宋景文公筆記中、急就篇補注一）

盧文弨曰：「莞路，見漢書儒林顔安樂傳中，宋所見本是艸下完，故引爲證。蕭該音丸，又音官，與師古云『亦管字』異。但呂氏春秋長見篇作『莧譆』，莧或莞字之誤歟？莞蘇，見新序一，作莞蘇。」陳漢章曰：「案新序雜事一正本呂氏春秋，莧、莞字古通，非字之誤。周易夬：『九五，莧陸。』釋文：『莧，説也，讀夫子莧爾而笑之莧。』論語陽貨篇：『夫子莞爾而笑。』釋文作莧，云：『本今作莞。』説文艸部有莧有莞，又部首莧字云：『山羊細角者，從苜，從兔足。』唐韻：『胡官切。』與莞字同紐，據蕭該所引應劭所見呂氏春秋古字，與劉向所見同，故稱莞蘇爲莞氏祖。張氏删之，非也。」器案：説苑君道篇作「莞饒」，潛夫論愼微篇作「管蘇」，後漢書宦者傳論：「勃貂、莞蘇，有功於楚、晉。」以莞蘇爲宦者，未詳所本。

冠氏，古賢者鶡冠子之後。（廣韻二十六桓、通志氏族略、類稿一五、姓氏急就篇上）

瞞氏，荆蠻之後，本姓蠻，其枝裔隨音變改爲瞞氏。（廣韻二十六桓、古今姓氏書辯證八、類稿一

五、路史後紀六、姓氏急就篇下、通鑑注三四）

闞氏，闞令尹喜之後，漢長水校尉闞並。（廣韻二十七删、通志氏族略、姓解一、古今姓氏書辯證八、類稿一六、合璧事類續二八、通鑑注三六、彊識録三三）

器案：闞並，姓解作「闞陽」，尋漢書溝洫志：「長水校尉平陵闞並。」師古曰：「桓譚新論云：『並字子陽。』」姓解作「闞陽」，誤。

班氏，楚令尹鬬班之後。（廣韻二十七删、希麟續一切經音義一〇、姓解二）

緣氏，漢有南郡太守緣秘。（卮林四）

山氏，古烈山氏之後，晉大夫山祈，漢有武都太守山昱。（姓纂四、通志氏族略、古今姓氏書辯證八、類稿一六、路史後紀四、合璧事類續二三、排韻氏族大全二、姓氏急就篇下、彊識略三三）

器案：益州刺史山昱，見後漢書桓紀延熹四年及南蠻西南夷莋都夷傳。

千氏，漢有蜀郡都尉千獻。（姓解三、姓氏急就篇上、卮林四）

弦氏，弦子後，左傳鄭有商人弦高。（廣韻一先、禮部韻略條式、姓氏急就篇上）

田氏，陳敬仲始食采地於田，由是改姓田氏。（史記陳敬仲完世家集解、索隱引應劭）

淵氏，齊大夫淵湫。（姓解一）

玄氏，玄都，古諸侯國也，子孫以國爲氏焉。（通志氏族略、類稿一七、通鑑注晉紀二一）

縣氏，縣成父，孔子門人，見史記，漢有甘陵相縣芝。（通志氏族略、類稿四五）

器案：史記仲尼弟子列傳：「縣成，字子祺。」正義：「縣音玄。」廣韻二十三霰：「縣，又姓，孔子弟子縣單父。」類稿從之，列入去聲，今從正義音，「成」廣韻作「單」，亦非。

鮮氏，武王封其子於朝鮮，其子食采於朝鮮，因氏焉。（後漢書第五倫傳注）

錢氏，黄帝之後，有爲文王師者，封爲錢府官，後以爲氏。（姓解三）

旃氏，吴人也。（姓解三）

緜氏，孟子有緜駒善歌。（姓解三）

宣氏，宋宣公之後，氏於謚，漢有宣虎、宣義，後漢有宣秉、司空宣酆。（通志氏族略、古今姓氏書辯證九、類稿一七、路史後紀一〇、合璧事類續二一、急就篇補注二、姓氏急就篇上）

器案：宣虎，南安侯，見漢書高惠高后文功臣表；宣義，土軍侯，亦見功臣表。宣秉，後漢書有傳。宣酆，字伯應，汝南人，東陽亭侯，見後漢書桓紀及靈紀。

虔氏，黄帝之後，莊子有虔天根。（通志氏族略、類稿一七）

拾補云：「路史云：『虔氏出黄帝。』」案見路史國名紀一。類稿同卷又有天氏，云：「莊子有天根，注云：『人姓名。』」

騫氏，仲尼弟子閔子騫之後，以王父字爲氏。（廣韻二仙、通志氏族略、類稿一七、通鑑釋文二一、通鑑注二〇三）

圈氏，楚鬻熊之後爲圈；鄭穆公之子圈，其後爲姓，至秦博士逃難，乃改爲園。（通志氏族

略、類稿三八、齊東野語五）

器案：類稿列入去聲。

蕭氏，宋樂叔以討南宮萬立御説之功，受封於蕭，列附庸之國，漢相國蕭何，卽其後氏也。（廣韻三蕭、急就篇補注一、姓氏急就篇上）

刀氏，齊大夫豎刀之後，戰國時有刀勃，漢有刀閒，齊人，以富聞，子孫居勃海，後漢有刀踶。（廣韻三蕭、通志氏族略、古今姓氏書辯證一〇、學林九、類稿一八、通鑑釋文一六、合璧事類續一九、彊識略三三）

器案：辯證「刀」作「貂」。

聊氏，聊蒼，爲漢侍中，著子書。（廣韻三蕭、通志氏族略、姓解二、古今姓氏書辯證一〇、類稿一八、學林三、姓氏急就篇下、巵林四）

器案：通志、類稿云：「著書號聊子。」漢書藝文志縱横家：「待詔金馬聊蒼三篇。」本注：「趙人，武帝時。」師古曰：「嚴助傳作膠蒼，而此志作聊，志、傳不同，未知孰是。」器案：東方朔傳亦作「膠蒼」，作「膠」者通假字。

廖氏，古有廖叔安，左傳作飂，蓋其後也，漢有廖覬，爲鉅鹿太守。（姓纂五、通志氏族略、類稿四八、合璧事類續二六、翰苑新書後七、秘笈新書别三、通鑑注漢紀三〇、彊識略三三）

器案：左傳見昭公二十九年。漢書古今人表作「廖叔安」，師古曰：「左氏傳作『飂』，同，音力周反，又力授反。」案：類稿卽從力授反之音，收入去聲。

超氏，漢有太尉超喜。（卮林四）

器案：類稿一八作「漢有太僕超喜。」未記出處。

鼂氏，衞大夫史鼂之後，漢有鼂錯。（廣韻四宵、姓氏急就篇上、通鑑注漢紀七）

焦氏，姬姓國也。按史記：周武王封神農之後於焦，後以國爲姓。左傳曰：「虞、虢、焦、滑，皆姬姓也，爲晉所滅。」漢有外黄令焦貢。（類稿一八、合璧事類續二三）

器案：漢書京房傳：「治易，事梁人焦延壽，延壽字贛，贛貧賤，以好學得幸梁王，王共其資用，令極意，學既成，爲郡吏，察舉補小黄令。」師古曰：「贛音貢。」

鐃氏，漢有鐃斌，爲漁陽太守。（廣韻四宵、姓氏急就篇上）

傜氏，東越王傜，句踐之後，其後以傜爲姓。（後漢書岑彭傳注、古今姓氏書辯證一〇、姓氏急就篇上）

器案：姓氏急就篇作「摇」，與廣韻同。

招氏，漢有大鴻臚招猛。（類稿一八、合璧事類續二四、卮林四）

苗氏，楚大夫伯棼之後，賁皇奔晉，食采於苗，因而氏焉。漢有長水校尉苗浦，王莽時有苗訢。（廣韻四宵、類稿一八、合璧事類續二四、通鑑注漢紀二九）

器案：五威將軍苗訢，見漢書王莽傳中。

嶠氏，黄帝孫嶠極之後。（類稿一八）

又案：廣韻入三十小，云：「漢有蹻慎。」通志氏族略引作「僑」。

麃氏，秦始皇將軍麃公之後。麃，秦邑。漢有麃宣、麃禮。（姓解三、古今姓氏書辯證一一、姓氏急就篇上）

高堂氏，齊卿高敬仲，食采於高堂，因氏焉。（通志氏族略、類稿五七、通鑑注魏紀五）

案：路史國名紀一：「高堂，風俗通云：『高傒采。』」謂高傒食采於高堂也。

皋氏，漢有司徒長史皋誨。（通志氏族略、類稿二〇）

毛氏，毛伯，文王子也，見左傳。漢有毛樗之，爲壽張令。（宋景文公筆記中引蕭該音義、姓氏急就篇下）

陶氏，凡事於事，巫、卜、陶、匠是也。（古今姓氏書辯證一一、急就篇補注二、姓氏急就篇上）

敖氏，顓頊大敖之後。（路史後紀八）

那氏，朝那，東夷也，其後單姓那氏。（通志氏族略、古今姓氏書辯證一二、類稿二一、合璧事類續二七、彊識略三三）

阿氏，阿衡，伊尹號，言倚之如秤，其後氏焉。（廣韻七歌、通志氏族略、姓解二、古今姓氏書辯證一二、路史後紀四、姓氏急就篇上）

過氏，過國，夏諸侯，後因爲氏，漢有兗州刺史過栩。（廣韻八戈、姓解一、古今姓氏書辯證一二、急就篇補注一、卮林四）

器案：姓解作「過詡」，辯證作「過羽」，卮林作「過栩」，云：「一作『過栩』。」案：御覽五九三引本書有兗州刺史過翔，文各不同，未知孰是。類稿二一作「過栩」，未言出何書。

麻氏，齊大夫麻嬰之後，漢麻光爲御史大夫，又麻達注論語。（廣韻九麻、通志氏族略、姓解三、類稿二一、路史國名紀三、通鑑釋文二二、合璧事類續一八、通鑑注九五）

器案：麻光，治歷，大司農中丞，見漢書歷律志。麻達，後漢人。

車氏，舜之後也，陳敬仲奔齊，稱田氏，至漢丞相田千秋，以年老，得乘小車出入省中，時號車丞相，子孫以爲氏。（姓解二）

器案：車丞相云云，見漢書車千秋傳。

蛇丘氏，濟北有蛇丘惑，爲河内太守。（姓解二）

器案：姓纂五：「蛇邱，濟北，河（誤）漢河内太守蛇邱惑生重，濟北太守，女適羊續。」姓纂此文多誤，「羊續」或是「羊續祖」，則「河漢」當是「後漢」。

佘丘氏，有佘丘炳。（姓解二）

家氏，漢有家羨，爲劇令。（廣韻九麻、類稿二一、合璧事類續二二、姓氏急就篇上）

瑕丘氏，魯桓公庶子食采於瑕丘，子孫氏焉。（古今姓氏書辯證一二）

器案：張澍據氏族略補「項羽紀：『漢有瑕丘申陽』。」考申陽，瑕丘人，張説誤。

巴氏，漢有太常巴茂。（姓解三）

又案：巴茂，北海人，見後漢書丁鴻傳。

沙氏，晉有沙廣。（姓纂五、姓解一）

牙氏，周穆王大司徒君牙之後，以王父字爲氏。（廣韻九麻、通志氏族略、古今姓氏書辯證一二、類稿二一）

陽成氏，陽成胥渠，晉隱士也，漢有諫議大夫陽成公衡。（通志氏族略、古今姓氏書辯證一四）

器案：陽成胥渠，見呂氏春秋愛士篇。御覽八一五引桓譚新論：「陽城子張名衡，蜀郡人，王翁與吾俱爲講樂祭酒，及寢疾，預買棺槨，多下錦繡，立被發冢。」論衡對作篇有陽成子張作樂，超奇篇又云：「陽成子長作樂經。」又續史記者有陽城衡，見後漢書班彪傳注（史通古今正史篇作「衞衡」，非是。），當卽此人。元和姓纂十：「伯成氏，風俗通：『伯成昪渠，晉隱士。諫議大夫伯成衡，功臣表吾侯伯成延，傳封六代。成或作城，王莽時伯成修獻符命。』」案：姓纂此條「伯成」實「陽成」之誤，「伯成昪渠」卽「陽成胥渠」之誤，據呂覽胥渠固晉人也。漢書功臣侯表有梧齊侯陽城延，無吾侯伯成延，功臣侯表：延子敬侯去疾，去疾子靖侯偃，偃子戎奴，延六世孫注梧公士，元康四年詔復家，所謂傳封六代也。又王莽傳下有卽陽成脩獻符命。皆與姓纂所引風俗通合，足徵「伯成」爲「陽城」之誤。

梁氏，伯益治水，封於梁。（路史後紀八）

商丘氏，衞大夫食邑於商丘，因以爲氏，漢有御史大夫秺侯商丘成，又有商丘子胥，高邑人，見列仙傳。（韻譜）

器案：「侯」字原脱，姓纂五亦脱，大鴻臚御史大夫秺侯商丘成，見漢書功臣侯表及百官公卿表。

章氏，秦有將軍章邯。（姓解三）

昌氏，黄帝子昌意之後。（通志氏族略、類稿二六、合璧事類續一四、彊識略三三）

疆氏，晉有大夫疆劍，漢有疆華，又漢陽太守疆釋之。（通志氏族略、類稿二七、通鑑注漢紀三二）

張氏，張、王、李、趙，皆黄帝賜姓也。又晉國有解張、高張侯，自此晉國有張氏。（廣韻十陽、姓解二、通鑑注一）

器案：廣韻作「風俗傳」。

穰氏，田穰苴，諸田之族，穰，所食之邑，因以氏焉。（通志氏族略、類稿二七）

方氏，方雷氏之後。（通志氏族略、古今姓氏書辯證一三、類稿二六、合璧事類續一四、排韻氏族大全四、彊識略三三）

襄氏，楚大夫襄老之後。（後漢書襄楷傳注、姓氏急就篇上）

器案：大全「雷」誤作「霄」。

將匠氏，漢官有將匠少府，因爲氏。（姓纂五、通志氏族略）

常丘氏，常丘崎。（姓解三）

嘗氏，齊孟嘗君之後。（廣韻十陽、古今姓氏書辯證一三、姓氏急就篇上）

匡氏，魯邑也，句須爲之宰，其後氏焉，漢有匡衡。（廣韻十陽、通鑑注漢紀二〇）

王人氏，王人子突之後，因氏焉，漢有安平太守王人宰公。（通志氏族略、古今姓氏書辯證一四）

王史氏，周先王太史，號王史氏。（通志氏族略、古今姓氏書辯證一四）

芳氏，漢有幽州刺史芳乘。（廣韻十陽、通志氏族略、姓解二、古今姓氏書辯證一四、類稿二七、姓氏急就篇上、通鑑注漢紀三三、卮林四）

器案：姓解作「芳乘敷」，辯證作「芳華敷」，尋廣韻十陽：「風俗通云：『漢幽州刺史芳乘。』敷方切。」姓解、辯證妄以反切音屬上讀，非是。辯證「乘」作「華」，亦形近之誤。

堂氏，堂，楚邑，大夫五尚爲之，其後氏焉。（廣韻十一唐、姓解三、姓氏急就篇上、續事始、彊識略三三）

器案：姓解云：「風俗通：『楚伍尚爲堂邑大夫。』即棠谿也。今揚州六合縣是其地。伍尚時，有以棠爲氏者，後人寫字譌，乃有堂姓。」案：左傳昭公二十年作「棠」，「棠」、「堂」古通，見魯峻碑。

唐溪氏，吳夫槩王奔楚，封唐谿，因以爲氏。（後漢書延篤傳注）

器案：李賢注云：「『唐』與『堂』同也。」

蒼氏，八凱蒼舒之後，漢有江夏太守蒼英，子孫遂爲江夏人。（通志氏族略、類稿二七）

倉氏，黄帝史官倉頡之後，春秋時，周有倉葛。（合璧事類續二五）

器案：廣韻十一唐：「倉，又姓，黄帝史官倉頡之後。」不言出處。蒼葛見左傳僖公二十五年。

皇氏，三皇之後，因氏焉。左傳，鄭大夫皇頡、皇辰，宋有皇氏，世爲上卿，本皇父充石

之後，以字爲氏，漢有琅邪相皇運。（通志氏族略、古今姓氏書辯證一五、類稿二七）

臧孫氏，魯有臧孫辰。（姓解二）

横氏，韓王子成，號横陽君，其後爲氏。（廣韻十二庚、通志氏族略、姓解二、類稿二八、姓氏急就篇下）

京氏，鄭武公子段，封於京，號京城大叔，其後氏焉。漢有京房，本姓李，字君明，後推律自定爲京氏。（廣韻十二庚、姓解三、姓氏急就篇上、通鑑注漢紀二一）

荆氏，漢有九江太守荆修。（容齋五筆一）

卿氏，趙相虞卿之後，戰國有卿秦爲魏將。或云：項羽將卿子冠軍宋義之後，後漢有卿仲遼。（廣韻十二庚、通志氏族略、古今姓氏書辯證一六、類稿二八、姓氏急就篇上）

器案：卿秦，燕王喜將，此作魏將，非是。史記燕召公世家：「今王喜四年，……卒起二軍，車二千乘，栗腹將而攻鄗，卿秦攻代云云。」「卿秦」，戰國策燕策作「慶秦」，卿、慶古通。又卿仲遼，見後漢書文苑黄香傳。

甥氏，晉大夫吕甥之後。（廣韻十二庚、姓解三、類稿二八、姓氏急就篇上）

行氏，漢有行祐爲趙相。（後漢書光武紀注、姓氏急就篇上、卮林四）

器案：類稿有䵷氏無甥氏，並引此文於䵷氏之下，非是。

衡氏，衡，阿衡也，伊尹官也，見詩傳，子孫以衡爲氏。一云：魯公子衡之後，以王父字爲氏，漢有衡咸，講學祭酒。（廣韻十二庚、通志氏族略、古今姓氏書辯證二八、宋景文筆記中引蕭該音義、類稿二八、合璧事類續二六、彊識略三三）

器案：衡咸字長賓，傳梁丘易，王莽講學大夫，見漢書儒林傳。

營氏，周成王卿士營伯之後，漢有京兆尹營郃。（廣韻十四清、通志氏族略、古今姓氏書辯證一六、類稿二八）

嬰氏，晉大夫季嬰之後。（廣韻十四清、通志氏族略、姓解三、古今姓氏書辯證一六、類稿二八、姓氏急就篇上）

器案：通志、辯證、類稿作「晉大夫趙嬰齊之後」，姓解作「齊大夫晏嬰之後，遂有單姓者」。徐友蘭曰：「案『晉』、『齊』通用，易、春秋有之。此當趙嬰齊是，蓋應以趙嬰爲複姓。」

城氏，姓於氏者，城、郭、園、池是也。（廣韻十四清、姓解一、類稿二八、姓氏急就篇下）

名氏，楚大夫彭名之後也。（姓解一）

青氏，青史善著書。（示兒編一五）

器案：類稿二九云：「青陽氏之後亦爲青氏。」

青烏氏，漢有青烏子善數術。（廣韻十五青、姓解三、五百家注柳先生集一三孫注、姓氏急就篇下）

青陽氏、青陽，黄帝子也，始得姓焉，見國語。漢有東海太守青陽愔，又東海王國中尉青陽精。（廣韻十五青、通志氏族略、古今姓氏書辯證十七、路史後紀七、永樂大典六三八〇）

器案：永樂大典見純常子枝語三七引。

青牛氏。（廣韻十五青）

青史氏。（杜甫贈鄭十八賁詩分門集注）

器案：漢書藝文志諸子略小説家著録青史子五十七篇，大戴禮記保傅篇引青史氏之記。

丁若氏，齊丁公子懿伯食采于若，因氏焉。（通志氏族略、古今姓氏書辯證一七）

器案：姓纂五：「丁若氏，晉遂興令丁若賢，字宏固。」孫星衍、洪瑩校云：「案風俗通：『齊丁公子懿伯食采于若，因氏焉。』原本作『子若』，當是『丁若』之誤。」

靈氏，齊靈公之後，或云宋公子靈圍龜之後，晉有餓者靈輒。（廣韻十五青、姓解一、姓氏急就篇上）

伶氏，周有大夫伶州鳩。（後漢書靈紀注）

泠氏，黄帝時典樂泠倫之後。（通志氏族略）

器案：通鑑三三注：「古者樂工謂之泠人，因以爲氏。」

冥氏，冥，侯國，姒姓，禹後，見史記，漢書有冥都，爲丞相史。（廣韻十五青、漢書儒林傳、宋祁筆記、卮林四）

器案：漢書儒林傳，冥都，泰山人。

瓶氏，漢有太子少傅瓶守。（廣韻十五青、姓解二、古今姓氏書辯證一七、姓氏急就篇上、卮林四）

器案：姓解作「鉼中」，「中」字恐誤。

乘氏，楚大夫子乘之後，以王父字爲氏。又乘睢，古賢人。（通志氏族略、類稿二九）

勝屠氏，漢有河東太守勝屠公。（姓氏急就篇下）

器案：勝屠公，見漢書甯成傳。

弘氏，衞大夫弘演之後，漢有宦者弘恭，爲中書令。（通志氏族略、古今姓氏書辯證一七、類稿二九、合璧事類續二六）

恒氏，楚大夫恒思公之後，見世本，漢有東安長恒裴，子孫因居之。（姓纂五、通志氏族略）

猷氏，衞有猷康。（通志氏族略、姓解二、古今姓氏書辯證一八、姓氏急就篇下）

由章氏，由余，秦相也，見史記，漢有由章至，長沙太傅。（宋景文公筆記中、姓解三、急就篇補注一、姓氏急就篇上）

器案：姓解作「長沙太守」。漢書儒林瑕丘江公傳：「丁姓至中山太傅，授楚申章昌曼君，爲博士，至長沙太傅。」李奇曰：「姓申章，名昌，字曼君。」宋祁曰：「蕭該音義曰：『晉灼作「由章」。』予案風俗通義姓氏篇云：『由余，秦相也，見史記。漢有由章至，長沙太傅。』今宜作由章陽夏公。」案：廣韻十七真有「申章昌」，「申」當爲「由」之誤。

牛氏，漢有牛崇爲隴西主簿，馬文淵爲太守，羊喜爲功曹，涼部云：「三牲備具。」（廣韻十八尤、急就篇補注一、姓氏急就篇上、廣博物志七）

犨氏，晉大夫郤犨之後。（廣韻十八尤、姓氏急就篇上）

周生，姓也。（後漢書馮衍傳注）

州氏，晉有州綽、州賓，其先食采于州，因以爲氏。（通志氏族略、類稿三二、通鑑注魏紀七）

丘氏，魯左丘明之後，又齊太公封于營丘，支孫以地爲氏，世居扶風，漢末丘俊持節江淮，屬王莽篡位，遂留江左，居吴興也。（廣韻十八尤、兼明書五引唐韻、急就篇補注一、姓氏急就篇上、通鑑注魏紀十、又隋紀四）

器案：史記楚元王世家索隱引應劭曰：「丘，姓也。」

謀氏，周卿士祭公謀父之後，以王父字爲氏。（姓纂五、廣韻十八尤、姓解一、通志氏族略、姓氏急就篇上）

牟氏，牟，子國，祝融之後，後因氏焉，漢有太尉牟融。（廣韻十八尤、通志氏族略、姓解二、類稿三二、姓氏急就篇上、通鑑注漢紀三七）

侯叟氏，飂叔安之後。（路史後紀八）

侯史氏，董狐爲晉侯史官，因氏焉。漢桑弘羊故吏侯史吴匿弘羊子遷，後漢侯史乾爲東萊太守，因家焉。（姓纂五、通志氏族略、宋本辯證十九侯）

器案：侯史吴見漢書杜延年傳。

婁氏，邾婁之國，子孫或以婁爲氏，或以邾婁爲氏，左傳齊大夫婁裡。（姓纂五、通志氏族

略、類稿三二、合璧事類續一九）

疇氏，摯疇，古之諸侯，後有摯疇氏、摯氏、疇氏，或卽任姓之摯，以國爲氏。（類稿三二、路史國名紀六）

林氏，林放之後，至林玉爲相，有九子，號十德之門，又居九門，見戚苑。（姓纂五、廣韻二十一侵、祕笈新書別三、翰苑新書後七、合璧事類續一九、姓氏急就篇上、通鑑注二三七）

斟灌氏，夏諸侯也，子孫氏焉。（通志氏族略）

箴氏，衛大夫箴莊子。（廣韻二十一侵、姓氏急就篇上）

器案：左傳僖公二十八年作「鍼莊子」，「箴」、「鍼」古通，左傳宣公四年有「箴尹克黃」，定公四年有「鍼尹固」，卽其證。

金氏，少昊金天氏之後。（姓纂五、類稿三三、合璧事類續一二）

陰氏，陰康氏之後，周有陰不佞，陰里人也，管修自齊適楚，爲陰大夫，其後氏焉。後漢光武陰皇后，其先則宣帝時祀竈者陰子方之後也，弟將軍陰識，識弟興。（廣韻二十一侵、通志氏族略、姓解二、類稿三三、路史前紀九、合璧事類續二五、通鑑注漢紀三三）

器案：陰不佞，見左傳昭公二十四年。

岑氏，古岑子國之後，漢有岑彭。（廣韻二十一侵、通鑑釋文五、姓氏急就篇上、綱目集覽八）

南氏，楚大夫南遺。（姓解三）

堪氏，八元仲堪之後。（廣韻二十二覃、姓解一、姓氏急就篇上）

甘氏，甘，夏時侯國也，以國爲氏。（類稿三三、合璧事類續二四）

澹臺氏，澹臺滅明，字子羽，武城人，漢有博士澹臺恭。（通志氏族略）

顧櫰三曰：『澹臺恭，卽杜撫弟子澹臺敬伯也。』器案：後漢書儒林薛漢傳：「弟子犍爲杜撫、會稽澹臺敬伯、鉅鹿韓伯高最知名。」顧秋碧以爲杜撫弟子，非是。

三烏氏，凡氏於職，三烏、五鹿，有三烏大夫，因氏焉，漢有三烏郡爲上都計。（通志氏族略、姓氏急就篇下、永樂大典二二三四六、卮林四）

永樂大典見純常子枝語三七引，卮林作「沛上計三烏羣」。文苑英華四八二引張柬之對策：「應氏著書，具表三烏之始。」

三伉氏，衞邑也，晉公子重耳封舅犯於三伉，支孫氏焉，漢有少府三伉充宗，代郡有陽縣有三伉氏。（姓纂五）

陳漢章曰：『「有陽」當作「陽原」。』

聃氏，周文王第十子聃季載之後。（通志氏族略）

兼氏，衞公子兼之後。（廣韻二十五添、姓纂五、通志氏族略、類稿三二）

函氏，漢有豫章太守函熙。（卮林四）

董氏，本飂叔安之裔子，董父實甚好龍，帝舜加焉，賜姓曰董。（姓解二）

被氏，漢有牂柯太守被條。（通志氏族略、古今姓氏書辯證二九、類稿三四）

委氏，漢太原太守委進。（廣韻四紙、姓解一、姓氏急就篇下、卮林四）

李氏，李伯陽之後。（廣韻六止）

俟氏，有俟子，古賢人，著書。（姓纂六、廣韻六止、通志氏族略、姓解一、古今姓氏書辯證二二、類稿三四）

器案：姓纂、通志、類稿作「六國時人」，姓解云：「著書八篇。」漢書藝文志儒家有「俟子一篇」，注云：「李奇曰：『或作侔子。』」

子氏，左傳有子鉏商，鄭大夫子人九。（姓纂六、類稿三四）

孫星衍、洪瑩校刻姓纂注云：「左傳：『叔孫氏之車子鉏商。』杜注：『車子，微者，鉏商名。』此文附會不合。」陳漢章曰：「此校大誤。漢書古今人表中下明著子鉏商，應劭同時人服虔注左傳亦云：『車，車士，微者也，子姓，鉏商名。』其後王肅注家語辨物解同服虔，安得以杜預一説而疑應劭附會？特『子人九』與左傳稱『子人氏』不合耳。」

子仲氏，魯宣公子仲之後。（通志氏族略、古今姓氏書辯證二二）

陳漢章曰：「案辯證引作『陳宣公子子仲之後』。而引詩『子仲之子』辨其誤，然詩又有公孫子仲，陳士元姓觿引姓苑亦云：『陳宣公子後。』又引姓源：『宋司馬子仲皇野後。』是子仲氏所自出非一，不獨魯公子慭字子仲也。」

子獻氏，齊大夫子獻之後也，楚文王之時，子獻遼爲大夫。（姓纂六、通志氏族略）

幾氏，宋大夫仲幾之後，以王父字爲氏。（通志氏族略）

疊氏，魯大夫疊夏。（姓解三）

鬼谷氏，鬼谷先生，六國時縱横家。（史記蘇秦傳集解、通鑑注周紀二、通鑑綱目集覽一）

旅氏，周大夫子旅之後，漢高功臣昌平侯旅卿，傳封六代。（通志氏族略、類稿三六）

器案：漢書功臣表作「昌圉侯」，此誤。

處氏，史記趙有辨士處子，故有處姓也。漢有北海相處興，又有陳留相處就。（史記孟荀列傳集解、後漢書酷吏李章傳注、姓纂六、廣韻八語、容齋五筆一、姓解二、類稿三六、姓氏急就篇上）

案漢書藝文志諸子略法家：「處子九篇。」師古曰：「史記云：『趙有處子。』」尋史記孟荀傳作「劇子」，古通。處興，即見李章傳，云「太守處興」，姓纂作「北郡太守」，誤。

所氏，宋大夫華所事之後，漢有諫議大夫所忠。（史記司馬相如傳正義、後漢書獨行劉茂傳注、姓纂六、通志氏族略、古今姓氏書辯證二三、類稿三六、急就篇補注一、姓氏急就篇下、困學紀聞七）

器案：通志、類稿「華所事」作「所華」，錢大昕曰：「按左氏傳有『華御事』，未見名『所事』者。」

楚氏，芊姓，鬻熊封楚，以國爲姓，左傳魯有楚尹、楚丘，趙襄子家臣楚隆。（姓纂六、古今姓氏書辯證十二、類稿三六）

禹氏，禹支庶以謚爲姓。（姓纂六、路史後紀一三）

甫氏，甫侯之後。（廣韻九麌、類稿三七、姓氏急就篇下）

府氏，漢有司徒掾府悝。（廣韻九麌、通志氏族略、姓解三、古今姓氏書辯證二三、類稿三七、姓氏急就篇上、卮林四）

武氏，宋武公之後，氏於謚，秦末武臣自立爲趙王，項羽之客有武涉，魏將武滿，漢有武虎、武讓、武勃。（廣韻九麌、急就篇補注一、姓氏急就篇上）

器案：武臣見漢書高紀及陳勝、陳餘、蒯通、嚴安等傳，武涉見漢書項籍、韓信、蒯通等傳，武滿見漢書高紀，武虎見漢書功臣表，武讓見漢書翟方進傳，武勃見後漢書馮異傳。

武强氏，漢武强侯王梁，其後因封爲氏。（廣韻九麌、姓解二、姓氏急就篇下）

武成氏，趙平原君勝，封武城，因氏焉。（姓纂六、通志氏族略、路史後紀七）

器案：「封武城」，通志、路史作「封武成君」，誤，史記平原君傳：「封於東武城。」今從姓纂。

輔氏，智果以智伯剛愎必亡，其別輔氏，漢有輔狠爲尚書令。（姓纂六）

孫星衍、洪瑩校注曰：「案漢有尚書令輔粮，此作狠，不同，粮亦俗字，疑誤。」器案：戰國策趙策上：「智過見君之不用也，言之不聽，出更其姓爲輔氏。」

魯氏，凡氏於國，齊、魯、宋、衞是也。（廣韻十二齊、急就篇補注一）

古氏，周有古公亶父，其後氏焉，晉平公時有舟人古乘。（後漢書東平王蒼傳注、姓纂六、通志氏族略、合璧事類續一七、彊識略三三）

古成氏，卽苦成之後，隨音改焉，漢有廣漢都尉古成雲。（姓纂六、通志氏族略）

陳漢章曰：「三家輯本並據通志入上聲，與五鹿、五王氏並列，不知其誤始鄭樵也。潛夫論志氏姓云：『苦成，後人書之或爲枯，不喜枯、苦之字，則更書之曰古成氏。』廣韻十四清云：『漢有廣漢太守古成雲。古音枯。』然則古成讀爲平聲，應劭必同王符説，三家並失考。」

虎氏，漢有合浦太守虎旗，其先八元伯虎之後。（廣韻十姥、古今姓氏書辯證二四、容齋五筆一、類稿三七、姓氏急就篇上）

扈氏，趙有扈輒。（廣韻十姥、禮部韻略十姥、姓解一、類稿三七、合璧事類續二六）

苦氏，苦成，越大夫，漢苦均爲會稽太守，苦音庫。（姓纂六）

器案：通志氏族略：「風俗通云：『苦成，乃言音變爲庫成。』」

五王氏，齊自威、宣、湣、襄至建五王，因以爲氏。（通志氏族略）

五鳩氏，趙有將軍五鳩盧。（姓解二）

五鹿氏，五鹿，衛邑也，晉公子重耳，封舅犯於五鹿，支孫氏焉，漢有少府五鹿充宗。（通志氏族略、通鑑釋文四、古今姓氏書辯證二四）

邸氏，漢有上郡太守邸杜。（廣韻十一薺、通志氏族略、古今姓氏書辯證二四、容齋五筆一、類稿三四、姓氏急就篇上）

器案：通志、類稿「杜」作「社」。

采氏，漢有度遼將軍采皓。（廣韻十五海、姓解三、姓氏急就篇上、卮林四）

器案：姓纂六：「漢渡遼將軍采皓，見英賢傳。」

尹氏，師尹，三公官也，以官爲姓，周有尹吉甫、尹喜，漢尹咸、尹賞、尹齊，後漢尹敏。（姓

纂六、類稿三八、西溪叢語下、合璧事類續一六、彊識略三三）

尹公氏，衛有尹公佗。（姓解三）

隱氏，漢有隱翁、河間太守隱褒。（姓解二、姓氏急就篇上）

褰氏，漢有褰蘭，爲交趾刺史。（通志氏族略、類稿三八）

圈氏，楚鬻熊之後，一本云，本姓□氏，鄭穆公之後，秦末爲博士，逃難改爲圈氏。（類纂三八）

混沌氏，少昊氏之良佐，漢有屯莫如，爲常山太守。（宋景文公筆記中引蕭該漢書音義、路史前紀四、急就篇補注二、姓氏急就篇下、困學紀聞一二、卮林四）

管氏，管夷吾，齊桓佐也，見論語，漢有管虢，爲西河太守。（宋景文公筆記中、急就篇補注一）

器案：「漢書儒林顏安樂傳：「疎廣授琅邪莞路，路爲御史中丞。」宋祁曰：「蕭該音義：『案草下完，音丸，又音官。』今漢書本卻作草下完。風俗通姓氏篇有管、莞二姓，云：『莞蘇，楚大夫，見吕氏春秋，漢有莞路，爲御史中丞。』即此是也。又有管姓，云：『管夷吾，齊桓佐也，見論語，漢有管虢，爲西河太守。』今莞路是草下完，非竹下完及竹下官，由來讀者多惑，檢風俗通乃知。」」

滿氏，荆蠻有瞞氏，音舛變爲滿，漢有滿昌。（廣韻二十四緩、通志氏族略、通鑑釋文七、類稿三八、合璧事類續三六、通鑑注三四、彊識略三三）

器案：滿昌見漢書溝洫志、及韋玄成、王嘉、后蒼、王莽等傳。

銑氏，昇平中，鈎弋有鮮卑人御史中丞銑管。（姓解二）

器案：昇平爲東晉穆帝年號，此文有誤。

典氏，漢有校尉典韋。（姓纂七、通志氏族略、類稿三八）

顯氏，顯甫爲周卿。（廣韻二十七銑、姓氏急就篇上）

器案：顯甫見詩大雅韓奕。

衍氏，宋微仲衍之後。（通志氏族略、類稿三八）

勉氏，漢有上郡太守勉昂。（姓解三、姓氏急就篇下）

嬌氏，晉大夫嬌父之後。（後漢書逸民嬌慎傳注、姓氏急就篇下）

昊氏，昊英氏之後，一云少昊之後。（姓纂七、通志氏族略、類稿三九）

老氏，顓頊子老童之後，左傳宋有老佐，論語老彭卽彭祖也，或云，老氏，老聃、老萊子之後。（姓纂七、通志氏族略、類稿三九、姓解一）

我氏，我子，六國時人，著書號我子。（姓纂七、類稿三九）

器案：漢書藝文志諸子略墨家：「我子一篇。」師古曰：「劉向別録云：『爲墨子之學。』」

下門氏，晉大夫下門聰。（姓纂三）

社南氏，其先齊倡，徙居社南，因以爲氏。（廣韻三十五馬、姓解一、古今姓氏書辯證二六、姓氏急就

篇下）

器案：姓纂六引風俗通：「祖南與社南，皆齊倡也，漢高惕娶扶風祖南氏。」說與廣韻異，今附於此。

社北氏，凡氏於職，社北、五鹿，有社北大夫，因氏焉，漢有社北郡爲沛郡上計。（姓纂七）

器案：通志氏族略、姓解一、古今姓氏書辯證二六、姓氏急就篇下作「社北氏，與社南皆齊倡，後有居社北者，自稱社北氏。」

蔣氏，周公之裔。（廣韻三十六養、通鑑釋文四）

壤駟氏，息公子邊爲大夫氏焉，漢有光祿大夫宜陵侯壤駟射。（姓纂七）

孫星衍、洪瑩校注曰：「案：家語孔子弟子有壤駟赤，秦人。」

廣氏，廣成子之後。（姓纂七、通志氏族略、類稿三九、合璧事類續二七、排韻氏族大全七、彊識略三三）

丙氏，齊有大夫丙歜。（廣韻三十八梗、姓解三）

景氏，景鳳。（姓解一）

隱氏，漢有隱翁、河間太守隱褒。（姓解二、姓氏急就篇一）

靖氏，單靖公之後，以謚爲氏，一云，齊田氏之族，靖郭君之後。（姓纂七、廣韻四十静、通志氏族略、姓氏急就篇上）

有氏，有巢氏之後，仲尼弟子有若，魯人，漢有有祿。（元和姓纂七、通志氏族略、姓解三、類稿四○、姓氏急就篇下）

器案：姓解、姓氏急就篇作「漢有光禄勳有光。」

又案：漢書百官公卿表光禄勳有「有禄」，作「有光」疑誤。

糗氏，漢有糗宗，爲嬴長。（廣韻四十四有、通志氏族略、姓解二、古今姓氏書辯證三四、類稿四〇、姓氏急就篇上，卮林四）

咎氏，湯司空咎單，左傳咎犯，即舅字也。（姓纂七、類稿四〇、姓氏急就篇上）

酉氏，黄帝之後，見國語。（類稿四〇）

壽氏，吴王壽夢之後，吴大夫壽於姚，漢末兗州牧壽良。（後漢書方術傳注、册府元龜八七六、通志氏族略、古今姓氏書辯證三四、類稿四〇、排韻氏族大全七、合璧事類續二五、通鑑注宋紀一二）

郈氏，魯大夫郈昭伯食采於郈，因氏焉。（姓纂七、類稿四〇）

耦氏，宋卿華耦之後，漢有侍中耦嘉。（姓纂七、廣韻四十五厚、通志氏族略、類稿四〇、姓氏急就篇下、卮林四）

奄氏，奄，國號也，尚書云：「成王既踐奄。」左傳秦大夫奄息，其後也。（姓纂七、古今姓氏書辯證二八、類稿四一）

仲氏，湯左相有仲虺，孔子弟子仲由，漢有廷尉仲定。（廣韻一送、姓解一）

趙明誠金石録十六廷尉仲定碑：「定，漢史無傳，惟風俗通、元和姓纂具載姓名官爵，今案姓纂云：『漢有廷尉仲定。』此當同也。」

用氏，古有用國，見毛詩，漢有高唐令用虯、名士録有高士用羽之。（姓纂八、通志氏族略、容齋五筆一、類稿四二、路史國名紀六）

孫星衍、洪瑩校注曰：「毛詩有用國，未詳。」孫星衍平津館文稿上用國考：「應劭云：『出毛詩』者，桑中篇有『孟弋、孟庸』，毛傳以弋、庸爲姓，孔氏正義不能言其所出。錢少詹大昕，以古書『庸』與『閻』通，左氏傳『閻職』，史記齊世家作『庸職』是也。嘉靖山東通志：「古用國，在今高唐州地，故有用姓，引名士録有用羽之，蓋以國爲氏。太平寰宇記：『古高唐城，在禹縣城南五十里。』蓋漢縣在今高唐、禹城交界，庸職正是齊人。古庸、用亦通字，是孟庸、庸職、用虯、用羽之，當爲一族，其故城在禹城、高唐之間，既可釋毛詩，亦可補方志之缺。盧學士文弨輯風俗通逸文，删『見毛詩』三字，蓋不知其指孟庸也。禹城縣舊志古迹，不載用國，因據嘉靖通志增入之，而爲之考。」陳漢章曰：「風俗通所謂『古有用國，見毛詩』者，卽毛詩鄘國也。古鄘與庸通，漢書地理志：『詩風邶、庸、衞國。』師古注：『「庸」字或作「鄘」。』說文：『鄘从邑庸聲。庸从用从庚。』故庸又與用通，堯典『徵庸』，疏：『庸聲近用，故爲用。』皐陶謨：『帝庸作歌。』史記夏本紀作『帝用作此歌』，又『五刑五用哉』，後漢書梁統傳作『五庸』，皆其證也。鄘國之爲用姓，正猶雝國之變爲雍姓矣。」

雍氏，周文王第十三子雍伯之後，以國爲姓，今或音雍州之雍，漢雍齒，沛人。（姓纂八、廣韻三用、大金集禮二三、急就篇補注一、通鑑注八）

類稿四二：「雍，本於龍反，俗呼去聲，今附上平聲。」案：左傳桓公十一年雍姞，釋文：「音於龍反。」

被氏，漢有牂柯太守被條。（通志氏族略、古今姓氏書辯證二九、類稿三四）

義氏，義伯陽卿也，漢有南陽太守義縱。（姓纂八、類稿四二）

義渠氏，狄國，爲秦所滅，因氏焉，漢有光禄大夫義渠安國。（通志氏族略、姓解二、古今姓氏書辯證二九）

器案：義渠安國見漢書趙充國傳。

摯氏，摯疇，古諸侯也，見毛詩，周有摯荒。（姓纂八、通志氏族略、類稿四二、路史國名紀六）

器案：摯荒見左傳昭公二十二年。

摯疇氏，古之諸侯後有摯疇氏。（路史國名紀六）

遂氏，虞後，商人寘之遂。（路史後紀十一）

備氏，宋封人備之後。（廣韻六至、姓氏急就篇上）

利氏，漢有利乾，爲中山相。（廣韻六至、通鑑注十一）

肆氏，宋大夫肆臣之後，漢漁陽太守肆敏，子孫因居之。（姓纂八、通志氏族略、姓解一、類稿四二）

懿氏，齊懿公之後。（通志氏族略、古今姓氏書辯證二九、類稿四二）

季連氏，晉有棠邑大夫季連齊。（姓解二）

嗣氏，衞嗣君之後。（廣韻七至、類稿四二、姓氏急就篇上）

食氏，食我，韓公子也，見戰國策，漢有食子公，爲博士。食音嗣。（唐寫唐韻卌一職、廣韻二

十四職、通志氏族略、宋景文公筆記中、姓解二、類稿五二、卮林四）

器案：廣韻「子」誤「于」，通志、類稿「公」作「通」。食我，見韓非子説林上。食子公，見漢書儒林趙子傳。

忌氏，周公忌父之後，以王父字爲氏。（廣韻七至、通志氏族略、古今姓氏書辯證二九、類稿四二、姓氏急就篇上）

貴氏，陸終之後，漢有貴遷爲廬江太守。（姓纂八、廣韻八未、通志氏族略、容齋五筆一、類稿四二、姓氏急就篇上）

既氏，吴夫槩王之後，因避仇，改爲既氏，漢有安南長史既涼。（姓纂八、通志氏族略、類稿四二）

器案：通志作「漢有長安長既長」，未可據。

御氏、漢有司空史御長卿。（史記殷本紀索隱）

器案：史記殷本紀集解：「皇覽曰：『湯冢在濟陰亳縣北東郭，去縣三里，冢四方，方各十步，高七尺，上平處平地。漢哀帝建平元年，大司空御史長卿，案行水災，因行湯冢。』」索隱：「長卿，諸本多作劫姓，按風俗通有御氏，爲漢司空御史，其名長卿。明劫非也。亦有劫彌，不得爲御史。」洪頤煊讀書叢録十七曰：「案『大司空』下，不得言『御史』，劫、御聲相近，此本作『大司空史御長卿』，傳寫者誤乙作『御史』，而因以劫爲姓。水經汳水注引皇覽作『大司空史卻長卿』，『卻』卽『御』字之譌。」張文虎舒藝室續筆十九曰：「集解『御史』當作『史御』，索隱『司空』下『御』字衍。」

御龍氏，陶唐氏之後有劉累學擾龍，事夏孔甲，賜氏曰御龍氏。（通志氏族略）

遇氏，漢有遇沖，爲河内太守。（姓纂八、廣韻十遇、通志氏族略、姓解三、容齋五筆一、古今姓氏書辯證十遇、類稿四三、姓氏急就篇上）

器案：姓纂、辯證、類稿「河内」作「東安」。

鑄氏，鑄國也，堯後也，在濟北蛇丘縣，左傳，臧宣叔娶于鑄。後世以國爲氏。（姓纂八、通志氏族略、古今姓氏書辯證十遇、類稿四三）

傳氏，説築於傅巖，因以爲姓。（古今姓氏書辯證三〇）

露氏，漢有上黨都尉露平。（唐寫本唐韻十一暮、廣韻十一暮、通志氏族略、類稿四三、姓氏急就篇上、卮林四）

器案：後漢書鮑永傳有上黨都尉路平，姓纂八露、路分爲二氏，風俗通作露平，疑誤。

布氏，趙有布子，善相馬。（通志氏族略、類稿四三）

庫氏，古守庫大夫之後，以官爲氏，漢文、景時有倉氏、庫氏，後漢竇融傳有輔義侯庫鈞。（姓纂八、廣韻十一暮、古今姓氏書辯證十一暮、類稿四三、合璧事類續二七、姓氏急就篇上、疆識略三三）

器案：姓纂作「後漢竇融傳有庫輔、庫義、庫倿」，誤。

庫成氏，本亦苦成也，方言音變爲庫成。（姓纂八、通志氏族略、宋本古今姓氏書辯證十一暮）

步氏，漢有步邵爲下邳主簿，車伯琦爲明府，時人爲之語曰：「車府君，步主簿。」（姓解一）

帝嚋氏。（路史前紀四）

䵷氏。（玄應一切經音義三、慧琳一切經音義九、又三五）

器案：漢書王莽傳下有中常侍䵷惲，韋昭音徒計反。

第八氏，亦齊諸田之後，田廣弟田英，爲第八門，因氏焉，王莽時有講學大夫第八矯。（姓纂八、通志氏族略）

計氏，漢計子勳爲司空掾。（姓纂八）

薊氏，漢有薊子訓爲司空。（宋本古今姓氏書辯證十二霽）

桂氏，漢有揚州刺史桂褒。（通志氏族略、類稿四三）

香氏，彭城香景以爲計掾。（晉書音義七九）

器案：姓纂八：「香音桂，或作炅，漢衛尉香横，彭城，漢上計掾香景雲，見姓苑。城陽，後漢陳球碑：『城陽炅横被誅，有四子守墳墓，改姓炅氏；一子居徐州郡，雲之先也，姓香氏；一子居幽州，姓桂氏；一子居華陰，姓炔氏；皆九畫，以避難也。』」類稿「雲」作「曇」，云一作「雲」。又「華陰」作「華陽」。漢書儒林師丹傳有博士炔欽，師古注引蘇林曰：「炔音桂。」

厲氏，齊厲公之後，漢有魏郡太守義陽侯厲温。（通志氏族略、姓解三、類稿四三、合璧事類續二四、姓氏急就篇下）

勵氏，後漢魏郡太守義陽侯勵温，見功臣表。（姓纂八）

器案此二條，實爲一姓。考漢書功臣表有匈奴厲温敦，降封義陽侯，即此文所本，則其全名爲厲温敦，各書所引，俱脱「敦」字。又「義陽侯」有作「美陽侯」，「漢」有作「後漢」者，俱誤。至謂爲「齊厲公之後」，尤屬臆測之言，蓋厲温敦本匈奴人，焉得爲齊厲公之後也。

世氏，戰國時有秦大夫世鈞，漢有世寵，又世碩著子書。（廣韻十三祭、類稿四三）

器案：「世碩著子書」，原誤爲「世顧者子書」，今校正。漢書藝文志諸子略儒家：「世子二十一篇。」本注：「名碩，陳人也，七十子之弟子。」案王充論衡本性篇：「周人世碩以爲人性有善有惡，舉人之善性，養而致之，則善長；惡性，養而致之，則惡長。如此，則性各有陰陽善惡，在所養焉。故世子作養書一篇。」

太史氏，漢有尚書郎太史稟。（姓解三）

太陽氏，衛大夫太陽速。（姓纂八）

孫星衍、洪瑩校曰：「案：左傳爲戲陽速。」

艾氏，龐儉母艾氏。（姓纂八、廣韻十四泰、姓解二、宋本古今姓氏書辯證十四泰、姓氏急就篇上、通鑑注晉紀二四）

大氏，大庭氏之後，又大填、大山稽，黄帝師，大顈爲顓頊師。禮記曰：「大連，東夷之子。」（姓纂八、通志氏族略、宋本古今姓氏書辯證十四泰、類稿四四）

孫星衍、洪瑩校曰：「案：古今人表『顈』作『款』。」案：類稿作「款」。

大庭氏。（路史前紀六）

會氏，陸終之子會乙之後，漢有武陽令會相。（姓纂八、類稿四四）

器案：「會相」，類稿作「會炳」，廣韻十四泰云：「漢有會栩。」字又作「栩」，疑不能明也。古今人表女潰注云：「會乙也。」

賴氏，漢有交阯太守賴先。（唐寫本唐韻十二泰、廣韻十四泰、姓解一、容齋五筆一、姓氏急就篇下、通鑑注六六）

蒯氏，晉大夫蒯得之後，見左傳、禮記，漢有蒯徹。（姓纂八、通志氏族略、類稿四四、合璧事類續二八、彊識略三三）

快氏，漢有快欽。（姓解一）

器案：此當即「炔欽」之誤，已見上文「香氏」下，姓纂八、類稿四四俱云：「漢書：『齊人快欽治尚書。』」亦誤。

内史氏，周内史叔興之後，因官氏焉，周又有内史過。（姓纂九、通志氏族略）

載氏，姬姓之後，春秋有載國。（廣韻十九代、宋本古今姓氏書辯證十九代、路史後紀十、姓氏急就篇上）

陳漢章曰：「廣韻十九代注引風俗通但云：『姬姓之後。』姓氏急就篇又引『春秋有載國』。三家不復分別，而引路史。張氏又引鄭樵云：『疑即戴姓之譌。』不知載、戴二字古通，春秋之戴姓，出自宋之子姓，非即姬姓之國。春秋隱公十年：『宋、蔡、衞伐戴。』公羊、穀梁經並作『伐載』，漢書五行志亦作『戴』，師古注：『讀者多誤爲載，故隋置載州。』此國與宋無涉。杜預釋例、顧棟高大事表並失考風俗通，何論鄭樵。」

信氏，魏公子信陵君之後。（通志氏族略、古今姓氏書辯證三二、類稿四四）

信都氏，張敖尚漢魯元公主，封於信都，因氏焉。（姓纂九、通志氏族略）

胤氏，夏時侯國，子孫氏焉。（姓纂九、通志氏族略、路史國名紀六）

遴氏，遴到，爲韓大夫，著遴子三十篇。（姓纂九）

慎氏，慎到，爲韓大夫，著慎子三十篇。

器案：史記孟荀列傳：「慎到，趙人，學黄老道德之術，故著十二論。」漢書藝文志諸子略法家：「慎子四十二篇。」本注：「名到，先申、韓，申、韓稱之。」此作三十篇，疑有誤。又此條與上遴氏條文全同，疑作遴者亦因音近而改，猶昏氏之比也。

晉氏，出自姬姓，周武王子唐叔虞封爲晉侯，傳國二十代，爲韓、魏、趙所滅，子孫以國爲姓。（古今姓氏書辯證三二）

靳氏，楚大夫靳尚，漢有信武侯靳歙，又汾陽侯靳强。（姓纂九、類稿四四、合璧事類續二二）

器案：「靳尚漢有信武侯」七字原脱，今據孫星衍、洪瑩校補。

建氏，楚太子建之後，漢有建公，見元后傳。（姓纂九、通志氏族略、類稿四五）

獻氏，晉獻公之後，有秦大夫獻則，戰國時有獻淵。（姓纂九、廣韻二十五願、通志氏族略、宋本古今姓氏書辯證二十五願、類稿四五、姓氏急就篇上）

頓氏，頓子國，今南頓是也，後爲楚所滅，子孫以國爲氏，漢有頓肅。（姓纂九、類稿四五）

灌氏，斟灌之後，子孫以國爲氏焉，漢丞相潁陰侯灌嬰，嬰孫賢汝陰侯，又太僕灌夫父張孟嘗爲嬰舍人，易姓灌氏，列仙傳有灌光。（姓纂九、通鑑注九、宋本古今姓氏書辯證二十九换、類稿四五）

孫星衍、洪瑩校曰：「案漢書，賢封臨汝侯。」

段氏，段干木之後，姓段，名干木。（史記老子列傳集解、廣韻二十九换、路史國名紀二、齊東野語一、姓氏急就篇上）

器案：姓纂九段氏下引三輔決録云：「段氏，李老君之自出，段干木之子隱如入關，去干爲段氏。」孫星衍、洪瑩校曰：「案段干氏，羅泌謂『初邑段，後邑干，因邑爲氏。』魏世家有段干子，田世家有段干朋，風俗通以爲姓段名干木，蓋以吕氏春秋『干木富於義』，魏都賦『干木之德自解紛』之言誤之，唐表遂謂『封段爲干木大夫』，疎矣。又木子名同，爲趙相，無隱如名。此云『入關爲段氏』，亦屬傅會。且春秋時以段名者，如鄭印段、公孫段，宋褚孫段，或其後以名爲氏，亦未可知，未必定爲共叔後也。」

諫氏，周禮有司諫氏，因以爲氏，漢有持書侍御史諫忠。（唐寫本唐韻卅諫、廣韻三十諫、通志氏族略、古今姓氏書辯證三二、類稿四五、姓氏急就篇上、卮林四）

器案：類稿無「侍」字，廣韻、通志、姓氏急就篇作「治書侍史」，辯證、卮林作「治書御史」。

晏氏，漢司隸校尉晏稱，漢書御史晏忠。（姓纂九）

器案：「晏稱」原作「晏南」，類稿四五引姓纂作「晏稱」，今據校正，後漢書張酺傳有司隸校尉晏稱。

賤氏，漢有北平太守賤瓊。（唐寫本唐韻卅三線、姓纂九、廣韻三十三線、宋本古今姓氏書辯證三十三線、類稿四五、容齋五筆一、通志氏族略、姓氏急就篇上）

器案：姓纂、類稿「北平」上有「左」字，當是「右」字之誤。

孌氏，遼東人姓也。（姓解三）

孝氏，齊孝公之後。（唐寫本唐韻卅六効、廣韻三十六效、姓氏急就篇上）

豹氏，八元叔豹之後。（唐寫本唐韻卅六効、廣韻三十六效、姓解二、路史前紀九、姓氏急就篇上）

到氏，漢有東平太守到質。（容齋五筆一）

暴氏，暴辛公，周諸侯也，秦有將軍暴鳶、漢御史大夫暴勝之。（姓纂九、通志氏族略、類稿四五、路史後紀九下、合璧事類續二三、排韻氏族大全八、詩地理考三）

器案：暴勝之見漢書武紀、百官公卿表及劉屈氂、王訢、雋不疑、孝元王皇后等傳。

播氏，播軺武，商末賢人。（姓纂九、宋本古今姓氏書辯證三十九過、類稿四五）

謝丘氏，周宣王支子食采謝丘，因氏焉，漢書古今人表魯有謝丘章。（姓纂九、通志氏族略）

夜氏。（古今姓氏書辯證三三）

弇氏，新鄭人，楊弇村，在縣西二十五里邢山東。（姓纂九、通志氏族略、類稿四六）

暢氏，出姜姓。（古今姓氏書辯證三三）

匠氏，凡氏於事者，巫、卜、陶、匠是也，古有匠石。（廣韻四十一漾、通志氏族略、姓解三、姓氏急就篇上）

望氏，齊太公望之後。（通志氏族略、古今姓氏書辯證三三、類稿四六）

伉氏，漢有伉喜爲中大夫。（唐寫本唐韻卌二宕、廣韻四十二宕、姓解一、宋本古今姓氏書辯證四十二宕、姓氏急就篇上）

抗氏，衞大夫三抗之後，漢有抗喜爲漢中太守。（後漢書桓紀注、古今姓氏書辯證三三、姓氏急就篇上、卮林四）

器案：伉、抗實一姓，故王應麟兩存之，鄧名世、孫星衍、洪瑩皆以爲「伉」當作「抗」。

曠氏，師曠之後。（通志氏族略、類稿四六、古今姓氏書辯證三三）

敬氏，陳敬仲之後，後漢有揚州刺史敬歆。（唐寫本唐韻卌五敬、廣韻四十二映、通鑑注一一五）

陳漢章曰：「案集古録、金石録跋漢揚州刺史敬使君碑並云：『姓苑載風俗通有敬歆。』三家並未考及。」

慶忌氏。（姓氏急就篇下）

令氏，楚令尹子文之後。（史記文紀索隱、通鑑注漢紀七）

救氏，漢有諫議大夫救人。（唐寫本唐韻卌九宥、廣韻四十九宥、通志氏族略、姓解三、宋本古今姓氏書辯證四十九宥、類稿四八、姓氏急就篇上、卮林四）

器案：「廣韻、姓解、辯證、姓氏急就篇、卮林「人」作「仁」，古通，通志、類稿作「乂」，形近而誤。

晝氏，齊大夫食邑於晝，後因氏焉。（姓纂九、唐寫本唐韻卌九宥、姓解三、宋本古今姓氏書辯證四十九宥、通志氏族略、類稿四八、路史國名紀六、姓氏急就篇上）

副氏，周公忌父之後，以王父字爲氏。（姓纂九）

孫星衍、洪瑩校曰：「案：魏志副呂氏改爲副氏，又爲呂氏，此言忌父後爲副氏，當有脱誤。」

富氏，漢有富留人爲公田使者。（姓纂九）

廖氏。

器案：或列入去聲，今列入平聲，已見前。

寇氏，蘇忿生爲武王司寇，後以官爲氏，後漢有寇恂。（廣韻五十候、通志氏族略、姓氏急就篇上）

竇氏，夏后相遭有窮氏之難，其妃方娠，逃出自竇，而生少康，其後氏焉，漢有竇嬰。（唐寫本唐韻五十候、廣韻五十候、通鑑注漢紀五、姓解一）

竇公氏，魏文侯時，有樂人竇公氏獻古文樂書一篇。（姓解一、古今姓氏書辯證三四）

器案：漢書藝文志六藝略：「六國之君，魏文侯最爲好古。孝文時，得其樂人竇公，獻其書，乃周官大宗伯之大司樂章也。」師古注引桓譚新論云：「竇公年百八十歲，兩目皆盲，文帝奇之，問曰：『何因至此？』對曰：『臣年十三失明，父母哀其不及衆技，教鼓琴，臣導引無所服餌。』」

監氏，衛康叔爲連屬之監，其後氏焉。（姓纂九、廣韻五十九鑑、通志氏族略、姓解三、宋本古今姓氏書辯證五十九鑑、類稿四八、姓氏急就篇上）

穀梁氏，穀梁名赤，子夏門人。（經典釋文叙録、意林、容齋續筆一四、玉海藝文四〇）

器案：孝經序疏引「門人」作「弟子」。

禄氏，殷紂子武庚字禄父，其後以王父字爲氏。（姓纂十、通志氏族略、類稿四九、合璧事類續二七、永樂大典一九六九五、彊識略三三）

器案：永樂大典見純常子枝語三七引。

鹿氏，漢有巴郡太守鹿旗。（唐寫本唐韻一屋、廣韻一屋、容齋五筆一、通鑑注晉紀二〇）

卜氏，凡氏於事，巫、卜、陶、匠是也，春秋魯大夫卜齮，魯莊公車右卜國。（古今姓氏書辯證三五）

濮陽氏，長沙太守濮陽逸。（姓解一）

沐氏，漢有東平太守沐寵。（唐寫本唐韻一屋、廣韻一屋、容齋五筆一、姓氏急就篇下、通鑑注漢紀四六、巵林四）

宓氏，宓康公之後，以國爲氏，史記仲尼弟子宓不齊字子賤，魯人。（姓纂十）

器案：密康公事見周語及列女傳，字俱作密，姓纂引風俗通，以子賤爲康公之後，則子賤之姓，當音美筆切，廣韻一屋虙字下云：「又姓，虙子賤是也。」則音房六切。顔氏家訓書證篇謂「伏生爲子賤之後，子賤爲虙戲之後」，與此所言迥異。

鞠氏，漢有尚書令鞠譚，或爲麴氏，音訛轉改，漢有麴衍。（唐寫本唐韻一屋、姓纂十、廣韻一屋、

通志氏族略、姓解二、通鑑釋文四、姓氏急就篇上、卮林四）

祝其氏，宋戴公之子公子祝其爲大司寇，因氏焉，見世本，漢有清河都尉祝其承先。（姓纂十、通志氏族略、宋本古今姓氏書辯證一屋）

鄐氏，漢有東海太守鄐熙。（容齋五筆一）

宿氏，漢有雁門太守宿詳。（唐寫本唐韻一屋、廣韻一屋、容齋五筆一、姓氏急就篇下、通鑑注魏紀四）

牧氏，漢有越嶲太守牧根。（唐寫本唐韻一屋、廣韻一屋、姓氏急就篇上、卮林四）

器案：「牧根」，廣韻以下諸書俱誤作「牧粮」，今從唐韻。後漢書南蠻西南夷邛都夷傳云：「王莽時，郡守枚根。」御覽七九一引後漢書及注俱作「枚根」，漢書西南夷傳亦作「枚根」，與風俗通不同。

牧師氏。（廣韻六脂、姓氏急就篇下）

沃氏，太甲子沃丁之後。（唐寫本唐韻二沃、姓纂十、廣韻二沃、宋本古今姓氏書辯證二沃、通志氏族略、類稿四九、合璧事類續二七、姓氏急就篇上、彊識略三三）

督氏，宋大夫華父督之後，晉有督戎，欒盈臣，漢有五原太守督瓚。（唐寫本唐韻二沃、姓纂十、廣韻二沃、姓解一、宋本古今姓氏書辯證二沃、容齋五筆一、通志氏族略、姓氏急就篇上）

器案：唐韻「督瓚」作「督璜」，姓解作「督瓊，一名瓚」，辯證作「督瓊」，姓氏急就篇作「督環」。

僕氏，漢有渾梁侯僕多。（廣韻二沃、姓氏急就篇上、卮林四）

器案：「煇梁」當作「煇渠」，煇渠侯僕多見史記建元以來侯者年表及衛青傳、漢書功臣侯表及霍去病傳，功臣侯表

「僕多」作「僕朋」，形近之誤，姓氏急就篇因之而沿誤。

項氏，顓頊之後。（姓纂十、類稿四九）

蓐氏，蓐收之後。（宋本古今姓氏書辯證三燭、類稿四九、路史國名紀二、通志氏族略）

逯，秦邑也，其大夫氏焉，漢有大司空逯竝。（後漢書郅惲傳注、唐寫本唐韻三燭、通志氏族略、姓解一、宋本古今姓氏書辯證三燭、類稿四九、路史國名紀六、合璧事類續二八、姓氏急就篇下）

器案：「大司空」通志作「大司馬」，與漢書王莽傳中合。逯並，見漢書王莽傳中、翟方進傳及恩澤侯表、後漢書郅惲傳，唐韻作「逯普」，類稿、合璧事類作「逯石」，俱誤。

續氏，漢有續相如。（姓解二）

器案：續相如使西域，封承父侯，見漢書功臣侯表。

亍氏，河東亍氏，楚有大夫亍衡。（姓解一、古今姓氏書辯證三六）

濯氏，漢有濯輯。（唐寫本唐韻四覺、廣韻四覺、姓解一、古今姓氏書辯證三六、路史國名紀六、姓氏急就篇上）

郅氏，郅，商時侯國也，見毛詩，子孫氏焉，漢有濟南太守郅都。（姓纂十、通志氏族略、類稿五〇、通鑑注一六）

孫星衍、洪瑩校曰：「案：毛詩郅國未詳。」

器案：類稿無「見毛詩」三字，當據删。

吉氏，周尹吉甫之後，漢有漢中太守吉恪。（通鑑注六八）

室中姓。（史記高祖功臣表索隱）

單行本索隱作「窒中」，器案：漢書功臣侯表亦作「室中」，作「窒」者疑誤。姓纂十云：「漢書藝文志有室中周，著書十篇，王莽時，室中公避地漢中，漢功臣表清簡侯室中同。」

密氏，密康公之後，以國爲氏。（類稿五〇）

密須氏，姞姓之國。（史記周本紀集解引應劭）

乙氏，漢有南郡太守乙世。（姓解三、古今姓氏書辯證三六）

屈侯氏，魏賢人屈侯鮒，漢有郎中令屈侯豫。（姓纂十、通志氏族略、古今姓氏書辯證三七、路史國名紀三）

述氏，魯大夫仲述之後。（唐寫本唐韻六術、廣韻六術、古今姓氏書辯證三六）

恤氏，魯有恤由。（姓解一）

闕氏，古闕者，官爲姓。承闕黨童子之後，縱横家有闕子著書，漢有荆州刺史闕翊。（後漢書獻紀注、姓纂十、通志氏族略、古今姓氏書辯證三七、合璧事類續二七、姓氏急就篇上、通鑑注漢紀五二）

器案：漢書藝文志諸子略縱横家：「闕子一篇。」劉勰新論九流篇作「闞子」，非是。

謁氏，古有謁者官，因以爲氏，漢有汝南太守謁涣（一作「瓊」），又張湯小吏謁居。（廣韻

十月、通志氏族略、姓解一、古今姓氏書辯證三七、容齋五筆一、姓氏急就篇上）

器案：後漢書方術廖扶傳作「謁煥」，華陽國志巴志亦作「謁煥」。

勃氏，宋左師勃之後也，晉有寺人勃鞮。（通志氏族略）

鶡冠氏，楚賢人，以鶡爲冠，因氏焉，鶡冠子著書。（姓纂十、通志氏族略）

通志「賢」誤「竇」，「鶡」誤「褐」。

器案：漢書藝文志諸子略道家：「鶡冠子一篇。」本注：「楚人，居深山，以鶡爲冠。」師古曰：「以鶡鳥羽爲冠。」

葛氏，葛天氏之裔，子孫氏焉。夏時葛伯，嬴姓國也，亦爲葛氏。漢有潁川太守葛興。（姓纂十、通志氏族略、路史前紀七、合璧事類續十四、翰苑新書後七、祕笈新書別三）

滑氏，漢有詹事滑典。（唐寫本唐韻十四黠、廣韻十四黠、姓氏急就篇上、巵林四）

頡氏，蒼頡，古之賢人，頡衛，古之賢者。（唐寫本唐韻十六屑、廣韻十六屑、通志氏族略、姓解一、古今姓氏書辯證三七、姓氏急就篇上）

列氏，古帝王列山氏之後，子孫氏焉，鄭有隱者列禦寇著書八篇，號列子。（姓纂十、姓解一、宋本古今姓氏書辯證十七薛、類稿五三、路史後紀八、姓氏急就篇上）

列山氏。（路史後紀四）

列僊氏。（路史前紀四）

舌氏，越有大夫舌庸。（姓解一）

鄀氏，春秋時鄀國，以國爲氏。（類稿五一）

鐸氏，漢有廷尉鐸政。（姓纂十、通志氏族略）

幕氏，舜祖幕之後，支孫以王父字爲氏，見左傳。（姓纂十、通志氏族略、類稿五一、路史後紀一二、合璧事類續二六、彊識略三三）

落氏，皋落氏，翟國也，此赤翟別種，以國爲姓，見左傳，漢有落下閎，巴郡人，撰太初曆。（姓纂十、通志氏族略、類稿五一）

落下氏，漢有落下閎。（文選公孫弘傳贊注）

作氏，周公之子胙侯，子孫因避地改爲作氏，漢有涿郡太守作顯。（姓纂十、通志氏族略、容齋五筆一）

薄氏，衞賢臣薄疑，漢高帝薄夫人生文帝，夫人弟昭，封軹侯，官至車騎將軍，子戎奴嗣。（姓纂十、通志氏族略、類稿五一、合璧事類續二四、通鑑注周紀四）

器案：戎奴見漢書恩澤侯表，姓纂作「戍奴」，誤。

博氏，漢有博子勞，善相馬，望出淮南廣平。（通志氏族略、古今姓氏書辯證三八、類稿五一）

器案：辯證作「漢有博勞吉，善相馬」，廣韻十九鐸云：「博，又姓，古有博勞，善相馬也。」疑博勞卽伯樂之轉音。

郭氏，氏於居，城、郭、園、池是也。（廣韻十四清）

白馬氏，微子乘白馬朝周，因氏焉。一云，公孫瓚在幽州，乘白馬，因以爲氏。（姓纂十、廣韻三十五馬、通志氏族略、姓解三、宋本古今姓氏書辯證二十陌、路史後紀十、姓氏急就篇下）

白象氏，白象先生古隱者。（通志氏族略、古今姓氏書辯證三九）

白鹿氏，白鹿先生古賢人，著書。（姓纂十、通志氏族略）

帛氏，楚有帛州黎。（姓解三）

伯氏，嬴姓伯益之後，晉大夫伯宗生州犁，仕楚。（姓纂十、類稿五二）

百里氏，秦大夫百里奚之後，其先虞人，家於百里，因氏焉。（通志氏族略）

柏氏，柏皇氏之後，又柏亮父爲顓頊師，柏招帝嚳師，柏冏爲周太僕。柏國在汝南西平縣，爲楚所滅，子孫以國爲氏。漢有柏始昌、柏英爲大鴻臚，秦大將軍柏直。（姓纂十、宋本古今姓氏書辯證二十陌、類稿五二、合璧事類續一三）

器案：柏直乃魏將，見漢書高紀上，此云「秦大將軍」，誤。柏始昌見漢書西南夷傳。

柏成氏，伯成子高，堯時諸侯也。（通志氏族略）

笮氏，楚有笮倫。（姓解一、姓氏急就篇上、通鑑注漢紀六一）

器案：姓解作「筵」，云：「又作『笮』，注在竹部。」

赫氏，赫胥氏之後。（姓纂十、類稿五二、路史前紀七）

器案：「胥」，姓纂誤作「𦙍」，類稿誤作「骨」，今從路史。

赫胥氏。（路史前紀七）

獲氏，宋大夫猛獲之後，以王父字爲氏。（姓纂十、通志氏族略、類稿五二）

鬲氏，偃姓，咎繇後。（水經河水注五引應劭）

昔氏，周大夫封昔，因氏焉，漢有昔登爲烏傷令。（唐寫本唐韻十九昔、姓解一、宋本古今姓氏書辯證二十二昔、通志氏族略、類稿五二、路史國名紀六、容齋五筆一）

器案：唐韻、姓解「傷」誤「陽」。

赤氏，帝嚳師赤松子之後，見神仙傳，單姓赤。（姓纂十、通志氏族略、宋本古今姓氏書辯證二十二昔、類稿五二）

析氏，齊大夫析歸父。（廣韻二十三錫）

櫟陽氏，漢景丹封櫟陽侯，丹曾孫分，避亂隴西，因封爲氏焉。（姓纂四、通志氏族略）

器案：姓纂引作『景母封孫陽侯，丹曾孫汾，避亂隴西，因封爲氏』，文多譌誤，今據通志改正；通志『隴西』誤作『櫟陽』。景丹封櫟陽侯，見後漢書本傳。

職氏，漢有山陽令職供。（唐寫本唐韻卌一職、廣韻二十四職、姓解二、宋本古今姓氏書辯證二十四職、容齋五筆一、姓氏急就篇上）

器案：「供」，廣韻、姓解、容齋五筆、姓氏急就篇作「洪」，今從唐韻及辯證。

嗇氏，古嗇夫，子孫因氏焉。（姓纂十、通志氏族略、類稿五二）

卽氏，漢有單父令卽費，其先食采卽墨，因以命氏。（唐寫本唐韻卌一職、姓纂十、廣韻二十四職、通志氏族略、姓解二、宋本古今姓氏書辯證二十四職、姓氏急就篇下）

器案：「費」，唐韻作「貴」，廣韻、容齋五筆作「賷」，今從姓纂等作「費」。

卽墨氏，漢有卽墨威爲咸陽令。（姓解二）

稷氏，后稷之後。（唐寫本唐韻卌一職）

墨夷氏，宋大夫有墨夷須、墨夷皋。（通志氏族略、古今姓氏書辯證四〇）

墨胎氏，伯夷之國也，其君姓墨胎氏。（史記伯夷列傳索隱引應劭）

北唐氏，晉有高人隱於北唐，因氏焉，漢有北唐子真治京氏易。（急就章注）

器案：姓纂十引英賢傳作「晉有高人越者隱者，隱於北唐，因氏焉，漢有北唐子真治京氏易者」。

習氏，習，國名，漢有習響爲陳相。（姓纂十、通志氏族略、類稿五三、合璧事類續二六、通鑑注魏紀四、彊識略三三）

襲氏，賨人七姓有襲氏。（姓氏急就篇上）

集氏，漢有外黄令集一。（廣韻二十六緝、宋本古今姓氏書辯證二十六緝、容齋五筆一、姓氏急就篇上、通鑑注魏紀九）

拾補曰：「通鑑注『集』作『習』，疑彼誤。」

汲氏，衞宣公太子伋之後，居汲，因以爲氏。（姓纂十、通志氏族略、類稿五三、合璧事類續二二）

沓氏，賨人七姓有沓。（姓氏急就篇上）

納氏。（急就章注）

葉氏，楚沈尹戌生諸梁，字子高，食采於葉，因氏焉。（姓纂十、通志氏族略、翰苑新書後七、祕笈新書別三、合璧事類續二四）

捷氏，郳公子捷菑之後，漢藝文志有捷子二篇，六國時人。（姓纂十、通志氏族略、類稿五三）

器案：漢書藝文志諸子略道家：「捷子二篇。」本注：「齊人，武帝時説。」王念孫讀書雜志以「武帝時説」四字，乃涉下條注「武帝時説於齊王」而誤。器案：證以應氏此文，王説良是。

輒氏，衞出公輒之後，以王父字爲氏，漢有輒終古。（姓纂十、通志氏族略）

器案：姓纂又云：「史記：『錢塘輒終古封禦兒侯。』」孫星衍、洪瑩校曰：「案：史記作『轅終古。』」器案：漢書功臣表、閩粵王傳亦作「轅終古」，此疑誤。

莢氏，莢成僖子，晉大夫，見世本。（通志氏族略）

甲氏，太甲之後，一云鄭大夫石甲之後。（姓纂十、通志氏族略、類稿五三）

鄴氏，漢有梁令鄴風。（唐寫本唐韻卅三業、廣韻二十三葉、姓解一、古今姓氏書辯證四〇、類稿五三、姓氏急就篇下、卮林四）

諱篇

汝南主簿應劭議，宜爲舊君諱，論者皆互有異同。（三國志吴書張昭傳，注云：「事在風俗通。」）

彭城孝廉張子嬌議云：「若君臣不得相襲作名，周穆王諱滿，至定王時，有王孫滿，厲王諱胡，莊王之子名胡。」（意林）

周廣業意林注曰：「三國志：『張昭字子布，彭城人，弱冠爲孝廉，與王朗共論舊君諱事。』裴松之注云：『時汝南主簿應劭議，宜爲舊君諱，論者皆互有異同，事在風俗通。昭著論略曰：周穆王諱滿，至定王時，有王孫滿者爲大夫，是臣協君也。厲王諱胡，莊王之子名胡，其比衆多。』」器案：左傳成公十年疏：「漢末有汝南應劭作舊君諱議云：『昔者，周穆王名滿，晉厲公名壽滿，又有王孫滿，是同名不諱。』」「壽滿」，史記晉世家作「壽曼」，王劭讀書志、史通五行志雜駁篇作「州滿」，「州」「壽」、「曼」「滿」，音近相通。左傳成公十年，經、傳及杜注作「州蒲」，釋文云：「本或作『州滿』。」案作「蒲」者，「蒲」「滿」形近之誤。

茂才，舊言秀才，避光武諱稱茂才。（漢書武紀元封五年詔注引應劭）

釋忌

不舉併生三子。俗説：生子至於三，似六畜，言其妨父母，故不舉之也。謹案：春秋國語：「越王句踐，令民生二子者，與之餼；生三子者，與之乳母。」三子不能獨養，故與乳母，所以人民繁息，卒滅强吳，雪會稽之耻，行霸於中國也。古陸終氏娶於鬼方，謂之女嬇，是生六子，皆爲諸侯。今人多生三子，子悉成長，父母完安，豈有天所孕育而害其父母兄弟者哉？（意林、御覽三六一）

器案：「卒滅强吳」，道藏本意林作「遂滅强吳」，何害之有」。本書正失篇：「今俗間多有禁忌，生三子者……以爲妨害父母。」與此可以互證。開元占經一一三引天鏡：「婦女一時生三男，不出三年，外國來伐；生三女，國有陰私。」與此文所載俗説，正復一脈相承。

不舉寤生子。俗説：兒墮地便能開目視者，謂之寤生，舉寤生子，妨父母。謹案：春秋左氏傳：「鄭武公娶於申，曰武姜，生莊公及共叔段。莊公寤生，驚姜氏，因名寤生。」武公老終天年，姜氏亦然，安有妨其父母乎？（御覽三六一、西溪叢話上、困學紀聞六、羣碎錄）

不舉父同月子。俗説：妨父也。謹案：左氏傳：「桓公之子，與父同月生，因名子同。」漢明帝亦與光武同月生。（意林、御覽三六一）

周廣業意林注曰：「後漢書張奐傳：『武威郡俗多妖忌，凡二月五日生子，及與父母同月生者，悉殺之。』」器案：東觀漢記：「光武皇帝建平元年十二月甲子夜，帝生。」又：「建武四年夏五月甲申，帝（明帝）生。」據此，則「十二月」、「五月」，必有一誤，非「十二」誤分「五」爲二，即「五」誤合「十二」爲一也。

俗説：五月五日生子，男害父，女害母。故田文生而嬰告其母勿舉，且曰：「長與户齊，將不利其父母。」（史記孟嘗君傳索隱、蘆浦筆記一）

器案：本書正失篇：「今俗間多有禁忌，……五月生者，以爲妨害父母。」論衡四諱篇：「四曰諱舉正月、五月子。以爲正月、五月子，殺父與母；不得已舉之，父母禍死。」通典六九引田瓊四孤議：「有俗人五月生子妨忌之，不舉者。」此俱東漢時之言不舉五月子者。至具事例，則有如正失篇言田文事者，又有西京雜記言：「王鳳以五月五日生，其父欲不舉，其叔曰：『以田文推之，非不祥也。』遂舉之。」又有世說新語言：「胡廣本姓黃，五月五日生，父母惡之，置之甕中，投於江。胡公聞甕中有兒啼，取之，養爲己子，遂登三司。」（御覽二二、三一引）

不舉生鬢鬚子。俗說：人十四五，乃當生鬢鬚，今生而有之，妨害父母也。謹案：周書：「靈王生而有髭，王甚神聖，克修其職，諸侯服享，二世休和。」安在其有害乎？（御覽三七四、天中記二二）

不宜歸生。俗云：令人衰。案：婦人好以女易他男，故不許歸。（意林）

盧文弨曰：「案句末疑脱一『生』字。」周廣業注曰：「出嫁女不宜歸母家生子。」

宅不西益。俗說：西者爲上，上益宅者，妨家長也。原其所以西上者，禮記：「南向北向，西方爲上。」爾雅曰：「西南隅謂之隩。」尊長之處也。不西益者，難（一作「恐」）動摇之耳。審西益有害，增廣三面，豈能獨吉乎？（類聚六四、御覽一八〇、天中記一四）

器案：淮南人間篇：「魯哀公欲西益宅，史争之，以爲西益宅不祥。」許注：「西益宅，築舊居之西，更爲田宅。」論衡四諱篇：「俗有大諱四：一曰諱西益宅。西益宅謂之不祥，不祥必有死亡。相懼如此，故世莫敢西益宅。」案：新序雜事五、家語正論解又有「東益宅不祥」之說。

祝、阿不食生魚。俗説：祝、阿凡有賓婚吉凶大會，有異饌，飯食自極至蒸魚也。（書鈔一五一）

俗説：臨日月薄蝕而飲，令人蝕口。謹案：日，太陽之精，君之象也，日有蝕之，天子不舉樂。里語：「不救蝕者，出行遇雨。」恐有安坐飲食，重懼也。（御覽八四九）

俗説：雷鳴不得作醬，雷已發聲作醬，令人腹内雷鳴。謹案：子路感雷精而生，尚剛好勇，死，衛人醢之，孔子覆醢，每聞雷，心惻怛耳。（書鈔一四六、開元占經一〇二、白帖五、御覽一三、八六五、事類賦三、天中記四六）

器案：「作醬」，事類賦作「蓋醬」。御覽一三引論衡：「子路感雷精而生，尚剛好勇，親涉衛難，結纓而死；孔子聞而覆醢，每聞雷鳴，乃中心惻怛。故後人忌焉，以爲常也。」今本論衡四諱篇有云：「世諱作豆醬，惡聞雷，一人不食，欲使人急作，不欲積家踰至春也。」不知御覽所引爲是論衡此篇脱文，抑復他處佚文也。書鈔一五二引論語説：「子路感雷精而生，尚剛好勇，親涉衛難，結纓而死；孔子聞而覆醢，每聞雷鳴，乃中心惻怛。故後人忌焉，以爲常也。」則此亦漢人習傳之説。又案：李濟翁資暇集中云：「人間多取正月晦日合醬，是日偶不暇爲之者，則云時已失，大誤也。又案：昔者，王政趨民正月作醬，是日以農事未興之時，俾民乘此閑隙，備一歲調鼎之用，故紿云：『雷鳴不作醬，腹中當鳴。』所貴今民不於三二月作醬，恐奪農事也。今不躬耕之家，何必以正晦爲限，亦不須避雷，但問菽趨得法否耳。」蓋亦本風俗通爲言。

堪輿書云：「上朔會客，必鬬争。」案：劉君陽爲南陽牧，嘗上朔設盛饌，了無鬬者。（御覽

八四九）

俗云：五月到官，至免不遷。今年有茂才除蕭令，五月到官，破日入舍，視事五月，四府所表，遷武陵令。余爲營陵令，正觸太歲，主余東北上，余不從，在事五月，遷太山守。（意林）

錢大昕曰：「『免』似『死』字，或『老』字。」器案：「武陵令」當作「武陵守」，漢有武陵郡無武陵縣，「令」字蓋涉下文「營陵令」而誤；由蕭令遷武陵守，正猶劭之由營陵令遷太山守也。北齊書宋景業傳：「或曰：『陰陽書：五月不可入官，犯之，卒於其位。』」則此謬説至北齊時猶然。又案：後漢書趙典傳注：「四府：太尉，司徒，司空，大將軍府也。」

俗説：二人共澡手，令人鬬争。良無異器，當共澡者，其祝曰：「人相愛，狗相齧。」言狗鬬時，灑之以水，便自解也。（御覽四九六）

坐不移樽。俗説：凡宴飲者，移轉樽酒，令人鬬争。（御覽四九六、七六一）

器案：「令人鬬争」，御覽七六一作「令人訟諍」。

俗説：帷帳不可作衣，令人病癘。（書鈔一三二、御覽七〇〇）

俗説：卧枕户砌者，鬼陷其頭，令人病顛。（白帖三、御覽七三九）

錢大昕曰：「『陷』疑『蹈』。」案淮南氾論訓云：「枕户橉而卧者，鬼神蹠其首。」蹠、蹈義同。」器案：玉篇木部：「楚人呼門限曰橉。」

五月蓋屋，令人頭禿。謹案：易、月令，五月純陽，姤卦用事，齊麥始死。夫政趣民收獲，如寇盜之至，與時競也。除黍稷，三豆當下，農功最務，間不容息，何得晏然除覆蓋室寓乎？今天下諸郭皆諱秃，豈復家家五月蓋屋邪？俗化擾擾，動成訛謬，尼父猶云「從衆」，難復縷陳之也。（顏氏家訓書證篇、玉燭寶典五、初學記四、白帖一、御覽三一、記纂淵海二、歲華紀麗二、歲時廣記三一、書林事類韻會五四、羣碎録）

器案：酉陽雜俎十一廣知：「俗諱五月上屋，言五月人蛻上屋，見影，魂當去。」則此俗諱，至唐代又有所發展。

五月五日，不得曝床薦席。（白帖一、歲華紀麗二、記傳淵海二、書林事類韻會五四）

器案：御覽二二引荆楚歲時記：「俗忌五月曝牀薦席。」又引異苑：「新野庾寔嘗以五月曝席，忽見一小兒死在席上，俄失之，其後寔子遂亡。或起於此。」又：「或問董勛曰：『俗五月不上屋，云五月人脱上屋，見影，魂便亡。』勛答云：『蓋秦時王自爲之，禁夏不得行，漢、魏未改。案月令：仲夏可以居高明，可以遠眺望，可以升山陵，可以處臺榭。鄭玄云：順陽在上也。今云不得上屋，正與禮反。敬叔云：見死小兒而禁曝牀席。何以異於此乎？俗人月諱，何代無之，但當矯之歸於正。』」案玉燭寶典五：「董勳問禮，俗云：『五月望，禮有乘高爲良，曰卽其義也。世稱惡月者，月令：『仲夏，陰陽争，死生分，君子齋戒；止聲色，節嗜欲。』案異苑：『新野庾寔家常以五月曝薦，忽見一小兒死於席上，俄失所在，其後寔女子遂亡，故相傳以爲忌。』」寶典與御覽引董勳問禮，互有詳略，故並存之，以其可以取證應說也。

俗說：正月長子解浣衣被，令人死亡。謹案：論語：「死生有命，富貴在天。」補更小事，何乃成灾？源其所以，正月之時，天甫淒栗，里語：「大暑在七，大寒在一。」一謂正月也。人家不能羸袍異裳，脱著身之衣，便爲風寒所中，以生疹疾，疹疾不瘳，死亡必矣。或說：正月，臣存其君，子朝其父，九族州閭，禮賢當周，長子務於告慶，故未以解浣也。諺曰：「正月樹，

二月初，自憘妃女煞丈夫。」不着潔衣，爾後大有俗節戲笑。（玉燭寶典一）

徒不上墓。俗説：新遭刑罪原解者，不可以上墓祠祀，令人死亡。謹案：孝經：「身體髮膚，受之父母，曾子病困，啓手足以歸全也。」今遭刑者，髡首剔髮，身被加笞，新出狴犴，臭穢不潔。凡祭祀者，孝子致齋貴馨香，如親存也，時見子被刑，心有惻愴，緣生事死，恐神明不歆承，當不上墓耳。（御覽六四二）

器案：論衡四諱篇：「二曰：諱被刑爲徒，不上丘墓。……實説其意，徒不上丘墓者有二義，義理之諱，非凶惡之忌也。徒用心以爲先祖全而生之，子孫亦當全而歸之。故曾子有疾，召門弟子曰：『開予足，開予手，而今而後，吾知免夫。小子！』曾子重慎，臨絶效全，喜免毀傷之禍也。孔子曰：『身體髮膚，受之父母，弗敢毀傷。』孝子怕入刑辟，刻畫身體，毀傷髮膚，少德泊行，不戒慎之所致也！愧負刑辱，深自刻責，故不升墓祀於先。古禮廟祭，今俗墓祀；故不升墓，慚負先人。一義也。墓者，鬼神所在，祭祀之處；祭祀之禮，齋戒潔清，重之至也。今已被刑，刑殘之人，不宜與祭供侍先人；卑謙謹敬，退讓自賤之意也。緣先祖之意，見子孫被刑，惻怛憯傷，恐其臨祀，不忍歆享，故不上墓。二義也。」仲遠所通，與仲任之意合。

汝南陳伯敬，行必矩步，坐必儼然，目有所見，不食其肉。（書鈔一四五、御覽三九三、八六三）

錢大昕曰：「案：後漢書郭躬傳云：『司徒河南吴雄，少時，家貧喪母，營人所不封土者，擇葬其中，喪事趣辦，不問時日，醫巫皆言當族滅，而雄不顧。司隸校尉下邳趙興，亦不卹諱忌，每入官舍，輒更繕修館宇，移穿改築，故犯妖禁；而家人爵禄，益用豐熾。汝南陳伯敬者，行必矩步，坐必端鄉，呵叱狗馬，終不言死，目有所見，不食其肉，行路聞凶，便解駕留止，還觸歸忌，則寄宿鄉亭，年老寖滯，不過舉孝廉；後坐女壻亡吏，太守邵夔，怒而殺之。時人罔忌禁者，多談爲證焉。』此條疑風俗通之文，御覽所引，即是此事，而詞意未完。」器案：論衡辨祟篇：「塗上之暴尸，未必出以往亡；室中之殯柩，未必還以歸忌。」則歸忌爲當時惡俗明矣。

服妖（拾補作「災異」，云：「續漢書五行志：『故泰山太守應劭，給事中董巴、散騎常侍譙周，並撰建武以來災異。』故知當有災異一篇。」其餘諸家輯佚文者，亦作「災異」。器案：蘇頌所見意林引作「服妖」，今從之，並依五行志引序其次第焉。）

桓帝元嘉中，京師婦人作愁眉、啼妝、墮馬髻、折腰步、齲齒笑。愁眉者，細而曲折；啼妝者，薄拭目下若啼痕；墮馬髻者，側在一邊；折腰步者，足不任體；齲齒笑者，若齒痛不忻。始自梁冀家所爲，京師翕然皆放效之。天戒若曰：將收捕冀，婦女憂愁，踧眉啼泣也。（後漢書梁冀傳注、意林、御覽三六五、又四八八）

錢大昕曰：「案『天戒』以下，語意未完，續五行志云：『天戒若曰：兵馬將往收捕，婦女憂愁，踧眉啼泣，吏卒掣頓，折其腰脊，令髻欹斜，雖强語笑，無復氣味也。』」

延熹中，中常侍單超、左悺、徐璜、具瑗、唐衡，在帝左右，縱其姦慝，時人爲之語曰：「左迴天，徐轉日，具獨坐，唐應聲。」言其信用甚於轉圜也。（御覽三九三、又四九六）

延熹中，京師長者，皆著木屐。婦女始嫁至，作漆畫展，五采爲系。謹案：黨事始發，傳詣黄門北寺，臨時惶恐，不能信天任命，多有逃亡不就考者，九族拘繫，及所過歷，長幼婦女，皆被桎梏，應木屐像矣。（原本玉篇系部、書鈔一三六、北户録三、御覽六四四、又六九八、倭名類聚鈔四、天中記四八）

孝靈帝建寧中，京師長者，皆以葦辟方笥爲妝，其時有識者竊言：葦方笥，郡國讞篋也，今珍用之，天下皆當有罪，讞於理官也。後黨錮皆讞廷尉，人名悉葦方笥中，斯爲驗矣。（書鈔一三五、御覽七一一、天中記四九）

靈帝好胡服、胡帳、胡牀，京師皆競爲之；後董卓擁胡兵掠宫掖。（御覽六九九、又七〇七、王荆文公詩注三〇、淨土三經音義二、倭名類聚鈔六、事始、古今事物考七、天中記四九）

漢靈帝好胡舞。（書鈔一〇七、事始）

靈帝於西園宫中駕四白驢，躬自操轡，驅馳周旋，以爲大樂；於是公卿貴戚轉相倣，至乘軒以爲騎從，價與馬齊。凡人相駡曰死驢，醜惡之稱也。董卓陵虐王室執政皆如死驢。（意林、御覽九〇一）

靈帝數以車騎將軍過拜孽臣内孽，又贈亡人，顯號加於頑凶，印綬汙於腐屍；昔辛有睹被髮之祥，知其爲戎，今假號雲集，不亦宜乎！（續漢書五行志一注引應劭）

靈帝時，京師賓婚嘉會，皆作魁櫑，酒酣之後，續以挽歌。魁櫑，喪家之樂；挽歌，執紼相偶和之者。天戒若曰：國家當急殄悴，諸貴樂皆死亡也。自靈帝崩後，京師壞滅，户有兼屍，蟲而相食，魁櫑挽歌，斯之效乎！（續漢書五行志一注、御覽五五二、事物紀原九）

器案：後漢書周舉傳：「陽嘉六年三月上巳日，商大會賓客，讌於洛水，舉時稱疾不往。商與親暱，酣飲極歡，及酒闌倡罷，繼以薤露之歌，坐中聞者，皆爲掩涕。」即其事也，可以互證。

桓帝世謠曰：「直如弦，死道邊；曲如鉤，反封侯。」梁冀欲樹幼主，李固欲立清河王，梁冀遂奏李固，死於獄中，曝屍路邊。如鉤，梁冀；如弦，李固。（意林）

桓帝之初，京師童謡曰：「車班班，入河間。」言徵靈帝者，輪班擁節，入河間也。（續漢書五行志一注）

桓帝初，京師謡曰：「游平賣印自有評，不避豪强及大姓。」（通典三九、通考五七）

桓帝之末，京都童謡曰：「茅田一頃中有井，四方纖纖不可整。嚼復嚼，今年尚可後年譊。」于時，中常侍管霸、蘇康，憎疾海内英哲，與長樂少府劉囂、太常許永、尚書柳分、尋穆、史佟、司隸唐珍等，代作脣齒。史佟，左官媮進者也。（續漢書五行志一注）

京師謡歌曰：「烏臘，烏臘。」案：逆臣董卓，滔天虐民，窮凶極惡，關東舉兵，欲共誅之，轉顧望，莫肯先進，處處停兵數十萬，若烏臘蟲相隨，横取之矣。（續漢書五行志一注）

中平中，京師歌董逃。董卓以董逃之歌，主爲己發，大禁絶之，死者千數。靈帝之末，禮樂崩壞，賞刑失中，毀譽無驗，競飾僞服，以邀典制，遠近翕然，咸名後生放聲者爲時人。有識者竊言：舊曰世人，次曰俗人，今更曰時人，此天促其期也。其間無幾，天下大壞也。（續漢書五行志一注）

器案：古今注中音樂：「董逃歌，後漢游童所作也。後漢有董卓作亂，卒以逃亡。後人習之，以爲歌章；樂府奏之，以爲儆戒焉。」

千里草，何青青，十日卜，不得生。此董卓字也。青青，暴盛之皃。（意林）

靈帝光和七年，陳留濟陰諸郡，西及成皋、陽武，城郭路邊草生，作人狀，操持矛弩，牛馬萬狀，一一備具。後關東義兵，先起於宋、衛之郊。東郡太守橋瑁負衆怙亂，陵蔑同盟，忿嫉同類，以殞厥命。陳留、濟陰迎助，謂爲離德，棄好即戎，吏民殲之。草妖之興，豈不或信。（續漢書五行志二注、後漢書靈紀注、御覽九九四、事類賦二四）

拾補曰：「五行志作『中平元年』。」

夏禹廟中，有梅梁忽一春生枝葉。（御覽九七〇、事類賦二六）

中平中，懷陵上有雀萬餘亂鬭殺，頭縣著樹也。（御覽九二二）

光和中，雒陽男子夜龍，從兄陽求臘錢，龍假取繁數，頗厭患之；陽與錢千，龍意不滿，欲破陽家，因持弓矢射玄武東闕，三發，吏士呵縛，首服。因是遣中常侍、尚書、御史中丞、直事御史、謁者、衛尉、司隸、河南尹、雒陽令，悉會發所。劭時爲太尉議曹掾，白公鄧盛：「夫禮設闕觀，所以飾門，章於至尊，懸諸象魏，示民禮法也。故車過者下，步過者趨。今龍乃敢射闕，意慢事醜，次於大逆，宜遣主者參問變狀。」公曰：「府不主盜賊，當與諸府相候。」劭曰：「丞相邴吉，以爲道路死傷，既往之事，京兆、長安，職所窮逐，而住車問牛喘吐舌者，豈輕人而貴畜哉？顧念陰陽不和，必有所害，掾史爾乃悅服，漢書嘉其達大體。今龍所犯，然中外奔波，邴吉防患大豫，況於已形昭晰者哉？明公既處宰相大任，加掌兵戎之職，凡在荒裔，謂之大事；何有近目下而致逆節之萌者？孔子攝魯司寇，非常卿也，折僭溢之端，消纖介之漸，從政三月，惡人走境，邑門不闔，外收强齊侵地，内虧三桓之威；區區小國，尚於趣舍，大漢之朝，焉可無乎？明公恬然謂非己，詩云：『儀刑文王，萬國作孚。』當爲人制法，何必取法於人。」於是公意大悟，遣令史謝申，以鈴下規應掾自行之，還具條奏。時靈帝詔報，惡惡止其身，龍以重論之，陽不坐。其後，車騎將軍何苗與兄大將軍進部兵，還相猜疑，對相攻擊，戰於闕下，苗死兵敗，殺數千人，雒陽宫室内人燒盡。龍者，陽類，君之象也；夜者，不明之應也；此其象也。（續漢書五行志五注）

洪亮吉四史發伏曰：「盛以中平元年四月爲太尉，至二年五月罷，則龍事當屬中平中，非光和中也。」器案：鄧盛字伯能，弘農人，見後漢書桓紀、靈紀及鄧彪、王允等傳。

光和元年，司徒長史馮巡馬生胡子，問養馬胡蒼頭，乃姦此馬以生子。（續漢書五行志五注）

熹平二年六月，雒陽民譌言，虎賁寺東壁中有黄人形容，鬚眉良是，觀者數萬，省内悉出。劭時爲郎，故往視之，何在其有人也，走漏汙處，膩赭流漉，壁有他剥數寸曲折耳。謹案：季夏土，黄中行用事，又在壁中，壁亦土也，以見於虎賁寺者，虎賁，國之祕兵，扞難禦侮。必示於東，東者，動也，言當出師，行將天下摇動也。天之以類告人，甚於影響也。（續漢書五行志五注）

光和四年四月，南宫中黄門寺，有一男子，長九尺，服白衣，中黄門解步呵問：「汝何等人？白衣妄入宫掖。」曰：「我梁伯，夏後，天使我爲天子。」步欲前收取，因忽不見。謹案：尚書、春秋左傳曰：伯益佐禹治水，封於梁。飂叔安有裔子曰董父，實甚好龍，龍多歸之，帝舜嘉之，賜姓董氏。董氏之祖，與梁同焉。到光熹元年，董卓自外入，因閒乘釁，廢帝殺后，百官總己，號令自由，殺戮決前，威重於王。梁本安定，而卓隴西人，俱涼州也。天戒若曰：卓不當專制奪矯，如白衣無宜蘭入宫也。白衣見黄門寺，及卓之末，中黄門誅滅之際，事類如此，可謂無乎？（續漢書五行志五注、開元占經一一三、路史後紀八）

器案：劉昭注又引云：「見中黄門曹騰之家。」占經「我梁伯、夏後」作「我梁伯夓」，誤以「夏後」二字合爲「夓」字。

靈帝光和二年，洛陽上西門外，女子生兒，兩頭異肩，四臂共胸，俱以爲不祥，因棄去。朝廷昏亂，上下無別，二頭之象也。（開元占經一一三）

喪祭（蘇頌所見意林引有此篇。）

禮，臣子無爵謚君父之義也，故羣臣累其功美，葬日，遣太尉於南郊告天而謚之。（後漢書明紀注）

天子新崩，未有定謚，故且稱大行皇帝，以別嗣主。（隋書禮儀志三、通典七九、後漢書安紀注、文選元皇后哀策文注、合璧事類前六二、癸辛雜識後集、綱目集覽五〇）

宮車晏駕。謹案：史記曰：「王稽謂范雎曰：『夫事有不可知者，有不可柰何者。一旦宮車晏駕，是事不可知也；君雖恨於臣，是無可奈何。』謂秦昭王以天年終也。」昔周康王一旦晏起，詩人以爲深刺。天子當夜寢早作，身省萬機，如今崩殞，則爲晏駕矣。（文選竟陵王行狀注、又恨賦注）

器案：史記范雎傳集解、漢書天文志注引應劭説晏駕同。藝文類聚三五、初學記一九引張超誚青衣賦：「周漸將衰，康王晏起。畢公喟然，深思古道，感彼關雎，德不雙侶，得顧周公，妃以窈窕，防微消漸，諷喻君父。孔氏大之，列冠篇首。」以關雎爲刺詩，與應説合。又案：意林引「秦昭王太后始臨朝也」句，疑在「秦昭王以天年終也」句下。

梓宮者，禮，天子斂以梓器，宮者，存時所居，緣生事亡，因以爲名。凡人呼棺，亦爲宮

也。（後漢書明紀注、文選齊敬皇后哀策文注、又宋孝武宣貴妃誄注、御覽五五〇、綱目集覽一八）

葬之郭北，北首，求諸幽之道。（文選古詩十九首注、又詠懷詩注）

俗説：凡祭祀先祖，所以求福。方者，興旭；相者，所以威厲鬼，敺罔像；方相欲以驚逐鬼魅。（書鈔九二）

器案：續漢書禮儀志中注、通志禮引漢舊儀：「方相帥百隸及童女，以桃弧棘矢土鼓，鼓且射之，以赤丸五穀播灑之。」

俗説：亡人魂氣飛揚，故作魌頭以存之，言頭體魌魌然盛大也。或謂魌頭爲觸壙，殊方語也。（書鈔九二、御覽五五二）

器案：魌卽荀子非相篇之倛，楊倞注：「倛，方相也。」又引韓侍郎（愈）曰：「四目爲方相，兩目爲倛。」酉陽雜俎十三曰：「世人死者有作伎樂，名爲樂喪。魌頭，所以存亡者之魂氣也。一名蘇，衣被蘇蘇如也；一曰狂阻；一曰觸壙。四目曰方相，兩目曰倛。據費長房識李娥（一曰「俄」）藥丸，謂之方相腦。則方相或鬼物也，前聖設官象之。」

墓上樹柏，路頭石虎。周禮：「方相氏，葬日入壙，敺魍象。」魍象好食亡者肝腦，人家不能常令方相立于墓側以禁禦之，而魍象畏虎與柏，故墓前立虎與柏。或説：秦穆公時，陳倉人掘地，得物若羊，將獻之，道逢二童子，謂曰：「此名爲蝹，常在地中食人腦，若殺之，以柏東南枝插其首。」由是墓側皆樹柏。（封氏聞見記六、事類賦二五、御覽九五四、天中記五一）

器案：周禮夏官「敺魍象」作「敺方良」，釋文：「方良：上音罔，下音兩。」

謹案：禮，臣有大喪，三年不呼其門。（御覽五四六）

葬小兒必於道邊，傷其人道未成，故置於道側，使視成人之道也。（書鈔九二）

愼終悼亡。（文選潘安仁悼亡詩注）

宮室（蘇頌所見意林引有此篇。）

論語：「夫子宮牆數仞。」禮記：「季武子入宮，不敢哭。」由是言之：宮，室，一也。秦、漢已來，尊者以宮爲常號，下乃避之云室耳，已前貴賤無別。弟子職曰：「室中握手。」論語曰：「譬如宮牆。」由此言之：宮其外，室其内也。（意林、御覽一七四、初學記二四、營造法式總釋上、事物紀原八、急就篇補注三、天中記一三）

顧櫰三曰：「不敢者，杜氏，非武子，事載檀弓。大抵諸家所引，類多譌脱。」

殿堂宮室，象東井形，刻作荷菱，荷菱，水物也，所以厭火。（類聚六二、六三、文選西京賦注、初學記七、廣韻三十二霰、御覽一七六、一八八、九七五、禮部韻略三十二霰、釋氏要覽下、淨土三經音義一、嘉泰會稽志十二、緯略六、王荆文公詩注二九、陶山集六廟制議、埤雅十五、事文類聚續五、倭名類聚鈔三、天中記十三）

魯昭公設兩觀於門，是謂之闕，從門欮聲。（水經穀水注、營造法式總釋上）

屋，止也。（廣韻一屋）

閈，城外郭内里門也。閈，捍也，言爲人藩屏以捍難也。（御覽一八二、天中記十五）

錀施懸魚，魚翳伏淵源，欲令楗閉如此。（御覽一八四）

錢大昕曰：「『淵源』疑『深淵』。」

府，聚也，公卿牧守府，道德之所藏；府，私府，賦賄之所聚也。（左傳隱公七年疏、原本玉篇广部、意林、廣韻九麌、一切經音義九、四六、通鑑注漢紀七）

器案：「賦賄」左傳疏作「財貨」，此從原本玉篇。

廷，平也，又正也，言縣廷、郡廷、朝廷，皆取平均正直也。（後漢書郭太傳注、廣韻十五青、通鑑注周紀二）

寺，司也，廷之有法度者也，諸官府所止曰寺。光武嘗從皇考至南頓，故識官府寺舍。今尚書侍御史謁者所止，皆曰寺。故後代道場及祠宇皆取稱焉。（文選吳都賦注、西征賦注、又劉楨贈徐幹詩注、又應瑒與岑文瑜書注、又在懷縣作詩注、後漢書光武紀注、和紀注、又張湛傳注、慧苑音義下、玄應一切經音義十四、五九、禮部韻略七志、通鑑注漢紀二三、又漢紀三五、新編事文類聚翰墨大全癸一）

顧櫰三曰：「案道場、祠宇，不類仲遠語，恐有闌入。」案：道場、祠宇，僅見禮部韻略及翰墨大全。

皇后居椒房，以椒塗房，取其温且香也。（文選曹子建求通親親表集注殘本鈔引）

器案：後漢書皇后紀下注引漢官儀：「皇后稱椒房，取其蕃實之義也。詩云：『椒聊之實，蕃衍盈升。』」

案：天子有外屏，令臣下屏氣息。（意林）

器案：荀子大略篇：「天子外屏，諸侯内屏，禮也，外屏不欲見外也，内屏不欲見内也。」淮南子主術篇：「天子外屏，所以自障也。」高誘注：「屏，樹垣也。爾雅曰：『門内之垣謂之樹。』論語曰：『國君樹塞門。』諸侯在内，天子在外，故曰所以自障也。」（據治要引）

屏，卿大夫以帷，士以簾，稍有弟以自鄣蔽也，示臣臨見自整，屏氣處也。（廣韻四十静、御覽一八五、急就篇補注三）

錢大昕曰：「弟，古第字。」器案：公羊傳莊公三十一年解詁、禮記郊特牲正義、儀禮覲禮疏引禮緯斗威儀：「禮，天子外屏，諸侯内屏，大夫以簾，士以帷。」説簾帷與此互易。

漢顧成廟設投老鈎欄。（事文類聚别六、羣書通要己四）

器案：漢書文紀注引應劭曰：「文帝自爲廟，制度卑狹，若顧望而成，猶文王靈臺，不日成之，故曰顧成。賈誼曰：『因顧成之廟，爲天下太宗，與漢無極。』」又案：古今注上：「枸欄，漢成帝顧成廟有三玉鼎、二真金鑪、槐樹，悉爲扶老枸欄，畫風雲龍角虚於其上。」據此，則「投老」當爲「扶老」之誤；而古今注之「成帝」，則又「文帝」之誤也。

門户鋪首。　謹案：百家書云：「公輸般之水上，見蠡，謂之曰：『開汝匣，見汝形。』蠡適出頭，般以足畫圖之，蠡引閉其户，終不可得開，般遂施之門户，欲使閉藏當如此周密也。（類聚七四、歷代名畫記四、御覽一八八、營造法式總釋上、演繁露六、日聞録、古今事物考七、天中記五七）

拾補曰：「蠡音螺，『匣』一作『頭』，『施』一作『設』。」器案：説文金部：「鋪，箸門户鋪首也。」水經渭水注十九：「渭橋舊有忖留神像，此神嘗與魯班語，班令其人出，忖留曰：『我貌很醜，卿善物容，我不能出。』班於是拱手與言曰：『出頭見我。』忖留乃出，班於是以脚畫地，忖留覺之，便没水，故置其像於水，惟背以上立。」蓋即此神話而異傳。　又案：後「城門失火，殃及池魚」條亦引百家書，漢書藝文志諸子略小説有百家百三十九卷，當卽此書。史記五帝本紀：「太史公曰：『百家言黄帝。』」又甘茂傳：「學百家之説。」又范雎傳：「百家之説，吾亦知之。」皆指是書也。

案世本：「鯀作城、郭。」城，盛也，從土盛聲。郭，大也。（意林、水經河水注二）

城之爲言宬，郭之爲言廓，謂寬廓宬受也。（慧苑華嚴音義上）

案：慧琳音義二一載慧苑音義，「宬」作「盛」。

郭亦謂之郛，郛者亦大也。（初學記二四、御覽一九三、天中記十三）

天子治居之城曰都，舊都曰邑也。（慧苑音義上、又下）

漢改郵爲置，置者，度其遠近之閒置之也。今吏郵書傳府督郵職掌此。（後漢書郭太傳注、續漢書輿服志上注）

器案：漢書文紀注：「如淳曰：『律説：都吏，今督郵是也，閑惠曉事，卽爲文無害都吏。』」漢曹全碑、中部碑有郵書掾。

傳舍。案：諸侯及使者有傳信，乃得舍於傳耳。今刺史行部車，號傳車從事督郵。（意林、文選范雲贈張徐州詩注、又任昉哭范僕射詩注、又册魏公九錫文注）

器案：漢書平紀注，如淳引律：「諸當乘傳及發駕致傳者，皆持尺五寸木傳信，封以御史大夫印章，其乘傳參封之。參，三也。有期會累封兩端，端各兩封，凡四封也。乘置馳傳，五封也，兩端各二，中央一也。軺傳，兩馬再封之，一馬一封也。」

南北曰阡，東西曰陌。河東以東西爲阡，南北爲陌。（原本玉篇𠂤部、史記秦本紀索隱、意林、初學記二四、文選籍田賦注、又曹子建送應氏詩注、又陸士衡答張士然詩注、又江文通雜體詩注、御覽一九五、草堂詩箋三〇、朱熹開阡陌辨、困學紀聞十六、通考一、新編事文類聚翰墨大全後乙七、天中記十六）

里語云：「越陌度阡，更爲客主。」（文選魏武帝短歌行注、史記秦本紀正義）

阡陌，田間道路也。（綱目集覽六）

京師有長壽街、萬歲街、士馬街，若此非一。街者，携也，離也，四出之路，携離而別也。（意林、御覽一九五、廣韻十三佳）

「士馬」下原脱「街」字，今據孫詒穀校補。後漢書劉隆傳：「吏不肯服抵，言於長壽街上得之。」

菀，蘊也，言薪蒸所蘊積也。（意林、初學記二四、御覽一九六、錦繡萬花谷別二四、天中記十五）

拾補曰：「『菀』與『苑』同。」器案：錦繡萬花谷作「苑」。荀子富國篇楊倞注：「宛讀爲蘊，暑氣也。」

囿者，畜魚鼈之處也。囿猶有也。（御覽一九六、天中記十五）

園，援也，从囗，袁聲，四皓園公，亦本園者。（御覽八二四）

秦築長城，土皆紫色，謂之紫塞。南徼土色丹，謂之丹徼。塞者，壅塞夷、狄也。徼，繞也。（事文類聚別六、羣書通要己四、綱目集覽九）

器案：古今注上：「秦所築長城，土色皆紫，漢亦然，故云紫塞也。塞者，塞也，所以擁塞夷、狄也。南方徼色赤，故謂之丹徼。徼，繞也，所以繞逆蠻、夷，使不得侵入中國也。」

池者，陂池，从水也聲。（左傳隱公三年正義）

孫子云：「金城湯池而無粟者，太公、墨翟，不能守之。」（意林）

孫子有金城湯池之説，後人因此開地爲池，以養魚鼈。（書鈔一五九、初學記七、事文類聚續九、事物紀原八）

海，一云朝夕池，一云天池，亦云大壑，巨壑。（初學記六）

市井（蘇頌所見意林引有此篇。）

井，法也，節也，言法制居人，令節其飲食，無窮竭也。久不渫滌爲井泥，易云：「井泥不食。」不停汚曰井渫，易云：「井渫不食。」滌井曰浚井，水清曰洌井，易云：「井洌寒泉。」甃，聚磚修井也，易云：「井甃無咎。」（書鈔一五九、初學記七、御覽一八九、營造法式總釋下、記纂淵海八、草堂詩箋十六、天中記一〇）

雍丘縣夏后公祠有神井，能致霧。（錦繡萬花谷後二）

器案：「夏后公祠」語有誤。

市，恃也，養贍老少，恃以不匱也。亦謂之市井。俗説：市井者，謂至市鬻賣者，當於井上洗濯，令其物香潔，及自嚴飾，乃到市也。謹案：春秋井田記：「人年三十，受田百畝，以食五口，五口爲一户，父母妻子也。公田十畝，廬舍五畝，成田一頃十五畝，八家而九頃二十畝，共爲一井。廬舍在内，貴人也；公田次之，重公也；私田在外，賤私也。井田之義：一曰無泄地氣，二曰無費一家，三曰同風俗，四曰合巧拙，五曰通財貨。因井爲市，交易而退，故稱市井也。」（詩陳風東門正義、後漢書循吏劉寵傳注、初學記二四、御覽一九一、八二七、事文類聚續三、合璧事類別十、文昌雜録五、草堂詩箋十八田舍注、天中記十六）

公羊傳宣公十五年解詁：「是故聖人制井田之法而口分之，一夫一婦受田百畝，以養父母妻子，五口爲一家，公田十畝，即所謂十一而税也。廬舍二畝半。凡爲田一頃十二畝半，八家而九頃，共爲一井，故曰井田。廬舍在内，貴人也；公田次之，重公也；私田在外，賤私也。井田之義：一曰無泄地氣，二曰無費一家，三曰同風俗，四曰合巧拙，五曰通財貨。因井田以爲市，故俗語曰市井。」當亦本春秋井田記爲説。

市者，百步爲畝，秦孝公以□百卌步爲畝，半爲廛也。（原本玉篇广部）

器案：慧琳音義七七引風俗通云：「秦孝公以二百四十步爲畮。」（詳下篇）則此條闕文當是「二」字。

數紀（拾補作「論數」，云：「御覽引風俗通論數曰：『踦者，奇也。』論數當是篇名。」錢大昕、嚴可均説同。器案：蘇魏公集校風俗通義題序作「數紀」，今從之，應氏亦自言「其數可紀」也。）

十十謂之百，十百謂之千，十千謂之萬，十萬謂之億，十億謂之兆，十兆謂之經，十經謂之垓，十垓謂之秭，十秭謂之選，十選謂之載，十載謂之極：有物者有事者，紀於此矣，過此往者，則其數可紀，其名未之或聞也。夫數，一爲特、侯、奇、隻，二爲再、兩、偶、雙，三爲參，四爲乘。（術數紀遺注、原本玉篇系部、慧琳一切經音義三、六、九、十六、二七、三〇，玄應一切經音義三、六，妙法蓮華經釋義上、御覽七五〇）

器案：慧琳音義二七、三〇，玄應音義六「經」作「京」。又慧琳音義二七、三〇、玄應音義三、六引「垓」下尚有「垓猶大數也」五字。拾補云：「『秭』本譌『捕』，下同。案孫子算經改；但下云：『京生秭，秭生垓。』又不同。」又云：「『侯』疑。」

千生萬，萬生億，億生兆，兆生京，京生秭，秭生垓，垓生壤，壤生溝，溝生澗，澗生正，正生載。載，地不能載也。（翻譯名義集三、廣韻五旨）

賈誼書曰：「數度之遺，以六爲法。數度之始，始於微細。有形之物，莫細於豪，是故立一豪以爲度，十豪爲髮，十髮爲釐，十釐爲分，十分爲寸，十寸爲尺，備於六，故先王以爲天下用也。」（御覽七五〇）

涉始於足，足率長十寸，十寸則尺，一躍三尺，法天地人，再躍則涉。（文選四子講德論注、急就篇補注三）

器案：後漢書趙典傳：「於易，『一爲過，再爲涉，三而弗改，滅其頂，凶。』」注：「易大過上六曰：『過涉滅頂，凶。』」涉義與此同，拾補作「步」，非是。

八尺曰尋，倍尋曰常。（史記屈賈列傳集解及漢書賈誼傳注引應劭）

秦孝公以二百四十步爲畮，五十畮爲畦。（慧琳一切經音義七七）

踦者，奇也，履舄之一也。（御覽六九七）

銖六則錘，錘，暉也；二錘則錙，錙，熾也，二錙則兩也。（慧琳音義一〇〇、玄應音義二〇、七五）

圭，自然之形，陰陽之始也，四圭曰撮，三指撮之也。（漢書律歷志上注引應劭）

十黍爲絫，十絫爲一銖。（同上）

斛者，角也。庾，三斛四斗；秉，二十四斛。（御覽八三〇）

新秦（蘇頌所見意林引有此篇）

秦昭王聽田貴之議，遣李冰爲蜀郡太守，開成都兩江，溉田萬頃，無復水旱之災，歲大豐熟。江水有神，歲取童女二人以爲婦，不然，爲水災。主者白出錢百萬以行聘，冰曰：「不須，吾自有女。」到時，裝飾其女，當以沈江水，徑至神祠，上神坐，舉酒酹曰：「今得傅九族，江君大神，當見尊顏，相爲進酒。」冰先投杯，但澹澹不耗，冰厲聲曰：「江君相輕，當相伐耳。」拔劍，忽然不見，良久，有兩蒼牛鬭於岸旁，有閒，冰還，流汗，謂官屬曰：「吾鬭大極，當相助也，若欲知我，南向腰中正白者，我綬也。」主簿乃刺殺北面者，江神遂死，後無復患。蜀人慕其氣決，凡壯健者，因名冰兒。（水經江水注一、類聚九四、書鈔七四、一五六、史記河渠書正義、事類賦二二、御覽二六二、六八二、八八二、八九九、大事記解題四、紀纂淵海九八、天中記九、七國考二）

器案：太平廣記二九一、三一三引成都記，與此同。

秦昭王聽田貴之議，以李冰爲蜀守，開成都兩江，造興溉田，萬頃以上，始皇得其利以併天下，立其祠也。（書鈔七四）

秦政并吞六國，苞宇宙之弘敞。（文選齊敬皇后哀策文注）

秦相趙高，指鹿爲馬，束蒲爲脯，二世不覺。（文選西征賦注、天中記四六）

陸賈新語辨惑：「秦二世之時，趙高駕鹿而從行，王曰：『丞相何爲駕鹿？』高曰：『馬也。』王曰：『丞相誤邪？以鹿爲馬也！』高曰：『乃馬也。陛下以臣之言爲不然，願問羣臣。』於是乃問羣臣，羣臣半言馬，半言鹿。」文選潘岳西征賦：「野蒲變而爲脯，苑鹿化以爲馬。」張銑注：「趙高欲爲亂，恐羣臣不聽，乃先設驗，以蒲爲脯，以鹿爲馬，獻于二世，羣臣言鹿言脯者皆誅之。」書鈔一四五引古今注：「秦二世時，丞相趙高用事，乃先獻蒲脯、鹿馬，以驗羣臣也。」金樓子箴戒篇：「秦二世卽位，自幽深宮，以鹿爲馬，以蒲爲脯。」

獄法（蘇頌所見意林引有此篇）

謹案：律者，法也。皋陶謨：「虞始造律。」蕭何成以九章，此關諸百王不易之道也。時主所制曰令，漢書：「著于令甲。」夫吏者，治也，當先自正，然後正人，故文書下「如律令」，言當承憲履繩墨，動不失律令也。（唐律疏議名例篇、文選陳琳檄豫州文注，類聚五四、書鈔四五、翻譯名義集四、御覽六三八、事始、事物紀原十、考古質疑四、演繁露二、路史後紀七、玉海六五、書林事類韻會一〇〇、吏學指南）

拾補曰：「『闕諸』二字疑，書鈔無。」器案：「此闕」二字，書林事類作「比開」。

漢令：「蠻、夷、戎、狄，有罪當殊。」殊者，死也。（史記蘇秦傳集解）

易：「噬嗑爲獄。」獄，十月之卦，從犬言聲，二犬，亦所以守也。廷者，陽也，陽尚生長。獄者，陰也，陰主刑殺。故獄皆在廷北，順其位。詩云：「宜犴宜獄。」犴，司空也。周禮：「凡萬民之有罪過，未離於法者，桎梏以上，坐諸嘉石，役諸司空。」令平易道路也。（意林、御覽六四三）

拾補曰：「意林云：『獄字，二犬守，言無情狀，犬亦得之。』與此所引小異。」器案：今詩小雅節南山作「宜岸宜獄」，釋文：「『岸』，韓詩作『犴』。」三家詩字多同，此亦魯詩也。說文：「獄，司空也。」漢書儒林王式傳：「太后怒曰：『安得司空城旦書乎？』」服虔注曰：「道家以儒法爲急，比之於律令也。」案漢以司空主獄，故賈誼亦云「輸諸司空」也。

周禮：「三王始作獄。」夏曰夏臺，言不害人，若游觀之臺，桀拘湯是也。殷曰羑里，言不害人，若於閭里，紂拘文王是也。周曰囹圄，囹、令，圄、舉也，言令人幽閉思愆，改惡爲善，因原之也。今縣官録囚，皆言舉也。（意林、玉燭寶典二、初學記二〇、慧琳一切經音義六、希麟續一切經音義二、御覽六四三、事物紀原十、海録碎事二一、書林事類韻會九〇、古今事物考八）

案：漢書禮樂志注引應劭曰：「囹圄，周獄名也。」

自辛爲辠，令其辛苦憂之也。秦皇謂辠字似皇，故改爲罪。（意林、御覽六四一）

盜，逃也，言其晝伏夜奔，逃避人也。（詩小雅南山之什巧言疏）

囚，遒也，言辭窮情得，以罪誅遒也。禮：「罪人寘諸圜土。」故囚罪人置諸圓土，故囚字爲口中人，此其象也。（意林、初學記二〇、御覽六四二）

械，戒也，所以警戒，使爲善也。桎，實也，言其下垂至地，然後吐情首實。（御覽六四四）

頃者，廷尉多牆面，而苟充茲位，治書侍御史，不復平議讞當糾紛，豈一事哉！里語曰：「縣官漫漫，冤死者半。」昔在清平之世，使明恕君子，哀矜折獄，尚有怨言，況在今時耶！（意林、御覽二二六、四九六、職官分紀一四、翰苑新書二二）

意林注云：「應劭三國時人，當時有此語。」拾補曰：「『冤』，意林作『怨』。」器案：御覽四九六亦作『怨』。「冤」六朝、唐人別字作「寃」，故「冤」多譌「怨」。

折當（蘇頌所見意林引有此篇）

目録云：「泰山太守臣劭再拜上書曰：『秦皇焚書坑儒，六藝缺亡；高祖受命，四海乂安，往往於壁柱石室之中，得其遺文，竹帛朽裂，殘闕不備。至國家行事，俗間流語，莫能原察；故三代遣輶軒使者，經絕域，采方言，令人君不出户牖而知異俗之語耳。』」（蘇頌蘇魏公文集六六校風俗通義題序）

蘇頌曰：「此其自敘如此，勢當在卷首或卷末，今乃云第十，以此又知庾、馬所載篇第，未必當然。」

汝南王叔漢，父子方，出游二十餘年不還，叔漢作尚書郎，有人告子方死於汝南，卽遣兄伯三往迎喪，叔漢卽發哀，詔書賻錢二十萬。卽而子方從蒼梧還，叔漢詣闕乞納賻錢，受虛妄罪。靈帝詔將相大夫會議之，博士任敏議云：「凡人中壽七十，視父同儕亡，可製服也。子方在遠，人指其處，不可驗也，罪不可加焉。」詔書：「還錢，復本官。」（意林）

濟北李登，爲從事史，病，得假歸家，復移刺延期，後被召，登自嫌不甚羸瘦，謂雙生弟寧曰：「我兄弟相似，人不能別，汝差類病者，代我至府。」寧曰：「府君大嚴，得毋不可。」登曰：「我新吏耳，無能識者，我自行見主，必死。」寧詣府，主不辨，後爲人所言，事發覺，時相弊久，弟大怒曰：「濟北爾乃欲相爲也。」遂殺登。（書鈔三二、御覽六三四）

陳國張伯喈，弟仲喈婦炊於竈下，至井上，謂伯喈曰：「我今日妝寧好不？」伯喈曰：「我伯喈也。」婦大慙愧。其夕時，伯喈到更衣，婦復牽伯喈曰：「今旦大誤，謂伯喈爲卿。」答曰：「我故伯喈也。」蓋親密無過夫婦，然尚如此，況於初未相見而責先識之乎？（類聚三二、御覽三九六、四九一、類說三六、淵海五八、黃山谷蠟梅詩任注）

器案：「喈」，一作「階」，一作「偕」。睽車志載向汲事同。

陳留有富室翁，年九十無子，取田家女爲妾，一交接，卽氣絕；後生得男，其女誣其淫泆有兒，曰：「我父死時年尊，何一夕便有子？」爭財數年不能決。丞相邴吉出殿上決獄，云：「吾聞老翁子不耐寒，又無影，可共試之。」時八月，取同歲小兒，俱解衣裸之，此兒獨言寒；復令並行日中，獨無影。大小歎息，因以財與兒。（意林、書鈔三六、四四、御覽三八八、八三六、職官分

紀三、合璧事類前三二、錦繡萬花谷前十八、羣書類編故事六、古今事物考一、天中記二三、稗史彙編七四）

器案：通典一六八、折獄龜鑑三亦載此事，不言出何書。

沛郡有富家公，資二千餘萬，小婦子年裁數歲，頃失其母，又無親近，其大婦女甚不賢；公病困，思念惡聟争其財，兒判不全，因呼族人爲遺令云：「悉以財屬女，但遺一劍與兒，年十五，以還付之。」其後兒大，姊不肯與劍，男乃詣郡自言求劍。謹案：時太守大司空何武也，得其辭，因録女及聟，省其手書，顧謂掾史曰：「女性强梁，聟復貪鄙，其父畏賊害其兒，又計小兒正得此財，不能全護，故且俾與女，内實寄之耳，不當以劍與之乎？夫劍者，亦所以決斷也；限年十五者，度其子智力足以自活，此女聟必不復還其劍，當聞縣官，縣官或能證察，得以見伸展也。凡庸何能思慮强遠如是哉！」悉奪取財以與子，曰：「弊女惡聟温飽十五歲，亦以幸矣。」於是論者乃服，謂武原情度事得其理。（書鈔四四、又一二二、御覽六三九、八三六、折獄龜鑑八、棠陰比事下、困學紀聞十二）

器案：通典一六八亦載此事。

南郡讞：「女子何侍爲許遠妻，侍父何陽，素酗酒，從遠假求，不悉如意，陽數駡詈，遠謂侍：『汝公復駡者，吾必揣之。』侍曰：『共作夫妻，柰何相辱，揣我公者，搏若母矣。』其後陽復駡，遠遂揣之。侍因上堂搏姑耳三下。司徒鮑宣決事曰：『夫婦所以養姑者也，今聟自辱其

父，非姑所使；君子之於凡庸，尚不遷怒，況所尊重乎？當減死論。』」（書鈔一二〇、御覽八四六）

陳國有趙祐者，酒後自相署，或稱亭長、督郵；祐復於外騎馬將絳幡，云：「我使者也。」司徒鮑宣決獄云：「騎馬將幡，起於戲耳，無它惡意。」（書鈔一二〇、御覽八四六）

汝南張妙會杜士，士家娶婦，酒後相戲，張妙縛杜士，捶二十下，又懸足指，士遂至死。鮑昱決事云：「酒後相戲，原其本心，無賊害之意，宜減死。」（意林、御覽八四六）

周廣業意林注曰：「昱字文泉，永平年汝南太守，後爲司徒，奏定辭訟七卷，決事都目八卷，後書有傳。」又曰：「案抱朴子（疾繆篇）云：『俗有戲婦法，於稠衆中，問以醜言，或蹙以楚撻，繫脚倒懸，酒客酗醟，不知限齊，至有踐折支體者，非峻刑不能止也。』觀張妙之事，則漢末已然，薄俗成風，可歎也。」器案：羣書治要引仲長統昌言：「今嫁娶之會，捶杖以督之戲謔，酒醴以趣之情欲，宣淫佚于廣衆之中，顯陰私於族親之閒，污風詭俗，生淫長奸，莫此之甚，不可不斷者也。」仲、應二氏所言，實後世鬧房惡俗之由始。

臨淮有一人，持一匹縑到市賣之，道遇雨而披戴，後人求共庇蔭，因與一頭之地；雨霽，當別，因共爭鬭，各云：「我縑。」詣府自言，太守丞相薛宣劾實，兩人莫肯首服，宣曰：「縑直數百錢耳，何足紛紛，自致縣。」呼騎吏中斷縑，各與半；使追聽之。後人曰：「受恩。」前撮之。縑主稱寃不已。宣曰：「然，固知當爾也。」因結責之，具服，俾悉還本主。（意林、白帖十三、御覽四九六、六三九、八一八、折獄龜鑑六、淵海六四、天中記二七）

器案：通典一六八、棠陰比事下俱載此事。

汝南陳公思，爲五官掾，王子祐爲兵曹，行會食下亭。子祐曾以官事考殺公思叔父斌，斌無子，公思欲爲報仇，不能得，卒見子祐，不勝憤怒，便格殺之，還府歸死。時太守太傅胡廣，以爲招罪人也，陳公思追念叔父，仁勇憤發，手刃仇敵，自歸司敗，便原遣之。（書鈔七七、御覽四八二）

潁川有富室，兄弟同居，兩婦皆懷任，數月，長婦胎傷，因閉匿之；產期至，同到乳舍，弟婦生男，夜因盜取之，爭訟三年，州郡不能決。丞相黃霸出坐殿前，令卒抱兒，去兩婦各十餘步，叱婦曰：「自往取之。」長婦抱持甚急，兒大啼叫；弟婦恐傷害之，因乃放與，而心甚自悽愴，長婦甚喜。霸曰：「此弟婦子也。」責問大婦，乃伏。（意林，書鈔四四、御覽三六一、六三九、折獄龜鑑六、棠陰比事上、天中記二七）

平原郡讞：「胡譚取周碧爲妻，譚陰陽不屬，令碧與李方、張少姦通，冀得其子。」（類聚三五）

巴郡宋遷，母名静，往阿奴家飲酒，遷母坐上失氣，奴謂遷曰：「汝母在坐上，何無儀適？」遷曰：「腸痛，誤耳，人各有氣，豈止我母。」遷罵奴，奴乃持木枕擊遷，遂死。（御覽八四六）

扶風蘇不違父爲司隸李暠所逮，暠遷司農，不違穿府北垣，徑上聽事，斫暠卧具，暠一宿數遷。（御覽七〇八、天中記四六）

器案：不違父蘇謙爲司隸李暠所逮，死獄中，見後漢書蘇不韋傳。不違卽不韋，猶呂不韋一作呂不違也。

恕度（蘇頌所見意林引有此篇）

汝南周霸，字翁仲，爲太尉掾，婦於乳舍生女，自毒無男，時屠婦比卧得男，因相與私貨易，裨錢數萬。後翁仲爲北海相，吏周光能見鬼，署爲主簿，使還致敬於本郡縣，因告光曰：「事訖，臘日可與小兒俱上冢，去家經十三年，不躬烝嘗，主簿微察知，相先君寧息，會同飲食忻娛否？」往到於冢上，郎君沃酹，主簿俛伏在後，但見屠者弊衣蠡結，踞神坐，持刀割肉，有五時衣帶青墨綬數人，彷徨陰堂東西廂，不敢來前。光怪其故，還至，引見，問之，乞屏左右，起造於膝前，白事狀如此。翁仲曰：「主簿出勿言。」因持劍上堂，問嫗：「女何以養此子？」嫗大怒曰：「君常言兒體質聲氣喜學似我，老公欲死，爲作狂語。」翁仲具告之，曰：「祀祭如此，不具服，子母立截。」嫗辭窮情竭，泣涕具陳其故。時子年已十八，呼與辭決曰：「凡有子者，欲以承先祖，先祖不享血食，無可奈何。」自以衣裘僮僕車馬迎取其女；女嫁爲賣粥子婦，後適安平李文思，文思官至南陽太守。翁仲便養從弟子熙，爲高邑令。神不歆非類，明矣，安得養他人子乎？（意林、書鈔一四四、御覽三六一、八八三、太平廣記三一七）

拾補曰：「『蠡結』卽『螺髻』。」案道藏本意林作「襤褸」。

趙孝以父田禾將軍任爲郎，每告歸，白衣步擔。嘗從長安還，欲止郵亭；亭長聞孝當過，灑掃待之。孝既到，長不肯内，因問曰：「田禾將軍子何時到？」孝曰：「尋到矣。」顯宗皇帝聞孝名，詔拜諫議大夫，遷衛尉。（廣博物志十六）

器案：此全本後漢書趙孝傳，疑廣博物志誤引。

將作大匠陳國公孫志節，有蒼頭地餘年十七，情性聰惠，儀狀端正，工書疏。志節爲户曹史，令地餘歸取資用，因持車馬亡去，到丹陽，自云姓王名斌，字文高，遂留爲諸曹史。志節拜揚州刺史，郡選曹史衣冠子弟，皆出斌下，乃用之。斌乞屏左右，叩頭涕洟，曰：「斌郎明使君地餘也。」斌後爲蒼梧太守。（類聚三五、初學記十九、御覽四八二、五〇〇、天中記十九、廣博物志十七）

楊範，字文端，齊人。齊、宋之亂，母在賊中，採椹藏於地，夜取之進母，如是非一。忽於地中得米十斛，上有字云：「米十斛，賜孝子楊範，以資給母。」（御覽四一一、天中記二四、五一）

情遇（蘇頌所見意林引有此篇）

百里奚爲秦相，堂上作樂，所賃澣婦，自言知音，呼之，搏髀援琴，撫絃而歌者三。其一曰：「百里奚，五羊皮，憶别時，烹伏雌，炊扊扅，今日富貴忘我爲。」其二曰：「百里奚，初娶我時五羊皮，臨當別時烹乳雞，今適富貴忘我爲。」其三曰：「百里奚，百里奚，母已死，葬南谿，墳以瓦，覆以柴，舂黄藜，搤伏雞，西入秦，五羖皮，今日富貴捐我爲。」問之，乃其故妻，還爲夫婦也。（書鈔一二八、樂府解題、樂府詩集六〇、事類賦十一、御覽五七二、羣書通要乙二、古詩紀四）

器案：又見漢書鄒陽傳注引應劭。

司農黄昌爲蜀郡太守，得所失婦，便爲正室，使後婦下之。（通典八九虞眕議引）

器案：後漢書酷吏傳、書鈔七六引謝承漢後書、御覽三七二引會稽典録，水經沔水下注：「江水又東逕黄橋下，臨江有漢蜀郡太守黄昌宅，橋本昌創建也。昌時爲州書佐，妻遇賊相失，後會於蜀，復修舊好。」

河南平陰龐儉，本魏郡鄴人，遭倉卒之世，亡失其父，時儉三歲，弟纔繦抱耳，流轉客居廬里中，鑿井，得錢千餘萬，遂温富。儉作府吏，躬親家事，行求老蒼頭謹信屬任者，年六十餘，直二萬錢，使主牛馬耕種。有賓婚大會，母在堂上，酒酣，陳樂歌笑。奴在竈下助厨，竊言：「堂上老母，我婦也。」客罷，婢語次，説：「老奴無狀，爲妄語，所説不可道也。」窮詰其由，母謂婢試問其形狀，奴曰：「家居鄴時，在富樂里宛西，婦艾氏女，字阿横，大兒字阿癡，小兒曰越子，時爲縣吏，爲人所略賣。阿横右足下有黑子，右腋下赤誌如半櫛。」母曰：「是汝公也。」因下堂相對啼泣：「兒婦前，爲汝公拜。」即洗浴身，見衣被，遂爲夫婦如初。儉子歷二千石刺史七八人。時人爲之語曰：「廬里諸龐，鑿井得銅，買奴得公。」子孫羞之，言：「我先人初居廬里者兄弟二人，家買奴得公爾。」（類聚三五、白帖六、初學記十八、事類賦十、御覽一八九、四七二、五〇〇、八三六、蒙求舊注下、合璧事類外六一、天中記十七）

蜀郡任嘉，年三四歲時，父騰，爲諸生，於漢中就師，有盜賊，道路斷絕，蜀亦覆没，轉客長沙，爲州郡吏；後嘉爲長沙太守，騰爲奏曹掾，默知嘉實其子也，嘉母語次謂嘉曰：「奏曹任掾，則汝父也，但差老耳。」嘉曰：「天下豈獨蜀有一任，夫人何以老更生邪意？」母曰：「咄，我守養汝數十年，無嫌讖，豈以垂没更失計哉？顧實真父，不可棄捐。」後嘉問掾：「聲音何類太守？何州里邪？」掾曰：「本犍爲武陽人，蓬轉流宕到此。」母察審諦，又識左耳前贅，因出抱持，對之流涕。嘉自拔榻，歔欷哽咽。（御覽二五九、天中記三四）

陳留太守泰山吴文章，少孤，遭憂衰之世，與兄伯武相失，别二十年，後相會下邳市中，争計共鬭，伯武毆文章，文章欲報擊之，心中悽愴，手不能舉，大自怪也，因投杖於地，觀者咸笑之；更相借問，乃親兄也，相持涕泣。觀者復曰：「兄校弟，不得報兄。」向者所笑，乃其義也。（御覽五一六、八二七、東坡物類相感志卷四、類林一下）

器案：水經泗水注：「昔泰山吴伯武，少孤，與弟文章相失二十餘年，遇於縣市，文章欲毆伯武，心神悲慟，因相尋問，乃兄弟也。」

輯事（蘇頌所見意林引有此篇）

彭祖壽年八百歲，猶恨唾遠。（御覽三八七）

器案：楚辭天問王逸注：「彭鏗卽彭祖，……至七百歲，猶曰：『悔不壽，猶恨杖晚而唾遠。』」

荆鼈令死，尸隨水上，荆人求之，不得也。鼈令至岷山下，已復生起，見蜀望帝，帝使鼈令鑿巫山，然後蜀得陸處。望帝自以德不如，以國禪與鼈令，爲蜀王，號曰開明。（御覽五六）

拾補曰：「案：怪神篇雖有鼈令事，而語不詳，當別爲一條。」器案：水經江水注一引來敏本蜀論：「荆人鼈令死，其尸隨水上，荆人求之不得，鼈令至汶山下復生起，見望帝，——望帝者，杜宇也，從天下女子朱利，自江源出爲宇妻，遂王於蜀，號曰望帝。——望帝立以爲相。時巫山峽而蜀江不流，帝使鼈令鑿巫峽道水，蜀得陸處，望帝自以德不若，遂以國禪，號曰開明。」又案：後漢書張衡傳注、文選思玄賦注、事類賦六、御覽八八八、九二三引揚雄蜀王本紀：「荆人鼈令死，其尸流亡，隨江水上，至郫，遂活，與望帝相見，望帝以爲相。時玉山出水，若堯之洪水，望帝不能治，使鼈令決玉山，民得安處。鼈令治水，去後，望帝與其妻通，慙愧，自以德薄，不如鼈令，乃委國授之而去，如堯之禪舜。鼈令卽位，號曰開明帝。」據此，則「巫山」當是「玉山」之誤。華陽國志蜀志言「開明決玉壘山以除水害」，玉山卽玉壘山也。蜀中名勝記八：「金堂，峽口，相傳鼈令所鑿。」讀史方輿紀要：「金堂縣，縣東二十里，高山拱峙，河流其中，相傳望帝鼈令所鑿，宋轉運使韓琦續修之，以通舟楫，亦曰峽口。」四川通志十從之。

齊人不食而死也。（御覽八四七引檀弓黔敖事，注引風俗通此文）

器案：愆禮篇言：「昔黔敖忽於嗟來，然君子猶以爲其嗟可去，謝可食。」亦本檀弓爲言。

伯魚之生適有饋孔子魚者，嘉以爲瑞，故名鯉，字伯魚。（御覽九三五、事類賦二九）

吳王夫差，大敗齊于艾陵，還，誅子胥，取其身流之江，抉其目東門，曰：「使汝視越之入吳也。」（匡謬正俗八）

吳王夫差羞見子胥，以帛幕面而死，故後人因之製面衣，以爲常則也。（事物紀原九、事始）

天下之女白，不如越谿之女肌皙。（杜甫納涼遇雨詩注）

器案：杜甫壯遊詩：「越女天下白。」當亦本此。

潁川張欽孟孝，吳、楚反，與亞夫常爲前鋒，陷陳潰圍，傍人覩曰：「壯哉此君！」欽聞自矜，遂死軍。（御覽三八六）

汝南周勃，辟太尉清詔，使荆州。（後漢書第五種傳注、通鑑五四注）

器案：第五種傳：「永壽中，以司徒掾清詔，使冀州。」李賢注引風俗通此文，並釋之曰：「蓋三公府有清詔員，以承詔使也。」又范滂傳：「時冀州饑荒，盜賊羣起，乃以滂爲清詔使，案察之。」

武帝廣開獻書之路，立五經博士，開弟子員，設科射策，勸以官禄，訖於元始，百有餘年，書積如丘山，傳業浸衆，枝葉繁滋，經説百萬言，蓋利禄之路然也。（御覽六〇七）

文選爲范始興求立太宰碑表注引七略：「孝武皇帝勑公孫弘廣開獻書之路，百年之間，書積如丘山。」此文本之。

張仲春，武帝時人也，善雅歌，與李延年同時，每奏新歌，莫不稱善，然不知休息，終至

於敗亡，以諭人之進退，當有節奏。（御覽五七二）

昭帝時，大官上食，羹中有髪，切中有土，令丞坐不謹敬，皆論。（御覽八六一、天中記四六）

徐友蘭曰：「疑『飯』爛爲『切』。」

昭帝時，蒙人焦貢爲小黄令，路不拾遺。詔遷貢，百姓揮涕守闕，求索還貢；天子聽增貢之秩千石。貢之風化猶存，其民好學多貧，此其風也。（廣博物志十七）

侯霸，字君房，爲淮平大尹，政理有能名，及王莽敗，霸保固自守，卒全一郡。更始元年，遣使徵霸，百姓老弱，相攜號哭，遮使者車，或當道而卧，皆曰「願乞侯復留期年」。民乃誡乳婦，勿復舉子，侯君當去，必不能全。使者慮霸就徵，臨淮必亂，不敢授璽書，而具以狀聞。（天中記三四）

器案：此後漢書侯霸傳文，疑天中記誤引。

案：明帝起居注：「上東巡泰山，到滎陽，有烏飛鳴乘輿上，虎賁王吉射中之，作辭曰：『烏烏啞啞，引弓射，洞左腋，陛下壽萬歲，臣爲二千石。』帝賜錢二百萬，令亭壁悉畫爲烏也。」（文選赭白馬賦注、初學記三〇、御覽七三六、九二〇、天中記五九）

何敞爲鬼蘇珠娘按誅亭長龔壽。（南村輟耕録十四）

器案：搜神記十六、法苑珠林七四引寃魂志亦載此事。御覽一九四引謝承後漢書：「倉梧廣信女子蘇娥，行宿鵠巢亭，爲亭長龔壽所殺及婢，致富取財物埋置樓下。交阯刺史周敞行部宿亭，覺壽奸罪，奏之，殺壽。」（列異傳云：「鵠奔亭。」）則以爲周敞。

陳龜遷京兆尹，民有疾病，則給醫藥，常使户曹巡行。（書鈔七六）

東海王興宗議曰：「晏平仲以齊君奢，故澣其朝冠，振其鹿裘。」（御覽八二六）

潁川黄子廉者，每飲馬，投錢於水中。（初學記二七、御覽一八九、四二六、八三六、事類賦十、紀纂淵海四九、困學紀聞十八）

拾補曰：「案從禮卷載郝子廉事，絶相類，此云潁川黄子廉，唯姓不同耳，豈本一事，而傳者異與？」器案：淵海引此，與郝子廉過姊飯留錢事，合爲一條。

南陽酈縣有甘谷，谷中水甘美，云其山上大有菊華，水從山上流下，得其滋液，谷中三十餘家，不復穿井，仰飲此水，上壽者百二三十，中者百餘歲，七八十者，名之爲夭，菊華輕身益氣，令人堅强故也。司空王暢、太尉劉寬、太傅袁隗爲南陽太守，聞有此事，令酈縣月送水三十斛，用之飲食，諸公多患風眩，皆得瘳。（類聚八一、初學記二七、御覽五四、九九六、錦繡萬花谷後三八、事文類聚二九、合璧事類别三九）

器案：抱朴子内篇仙藥，襲用此文。

袁湯卒時年八十六，有子十二人。（後漢書袁安傳注）

光禄奉肸上戴就爲主事。（後漢書獨行戴就傳注）

謝自然，女道士也，果州人，居金泉山，晝夜不寐，忽有雲氣散漫，彌久仙去。（猗覺寮雜記上）

器案：謝自然，唐女道士，果州南充人，韓愈詩集卷一有謝自然詩一首，劉商有謝自然却還舊居詩，施肩吾有謝自然陞仙詩，續神仙傳、御覽六六二引三洞珠囊、太平廣記五五引集仙録，俱言謝自然爲貞元時人，朱翌誤記爲風俗通文。

陰教（蘇頌所見意林引有此篇）

女媧禱祠神祈而爲女媒，因置昏姻，行媒始行明矣。夫昏以昏時，而昏繇此；因以因娅，而因乎人。姻者，姻之始，媒者，姻之聚，所謂昏因姻媒如此。（路史後紀二）

器案：文有脱誤，惜不得善本以訂補之。

女媧，伏希之妹。（路史後紀二）

又案：廣雅十三佳：「媧，女媧，伏羲妹。」説卽本此。

漢以八月算人，后家以金帛賂遺主者，以求入也。（後漢書皇后紀注、通考帝系考四）

列侯尚公主，國人尚翁主，以妻制夫，陽屈於陰爾。（初學記十、御覽一五四、紀纂淵海八一、書林事類韻寶五三）

器案：漢書王吉傳：「漢家列侯尚公主，諸侯則國人承翁主，使男事女，夫詘於婦，逆陰陽之位，故多女亂。」後漢書荀爽傳：「今漢承秦法，設尚主之儀，以妻制夫，以卑臨尊，迷於乾坤之道，失陰陽之義。」

六宮采女凡數千人。案采者，擇也，天子以歲八月，遣中大夫與掖庭丞相工，率於洛陽鄉中閱視童女，年十三以上，二十以下，長壯皎潔有法相者，因載入後宮，故謂之采女也。（文選皇后紀論注、慧苑華嚴經音義上）

器案：後漢書皇后紀上：「漢法，常因八月筭人，遣中大夫與掖庭丞及相工，於洛陽鄉中，閱視良家童女，年十三以上，二十以下，姿色端麗，合法相者，載還後宮，擇視可否，迺用登御。」通典三四文同，卽用風俗通也。後漢書皇后紀下：「順烈梁皇后，諱妠，……永建三年，與姑俱選入掖庭，時年十三，相工茅通見后，驚，再拜賀曰：『此所謂日角偃月，相之極貴，臣所未嘗見也。』」其事正可取證此事。

易稱：「帝乙歸妹，以祉元吉。」婦人謂嫁娶之禮曰歸，歸其妹於諸侯，亨終吉也。（初學記十）

拾補曰：「亨、享通。」

周禮媒氏，因三十之男，二十之女，冰泮鳴雁，於是乎合。（事類賦八）

織女七夕當渡河，使鵲爲橋。（歲華紀麗三）

兩祖。俗説：齊人有女，二人求之，東家子醜而富，西家子好而貧，父母疑不能決，問其女：「定所欲適，難指斥言者，偏袒令我知之。」女便兩袒，怪問其故，云：「欲東家食，西家宿。」此爲兩祖者也。（類聚四〇、御覽三八二、類説三六、天中記十八）

辨惑（蘇頌所見意林引有此篇）

俗有不□□語，謂之東野之言。（文選陳孔璋答東阿王牋集注陸善經引）

器案：□□疑「經之」二字，東野之言，即指齊東野人之語，見孟子萬章上。

積習而成，不敢獨否。（文選王文憲集序注）

子不以從令爲孝，後主固宜是革，浸以爲俗，豈不謬哉！（文選王融策秀才文注）

器案：十反篇「豫章太守汝南封祈武興、泰山太守周乘子居」條，應劭案有「子不以從令爲孝」語。

傳曰：「后稷冬墾田，流汗而種，田不生者，人力非不至，天時不與。（御覽三八七）

器案：漢書李尋傳：「設上農夫而欲冬田，肉袒深耕，汗出種之，然猶不生者，非人心不至，天時不得也。」

俗說：天地開闢，未有人民，女媧摶黄土作人，務劇力不暇供，乃引絙於泥中，舉以爲人。故富貴者黄土人也，貧賤者絙人也。（御覽七八、三六〇、事物紀原一、廣博物志九）

拾補云：「『力』一作『劣』。」

上古之時，草居露宿，冬則山南，夏則山北。（意林）

錢大昕曰：「『上古』二句，亦見後『無恙』條。然馬氏先引此條，後引『無恙』云云，不相連屬，故别出之。」

無恙。俗說：恙，病也。凡人相見，及通書問，皆曰無恙。謹案：易傳：「上古之世，草居露宿。」多被此毒。恙，噬人蟲也，善入人腹，食人心，人每患苦之，故俗相勞問者云無恙，非

爲病也。（匡謬正俗八、類聚七五、史記刺客列傳索隱、意林、御覽三七六、七三九、通鑑綱目集覽三四）

器案：事文類聚翰墨大全後一引作「恙，俗説：疾也，曰無恙疾邪？世俗相承，謂病輕爲微恙」。「微恙」之説，當是附益。戴埴鼠璞下：「戰國策：『趙威后問齊使：歲無恙耶？王亦無恙耶？』晉顧愷之與殷仲堪牋：『行人安穩，布帆無恙。』隋日本遣使稱：『日出處天子致書日没處天子無恙。』風俗通云：『恙，毒蟲也，喜傷人。古人草居露宿，相勞問曰無恙。』神異經云：『北大荒中有獸，咋人則病，名曰㺊。㺊，恙也，常入人室屋，黄帝殺之。』北人無憂病謂無恙。蘇氏演義亦以無憂病爲無恙，恙之字同。或以爲蟲，或以爲獸，或謂無憂病，廣干禄書兼取憂及蟲，事物紀原兼取憂及獸。予看廣韻，其義極明，於恙字下云：『憂也，病也，又噬蟲善食人心也。』於㺊字云：『㺊獸如師子，食虎豹及人。』是㺊與恙爲二字，合而一之，神異經誕矣。」

俗説：膊，闊大脯也。案：泰山博縣十月祠泰山，膊闊一尺，長五分。（書鈔一四五）

器案：山澤篇言祀泰山有福脯。

祝阿不食生魚。俗説：祝阿凡有賓婚吉凶大會，有異饌飯食，自極至蒸魚也。（書鈔一五一）

俗説：人飲如犢。人飲酒無量如犢也。（書鈔一四八）

菟髕。俗説：臘正旦食得菟髕者，名之曰幸，賞以寒酒。幸者，善祥，令人吉利也。或説：食菟髕者，令人面免生髕，露見醜惡，今覺得之，嘉不爲己疾也。謹案：尚書：「夏禹始作肉刑。」則天象而慎其過，故穿踰盜竊者髕。髕者，去其髕骨也。逮至暴秦，亂獄紛，烹俎車裂抽脅，黔首窮愁，飲泣永歎。凡人食得菟髓，以爲佳瑞，物類相感，冀全己之髓也，所以有賞耳。（類聚五、書鈔一五五、白帖一、初學記二九、御覽三三、六四八、九〇七、事類賦三三、歲時廣記三九、書林事類韻會一〇〇）

器案：白帖「正旦」作「正祖」。

元日食雞子一枚，以鍊形也。（歲時廣記五）

器案：歲華紀麗一、御覽二九引周處風土記：「元旦當生吞雞子一枚，謂之鍊形。」御覽二九、歲時廣記五又引莊子：「乃有雞子五熏鍊形。」注：「正旦皆當生吞雞子一枚。」今莊子無文，蓋出莊子五十二篇本，陸德明經典釋文敘録所謂「漢志『莊子五十二篇』，卽司馬彪、孟氏所注是也，言多詭誕，或似山海經，或類占夢書」者也。

元日飲桃湯及柏葉酒。（歲時廣記五）

器案：御覽二九、歲時廣記五引荆楚歲時記：「元旦服桃湯。桃者，五行之精，能厭伏邪氣，制御百鬼。」

呼雞曰朱朱。俗説：雞本朱氏翁化而爲之，今呼雞皆朱朱也。謹案：説文解字：「喌，二口爲讙，州其聲也，讀若祝。」祝者，誘致禽畜和順之意，喌與朱音相似耳。（齊民要術六、兼明書五、初學記三〇、御覽九一八、事類賦十八、野客叢書十一、事文類聚後四六、事文類聚翰墨大全後戊七、紀纂淵海九七、羣書通要庚七）

呼虎爲李耳。俗説：虎本南郡中廬李氏公所化爲，呼李耳因喜，呼班便怒。（御覽八九一、事類賦二〇、天中記六〇）

器案：方言八：「虎，陳、魏、宋、楚之間，或謂之李父，江、淮、南楚之間，謂之李耳。」郭注：「虎食物值耳卽止，以觸其諱故。」

蝦蟇，蝦蟇掉尾。俗說：蝦蟇一跳八尺，再跳丈六，從春至冬，袒裸相逐，無他所作，掉尾肅肅。謹案：蝦蟇既處水中，其尾又短，正使能掉之，豈能肅肅乎？原其所以，當言夏馬。夏馬患蠅蚋，掉尾振擊，常肅肅也。蝦蟇、夏馬音相似。（類聚九三、御覽九四九、類說三六、天中記五五）

器案：天中記「至冬」作「至夏」。又董仲舒葬下馬陵，俗呼爲蝦蟇陵，音近之譌，與此正復相似。

户律：漢中、巴、蜀、廣漢，自擇伏日。俗說：漢中、巴、蜀、廣漢，土地温暑，草木早生晚枯，氣異中國，夷、狄畜之，故令自擇伏日也。謹案：漢書：高帝分四郡之衆，用良、平之策，還定三秦，席卷天下。蓋君子所因者本也，論功定封，加以金帛，重復寵異，令自擇伏日，不同於凡俗也。（類聚五、白帖一、歲華紀麗二、御覽三一、事類賦四、歲時廣記二五、書林事類韻會八八、天中記五）

器案：户律「諸郡自擇伏日」，至魏時始改，見晉書刑法志引魏新律序。

赤春。俗說：赤春從人假貸，皆自乏之時。或說：當言斥春，春舊穀已□，新穀未登，乃指斥此時，相從假貸乎？斥與赤，音相似耳。謹案：詩曰：「春日遲遲，卉木萋萋。春日載陽，有鳴倉庚。」月令：「衣青衣，服蒼玉。」爾雅云：「春日青陽。」凡三春時，不得服赤也。今里語曰相斥觸，原其所以，言不當觸春從人求索也。（玉燭寶典一、御覽二〇）

器案：觸春，猶程曉之言觸熱也。

夏至著五綵，辟兵，題曰游光。游光，厲鬼也，知其名者無温疾。五綵，避五兵也。案：人取新斷織繫户，亦此類也。謹案：織取新斷二三寸帛，綴著衣衿，以己織縑告成於諸姑也。後世彌文，易以五綵。又永建中，京師大疫，云厲鬼字野重、游光。亦但流言，無指見之者。其後歲歲有病，人情愁怖，復增題之，冀以脱禍。今家人織新縑，皆取著後縑二寸許，繫户上，此其驗也。（書鈔一五五、玉燭寶典五、歲時廣記二四、御覽二三、八一四、合璧事類前十六、廣博物志四、天中記五）

器案：淮南説林：「曹氏之裂布，蛷者貴之。」高注：「楚人名布爲曹。今俗間以始織布繫著其旁，謂之曹布，燒以傅蝫蛷則愈，故蛷者貴之。」潛夫論浮侈篇：「或裂拆繒綵，裁廣數分，長各五寸，縫繪佩之；或紡綵絲而縻，斷截以繞臂：此長無益於吉凶，而空殘滅繒絲，縈悸小民。」所説蓋與此相類。文選東京賦：「殪壄仲而殲游光。」注：「壄仲、游光兄弟八人，恒在人間作怪也。」案：壄仲卽風俗通之野重。後漢書馬融傳：「捎罔兩，拂游光。」注：「游光，神也，兄弟八人。」

五月五日，賜五色續命絲，俗説以益人命。（類聚四、初學記四、御覽八一四、事類賦十、紀纂淵海二、歲時廣記二二）

五月五日，以五綵絲繫臂，名長命縷，一名續命縷，一名辟兵繒，一名五色縷，一名朱索，辟兵及鬼，命人不病温。又曰，亦因屈原。（類聚四、書鈔一五五、初學記四、御覽三一、事類賦四、歲時廣記二一、事物紀原八、錦繡萬花谷後四、事文類聚前九、書林事類韻會五四、羣書通要甲七、古今事物考一、天中

記五）

器案：御覽三一、歲時廣記二一、事物紀原又引云：「五月五日，集五色繒，辟兵。余問服君，服君曰：『青赤白黑以爲四方，黄爲中央，襞方綴于胸前，以示婦人蠶功也。織麥類懸于門，以示農工成，轉聲以襞爲辟兵耳。』」盧文弨、錢大昕以下諸家輯風俗通佚文者，俱收入此條。今案：此非應劭之言，乃裴玄之語也。玉燭寶典五引裴玄新言：「五色繒謂之辟兵。服君云：『襞方以綴腹前，示養蠶之功也。又織麥類，同日俱成，以懸於門，彰收麥也。謂爲辟兵，聲之誤。』」歲華紀麗二、天中記五引此俱作裴玄新語，今從之。新語、新言互出，蓋傳鈔之誤；服君，天中記作伏君，古通。裴玄新言中，率多與河南服君問答之語，今所見玉燭寶典一、歲華紀麗一、御覽二九各另引有「以問河南伏君」之言，則信乎其爲裴玄新言之書也。

八月一日是六神日，以露水調朱砂蘸小指，宜點灸，去百疾。（天中記五）

器案：歲華紀麗三、天中記五引荆楚歲時記：「八月一日以朱墨點小兒，名爲天灸，以厭病也。」

八月秋穰，可以殺瓠，取其色澤而堅，類從以爲瓠死燒穰，瓜亡煮漆，即此是也。今俗畜瓠之家不燒穰，種瓜之家不焚漆。俗說：家人燒黍穰，則使田中瓠枯死也。（御覽九七九、埤雅十六、天中記四六）

俗說：高祖與項羽戰，敗於京、索間，遁叢薄中，羽追求之，時鳩正鳴其上，追者以爲必無人，遂得脱，及即位，異此鳥，故作鳩杖以賜老人也。謹案：少皞氏官五鳩，鳩民者，聚民也。周官羅氏：「獻鳩養老。」漢無羅氏，故作鳩杖以扶老。（水經濟水注、類聚九二、玉燭寶典一、御覽

七一〇、九二一、太平寰宇記五二、避暑録話上、林下偶談一、木筆雜鈔上、天中記四八、五九）

器案：御覽二九引三齊略：「滎陽有免井，漢沛公避項羽追，逃於井中，有雙鳩集其上，人云沛公逃入井，羽曰：『井中有人，鳩不集其上。』遂下道，沛公遂免難。後漢世元日放鳩，蓋爲此也。」太平廣記一三五、説郛二五引殷芸小説：「滎陽板渚津原上有厄井，父老云：『漢高祖曾避項羽於此井也，爲雙鳩所救。故俗語云：漢祖避難時，隱身厄井間，雙鳩集其上，誰知下有人。』漢朝每正旦輒放雙鳩，或起於此。」説與此異。又漢書高紀上：「與楚戰滎陽南京、索間。」應劭注曰：「京，縣名，今有大索、小索亭。」

禹入裸國，欣起而解裳。俗説：禹治洪水，乃播入裸國，君子入俗，不改其恒，於是欣然而解裳也。原其所以，當言皆裳。裸國，今吴郡是也，被髮文身，裸以爲飾，蓋正朔所不及也，猥見大聖之君，悦禹文德，欣然皆著衣裳也。（御覽六九六、天中記四七）

衆口鑠金。俗説：有美金於此，衆人咸其詆訾，言其不純，賣金者欲其必售，固取鍛燒以見真，此爲衆口鑠金。（類聚六三、史記鄒陽傳索隱、御覽八一一、事文類聚别二一、紀纂淵海五〇、羣書通要丙七、天中記五〇）

器案：國語周語下、戰國策魏策上、鬼谷子權篇、新語辨惑篇、史記張儀傳、鄒陽傳、漢書中山靖王傳、鄒陽傳、楚辭九章惜誦、論衡言毒篇，並有「衆口鑠金」語。

衆心成城。俗説：人同心者，可共築起一城；同心共飲，雒陽酒可盡也。（類聚六三）

器案：國語周語下：「伶州鳩引諺曰：『衆心成城。』」韋昭注：「衆心所好，莫之能敗，其固如城也。」

錢刀。俗説：害中有利，利旁有刀，言人治生，卒多得錢財者，必有刀劍之禍也。案漢書曰：「王莽造大錢，作契刀、錯刀、五銖錢，凡四品並行，故稱錢刀也。」（事類賦十、御覽八三六）

器案：「案漢書曰云云」，御覽跳行另起，拾補以下諸輯本遂失之。「五銖錢」原作「錯銖錢」，今從漢書食貨志下改正。

城門失火，禍及池中魚。俗説：司門尉姓池，名魚，城門火，救之，燒死，故云然耳。謹案：百家書：「宋城門失火，因汲取池中水以沃灌之，池中空竭，魚悉露見，但就取之，喻惡之滋，並中傷良謹也。」（類聚八〇、九六、意林、廣韻五支、事類賦八、御覽八六九、九三五、太平廣記四六六、類説三六、五色線上、羣書通要丁六、通鑑注梁紀十六）

器案：漢書藝文志諸子略小説：「百家，百三十九卷。」應劭所引，當即其書。淮南説山篇：「宋君亡其珠，池中魚爲之殫。」

俗説：鴟白日目無見，常隱丘藂之間，亦深竄牆穴之内，因無得見兔鼠之無遺失於人屋下庭中。鴟貪鼠殘姦邪，衆所憎疾，有此異者，令人死亡也。（書鈔一五八）

器案：鴟，鵰俗字，見龍龕手鑑卷二鳥部。

夜羅。俗説：市買者當清旦而行，日中交易所有，夕時便罷，無人也；今乃夜羅穀，明其癡騃不足也。凡靳不施惠者曰夜羅。（御覽四九〇、七三九、八二八）

俗說：齊人有空車行，魯人有負釜者，便持釜置車中，行二三百里，臨別，取釜，各不相問爲誰；後車家繫獄當死，釜主徑往募人取之，穿壁未達，曰：「極哉！」車者怒，不肯出，釜主慚，欲與俱死。明日，主者以事白齊君，齊君義而原之。（意林、御覽四二一、七五七、永樂大典一四九二三、天中記二六）

俗說：有功得賜金者，皆黃金也。謹案：孫子兵書：「日費千金。」千金，百萬錢也，陳平諫楚千金，贈二疏五十斤，並黃金也。或云：一金亦是一萬錢也。（意林、御覽六三三）

錢大昕曰：「『諫』即『間』字，古通用。」鍾山札記三說同。

鹹如炭。俗說：鹹亦與熱正等，炭火不可以入口，人食得大鹹，亦吐之。謹案：東海朐人，曉知鹽法者，云：攪鹽木多日，每燋黑如炭，非謂竈中火炭也。（御覽八六五）

酢如蓂莢。謹案：孝經說：「古太平，蓂莢生階，其味酸，王者取以調味，後以醯醢代之。」（意林、御覽八六六、八七二）

顧櫰三曰：「案詩正義尚有『澀如杜，苦如薏』，皆漢時里語也。」器案：御覽八七三引孝經援神契曰：「王者德至于地，則蓂莢生。」漢人稱經緯爲經說，此亦一證。

俗說：騏馬啖賓客。宴食已闋，主意未盡，欲復飲酒，餘無所施，更出脯鮓，椒薑鹽豉，言其速疾如騏馬之傳命。（書鈔一四二、御覽八四九）

案：方言：「豚，猪子也。」今人相罵曰孤豚之子，是也。（文選答客難注）

凡人相罵曰死驢，醜惡之稱也。（事文類聚後三八）

俗説：大餓不在車飯。謂正得一車飯，不復活也。或曰：輔車上飯，小小不足濟也。

案：吴郡名酒杯爲檑，言大餓人得一檑飯，無所益也。寧相六，不守熟。案：蒸飯更泥謂之餾，音與六相似也。（書鈔一四四、御覽四八六、八五〇）

錢大昕曰：「檑字見方言、廣雅，曹憲音又音反。」拾補云：「『更泥』，疑當從説文作『氣流』。」

瘦馬不能度繩。俗説：馬羸不能度繩索，言其極也。或云：不能度莱畦塍也。謹案：齊有繩水，裁廣三四步，言馬之疲，乃不能度此水耳。（類聚九三、御覽八九七）

器案：「繩水」疑當作「澠水」。

殺君馬者，路旁兒也。俗説：長吏食厚禄，芻稿肥美，馬肥希出，路旁小兒觀之，却驚致死。案：長吏馬肥，觀者快馬之走驟也，乘者喜其言，驅馳不已，至於瘠死。（類聚九三、御覽八九七）

賣牛者勿握角，令不售。案：恐觸人，故人不敢取也。（意林、事類賦二二、御覽八九九）

器案：通志樂略一，張敞爲京兆條，文全同，漢書張敞傳無文。

月與星並無光，日照之，乃光耳。如以鏡照日光，則影見壁，月初光見西方，月望後光

見東北，一照也。（御覽六）

案：御覽四引劉向七略：「京房易説云：『月與星至陰也，有影無光，日照之乃有光，喻如鏡照日卽有影見。月初，光見西方，望已後，光見東者，日所照也。』」案：「劉向」當作「劉歆」。

吴牛望月則喘，使之苦於日，見月怖，亦喘之矣。（事類賦一、御覽四、蘇軾南禪長老和詩不已故作六蟲篇答之王注、埤雅二〇、事文類聚前二、天中記一）

器案：世説新語言語篇：「滿奮曰：『臣猶吴牛，見月而喘。』」注：「今之水牛，唯生江、淮間，故謂之吴牛也。南土多暑，而此牛畏熱，一見月，疑是日，所以見月則喘。」

桑車榆轂，聲聞數里。俗説：凡人採桑作車，又以榆爲轂，牢彊朗徹，聲響乃聞數里。（類聚八八、書鈔一四一）

俗云：亂如蘊者，糞除不潔，艸芥集衆，火就燒之，謂之蘊，言其烟氣緼緼，取其希有淆亂。（御覽八七一）

案：里語：「厚哉鮑、管，探腸案腹。」不清然尚不盥，何共財而生喜怒也。（御覽三九五）

今宴飲大會，皆先黍臛。（書鈔一四〇、御覽八五〇）

鈴柄施懸魚，魚者，欲君臣沈静，如魚之入水，不可復得聞見也。（御覽三三八）

器案：芝田録：「鑰必以魚者，取其不瞑目，守夜之意。」

謹案：詩曰：「手如柔荑。」荑者，茅始熟中穰也，既白且滑。（御覽九九六、敬齋古今黈拾遺四）

嘉號（蘇頌所見意林引有此篇）

四方皆有七宿，各成一形：東方成龍形，西方成虎形，南首而北尾；南方成鳥形，北方成龜形，西首而東尾。以南方之宿象鳥，故謂之朱鳥七宿者也。（草堂詩箋二四）

風者，天地之號令，譴告人君，風而靡者也。（書鈔一五一）

器案：論衡感虚篇：「夫風者，氣也，論者以爲天地之號令也。」後漢書蔡邕傳：「上疏曰：『風者，天之號令，所以教人也。』」注：「翼氏風角曰：『風者，天之號令，所以譴告人君也。』」

風或清明，來久長，不摇樹木枝葉，離地三二丈者，此有龍德在其下。風或清明，不及地二三尺者，此君子之風也。（類聚一、御覽九、廣博物志三、天中記二）

狂風曰飈，涼風曰瀏，微風曰飂，小風曰颼，小風從孔來曰颰。（初學記一、御覽九、事文類聚前二、合璧事類前二、廣博物志三）

器案：事文類聚以下三書引「瀏」作「飉」，「飂」作「颸」。

五月有落梅風，江、淮以爲信風。又有霖霪，號爲梅雨，沾衣服，皆敗黦。（事類賦二六、御覽九七〇、歲時廣記二、合璧事類别四一、海録碎事一）

積冰曰凌，壯冰曰凍，冰流曰澌，冰解曰泮。（初學記七、御覽六八、事文類聚前五、紀纂淵海二、合璧事類前四、事文類聚翰墨大全後甲一、羣書通要甲五）

器案：呂氏春秋十一月紀：「仲冬之月，冰益壯。」說文水部：「澌，流冰也。」

言人清高，如冰之潔。（文選漢高祖功臣頌注）

夫火者，南方陽，光輝爲明，聖人嚮之而治取其象也。（初學記二五、錦繡萬花谷續八）

馬稱匹者，俗說：相馬比君子，與人相匹。或曰：馬夜行，目明照前四丈，故曰一匹。或說：度馬縱横，適得一匹。或說：馬死賣得一匹帛。或云：春秋左氏說：「諸侯相贈，乘馬束帛。」束帛爲匹，與馬相匹耳。（類聚九三、史記貨殖列傳索隱、御覽八一八、八九七、類說三六、千家注分類杜工部詩卷十七沙苑行王洙注、又分門集注杜詩沙苑行、事文類聚後三八、天中記五五、古今事物考八）

錢大昕曰：「文心雕龍指瑕篇云：『周禮井賦，舊有匹馬，而應劭釋匹，或量首數蹄，斯豈辨物之要哉？原夫古之正名，車兩而馬匹，兩稱自以竝耦爲用；蓋車貳佐乘，馬儷驂服，服乘不隻，故名號必雙，名號一正，則雖單爲匹矣。匹夫匹婦，亦配義也。夫車馬小義，而歷代莫悟，況鑽灼經典，能不謬哉？』」器案：貨殖列傳索隱引韓詩外傳：「孔子與顔回登山，望見一匹練，前有藍，視之果馬。馬光景一匹長也。」此爲度馬縱横適得一匹之證。漢書食貨志：「布長四丈爲匹。」說文：「匹，四丈。」

車一兩，謂兩兩相與爲體也。原其所以言兩者，箱轅及輪，兩兩而耦，故稱兩耳；猶屨有兩隻，亦稱爲兩，詩云：「葛屨五兩。」卽其類也。（尚書牧誓正義、詩齊風南山正義、史記貨殖列傳正

義、類聚七一、御覽七七三、七七六、通鑑注周紀四、又漢紀三三）

車有兩輪，馬有四匹，故車稱兩，馬稱匹。（詩召南鵲巢正義）

黄帝戰蚩尤於涿鹿，常有五色雲氣，金枝玉葉，止於帝上，因作華蓋。（事文類聚續二五、合璧事類外六〇）

器案：古今注上：「華蓋，黄帝所作。與蚩尤戰於涿鹿之野，常有五色雲氣，金枝玉葉，止於帝上，有花葩之象，故因而作華蓋也。」

武王伐紂，大風折蓋，遂爲曲蓋。（合璧事類外六〇）

器案：古今注上：「曲蓋，太公所作。武王伐紂，大風折蓋，太公因折蓋之形，而制曲蓋焉。」

鹿車，窄小裁容一鹿也。或云樂車，乘牛馬者，剉斬飲飼達曙，今乘者雖爲勞極，然入傳舍，偃卧無憂，故曰樂車；無牛馬而能行者，獨一人所致耳。（書鈔一四〇、後漢書趙熹傳注、御覽七七五、通鑑注晉紀二〇）

北俗三牛爲一具，以備一犁。（陳士元俚言解二）

鎌刀自葵，積芻蕘之效。（御覽七六四）

拾補云：「『自』疑『刈』。」

刻葦傷盜爲槍。（御覽三五四）

合繩爲糺。（史記賈生傳索隱）

仗者，刀戟之總名也。（慧苑音義下）

器案：慧苑音義中兩引俱作「風俗記」，此從卷下所引，卷下亦兩引也。

匕首，其頭類匕，故曰匕首，短而便用也。（史記鄒陽傳索隱、通鑑釋文一、五、十二、二六）

器案：文選鄒陽獄中上書注、史記黃善夫本引作「通俗文」。御覽六九二引周遷輿服雜事曰：「應仲遠云：『昔荆軻逐秦王，其後謁者持匕首以備不虞，從此侍官執刀劍，漢高祖偃武修文，始制手板代焉。』」

矛長八尺謂之矟。（書林事類韻會九二）

白鵰，古弓名。（御覽三四七、困學紀聞十三、廣博物志三二）

柘材爲弓，彈而放快。（御覽九五八）

器案：此疑是正失篇「烏號弓」下佚文。

耳珠曰璫。（書鈔一三五　御覽七一八）

任大椿曰：「書鈔、御覽引此皆作『風俗通』，乃『通俗文』之誤。」

火斗曰尉。（廣韻八未）

器案：御覽七一二引通俗文：「火斗曰尉。」都穆鐵網珊瑚十一漢熨斗條云：「或曰刁斗，非也。刁斗受一斗，晝炊飲食，夜持以行，如鎖鋗而無緣，此器頗與今之所謂熨斗者無異，蓋仲帛之器耳。」

織毛褥謂之氍毹。（廣韻十虞、禮部韻略十虞、押韻釋疑十虞、學林八、蘇軾游靈隱寺得來詩復用前韻施注、急就篇補注二）

丸毛謂之踘。（御覽七五四）

錢大昕曰：「以上四條，疑出服虔通俗文。」

笈，學士所以負書箱，如冠籍箱也。（御覽七一一）

錢大昕曰：「題云『風俗記』。」

兩角曰蔆，四角曰芰，總謂之水栗。（增修校正押韻釋疑十六蒸、五寘）

橙皮可爲醬虀。（御覽九七一）

醬成於鹽而鹹於鹽，夫物之變，有時而重。（類聚七二、書鈔一四六、白帖五、御覽八六五、天中記四六）

菖蒲放花，人得食之，長年。（御覽九九九、事文類聚後二二、合璧事類別五五、羣書通要庚五、天中記五三）

徼稱（蘇頌所見意林引有此篇）

丞者，承也；相者，助也。（類聚四五）

器案：漢書百官公卿表上注：「應劭曰：『丞者，承也；相者，助也。』」

漢武帝諱徹，改曰通侯，或曰列侯。秦時，六國未平，將帥皆家關中，故稱關内侯。通侯，言其功大，通於王室。列者，言其功德列箸，乃饗爵也。（御覽一九八）

拾補曰：「『箸』，古『著』字。」案：漢書高紀下注、文選奏彈曹景宗注、奏彈王源注、報孫會宗書注引應劭曰：「通侯，舊曰徹侯，避武帝諱曰通侯，通亦徹也。通者，言其功德，通於王室也。」

御史中丞，舊持書御史也。（御覽二二六）

三公一歲共食萬石。（通典職官二、通考職官二）

器案：漢書百官公卿表上：「太師、太傅、太保，是爲三公。」應劭注曰：「師，訓也；傅，覆也；保，養也。」師古曰：「漢制，三公號稱萬石，其俸，月各二百五十斛穀。」

案：秦昭王太后始臨朝也。牧守長不宜數易。案：尚書有考績，孔子曰：「如有用我者，期月而已，三年有成。」子産從政三年，民乃歌之。賢聖尚須漸進，況中才乎？數易，豈不紛錯道路也？（意林）

此條，拾補分爲二條。周廣業曰：「此條上下當有闕文。」

巴吾縣者，宋雜陳、楚地，故梁國寧陵種龍鄉也，今其都尉印文曰種龍。（錦繡萬花谷後三六）

尚書御史臺，皆以官倉頭爲史，主賦舍，凡守其門户。（續漢書百官志三注）

有秩，則田間大夫，言其官裁有秩耳。（續漢書百官志五注、大事記解題三、通鑑注周紀五）

嗇者，省也；夫，賦也；言消息百姓，均其役賦。（續漢書百官志五注、急就篇補注四、通鑑注漢紀五、又漢紀四四）

器案：後漢書第五倫傳：「爲鄉嗇夫，平徭賦，理怨結，得人歡心。」

乘者，單夫之高爵。（書鈔四八）

器案：此蓋指公乘。

大夫衣湊帶，不爲正衛。（書鈔四八）

古制本無奴婢，奴婢皆是犯事者，或原之。奴者，劣；婢者，卑陋；臧者，被臧罪，没入爲官奴婢；獲者，逃亡獲得，爲奴婢者也。（類聚三六、白帖六、意林、初學記十九、御覽十九、翻譯名義集二、淨土音義二、李壁王荆文公詩注二、合璧事類前五四、羣書通要乙九）

器案：漢書司馬遷傳注引應劭曰：「揚雄方言云：『海、岱之間，駡奴曰臧，駡婢曰獲，燕之北郊，民而聓婢謂之臧，女而婦奴謂之獲。』」

易云：「利見大人。」大人與聖人，其義一也。（意林）

聖者，聲也，通也，言其聞聲知情，通于天地，條暢萬物，故曰聖也。」（類聚二〇、唐寫本唐韻卌七勁、廣韻四十五勁、天中記二四）

器案：白虎通聖人篇：「聖人者何？聖者，通也，道也，聲也，道無所不通，明無所不照，聞聲知情，與天地合德，日月合明，四時合序，鬼神合吉凶云云。」又案：左傳文公十七年：「葬我小君聲姜。」公羊作「聖姜」，古今人表衛聲公，索隱作「聖」，則二字同聲通用。

賢者，堅也，堅中廉外。（御覽四〇二）

若戰國迨漢，則其名簡雅，一曰故，故者，通其指義也；書有夏侯解故，詩有魯故、后氏故、韓故也。毛詩故訓傳，顏師古謂：「流俗改『故訓傳』爲『詁』字，失真耳。」小學有杜林蒼頡故。二曰微，謂釋其微指，如春秋有左氏微、鐸氏微、張氏微、虞卿微傳。三曰通，如洼丹易通論名爲洼君通，班固白虎通、應劭風俗通、唐劉知幾史通、韓滉春秋通。凡此諸書，唯白虎通、風俗通僅存耳。

晁公武昭德先生郡齋讀書志卷二子類

風俗通義十卷，右漢應劭撰。劭字仲遠，奉之子，篤學博覽多聞，靈帝時舉孝廉，仕至泰山太守。撰風俗通，以辨物名號，釋時俗嫌疑，文雖不典，世服其洽聞。(據袁州刊本)

陳振孫直齋書錄解題卷十

風俗通義十卷，漢泰山太守汝南應劭仲遠撰，唐志三十卷，今惟存十卷，餘略見庾仲容子鈔。

丁黼跋

余在餘杭，借本於會稽陳正卿，正卿蓋得于中書徐淵子，譌舛已甚，殆不可讀，愛其近古，鈔録藏之，攜至中都，得館中本，及孔復君寺丞本，互加參考，始可句讀，今刻之夔子；好古者或得善本，從而增改，是所望云。嘉定十三年秋七月庚子，東徐丁黼書。

器案：是年四月望日，丁黼刻古今註於夔門，相距僅三月耳。丁黼，宋史卷四百五十四有傳。又案：魏了翁鶴山大全集卷三十六有答丁大監黼，卷三十七有與丁制副（黼，甲午），程公許滄洲塵缶編卷五有代上夔帥丁文伯，吴泳鶴林集卷三十褒忠廟碑云：『成都守臣副四川制置使丁黼賜謚立廟。』

李晦跋

上行下傚謂之風，衆心安定謂之俗，移風易俗在則人，亡則書，此應劭風俗通所由作也。然漢世有其書，後人著述，多引以爲證，今罕見全本。錫學比刊白虎通矣，風俗通一體書也，尚缺焉，三衢毛希聖挈來橫經，錫守劉平父一見，以此勉之，遂繡梓於學。客有自錫山來者，道廣文此意，徵予跋語，余深嘉至教之浹洽，異書迭出，可爲斯道賀，敬因其請而題於篇首云。大德丁未中和節，太中大夫行都水監李果題。

器案：拾補「李果」作「李晦」，蓋所據本漫漶不全，遂據謝居仁題辭及大德本白虎通張楷序所言之「耆儒李顯翁晦」而臆改之，誤矣。

謝居仁題辭

豐城雙劍，張華謂「天生神物終當合」，古劍、古書，一也。白虎通與風俗通二書，並行於二千年前，不復見久矣；余觀風西浙，至無錫，有耆儒李顯翁晦來訪，云：「魯齋許文正公之門人劉平父世常，來守吾邦，嘗刊白虎通於學，參政恪齋嚴公，題於卷首，方慮未得風俗通以完二書，未幾，某之子元昭，録吴泮，得之於館下生，以歸，郡博士遂抄之，將併刻於學，願求著語。」余曰：神物終合之論信然，喜而爲序。大德乙巳陽月中議大夫江南浙西道肅政廉訪副使謝居仁顯卿題。

郎壁金序

嘗聞漢有典司，號黄車使，其書九百四十，皆推本于周。蓋周官有誦訓，掌道方志，而訓方氏又訓四方之傳道，及閭師、縣師，各有其書，豈欲廣其載記，亦欲借以範世耳。世衰，卽有名儒，未嘗引藉殿中，領校祕書，奉詔著作，獨遇四海幅裂，豪杰並起，逐鹿中原，横遭禍害；如以其身馳騖功能則不合，若博學積聞，終老巖穴，聲名腐朽，又非其心，乃挒一家言，冀垂後世，而零墜散遺，湮烟廢没，並其姓名，亦不復著者固多矣。漢季應劭，爲一時名儒，受學鄭玄，位不大顯，乃昉古義作風俗通。夫四方風氣，剛柔細大美醜，上下千古，歷代不移，與天地終始，音律宴符，識其情者王，逸其軌者亡，故遡皇霸，以迨季世，循環互轉，無殊五音，先王作樂；薦殷莫重祀典，朝野祭饗，亦各有屬；東西南北，神鬼所向，紛然莫紀；其與覆載同靈者惟山澤；雖卷析爲四，義歸於一，良足爲立政致治者之助。予讀隋書，史臣稱高構工吏事，馮翊啞女，採樵生孕，據風俗通斷其姓氏；則居民上者，何必一事相符，卽置之座右，亦奚不可。家嚴嗜古，嘗以文事飾吏治，卽庭訓不憚孜孜；予小子奉其教，若獨樂園司馬誨，雖不及向、歆父子，録書萬卷，而鋟其書以行世，經濟皆從此始，猶愈于曹氏書倉，倪氏脩羊也。天啟丙寅春仲，仁和後學郎壁金公府父題。

朱君復諸子酌淑

汝南應劭，博學多識，撰風俗通，以辯物類名號，釋時俗嫌疑，文雖不典，後世服其洽聞。今觀其書，視白虎通不啻過之。余獨取其述劉向論文、宣二帝一條，尤古勁有法，可與子政諸疏，並絶千古。

方孝孺遜志齋集卷四讀風俗通義

風俗通義三十篇，後漢末應劭所著，今所存者，皇霸、正失、愆禮、過譽、十反、聲音、窮通、祀典、怪神、山澤十卷而已。其辭固無他奇，然語怪神之事，一以理勝之，足以解流俗之弊。又載當時人品，而具評其事，非按經受禮，不敢略於中臆之説，故至今傳而不廢也。後世著書者，厭常喜異，設爲詭激邪曲之辨，以爲高一時，雖可以動人，而無補於世，終不能如此書之傳者衆矣。天下之物，山嶽有時而崩，金石有時而毁，惟至理之言，與天地並存；立言之士，其不可不務知道哉！

蔡仲光謙齋文集卷五讀風俗通義

善交友者，感其一事協於情，其餘雖盡非者，儀型其一事可也；善讀書者，聆其一言審於理，其餘雖盡非者，佩服其一言可也：以此交人，故天下鮮廢人；以此讀書，故天下無廢書。風俗通義，東漢應劭之書，其文質而膚疎，而鋒鍔不足用，數見數掩卷不卽竟，及後見劉向論文及宣治之上下於成帝之朝，有味哉，何其言之閎深也！嗚呼，此真忠臣之言哉！文帝，三代以後之令主也，亦三代以前之令主，而三代以後未有賢能過之者也。每讀漢書，至終歲斷獄數百，民賦四十，丁男三年而一事，未嘗不嘆息，誦其時，慕其德，以爲後世不可幾及；矧向爲宗室遺老，去文帝時未遠，而顧以綜核不如宣帝少之哉？此其故不在文帝，而在成帝。當成帝時，國家承累世治平之後，百姓乂安，中國無事，蠻、夷無不帶綬來朝；然而日食星孛，岷崩江竭，無雲而雷，黄霧四塞，上天重戒，爲漢災異。而王氏之驕奢僭盛，其先墓在濟南者，則梓柱生枝，扶疎出屋，以爲其徵。忠臣顧景懷憂，徘徊古今之際，權衡在心，而抑揚發爲此論，於以激成帝之懦弱，而厲其氣；蓋成帝以温雅寬博之資，優遊朝宁之間，而無雄斷之略，不能總攬幾務，察其變而圖之，以轉移危亂於未事之先，而因循以基王氏之禍，此其天資綜核之材不足，而臨朝淵嘿之度有餘，法當緩文帝之寬仁，急宣帝之明察，其後成帝卒湛於酒色，無以自振，而忠臣以空言不能補救，遂賫恨以死；而世因謂向憒於是非，豈非世憒於知向也哉！予取風俗通義以此。

王鉞讀書叢殘

風俗通，漢應劭仲遠所作。劭博覽多聞，廣所撰述；又以綴文之士，析文便辭，轉相凌高，乃撰風俗通十卷，以辨物類名號，釋時俗嫌疑。漢史謂「其文雖不典，後世服其洽聞」。今讀之，誠哉其洽聞也！劭自敍其書，比諸畫犬馬之難；蓋所裨在耳目之前，日用飲食之際，固當懸諸日月，與揚雄方言、蔡邕獨斷，同爲不刊之書也。

朱筠風俗通補逸題識

辛未夏，宣室偶問趙高束脯事出何書，余據文選潘岳西征賦注引風俗通曰：「秦相趙高指鹿爲馬，束蒲爲脯，二世不覺。」以對，偏檢今本風俗通義十卷，實無其文。考文獻通考：「陳氏云：『風俗通義，唐志三十卷，今唯存十卷，餘略見庾仲容子鈔。』」蓋此書在宋時已非完本矣。仲容字子仲，梁尚書左丞。陳氏稱「子鈔所取諸子之書百有五家」，近亦絕少傳其書者，因歷舉文選注及後漢書注、唐類函、事類賦注所引風俗通義今本所無者，凡得十則，其餘散見尚多，暇日便當旁搜藝林，補綴亡闕，録爲一編。古書之亡者既多，今世又無强敏如古人張子孺輩者，雖其愚，不敢不及也。元默涒灘九月下澣，大興朱筠識。

案廣韻所引風俗通義，多言姓氏者，皆今本所無，其十二齊注中引風俗通氏姓篇序曰：「四氏於國，齊、魯、宋、衞是也。」考今本十卷十篇，篇有小序，而無氏姓一篇，乃知三十卷中，其亡十餘篇矣。按隋人陸法言韻本，自唐儀鳳中長孫訥言爲之箋注，後郭知元更以朱箋三百字，宋景德、祥符中，勅命重修廣韻，字雖增，其注不改也。今應氏書，在宋時已非完本，而氏姓篇名，獨賴此韻不亡，則古書幸不幸耳。昭陽作噩如月朔，竹君甫書。

器案：朱氏據唐志二十卷誤文爲説，非是。

案：廣韻所引風俗通義，今本所無者，凡録出百六十六則，其中爲氏姓一篇言，凡百五十五則，其不能入此類者，僅十一則耳。蓋應氏書此篇全亡，而廣韻於氏姓字義所引據最該洽，如古書之不存者，世本、姓苑、百家譜數十種，皆賴之粗傳，不獨是書而已。但古人之書，有源有委，其用意甚深至，爲學甚博大，今不得見全書，而徒撮其散失之言，一掛萬漏，不足以存古人也。序稱「氏之興九事」，得其七而亡其二，可悲也夫！癸酉二月五日竹君氏書。

四庫全書總目卷一百二十子部三十雜家類四風俗通義十卷附録一卷

漢應劭撰。劭字仲遠，汝南人，嘗舉孝廉，中平六年，拜泰山太守，事蹟具後漢書本傳。馬總意林稱爲三國時人，不知何據也。考隋書經籍志：「風俗通義三十一卷。」注云：「録一卷，應劭撰，梁三十卷。」唐書藝文志：『應劭風俗通義三十卷。』崇文總目、讀書志、書録解題，皆作十卷，與今本同，明吴琯刻古今逸史，又删其半，則更闕略矣。各卷皆有總題，題各有散目，題後略陳大意，而散目則先詳其事，以謹案云云，辨證得失。皇霸爲目五，正失爲目十一，愆禮爲目九，過譽爲目八，十反爲目十，音聲爲目二十有八，窮通爲目十二，祀典爲目十七，怪神爲目十五，山澤爲目十九。其自序云：「謂之風俗通義，言通於流俗之過謬，而事該之於義理也。」後漢書本傳稱：「撰風俗通，以辨物類名號，識時俗嫌疑。」不知何以删去「義」字，或流俗省文，如白虎通義之稱白虎通，史家因之歟？其書因事立論，文辭清辨，可資博洽，大致如王充論衡，而敍述簡明，則勝充之宂漫。舊本屢經傳刻，失於校讐，頗有譌誤，如十反類中，分范茂伯、郅朗伯爲二事，而缺其斷語；窮通類中，孫卿一事有書而無録；怪神類中，城陽景王祠一條，有録而無書；今並釐正。又宋陳彭年等修廣韻，王應麟作姓氏急就篇，多引風俗通姓氏篇，是此篇至宋末猶存，今本無之，不知何時散佚。然考元大德丁未，無錫儒學刊本，前有李果序，後有宋嘉定十三年丁黼跋，稱：「余在餘杭借本於會稽陳正卿，正卿蓋得於中書徐淵子，譌舛已甚，殆不可讀，愛其近古，鈔録藏之，攜至中都，得館中本及孔復君寺丞本，互相參攷，始可句讀，今刻之于夔子；好古者，或得舊本，從而增改，是所望云。」則宋寧宗時之本，已同今本，不知王氏何以得見是篇，或即從廣韻註中輾轉援引歟？永樂大典通字韻中，尚載有風俗通姓氏一篇，首題馬總意林字所載，與廣韻註多同，而不及廣韻註之詳，蓋馬總節本也；然今本意林無此文，當又屬缺脱，今採坿風俗通之末，存梗概焉。

四庫全書簡明目録卷十三子部雜家類風俗通義十卷附録一卷

漢應劭撰。後漢書劭本傳作「風俗通」，省文也。原本三十卷，卷爲一篇，分子目一百三十四。其姓氏一篇，自宋已佚，然散見永樂大典中，今裒爲一篇，附録於末。其書考論典禮類白虎通義，糾正流俗類論衡，不名一體，故列之於雜説。

周廣業意林注

風俗通三十一卷，應劭。案劭字仲遠，汝南南頓人，太山太守，建安初，拜袁紹軍謀校尉，著風俗通義，辨物類名號，時俗嫌疑，當時服其洽聞，或直稱爲風俗通。隋志云：「三十一卷，録一卷，梁三十卷。」唐志同，隋至宋時亡二十一卷，故宋志止十卷，今存，其篇次前後，與此不同，姑據所有注之。案：陳振孫書録云：「風俗通止存十卷，餘略見庾仲容子鈔。」今子鈔已亡，馬氏所録又甚簡，所謂存十一於千百也。但是書實引於唐人注疏及類書者甚多，皆可藉以考見；近代著述家亦頗引風俗通，大都因襲他書，不復問本書完闕，似非傳信之道。若明刻本直改應氏自序「方以類聚，凡一十卷，謂之風俗通義」，王世貞名文宗亦然，則更厚誣古人矣。

錢大昕十駕齋養新録卷十四風俗通義

應氏風俗通義，隋書經籍志稱「三十一卷，録一卷」，馬總意林亦云「三十一卷」，而新、舊唐志俱作「三十卷」，宋史及晁氏、陳氏書目，皆云「十卷」，則已失其三之二矣。今世所傳，惟元大德刊本，前有行都水監李果序，後載宋嘉定十三年丁黼跋，知其書在南宋已難得。又言：「譌舛已甚，得館中本及孔寺丞本，互相參校，始可句讀，今刻之夔子，好古者，或得善本，從而增改，是所望云。」則其譌謬相承，非一日矣。盧學士召弓嘗寓書問愆禮篇載「徐孺子負笥幷涉齎一盤醊」，「笥幷」二字何義。予答云：「此必算字之譌，史記鄭當時傳：『其餽遺人不過算器食。』徐廣云：『算，竹器也。』算與匴同，説文：『匴，淥米籔也。』士冠禮：『爵弁皮弁緇衣冠各一匴。』注：『匴，竹器名。』本『算』字，誤分爲兩字，遂不可識矣。」予又嘗采輯應氏逸文一册，學士見而喜之，爲刊入羣書拾補中，頃歲讀馬總意林、僧元應一切經音義等書，續有所得，惜學士已逝，不及增入矣。

王鳴盛十七史商榷卷三十六風俗通

應奉傳：「奉子劭，撰風俗通，以辨物類名號，識時俗嫌疑，文雖不典，後世服其洽聞。」

論曰：「劭撰著篇籍，甄紀異知，雖云小道，亦有可觀者焉。」案劭著述今存者，惟風俗通，前明新安吴琯刻僅四卷，予所藏有十卷，元大德丁未，無錫州守劉平父刻，係三衢毛希聖所攜本，有太中大夫行都水監李果序，比俗刻多且倍之。然由今考之，此書卷帙甚富，此刻亦非全本，卽如李賢注所引，出於此刻外者甚多，則知佚者多矣。劭，漢俗儒也，風俗通，小説家也，蔚宗譏其不典，又云「異知小道」，可謂知言。王充傳云：「著論衡八十五篇，釋物類同異，正時俗嫌疑。」此與風俗通品題略同，尤爲妙解。蓋兩書正是一類，皆摭拾謏聞，郢書燕説也。

盧文弨羣書拾補風俗通義

隋、唐志皆三十一卷，録一卷，至宋始作十卷，蓋亡其二十一篇矣。今尚有僅刻四卷者，得十卷，卽爲足本。余所蓄乃明胡文焕本，脱誤甚多，略以程榮本少爲補綴，後又得元人刻本相校，殊無大異；乃考古家傳記，互相參訂，又得多聞强識之友，相助疏剔，始較勝於俗本，然去古久遠，斷不能盡無遺憾也。至於遺文，尚多散見，嘉定錢詹事，搜輯頗富，又經仁和孫侍御覆審，屬爲付梓，余因以所校本書先焉，倘有疎舛，更望直友惠以教言，使得改正，是幸。

器案：孫志祖頤谷吟稿自題深柳勘書圖：「謝承後史誰曾覩，應劭遺編僅有存；（嘗輯風俗通逸文，抱經老人采入羣書拾補中。）排纂苦心忘歲月，柳花如絮記春痕。」盧文弨風俗通義逸文識語云：「此十卷外之所遺也。嘉定錢詹事曉徵，采集頗富；仁和孫侍御詒穀復因其本重加訂補，縱不能盡復舊觀，然碎金斷璧，終可寶愛，嗜古者所不忍遺也。」

桂馥晚學集卷五書風俗通後

世傳風俗通，殘闕太甚，見於太平御覽諸書者，今本多失載。余觀書中名義，不無疏違，蓋少年之作也。裴松之注張昭傳云：「汝南主簿應劭議宜爲舊君諱，論者皆互有異同，事在風俗通。昭著論駁之：『周穆王諱滿，至定王時有王孫滿，其爲大夫，是臣協君也。又厲王諱胡，及莊王之子名胡，其比衆多；今應劭雖上尊舊君之名，而下無所斷齊云云。』」馥案：劭官至太山太守，及與鄭康成會袁本初坐上，又在去官之後，風俗通爲郡吏時所成，故知爲少作。然其書多沿襲説文，是漢人之好許學者。

周中孚鄭堂讀書記卷五十六風俗通義十卷（漢魏叢書本）

漢應劭撰。四庫全書著録，又有附録一卷，隋志作三十一卷，注云：「録一卷，梁三十卷。」新、舊唐志俱作三十卷，崇文目、讀書志、書録解題、通考、宋志，俱作十卷，與今本同，蓋亡其二十一矣。是書每卷各爲一目，曰皇霸，曰正失，曰愆禮，曰過譽，曰十反，曰音聲，曰窮通，曰祀典，曰怪神，曰山澤。每目各有小序，又分子目一百三十九，謂之風俗通義，自序言：「通於流俗之過謬，而事該之於義理也。」後漢書本傳稱其：「撰風俗通（脱「義」字），以辨物類名號，識時俗嫌疑，文雖不典，後世服其洽聞。」又論之曰：「劭撰著篇籍，甄紀異知，雖云小道，亦有可觀者焉。」蓋仲遠漢之俗儒，學無師授，其撰是書，頗近小説，蔚宗譏其「不典」，又云「異知小道」，可謂知言。王充傳云：「著論衡八十五篇，釋物類同異，正時俗嫌疑。」此與應氏書品題略同，尤爲妙解。蓋兩書正是一類，皆摭拾謏聞，郢書燕説也。案是書原有姓氏一篇，久已散佚，今館臣從宋重修廣韻及永樂大典載意林所引（今意林本無此文），采附於末，惜不得文瀾閣本以校補之。又盧抱經羣書拾補於是書校勘極精審，又附有逸文一卷，凡類百條，皆十卷外之所遺也，碎金斷璧，終可寶愛，以之鈔附是書之末，亦屬美觀。祕書二十一種所收僅四卷，更非足本矣。

張澍養素堂文集卷三補風俗通姓氏篇序

昔春秋之時，周之史伯，魯之衆仲，鄭之子羽，晉之胥臣，楚之觀射父，皆善言族姓，炎、黄以來，如指諸掌；而以姓氏著書傳後者，周則有左丘明世本之姓氏篇，戰國則有荀況之血脈譜，漢則王符潛夫論之氏族志，鄧氏官譜，潁川太守聊謀之百姓譜，徵君管寧之姓氏歌，斯爲最古，而泰山太守應劭風俗通姓氏篇繼之，溯厥所祖，推究更改，雖有附會，大致典碻；惜其篇散逸，不爲完書。馬總意林，原有風俗通姓氏之篇，今亦闕如。予於輯世本之暇，輒搜簡尋牘，粹薈成帙，復以穴管，正其疏漏。後見抱經盧氏羣書拾補，亦輯此篇，殊多漏略，聊復刊布，貽之同好云。

黄廷鑑元大德本風俗通義跋

余向知二書有元人大字合刻本，間訪藏書家，而鮮有著録者。嗣於道光初元，愛日精廬購得吴門士禮居所藏，祇白虎通刻單本，以爲得所未見，而應氏書惜已佚。今夏，子雍明經出示近得二書元刊本，假歸亟讀一過，班書中十篇舊目，及書中同異處，足訂俗本之僞者，盧氏校勘，已著其善。至應氏書，自宋以來無完帙，惟此十卷本僅存，而明代叢刊，訛繆滋甚；其元刻本今得合璧者，真絶無僅有。書中自來脱誤者，亦與明無刻甚大異。然如卷一「建共」訛「楚共」（六國條），卷二「收舉」訛「取舉」（袁伯服條），卷三「由訊」（「誶」通）訛「猶止」（夏甫條），卷五「起家」訛「起姜」（姜肱條），又「相」訛「統」，「州家」訛「皇家」（李統條），卷七「出晝」字三見，未作「晝」，（孟軻條。按「晝」字是，其從「晝」者，係明人補刊所改也。）卷九

「絳天」訛「絳繒」（石賢士神條）之類，得非元刊無由證後來竄易之失。如由猶、青菁、飾飭、京原、哲誓、齊資等字，古書多通假互用，後人不知，輒訾謬誤而臆改者，皆可據是本正定之，益信元刊猶存古書真面，彌足寶貴矣。道光辛丑八月寒露後三日，八十拙叟黄廷鑑識。

又據盧氏羣書拾補云，「曾見此書元刊本」，然所録李果序文，誤作「李晦」，謝居仁序末「大德乙巳陽月中議大夫江南」十二字中脱空十字，「乙巳陽月」誤作「三陽月」，想其書漫漶不全，遠遜此本矣。拙叟又識。

顧櫰三補輯風俗通義佚文自序

風俗通義舊稱三十卷，至宋僅存十卷，近汝上王氏、新安汪氏、竹汀錢氏、召弓盧氏，皆有輯本，殿本並有鈔綴姓氏一篇附後。予向有補輯佚文一卷，參攷羣籍，時有改正增益，各著其所出，間與各本不同，與各本同而刊本見存者不録。江寧顧櫰三。

譚獻復堂日記卷五

閱風俗通義，仲遠原書卅卷，今本十卷，闕佚多矣，不獨姓氏一篇也。漢末文體疏拙，亦漸非博士家法。

龔自珍最錄漢官儀

劭著書多，自劭以前，未之有也，皆軼不傳，傳者風俗通義，小學之旁支，小説之別祖也，予無所取。（中國學報第九期）

陸心源儀顧堂集卷二風俗通義篇目攷

風俗通義，隋書經籍志三十一卷，注云：「録一卷。」唐書藝文志三十卷，與隋志同，蓋隋志並録計之，唐志不並録計之也。至宋已無完書，是以崇文總目所載惟十卷。元豐中，蘇魏公以官私兩本互校，次爲十卷，卽今所行本也（見蘇魏公集卷六十六）。嗣後，郡齋讀書志、書録解題、文獻通考所載，無過十卷者。但風俗通原本雖佚，而庾仲容子抄、馬總意林，宋時尚有全書，所録皆據三十卷本，此見於廣韻、御覽、通志者，所以多出今本外也。嘉定錢曉徵始有逸文之輯，仁和孫詒穀繼之，盧弨弓又加考訂，刊入羣書拾補中，于應氏書逸文，搜羅略備矣。惟原書三十卷，篇各有名，今自十篇之外，書亡而篇名亦亡，雖以錢、孫、盧三君之博洽，僅據太平御覽、續漢書五行志，考得論數、災異兩篇名，其他未能詳也。愚以蘇魏公集校正風俗通義序考之，皇霸、正失、愆禮、過譽、十反、聲音、祀典、怪神、山澤十篇之外，其餘篇名之見於意林者：曰心政，曰古制，曰陰教，曰辨惑，曰析當，曰恕度，曰嘉號，曰穢稱，曰恃遇，曰姓氏，曰諱篇，曰釋忌，曰輯事，曰服妖，曰喪祭，曰宫室，曰市井，曰數紀，曰新秦，曰獄法，凡二十目，合之今存十篇，適得三十篇，與唐書藝文志合，御覽所引論數，當卽數紀篇，盧氏據續漢五行志增災異一目，恐未必然也。敍又引意林所載析當篇云：「泰山太守臣劭再拜上書曰：『秦皇焚書坑儒，六藝缺亡；高祖受命，四海乂安往于壁柱石室之中，得其遺文，竹朽帛裂，殘缺不備，至國家行事，俗間流語，莫能原察；故三代遣輶軒使者，經絶域，採方言，令人君不出户牖而知異俗之語耳。』」凡九十字，爲羣書拾補所遺，故並録之。

器案：陸謂原書三十卷，非是，説詳余所撰校注敍例。又「穢稱」、「恃遇」二目，亦誤，今仍其舊，曾樸補後漢書藝文志攷襲此沿其誤，亦非也。

蔣國榜補輯風俗通義佚文跋

右補輯風俗通義佚文一卷，亦江寧顧秋碧先生著。應氏之書博綜先秦古籍，爲藝林瓌寶，其零章斷句，散見於他書者甚夥，張氏澍有補輯姓氏篇一卷，錢氏大昕輯本，刻入羣書拾補中；先生盧牟隊文，甄采瑣義，其用力可謂勤矣。惟其引史記高祖功臣表索隱注空中姓，案：室字字書所無，説文有宔，卽主字，與此不合。今以毛氏所刻單本索隱校之，其正文爲「清簡侯空中同」，注云：「『空』亦作『窒』，窒中姓，見風俗通。」應氏所引本此。先生「窒」作「室」，殆所見索隱本與今本不同與？既據索隱校改，仍存先生之真於此，以俟大雅正之。鄉後學蔣國榜。

劉咸炘舊書别録卷四乙二風俗通義（壬戌三月）

是書三十一篇，今惟存十，佚篇名見於蘇頌集風俗通義序者，凡二十目，曰心政、古制、陰教、辨惑、析當、恕度、嘉號、徽稱、恃遇、姓氏、諱、釋忘（當作「忌」）、輯事、服妖、喪祭、宫室、市井、數紀、新秦、獄法。後漢書稱其書「辨物類名號，釋時俗嫌疑」。昔之評者，大都視爲攷證之書，推其博洽，此耳食目論也。古之儒家，不尚繁博，攷證雜記，不成家言。況皇霸、聲音、山澤諸篇，但有引據，罕下己意；六國一節及窮通一篇，全鈔古事，但加總論；怪神一篇，記瑣事而少質正；攷證如此，亦何貴哉！仲遠在當時，蓋徒博覽而無師法者，故於儒生附會陋説，盲從而不知正，參差異説，又宛轉而不敢決，引書多蕪冗，造文多晦滯，蓋自桓譚、王充以來，俗儒不少，仲遠則其著者耳。然古人不苟著書，必有所爲。此書以風俗名書，攷證辨釋，皆主於正俗譌，史通自敍曰：「民者，冥也，率彼里蒙，或訛音鄙句，莫究本源，或守株膠柱，動多拘忌，故風俗通生焉。」此實得其本旨。佚篇文中，尤多舉俗説，古今子家，能留意閭巷風俗者，惟此書及雜肋篇爲善，昔人多忽之。然其佳處，猶不止是。吾讀愆禮、過譽、十反諸篇，及亡篇名目，乃知劭之宗旨，尤在論正時風，所謂時俗嫌疑，非獨名物雜事也。西漢重經學，諸大師以委蛇蘊藉致尊顯，士習頑懦，一二清名之士，若王、貢、鄭、嚴以廉潔稱，而紀逡、兩唐復以僞亂之，竟致王莽之亂，班書合傳王、貢諸人，蓋已切致意焉。東漢沿其遺習，日益偷薄，和、安以降，權奄執柄，吏多污黷，士憤而標節概，或養高山林，或廣結僚友，多爲矯行，以盜虚聲，舍公事而從私誼，近成黨錮之禍，遠開流品之風，當世談匡濟者，如王符、崔實、仲長統等，皆持名法之論，欲核實整齊之，而曹操竟用其説，蓋由是也。是書愆禮篇序著「忍能矯情直意」，過譽篇序著「訐以爲直，隱以爲義，枉以爲厚，僞以爲明」，其意固已明矣。其所刺譏，偏及鉅公名臣，無所曲撓。然一據典禮，不雜申、商之説，平允純正，斯爲罕見。夫申、商之學，人皆知其悖於德教，而抑私從公，後世多用其説者，何哉？儒行不中，矯激自異以激之也。孟子非陳仲，蓋已見之矣。論世而知其言，是書豈獨一時得失之林乎？觀其論郅惲而及汝南之俗，急疾氣決，干上忤忮，以采名譽；論趙仲讓而及河内之俗，好大言而少實行；綜及土風，所以名書爲風俗也。四庫提要乃謂爲「大致如王充，而敍述簡明，勝於充之冗蔓」，是不知充主思測，劭主典證；充止正雜俗，劭兼議行誼，不可同論也。

陳漢章風俗通姓氏篇校補叙

風俗通有氏姓篇，或作姓氏，依史記稱姓某氏例之，作姓氏者近是。元大德刻本風俗通十卷已佚此篇，四庫書目提要稱：「永樂大典通字韻中，尚載馬總意林節本，輯爲附録。」然今意林卷四，節録風俗通三十一篇，並無姓氏篇文，疑不能明者，一也；乾、嘉閒，餘姚盧氏刻抱經堂叢書，内有補風俗通佚文者，其一爲氏姓篇，以四聲爲次，或曰是嘉定錢氏所輯，刻入羣書拾補中（書目答問），而拾補中案語，明著文弨之名，初無錢大昕一語，疑不能明者，二也；烏程嚴氏輯全後漢文卷卅九及四十，並是此篇佚文，卷首注云：「今從羣書摘出，以四聲編次爲二卷。」檢其文自此注外，與盧輯本無一字異，何其符合至斯耶？疑不能明者，三也；漢章既讀盧、嚴二輯，旁證羣書，和二輯尚未完備，將爲之補苴罅漏，而武威張氏刻二酉堂叢書，乃亦有姓氏篇二卷，其自序稱「抱經盧氏，殊多闕略」。可謂先得我心。繼讀其書，仍不能免闕略之譏，復有盧、嚴所已拾補者，張輯本轉失之俄空焉（如廣氏、陽成氏等），疑不能明者，四也。有此四疑，故校補之爲一卷。凡姓氏已詳於諸家輯本，止校其異同，不復詞費，惟補諸家所未有者，必注明某書某卷，誠恐無徵不信爾。壬申歲重九後四日，陳漢章敍。

案：陳氏此文，實爲魯莽滅裂，一無是處。今本意林非原書，故無姓氏篇文，蘇頌校風俗通義題序，言之詳矣。羣書拾補所載之風俗通義逸文，實本之錢大昕，盧氏已於識語中，先後兩言之，其「垣氏」下卽赫然有「大昕案」之文，何言「初無錢大昕一語」也？潛研堂全集卽收入風俗通義逸文，尤爲出於錢氏之證。至嚴輯全文，本出攘竊，其風俗通佚文二卷，亦本之錢氏，其次第出處，全然相同，不過稍稍覆檢所引之書，於卷第不同者，略加改正，並於錢氏指出「此條誤重」之處，逕加删削而已。若陳氏不知「伯成胥渠」卽「陽成胥渠」之誤，乃以陽成氏事係伯成氏下，反譏張輯本之疏，諸如此等，于其不當疑者而疑，當疑者而不疑，馴致疑難重重，困惑而不能自解，得不謂之魯莽滅裂乎！